向海立生：
清代臺灣的港口、人群與社會

林玉茹　著

謹以此書獻給

自 2001 年以來長期支持和提攜我的

森田明教授

目 次

圖次

表次

附表

導論：全球史視野下清代臺灣的港口市街

　　年鑑史學大師布勞代爾（Fernand Braudel）強調整體的歷史（total history），主張應用廣闊的視野去理解海洋與陸地的互動、市場、商品、商人、港口以及航運等課題。[1]本書即以港口市街（以下簡稱港街）為中心，從全球史的視野來探究清代臺灣港街的形成、活動的人群以及社會樣貌，試圖展現從十七世紀至十九世紀臺灣港街如何由移民登陸地、原住民與移民接觸點、中國內地貿易導向朝向與亞洲連結或納入世界經濟體系，及其在政治、經濟、社會面向的變遷。透過清代臺灣的例子，突顯前近代全球化（early globalization）中港街發展的共相和殊相。

---

*　本書是科技部獎助專書寫作計畫成果之一，計畫編號：MOST108-2410-H-001-029。本書的完成，感謝匿名審查人提出非常精闢的修改意見，鄭永常教授和蔡維屏教授的指正以及許蕙玟博士、助理郭承書、盧俋廷、詹念澄及徐仲杰等先生協助校對。

1　張芝聯，〈費爾南・布羅代爾的史學方法：中譯本代序〉，收於布羅代爾（Fernand Braude）著，顧良、施康強譯，《15 至 18 世紀的物質文明、經濟和資本主義》（北京：三聯書店，1996），頁 1-18。

　　港口是交通和物資交換的節點。[2]港口市街是指基於港口的交通和集散中心機能而形成的街市（town），其可能因區位、政治或經濟優勢，進一步變成區域性、全國性以及國際性的港口城市（port city）。[3]從十六世紀大航海時代以來，港口城市在全球史上扮演重要角色，更受到帝國主義、殖民主義、全球化以及現代性的影響。[4]最先揭櫫近現代港口城市史研究的是 1967 年 David T. Gilchrist 編的《海港城市的成長 1790-1825》。[5]1985 年，Frank Broeze 從全球港口城市史的角度回顧和檢討 1960 年代至 1980 年代的重要成果，提出眾多問題和課題。他指出過去港口城市史研究，往往陷入兩種極端，一是傳統地從各種角度非常詳細地研究港口的發展、設備以及貿易，但另一種方式則是把港口與城市二分，港口只是城市的附屬，而看不到城市的海洋特色。[6]他強調，必須重視港口是港口城市發展的動力，應

2　吳振強，〈港埠與港際航運：再探 18 至 19 世紀中葉中國沿海和南洋的閩粵帆船貿易〉，收於鄭永常主編，《海港、海難、海盜：海洋文化論集》，頁 71。

3　Rhoads Murphey 對港口城市進行定義，並討論其功能如何演化。詳見：Rhoads Murphey, " On the Evolution of the Port City," in Frank Broeze, ed. *Brides of the Sea*：*Port Cities of Asia from the 16th -20th Centuries*（Honolulu：University of Hawaii Press, 1989），pp. 223-246.

4　Patrick O'Flanagan, *Port Cities of Atlantic Iberia, c. 1500–1900*（Aldershot：Ashgate Publishing, Ltd., 2008），pp.3-4.

5　David T. Gilchrist, ed. *The Growth of the Seaport Cities 1790-1825*（Charlottesville, University Press of Virginia, 1967）.有關港口城市的個別研究不少，本文以下僅針對以十七世紀至十九世紀港口城市為主題的重要專書進行討論。

6　Frank Broeze, "Port Cities：The Search for an Identity," *Journal of Urban History,* 11：2（February 1985），pp. 209-225.

以此為研究起點；注意港口如何支配和影響港口城市發展和變遷的各種面向；以及從港口功能歷史動態變化的角度觀察港口的城市、人群、區位、型態（morphology）、經濟功能，以及社會結構、政治、經濟、文化的性質。[7]Broeze 已經非常深刻地指出港口和港口城市的關係及研究方法。

1990 年代，歐美學界興起全球史或跨國史的研究風潮，[8]海洋研究逐漸被注意，強調跨海洋之間的互動和混合的文化，重視研究結構，甚至從跨水域權力（power across water）來討論帝國、闡釋船隻和港口的社會學以及從勞動者角度分析海洋社會學。[9]其中，亞洲海域相當受到重視，Frank Broeze 即編了兩本專書。第一本是《海的橋樑：十六世紀到二十世紀亞洲的港口城市》，著重於歐洲對亞洲港口在殖民主義和帝國主義的影響，強調採取所有社會學科的方法和觀點來研究港口城市。本書包含 8 篇文章，分別探討個別的港口城市和港口系統，或港口城市間的階層性。Broeze 指出，透過長距離航海路線和商業中心的連結，讓從印度洋到東非之間東亞港口城市的共同性，高於港口和腹地或政治實體之關係。他也特別強調在港口城市

7　Frank Broeze, "Port Cities：The Search for an Identity,"p. 213.

8　有關全球史研究趨勢，參見：蔣竹山，〈超越民族國家的歷史書寫：試論晚近西方史學研究中的「全球轉向」〉，《新史學》23：2（2012 年 9 月），頁 199-228；吳翎君，〈英文學界關於「跨國史」研究及跨國企業研究〉，《新史學》28：3（2017 年 3 月），頁 207-240。

9　Jerry H. Bentley, Renate Bridenthal, Karen Wigan, eds. *Seascapes：Maritime Histories, Littoral Cultures, and Transoceanic Exchanges*（Honolulu：University of Hawaii Press, 2007）.

中的族群，值得進一步的分析。[10]

　　第二本則是基於補充前書不足處而編的《亞洲的門戶：十三世紀到二十世紀亞洲的港口城市》，認為亞洲港口城市的社會和文化性質與大西洋沿岸非常不同，十三世紀至二十世紀亞洲港口和港口城市在經濟發展、都市化以及亞洲門戶扮演舉足輕重的角色，港口城市因與外界連結，成為本地和海外文化的交匯點，也是勢力擴張、帝國主義以及殖民主義爭競的舞台。該書從當代全球村的角度出發，指出港口的亞洲門戶之路既反映現代化和西化的衝擊，又反映傳統的內陸文化對這些城市發展的影響，是理解歷史上多元文化互動的重要篇章。[11]Michael N. Pearson 對近代早期東非和印度港口城市的研究，則闡釋港口城市的角色及其傾向，海岸與內陸的關係，沿海地區在世界經濟的位置，以及葡萄牙人在近代早期的影響。[12]

　　2009 年，羽田正編的《亞洲的港口城市 1600-1800：地方和外國文化的互動》，以十七世紀和十八世紀的亞洲港口城市

---

10 Frank Broeze, ed. *Brides of the Sea*：*Port Cities of Asia from the 16th -20th Centuries.*（Sydney-Honolulu：University of Hawaii Press, 1989）. 本書個案討論的港口城市包括印尼的錫江（Makassar）、上海、斯里蘭卡的可倫波（Colombo）。

11 Frank Broeze, ed. *Gateways of Asia* ：*Port Cities of Asia in the 13th-20th Centuries,*（London ; New York ：Kegan Paul International, 1997）. 本書討論的港口城市包括：曼谷、神戶、科威特、印度的孟買和 Masulipatnam、萬丹（印尼）以及 Vladivostok（俄羅斯海參威）。

12 Michael N. Pearson（Michael Naylor）, ed. *Port Cities and Intruders*：*the Swahili Coast, India, and Portugal in the Early Modern Era,*（Baltimore, Md.：Johns Hopkins University Press, 1998）.

為研究對象，[13]著重於東亞、東南亞以及南亞的比較及區域性的文化互動，認為港口城市是文化密集交流的場所，有眾多來自世界各地的參與者。近代早期歐洲和亞洲的互動，不僅給在港口城市的商人帶來交流的課題，也為官員帶來管理和控制的問題。本書即從建築，商業和藝術傳播，商業交易和爭端解決，到家庭、衣著、住房以及與食物有關的社會關係等問題，討論港口城市中地方和外國文化的互動。[14]2011 年，鄭永常召集臺灣海洋史專家學者，進行「近世東亞海港城市研究」整合型計畫，之後召開國際會議，2015 年出版《東亞海域網絡與港市社會》一書。該書包括海洋功能與貿易結構、口岸與華人社會、海域與貿易網絡以及港市與文化意象四部分，主要討論十五至二十世紀東亞海域的港市與移民發展、航線和商品與貿易網絡以及海洋和港市的律法、宗教、藝術及觀光等面向。[15]

　　近十年來，港口城市研究也在帝國史、大西洋史及全球史中扮演重要的角色。[16]2012 年，Douglas Catterall 和 Jodi

13 討論的港口城市包括廣東、長崎、印度洋的港口城市。

14 Haneda Masashi, ed. *Asian Port Cities, 1600-1800*：*Local and Foreign Cultural Interactions*（Singapore：National University of Singapore Press, 2009）.

15 鄭永常主編，《東亞海域網絡與港市社會》（臺北：里仁，2015），頁 ix。

16 這部份研究成果眾多，如：Liam Matthew Brockey, ed. *Portuguese Colonial Cities in the Early Modern World*（Aldershot：Ashgate Publishing, Ltd., 2008）；*Port Cities of Atlantic Iberia, c. 1500–1900*（Ashgate Publishing, Ltd., 2008）；Gert Oostindie and Jessica V. Roitman eds. *Dutch Atlantic Connections, 1680- 1800*：*Linking Empires, Bridging Border*（Leiden；Boston：Brill, 2014）；Joshua Schreier, *The Merchants of Oran*：*A Jewish Port at the Dawn of Empire*（Stanford, California： Stanford University Press, 2017）；Jorge

Campbell 編著的專書《港口的女性：在大西洋港口城市的性別團體、經濟以及社會網絡 1500-1800》，另闢蹊徑，討論十六世紀至十八世紀女性在大西洋港口城市中的都會生活，以及如何從事貿易商、旅行家、仲介商、工人及家庭勞務的工作。[17]2016年，Brad Beaven 等編著的《港口市鎮和都市文化》一書，透過十八世紀中葉至二十世紀非洲和歐洲港口的研究，釐清港口如何形塑不同的都市和海洋認同。其次，檢驗港口與都市腹地的關係以及在國際港之間文化的連結。這本書發掘過去較少注意的港口生活中的社會和文化面向，以及連結港口鎮文化的海洋傳統；另一方面，指出過去研究壓倒性地強調商人港口而忽略了海軍港口的歷史，因此打破海洋史中海軍史和商業港口史的二分法，並從文化形態的新觀點論述港口鎮認同的形成。[18]

　　從戰後至今，很明顯地港口都市的研究取徑，朝向避免港口和都市或是海軍和商業港口二分法的研究限制，而從海洋的港口、全球港口城市史以及跨洲或海域比較的觀點來探究，並逐漸重視功能演變、性別、特定族群、文化及跨文化面向的分析。[19]港口城市研究也是跨學科注意的課題，方法因而更加多

Flores, *Unwanted Neighbours：The Mughals, the Portuguese, and their Frontier Zones*（New Delhi：Oxford University Press, 2018）.

17　Douglas Catterall and Jodi Campbell, eds. *Women in Port：Gendering Communities, Economies, and Social Networks in Atlantic Port Cities, 1500-1800*（Leiden, Boston：Brill, 2012）.

18　Brad Beaven, Karl Bell and Robert James, eds. *Port Towns and Urban Cultures*（London：Palgrave Macmillan, 2016）, pp. 1-4.

19　特定族群如 Joshua Schreier 注意到猶太人的港口。跨文化分析，如 Luís Filipe Barreto, Wu Zhiliang, eds. *Port Cities and Intercultural Relations：15th -*

元化，歷史學、地理學、社會學、人類學者嘗試提出理想的範
型。亞洲港口城市的討論，除了從殖民港口城市和帝國港口
城市的角度論述之外，[20]甚至進一步類型化，至少有商業中心
（emporium）型，如麻六甲和廣州、出口（export-outlet）型，
如波斯出口油的城市、橋頭堡（bridgeheads）型以及進出口集
散（entrepôts）型。[21]然而，如同 Frank Broeze 所指出，為了了
解港口城市的性質、功能以及重要性，必須掌握其是一種動態
多元學科合成（dynamic multidisciplinary synthesis）的港口和城
市。例如 1979 年 Santa Cruz 團隊使用殖民港口城市概念和理論
來討論亞洲的港口城市，不一定適合解釋歐美地區的港口，無
法成為一種有用的理想類型。[22]換言之，港口城市是否存在一種
共通的範型，仍需要針對全球各地域港口城市進行更深入的研
究。近幾十年來，從跨海域或洲際的角度來討論和比較港口城
市的研究成果，也漸多。[23]不過，很明顯地，上述這些港口城

18th Centuries（Lisboa：Centro Científico e Cultural de Macau, 2012）.

20　Patrick O'Flanagan, *Port Cities of Atlantic Iberia, c. 1500–1900,* pp. 9-11.

21　Roderich Ptak, "Comparing the Incomparable：Some Thoughts on Seventeenth-Century Macau and Fort Zeelandia," in Luis Filipe Barrett and Wu Zhiliang eds., *Port Cities and Intercultural Relations 15th-18th Centuries*（Lisbon：CCCM, Fundacao Macau, 2012）, p 33. Patrick O'Flanagan,則又提出門戶型，如孟買，及修理和補給型港口等類型。Patrick O'Flanagan, *Port Cities of Atlantic Iberia, c. 1500–1900*，pp. 9-10

22　D. K. Basu, ed. *The Rise and Growth of the Colonial Port Cities in Asia*（Lanham：University Press of America, 1985）；Frank Broeze, "Port Cities：The Search for an Identity," pp. 211-213.

23　例如，Francois Gipouloux 的 *The Asian Mediterranean：Port Cities and Trading Networks in China, Japan and Southeast Asia, 13th-21st Century*

市史的討論，大多忽略前近代海洋臺灣港口市街的存在及其角色。至遲十六世紀以來，臺灣的港口卻逐漸變成東亞、亞洲以及全球的人、貨物及資訊轉運或流動重要的門戶之一。

其次，如果從中國史視野下來看港口城市，則長時期以來附屬於城市史研究。由於都市化是現代化的重要標誌，從 1950 年代開始，西方學者 Rhoads Murphey、Jean Chesneaux、Marie-Clarir Bergere、Mark Elvin 等先後以上海為中心，討論城市的變化、城市的工人、商人以及士紳權力的消長。[24]不過，最具代

（Cheltenham, U.K.; Northampton, Mass.：Edward Elgar, 2011）. 這本書是作者近 20 年來長期在中國和日本研究的成果，以亞洲的主要港口，包括東京、神戶、新潟、香港、新加坡、高雄、天津以及上海為主。作者認為定義東亞應該從功能而不是地理的或政治的角度來看。從俄羅斯的海參崴到新加坡形成了一個海洋的走廊，這個走廊有自己逐漸形成的法律系統和經濟模式（legal systems and business practices）。Malte Fuhrmann 的 *Port Cities of the Eastern Mediterranean*：*Urban Culture in the Late Ottoman Empire*（Cambridge, United Kingdom；New York, NY：Cambridge University Press, 2020），從歐洲和地中海的視角討論十九世紀奧圖曼帝國晚期東地中海城市的文化史。也有開國際會議之後，再集結成冊，而以港口城市為標題，如 *Port Cities and Trade in Western Southeast Asia*（Bangkok, Thailand：Chulalongkorn University, 1998）. 以 1998 年舉行的東南亞國家歷史和當代研究國際會議論文為基礎，出版專書，主要由緬甸、泰國、印尼以及新加坡的學者共同討論在葡萄牙入侵時，東南亞西部港口城市之間區域和國際的海洋貿易，透過釐清其商業互動和區域發展，以了解東南亞一些國家的成長和衰落。又如，2011 年，中央研究院海洋史研究專題中心編輯的《港口城市與貿易網絡》（臺北：中央研究院人社中心，2012），討論海防與口岸功能、港埠社區以及近代港市貿易，雖然研究區域包括印尼、日本以及韓國地區，但以中國海洋史為中心。

24 巫仁恕，〈導論：從城市看中國的現代性〉，收於巫仁恕等主編，《從城市看中國的現代性》（臺北：中央研究院近代史研究所，2010），頁 iii。

表性的是 1977 年 William Skinner 所編纂的《中華帝國晚期的城市》一書，強調前現代中國城市是一個獨特的文化類型、中國城市間的系統和變動方式。Skinner 提出的九個巨區，認為每區都支持一個社會經濟體系。這些社會經濟體系的空間結構，各由一個相互聯繫的中國式城市群落，或多或少地結合起來。對外貿易和技術上的進展，則是帝國時期城市化的最重要因素。[25]

從 William Skinner、Frederick Mote 以及 Mark Elvin 都注意到城市和鄉村成為一體的關係；Gilbert Rozman 則強調中國城市在國內至國際城市體系的地位。[26]1984 年，William Rowe 對漢口的一系列研究，則是晚清城市研究的經典之作。他的《漢口：一個中國城市的商業和社會》一書，試圖證明中華帝國晚期第一等級的城市中心中，存在著重要的社會力量，並全面呈現這些力量與城市核心功能之間相互影響的面貌，指出商業、個人身分、社會結構以及社會組織等的變化。[27]2000 年之後，中國城市史的研究，試圖打破新與舊、傳統與現代的二元對立觀點，從多元現代性的角度來修正 1950 年代的早期現代化理

十九世紀到二十世紀中國城市社會的研究成果與討論，參見：Christian Henriot "City and Urban Society in China in the Nineteenth and Twentieth Centuries：A Review Essay in Western Literature," 《近代中國史研究通訊》21（1996 年 3 月），頁 151-175。

25　William Skinner, *The City in Late Imperial China*（Taipei：SMC Publishing, Inc., 1995）, pp. 5-6, 11, 28.

26　William Rowe, *Hankow：Commerce and Society in a Chinese City：1796-1889*（California：Stanford University Press, 1984）, p. 12.

27　William Rowe, *Hankow：Commerce and Society in a Chinese City：1796-1889*, pp. 11、341.

論。[28]

　　然而，港口城市變成獨立的課題，始於 1998 年戴鞍鋼的研究。他以上海和長江流域為研究對象，首度跳脫城市史的架構，強調港口城市與腹地的關連性。[29]腹地是港口城市周邊的陸地，不但包括輸往港口商品的生產地，同時也是經由港口輸入商品的市場。[30]2000 年之後，吳松弟及其學生、團隊繼續在「港口與腹地關係」的架構下，進行晚清至民國時期中國港口，特別是條約港與腹地的研究，著重於探究港口城市與中國現代化的關係。[31]

　　2011 年，蘇基朗和馬若孟（Ramon Hawley Myers）編的《近代中國的條約港經濟》一書，[32]則進一步提出「條約港經

28 如 2000 年 David Strand , eds. *Remaking the Chinese City：Modernity and National Identity, 1900 to 1950*（Honolulu：University of Hawaii Press, 2000）. 2010 年，巫仁恕等編纂的《從城市看中國的現代性》，則從城市生活與文化、城市內的群己關係的調整，呈現包括外來消費與娛樂文化、城市空間與產業變遷、新社團組織的出現、新興職業人以及城市與宗教的關係等近代中國城市的現代性。巫仁恕，〈導論：從城市看中國的現代性〉，頁 iv-xv。

29 戴鞍鋼，《港口、城市、腹地：上海與長江流域經濟關係》（上海：復旦大學出版社，1998）。

30 吳振強，〈商品與市場： 19 世紀中葉前東亞海域遠程貿易的結構〉，收於鄭永常主編，《東亞海域網絡與港市社會》，頁 71。

31 吳松弟主編，《中國百年經濟拼圖：港口城市及其腹地與中國現代化》（濟南市：山東畫報出版社，2006）；吳松弟等著，《港口—腹地与北方的经济变迁（1840-1949）》（杭州：浙江大學出版社，2011）。

32 Billy K. L. Su and R. H. Myers, *The Treaty Port Economy in Modern China：Empirical Studies of Institutional Change and Economic Performance*（Institute of East Asian Studies, University of California, 2011）. 由於找不到英文原本，

濟」一詞，認為其是具體的經濟實體，條約港系統帶來了國際化城市以及工業化，採用西方法制框架，遵照西方工業化和大規模生產投資的模式，是實現利益最大化所建立起來的制度體系。蘇基朗也指出近代化的商業模式是條約港經濟的心態，其擁有新網絡、企業家以及新制度，且具有擴張性和滲透性。[33]這是立足於中國大陸條約港城市的觀察，是否適用於解釋海洋臺灣的條約港城市，仍待檢證。

　　臺灣港口城市的研究，早在 1930 年代，地理學家富田芳郎在進行臺灣鄉鎮研究和調查時，最先注意到港口鎮的角色和變化。[34]然而，戰後一開始也是依附在城市史研究範疇中，如前述 William Skinner 和斯波義信的《中國都市史》都有論文探討臺灣的新竹、鹿港、臺北以及臺南等港口城市。[35]1980 年代後期，臺灣史研究逐漸興盛之後，港口成為重要課題，但較少以清代臺灣的港口城市為研究對象。[36]1995 年，Donald R. DeGlopper 則

　　本書以下根據中文翻譯本，蘇基朗、馬若孟編，成衣農、田歡譯，《近代中國的條約港經濟：制度變遷與經濟表現的實證研究》（杭州，浙江大學出版社，2013）。

33　蘇基朗，〈導言：從制度看近代中國條約港經濟〉，《近代中國的條約港經濟》，頁 3-7。

34　富田芳郎，〈臺灣鄉鎮之地理學研究〉，《臺灣風物》4：10（1954 年 11 月）、5：1（1955 年 1 月）、5：6（1955 年 6 月），頁 1-16、23-45、9-43；富田芳郎，〈臺灣聚落の研究〉，收於金關丈夫等編，《臺灣文化論叢》第一輯（臺北：清水書店，1943）。翻譯本：〈臺灣鄉鎮之研究〉，《臺灣銀行季刊》7：3（1955 年 6 月），頁 85-109。

35　斯波義信，《中國都市史》（東京：東京大學出版會，2002）。

36　清代臺灣港口研究成果，參見：林玉茹，《清代臺灣港口的空間結構》（臺北：知書房，1996）。第一章研究回顧以及林玉茹、李毓中，《戰後

以鹿港為研究主題出版專書，根據他 1967-1968 年在鹿港的田野
民族誌資料，仍從中國城市史的角度來觀察和反省，進行社區
研究，試圖從個人、行會與城市、空間和時間、政治、社會結
構、社區意象以及清代團體與個人網絡等面向，釐清中國都市
社會過去與現在的性質，建構城市社會結構的模型。[37]

　　整體而言，從全球港口城市史的研究視野來看，先行研究
大多關注近現代各國或各海域重要的國際港口城市，即使在中
國史研究範疇中，也幾乎以上海、漢口、天津、重慶等大城
市，特別是條約港為中心，而很少進行其他中小規模或傳統港
街的研究，更遑論討論各地域港口市街之間的層級、類型、關
係以及彼此的競爭，或是比較各級港口市街與腹地及對外貿易
圈的差異。

　　相對於前述以國際港口城市或條約港為中心的研究，中小
型港街的角色和重要性常被忽視的，清代臺灣的港口市街史研
究應該可以提供不同面向的樣貌。十六世紀之後，臺灣才逐漸
因為東洋針路航線的開闢，而躍升到世界舞台中。[38]歷經荷蘭和
西班牙統治、鄭氏王朝的經營，臺灣雖然是東亞轉運站，貿易
網絡更擴張到全球，但是大概以大員（臺南）為據點，開發範
圍有限，直至康熙 23 年（1684）清朝將臺灣納入版圖之後，來
自福建和廣東的移民大量進入，臺灣西部才展開全面性開墾。

　　臺灣的歷史學研究 1945-2000：臺灣史》（臺北：行政院國家科學委員會，
　　2004），頁 136。

37　Donald R. DeGlopper, *Lukang：Commerce and Community in a Chinese City*
　　（Albany：State University of New York Press, 1995），pp. 3-4, 260.
38　曹永和，《早期臺灣史》（臺北：聯經，1979），頁 46。

換言之，清朝統治的兩百多年（1684-1895），是港口市街成長和首度出現衰落的時期。[39]港口由於是移民登陸地點，往往最先成立市街，更是移民與原住民最早的接觸點，港街的族群關係是一個值得注意的現象，也是東南亞不少港街共同面臨的問題。

　　其次，清代臺灣是一個農業移墾社會，海島型的農商連體經濟型態是經濟發展的首要特徵，[40]也呈現以港街為中心帝國邊區市場（frontier market）的型態。漢人大舉入臺拓墾之後，基於比較利益法則，農產品高度商業化，大多對外輸出，以交換中國沿海外向型經濟區的手工製品和日常用品。不過，由於陸路交通不便和沿岸航行困難，使得各地域的吞吐口，扮演土地開發和商業貿易火車頭的角色。即使晚清輪船盛行之後，臺灣南北交通仍不方便。如 1893 年，史久龍帶士子至臺北考舉人鄉試，需先從臺南搭輪船到福州，再從福州搭斯美號到滬尾。[41]正由於臺灣南北沿海交通不便，大多數中大型的港口市街直接對外貿易往來，而產生各地域的特色，成為今日宜蘭學、桃園學等地方學成立的基礎。不過，這些港口之間競爭激烈，消長明顯，也形成大小不等的港街。這些港街的類型、層級、彼此

---

39 清代臺灣有近兩百個港口，其興衰與發展，詳見：林玉茹，《清代臺灣港口的空間結構》，第二章。

40 臺灣先商後農的農商經濟連體型態，迥異於世界各地的發展狀態，詳見：黃富三，〈臺灣農商連體經濟的興起與蛻變（1630-1895）〉，收於林玉茹主編，《比較視野下的臺灣商業傳統》（臺北：中央研究院臺灣史研究所，2012），頁 3-36。

41 史久龍，方豪校訂，〈憶臺雜記〉，《臺灣文獻》，26：4（1976 年 3月），頁 5。

的關係，貿易型態，以及發展或衰落的原因或差異，都值得觀察。

　　總之，由於清代是臺灣大多數港街出現的時期，不僅可以觀察港街的形成過程、族群組成，也可以建立這些港街彼此從屬或競爭的關係。另一方面，過去僅以臺北、鹿港以及臺南等條約港或正口城市為中心而忽略小口港街的立論，往往無法解釋以竹塹、中港、東港等小口為樞紐，在對內地域市場圈和對外貿易圈的位置。對於像麻豆港這種地方型港口，認識更有限，往往忽略自十六世紀以來臺灣西南海岸的港口市街透過偌大的內海網絡，在人群、貿易以及宗教信仰擴散下的關係和演變。

　　本書即集結和重整筆者近三十年來有關清代臺灣港口市街的研究成果，[42]說明十七世紀至十九世紀海島型港口市街的性質、類型、功能以及其特色。本書從政治、經濟以及社會文化等面向，分成港口的政策與管理、族群與港街變遷、港街貿易與網絡以及港街信仰等四部分來討論。

　　第一部分，有兩篇文章從港口政策與管理，來論證清代臺灣小口型港街的存在，及小口管理機制所反映的人際網絡和意義。William Rowe 以漢口為例指出，十九世紀清廷由於財政支出不斷增加，田賦收入已無力負擔，中央政府企圖以長江中游為中心的區域貿易來支持，對商業的控制越趨寬鬆，商人可以擺脫法律的制約，且受到官府鼓勵，擴展商業貿易，即使在非

42　本書大幅修正原來文章文字、補充相關研究，並整合或修正各章論點，盡量避免重複。

經濟領域中，商人承擔官方或半官方性質的責任也越來越多。[43]
這是屬於條約港城市的觀察，那麼非條約港市是否也有同樣的
現象，值得關注。本書第一章〈由私口到小口〉，試圖論證清
代臺灣除了較被關注的五正口和四大條約港市之外，也有可以
直接對外貿易的小口型港街存在。首先，說明小口出現前的背
景，即其如何由島內沿岸貿易港變成私口；其次，具體舉證道
光末年以降，臺灣島內沿海小口的出現；最後，從上述中央政
府控制逐漸鬆弛和地方政府默許之下，解釋晚清小口就地合法
開放的原因及意義。本章認為，道光末年以降，原來臺灣各地
域的沿岸貿易港陸續變成地區性吞吐口，且地方廳縣逐漸就地
開放其與中國沿海各地直接貿易，清末小口的帆船貿易圈甚至
遠及日本和東南亞。小口的就地合法化，不僅反映了 1840 年代
以來中央集權體制的逐漸衰微及中央與地方港口政策之差異，
而且展現了中央與地方財政的競爭與矛盾。其更與地方財政制
度不健全之間有結構上必然的關係。以這些小口為中心，所形
成的對內地域市場圈和對外的帆船貿易圈，與條約港大為不
同，而建構出形形色色的地域特色。

　　清代臺灣沒有設置常關，開放對外貿易往來的港口僅設置
文口和武口來管理。這種制度中，管理人員與船戶間的互動情
形及其所反映的內涵，卻是過去較少注意的課題。第二章〈清
末新竹縣文口的經營與人際網絡〉，即透過《淡新檔案》來釐
清清末新竹縣文口的管理、經營及內部的人際網絡，以便理解

43　William Rowe, *Hankow：Commerce and Society in a Chinese City：1796-1889*,
　　pp. 341-342, 345.

其性質及官方管理政策的實質意義。本章指出，港口的管理者主要由地方上的紳商所組成，而透過收取口費，與地方縣衙門共享船隻貿易的部分利益。不過，縣署為純粹的獲利者，並不分擔過程中的風險。這種現象可以解釋，新竹縣各港為何未採用條約港和正口由官方派收口費模式，因為畢竟小口進出口船隻相對較少，只有採用贌收（委商包辦），才能有固定的口費收入，而轉嫁風險於地方的紳商階層，但也因此港口管理具有相當程度的自治色彩。官方對於船戶的種種維護，主要站在地方經濟利益角度來考量，促使文口的管理以及口書與船戶的關係達到一種平衡而合理的狀態。由此可見，十九世紀之後，即連小口型港街也朝向 William Rowe 所指出的：商業越來越活躍，商人角色越來越多元的現象。

第二部分，「族群與港街變遷」收錄三篇論文，從族群關係、港街競爭以及小口港街的組織來探究地方型和小口型港街的變遷。在來自福建和廣東的漢人尚未大舉移入之前，臺灣沿海船隻可以停泊的地點，往往是平埔族原住民居地。本篇所討論的麻豆、後壠、中港以及吞霄等港街，原來都有原住民番社存在。即使遷入的漢人移民也有閩（福建）、粵（廣東）兩籍族群的差異。福建籍又往往分成漳州和泉州兩府，泉州府也分成同安和三邑（晉江、惠安以及南安）等不同人群組合。[44]然而，究竟這些港街如何經歷番漢勢力的交替，閩、粵及漳、泉

44　清代泉州晉江商人集團在臺灣重要港街的發展，參見：林玉茹，〈政治、族群與貿易：十八世紀海商團體郊在臺灣的出現〉，《國史館館刊》62（2019 年 12 月），頁 23-33。

籍移民又如何在新故鄉落腳，甚而產生競爭關係，也反映在港街的變遷上。雖然，過去有些研究討論單一港口城市中特定族群的發展或是角色，例如鍾寶賢釐清阿拉伯族群在新加坡移民及族群經濟發展的特色，[45]但從族群關係和港街變遷的角度來論證，卻是全球港口城市史較少注意的面向。[46]第三章，〈番漢勢力交替下麻豆港街的變遷（1624-1895）〉，以長期透過倒風和臺江內海（潟湖）網絡，與小口鹽水港或正口臺灣府城（臺南）進行沿岸貿易的麻豆港街為研究對象，試圖論證這個地方型港街何以出現，如何由麻豆人的大社而變成漢化的港街及其融合番、漢元素的聚落特色。本章指出，十七世紀以前，麻豆社人是西南平原最強大的部落，直至清初他們仍擁有優勢地位，影響麻豆港的貿易活動。麻豆社人由於從荷鄭以來「文明化」的經驗，歷史遭遇顯然與中北部平埔族不太相同，甚至出現社番向漢人購買土地的「逆向操作」現象。不過，乾隆中葉之後，麻豆社仍抵擋不過國家政策與漢人強勢文化勢力的侵入，逐漸漢化，或是遷徙到其他地區。麻豆港街亦由水堀頭鄰近地區，遷至西邊原來麻豆大社所在位置，成為新商業中心。麻豆街的變化雖然受到自然環境變遷和漢人勢力的影響，另一方面，由於麻豆社固有檳榔宅住居的作用，卻促使該港街聚落

45　Stephanie Po-yin Chung, "Transcending Borders：The Story of the Arab Community in Singapore, 1820–1980s," in Lin Yuju and Madeline Zelin , eds. *Merchant Communities in Asia 1600-1980*（London：Pickering & Chatto, 2015）. pp. 109-122.

46　過去有些討論城市中特定族群的研究成果，但是卻較少注意族群關係如何影響一個地域內港街之間的競爭和興衰。

形態不但發展出十二角結構，且成為臺灣少見、大規模的「農村與街村合成聚落」。

　　港街形成之後，也可能基於區位、族群組成以及腹地經濟條件的差異，與鄰近港街或行政市街產生競爭。港口城市功能的演變，特別是港口機能消失之後對於城市形態的影響，常是討論重點。[47]章英華曾指出，清末臺灣都市的變化，一方面是河港機能消失，另一方面則是地方行政中心經濟功能加強，在成長速度上也超越原來的河港。[48]然而，事實上清代大多數港街的歷史無法證明此立論的成立。前述麻豆港街於清中葉失去港口機能之後，由於仍位於南北交通要道，又是周邊鄉村的糖、米集散中心，逐漸由港街轉型成供應麻豆保和善化里東保的鄉村依存市街。影響港街變遷的因素，顯然更多元。第四章，〈清代臺灣中港與後壟港街的發展與比較〉，比較中港和後壟這兩個有類似歷史背景與自然條件港街的發展；另一方面，則探討兩港街的結構與機能。中港和後壟港均因具有港口機能而成為地域內最早出現的聚落和市街，原先有相似的發展過程；亦即經歷番社聚落、漢莊、市街、築土堡，進而各自成為中港保和後壟保的吞吐港與集散市場。清末，由於後壟港泊船條件較中港佳，變成苗栗縣的吞吐口，商業機能更加繁複，縣城又新設不久，因此終清一代並未產生章英華所指出，縣城經濟功能超

47　例如前述 Rhoads Murphey 和 Patrick O'Flanagan 編的書，都詳細討論港口城市功能的演變。

48　章英華，〈清末以來臺灣都市體系之變遷〉，收入瞿海源、章英華主編，《臺灣社會與文化變遷》，中央研究院民族學研究所專刊乙種 16（臺北：中央研究院民族學研究所，1986），頁 238-240。

越港街的現象。

　　港街如吳振強所指出，也是周邊居民匯集的場所，人們在這裡交換各類知識、進行社交活動，以及累積訊息資本。[49]清代北臺灣紳商階層大多住於市街，保長、總理、董事等地方職員也於市街辦事，因而形成一個以港街為中心處理保、街、莊事務或傳達政令的自治組織。兩個港街，皆具有土堡、商業、地方街莊組織、軍事和交通以及文教和社會救濟等內部機能。文教功能不高，應是以經濟機能為主的中小型港街的特徵。

　　清代臺灣港街的人群組成，大多以閩籍，特別是泉州籍居多。今日苗栗縣通霄則是少數閩、粵籍勢力均衡的港街，因此街莊組織的建構過程中充分展現兩籍勢力的角力。第五章，〈閩粵關係與清代吞霄港街街莊組織的變遷〉，即從閩粵族群關係的角度，來觀察其如何影響港街組織的變化。本章首先以竹南三堡為例，指出分類械鬥如何影響堡內幾個港街的競爭和消長。咸豐年間以前，竹南三堡以苑裡街最大，因此又稱苑裡堡；以後，漳州人所在的苑裡街受到分類械鬥的影響而衰頹，吞霄街則因港務繁榮、內山樟腦與茶的生產，一躍為竹南三堡最大市街，竹南三堡也改稱為吞霄堡。北臺灣地區堡名與堡中心，顯然會隨著境內港街的競爭與消長，不斷改變。

　　另一方面，北臺灣往往以市街為中心成立街莊自治組織。本章進一步以吞霄街為例，展現一個處於閩粵雜處地區街莊組織的變化。道光初年，吞霄街成立之後，改以該街為中心形成

49　吳振強，〈港埠與港際航運：再探 18 至 19 世紀中葉中國沿海和南洋的閩粵帆船貿易〉，頁 37。

一個街庄總理區。而隨著內陸拓墾的進展，總理區內的村庄不斷增加，沿山的村庄職也經歷隘首、甲首至庄正的變遷。市街則為街庄總理區的權力中心。街上商人的角色與地位也很重要，不但是街庄組織運作的金主，更積極參與各項公務，甚至出任鄉職。由清代吞霄街庄組織的變遷可見，街庄總理區是隨著土地拓墾進程、外在經濟環境的變化、族群意識與利益爭奪的交相作用下，不斷調整與改變。港街閩粵勢力的競逐，甚至進而促成商人團體金和安郊的成立，可以說是特例。

　　由後壠、中港到吞霄港街的歷史，再次證明 William Rowe 在漢口的觀察，也出現在小口港街中，商人扮演越來越多官方和非官方的角色，更是港街的權力中心。

　　第三部分，有三篇論文從「港口貿易與網絡」角度，闡明港街的類型、性質、關係、商人的貿易實務運作以及訊息的傳遞網絡。1967 年，David T. Gilchrist 主編的第一本港口城市專書，討論 1790 年到 1825 年之間美國四種海港城市的成長及其對經濟成長的影響。[50]William Rowe 則指出在中國的商業運作有四種規模，第一種是地方貿易（local trade）。這種貿易是商品在郊外的生產者和地方市場之間或是縣內流通；第二種是區域內貿易（intraregional trade）；第三種是區域間貿易（interregional trade）；第四種是外國或海外貿易。[51]那麼，清代臺灣港街有哪些類型，他們所扮演的貿易角色是否像 William

---

50　David T.Gilchrist, ed. *The Growth of the Seaport Cities 1790-1825*.

51　William Rowe, " Domestic Interregional Trade in Eighteenth-century China," in Leonard Blusse and Gaastra, eds. *On the Eighteenth Century as a Category of Asian History*（Aldershot：Ashgate Publishing Ltd., 1998）, pp. 175-184.

Rowe 所提出的四種類型，可以清楚區分，各類型港街的功能
又有何差異。事實上，從時間和空間的視角來看，清代臺灣並
非一個同質區域，地域差異頗大，且隨著各地經濟發展，不斷
分化出大大小小的地域經濟圈，並出現規模不等且彼此從屬又
具有獨立貿易圈的港街。第六章，〈從屬與分立：十九世紀中
葉臺灣港口城市的雙重貿易機制〉，首先從商業貿易型態的角
度，將十九世紀中葉臺灣的港口城市類型化。本文指出 1860 年
以前，臺灣的貿易形態是以府城、鹿港以及艋舺三大正口為中
心，進行與中國內地為主的傳統帆船貿易。郊商控制了島外貿
易，並逐漸形成兩岸正口商號互相代理的委託貿易制度。另一
方面，在小型的港口城市，由於貿易規模小，主要從事整船貿
易。1860 年臺灣開港之後，南、北各出現一組國際港口，洋行
帶來新的貿易制度與規範；中國內地流行的匯單館和錢莊也引
入臺北。晚清臺灣可以直接對外貿易的港街，因而有小口型、
正口型以及條約港型三種。由於政策使然，各型港街之間產生
從屬關係，但如果從晚清他們都可以直接對外貿易，甚至連小
口型港街貿易圈遠達東南亞來看，都具備上述 William Rowe 所
說的四種貿易型態，而無法透過貿易層級來劃分港口市街的等
級。政策對於港街發展的影響，則相當明顯。

　　其次，前述 David T. Gilchrist 專書注意到海商作為船主、
銀行家、新產業的創始人，以及港口城市具有引進新工業和擴
散中心的功能。在晚清條約港型城市也可以看到類似圖像。如
William Rowe 所指出，十九世紀商人普遍地使用契約和擔保方
式、採取新的合夥與資本累積模式，特別是進一步擴大金融與

信用機構。[52]晚清臺灣南北條約港市，商人引進匯單館、錢莊等
金融機構，媽振館還是中國港市所未見，打狗商人更於 1880 年
代首先成立貿易「公司」，也懂得透過外國銀行交易和融資。
蘇基朗認為，雖然 1870 年代中國自強運動以來，嘗試進行技術
轉移，但無太大成果，直至 1890 年代末，透過在條約港外國工
場的學習，或是至日本和西方國家的直接觀察、參與以及海外
教育，才揉合和匯聚中國、西方以及日本商業制度，而在條約
港產生知識和技術轉移。[53]相較之下，臺灣商人似乎早了十年，
透過跨國貿易知識的學習，引入結合中外傳統的商業經營模
式。

　　相對於條約港，傳統港市的貿易規模普遍不大，從事進出
口貿易的郊商大多是中小業者居多，也透過集團運作來結算，
而沒有錢莊、匯單館等金融機制存在。另外，直至十九世紀
末，郊仍然控制著這些傳統港市的進出口貿易，且不斷因應市
場需求出現新郊，再度證實郊並未因為洋行的打擊而衰落。第
七章，〈商業網絡與委託貿易制度的形成〉，以十九世紀末鹿
港郊商許家為例，討論泉郊商人如何由米商變成進出口貿易商
以及其帆船貿易運作機制。本章指出，許家擁有大租戶、小租
戶、土壟間（碾米商）、放貸主以及米商等多重身份，不但直
接控制米穀生產、加工，而且兼具零售、中介以及米穀出口商
角色，又以同宗結幫經營方式涉足進出口貿易，經營九八行，

52　William Rowe, *Hankow：Commerce and Society in a Chinese City：1796-1889*,
　　pp. 341-342.

53　蘇基朗，〈導言：從制度看近代中國條約港經濟〉，頁 9-10。

投資泉州、鹿港兩地商號，顯現其商業經營的彈性與多樣化，以降低風險，追求最大利潤。過去一般認為，傳統中國商人購買土地是為了保值，而影響商業資本再投資和擴張。然而，在出口貿易導向的臺灣，米穀因是出口大宗，商人購買土地是為了確保商品取得，交換進口商品，而兼具米商、雜貨商以及進出口貿易商的多重角色。另一方面，這些商人深諳運用出租店舖和放貸來取得商業資本，甚至跨海投資泉州地區的商號，是過去較少注意的現象。有別於在國際通商港口、貿易圈廣泛的大貿易商，鹿港泉郊商人商業資金少，貿易範圍以泉州為中心或是中介，帆船貿易完全依賴同鄉、姻親以及合夥關係建構出的商業網絡，進而發展出兩地商號之間的委託代理機制。這些貿易商人之間，採取結幫經營、相互交換市場資訊，以及共同船隻運輸等繁複的合夥和合作關係，甚至組成橫跨泉、鹿兩地的商業貿易集團。

　　港街是貿易網絡的節點，更是訊息匯集和傳播中心。吳振強認為，對商人和移民來說，港埠是廣闊和複雜網絡系統的交軌處和延伸點。商人是港埠發展的推手，商業訊息從各個節點輻射出去。[54]然而，十九世紀中葉以來，港街訊息傳播技術明顯產生變化，不僅跨海域信息傳遞經歷帆船到輪船的演變，而且通訊技術也因電報出現而獲得突破性進展。其又如何影響商人的貿易活動，值得進一步探究。第八章，〈通訊與貿易：十九世紀末臺灣與寧波郊商的訊息傳遞〉，透過十九世紀末較為罕

54　吳振強，〈港埠與港際航運：再探 18 至 19 世紀中葉中國沿海和南洋的閩粵帆船貿易〉，頁 39。

見的郊商私文書，一方面釐清在條約港和非條約港的郊商通訊
方式的變遷過程及差異；另一方面，檢視訊息傳遞如何影響其
貿易運作。本章指出，十九世紀末，正是郊商信息傳遞模式變
化的過渡期，臺灣的鹿港仍以中式帆船來傳輸訊息，條約港寧
波的郊商則帆船、輪船以及電報三者並用。通訊模式的變遷，
也深刻影響貿易操作。在寧波的郊商，大多透過輪船信局來傳
遞訊息，而可以更迅捷、頻仍地掌握多元管道的市場動態。相
較之下，仍以帆船傳遞為主的鹿港郊商，則反映了非條約港郊
商的貿易規模、網絡以及訊息網之侷限。直至 1890 年代末，鹿
港郊商始終罕用電報經營生意。相對地，寧波郊商已經非常擅
於使用電報，因而比鹿港郊商擁有更廣、更多元的訊息來源，
甚至透過電報公開當地市場消息來影響市場動態。郊商訊息的
傳遞模式，也由帆船運輸、小集團的封閉情報網，朝向較透明
而多元管道的訊息網絡發展。

　　吳振強指出，在福建內陸的農村，宗族是地方組織的主要
形式，寺廟則在地方社會中扮演次要角色。但是，在城市地
區，社區形式的組織通常是圍繞寺廟來展開活動，而不是宗
族。[55]這樣的立論，並不完全適用移墾社會的臺灣。不論鄉村
或城市，寺廟都在地方社會人群凝聚上扮演舉足輕重的角色，
也是各種活動的據點。因此，港街的宗教信仰是一個重要的課
題，過去卻較少注意，有必要探究。第四部分，有一篇論文專
注於港街信仰的討論。如前所述，近年來港口城市的研究關注

---

55 Ng Chin-Keong, *Trade and Society：The Amoy Network on the China Coast, 1683-1735*（Singapore：Singapore University press, 1983）, p. 89.

社會文化面向，甚至也注意到女性的角色。但是，相對地，卻較少注意宗教信仰與港街之間的關連性。清代臺灣港街的信仰，以天后媽祖和王爺居多，媽祖信仰則在福建水師提督施琅的示範推廣下，最先出現在港街。第九章，〈潟湖、歷史記憶與王爺崇拜：清代南鯤身王信仰的擴散〉，則主要從潟湖、歷史記憶以及王爺崇拜的觀點，闡釋清末在臺南偏僻的寒村北門庄，為何出現一個臺灣規模最大的王爺廟南鯤鯓廟；王爺信仰又如何在府城、鹽水港以及麻豆等港街盛行，晚清麻豆港街甚至出現王爺信仰取代媽祖信仰的現象，迎鯤身王成為該地每年最重要的迎神賽會。本章指出，這些港街所在的西南海岸，以潟湖地形見稱，是清代臺灣海岸變化最劇烈的地域。內海所構築的地緣網絡、陸化過程中不斷出現的洪災與瘟疫、王爺取得正統神格，以及居民集體歷史記憶的想像和創造，與南鯤身王信仰的擴張關係密切。特別是鯤身王獲得官、紳認同及護府城有功的歷史記憶，在港街不斷傳述和轉譯，是南鯤身廟大幅擴張信仰邊界的關鍵。內海三大港街所擁有的財富以及不斷擴大的信仰圈，則是南鯤鯓廟一再擴建的資源。

第一部

港口政策與管理

第一章

由私口到小口
晚清臺灣地域性港口對外貿易的開放

一、前言

　　1978 年，何寶山（Samuel P. S. Ho）出版的《臺灣的經濟發展》（*Economic Development of Taiwan, 1860-1970*），至今仍是常被引用的專書。該書指出清代臺灣處於傳統農業經濟型態，農產品商品化程度不高，直至 19 世紀中葉臺灣被迫開放外國貿易，才有限度地透過條約港（treaty port）與外界聯繫，且至 19 世紀末仍停留在封閉而自給自足的經濟體系中。[1]何寶山顯然是將傳統中國大陸型的農業經濟體系，[2]直接套用到臺灣海島型的

1　Samuel P. S. Ho, *Economic Development of Taiwan, 1860-1970*（New Haven and London：Yale University Press,1978）, p. 3.

2　即使以中國大陸而言，從吳承明到 William Rowe 的眾多中、日、美國學者的研究都已經指出，十六世紀之後，區域間的長程貿易已經非常興盛，William Rowe 還以第二次商業革命來指稱。William Rowe, " Domestic Interregional Trade in Eighteenth-century China," in Leonard Blusse and Gaastra

農商連體經濟中，[3]立論有待商榷。事實上，清代臺灣農產品商品化程度極高、出口導向型的經濟型態，在近三十年來眾多的研究成果中已經可以確證。至於臺灣是否直至 19 世紀中葉開港之後，才僅透過條約港來與外界聯繫，則是本章主要的問題。

早在 1988 年，戴寶村的博士論文〈近代臺灣港口市鎮發展：清末至日據時期〉，已指出晚清臺灣除了正口和條約港之外，沿海至少有 11 個港口與中國沿海港口往來貿易。[4]1996年，本人出版《清代臺灣港口的空間結構》一書，再次論證除了過去所知的鹿耳門一正口時期（1684-1783）、三正口時期（1784-1825）、五正口時期（1826-1859）以及 1860 年臺灣開港後的四個條約港之外，最遲咸豐年間起，臺灣沿岸的三級港已陸續開放，得以直接與中國沿海港口貿易。[5]（圖 1-1）然而，直至今日，仍有不少新出的專論，誤以為清代臺灣僅陸續開放鹿耳門（1684，1830 年代以後為安平）、鹿港（1784）、八里坌（今八里，1788，1830 年代以後為滬尾）、[6]烏石港

---

eds., *On the Eighteenth Century as a Category of Asian History*,（Aldershot：Ashgate, 1998），pp. 177-179.

3 農商連體經濟的概念，參見本書〈導論〉。

4 戴寶村，〈近代臺灣港口市鎮發展：清末至日據時期〉（國立臺灣師範大學歷史研究所博士論文，1988），頁 34-39；戴寶村，〈臺灣大陸間的戎克交通與貿易〉，中華民國臺灣史蹟研究中心研究組編，《臺灣史研究暨史料發掘研討會論文集》（高雄：中華民國臺灣史蹟研究中心，1986），頁387。

5 林玉茹，《清代臺灣港口的空間結構》（臺北：知書房，1996），第三章第一節。

6 有關八里坌開口時間，至今仍眾說紛紜。有引《清會典事例》而主張乾隆55 年開口；或引用陳培桂，《淡水廳志》所載，乾隆 57 年的「八里坌開

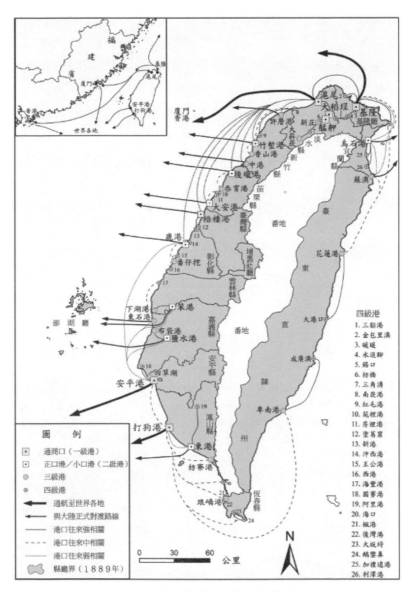

圖 1-1　清末臺灣的港口貿易模式

（1826）、海豐港（1826）等五個正口，以及清末的安平（稱臺灣關）、淡水（即滬尾）、打狗及基隆等四個條約港，完全忽略了臺灣沿海各廳縣的吞吐口，亦即小口在對內的地域性市場圈與對外貿易的角色和重要性。

　　舉例而言，黃國盛的《鴉片戰爭前的東南四省海關》一書，充分利用中國資料，對於海關和閩臺指定口岸貿易有些新論，但卻幾未注意到鴉片戰爭前後臺灣港口政策的變化以及小口逐漸得以直接與大陸貿易。[7]又如近年來，馬有成以清代臺灣港口的管理為研究主題，卻僅討論五個正口之開放，而且認為

設事宜」條，而以為 57 年方才開口。然而，後者文件全名是「八里坌對渡五虎門開設口岸未盡事宜」係閩浙總督覺覺伍拉納和福建巡撫浦霖檢討開口後未盡事宜之文件，因此 57 年之說有誤。周凱的《廈門志》和《清會典臺灣事例》則均記載乾隆 55 年正式覆准。不過，比對阿桂奏摺和《清高宗實錄》可見，乾隆 53 年 6 月 6 日福康安奏開八里坌港，6 月 23 日大學士阿桂等九卿遵旨議覆，建議「應如所奏」，同日，乾隆皇帝上諭旋稱：「俱照大學士等所議行」又《清會典臺灣事例》，則記載乾隆 53 年覆准開設八里坌與五虎門對渡。顯然八里坌正式開口時間應是乾隆 53 年。參見：陳培桂，《淡水廳志》（臺北：臺灣銀行經濟研究室，臺灣文獻叢刊「以下簡稱文叢」第 172 種，1963，1871 年原刊），頁 173；〈八里坌對渡五虎門開設口岸未盡事宜〉，收於臺灣銀行經濟研究室編，《福建省例》（文叢第 199 種，1964），頁 709；周凱，《廈門志》（文叢第 95 種，1961，1839 年原刊），頁 186；臺灣銀行經濟研究室編，《清會典臺灣事例》（文叢第 226 種，1966），頁 31、59；福康安，《欽定平定臺灣紀略》（文叢第 102 種，1961，1788 年原刊），頁 1011-1013；臺灣銀行經濟研究室編，《清高宗實錄選輯》（文叢第 186 種，1964），頁 621-623；〈大學士公阿桂奏摺〉，收於臺灣銀行經濟研究室編，《臺案彙錄庚集》（文叢第 200 種，1964），頁 163-164。

7　黃國盛，《鴉片戰爭前的東南沿海四省海關》（福州：福建人民出版社，2000），第五章。

開港以前，臺灣對外交通始終以正口為主。另外，他認為 1860
年在西力介入之下，臺灣對外交通才打破百年來僅能與閩省沿
岸往來的規定。[8]這些立論，顯然均忽略道光年間以降，中央和
地方在臺灣港口政策和執行上的轉變以及小口的出現。即使蔡
昇璋以日治時期的特別輸出港為研究對象，仍對其前身即是清
末各廳縣小口的事實，予以存疑或語焉不詳。[9]事實上，如果不
正視晚清臺灣地方政府已經開放小口直接對外貿易的現象，就
無法說明為何日本殖民統治之初必須立即依循舊慣，開放臺灣
和澎湖的八個港口繼續與中國進行帆船貿易。

　　另一方面，對於晚清臺灣經濟發展的觀察，大多僅以四個
條約港的海關報告來說明清末臺灣對外貿易，特別是米穀輸運
或是商人團體之消長，有一些立論仍待商榷。[10]通商口岸及海關
研究至今仍是清代港口史、市場史及貿易史研究的重心，中小
型港口依舊較少受到注意。這種以條約港為中心的地域市場圈
或是帆船貿易圈的討論，往往無法解釋以小口為中心的次級地

8　馬有成的相關著作有：〈閩臺單口對渡時期的臺灣港口管理（1684-
　　1784）〉，《臺灣文獻》57：4（2006 年 12 月），頁 55；〈清政府對臺
　　閩海洋交通管理之研究〉（國立中正大學歷史研究所博士論文，2007）；
　　〈清代臺灣的港口管理（1683-1860）〉，收入戴浩一、顏尚文編，《臺灣
　　史三百年面面觀》（嘉義：國立中正大學臺灣人文研究中心，2008），頁
　　291-330。

9　蔡昇璋雖然已注意到本人研究中有關小口的論點，卻受限於無各廳縣港口
　　正式開口的文獻，而僅提到「這些沿海港口其航運貿易地位已經不同於
　　往」。蔡昇璋，〈日治時期臺灣「特別輸出入港」之研究〉（國立中央大
　　學歷史研究所碩士論文，2007），頁 52-53。

10　相關討論，參見：林文凱，〈再論晚清臺灣開港後的米穀輸出問題〉，
　　《新史學》22：2（2011 年 6 月），頁 215-252；本書第六章。

域市場圈之實態。舉例而言，濱下武志的《中國近代經濟史研究》一書，可以說是開創亞洲貿易圈論的經典名著，然而其僅注意到廈門與臺灣之間的貿易，並認為廈門是與臺灣帆船貿易最多的地區。臺灣在亞洲貿易圈的位置也被劃成北自日本、南至廈門。[11]事實上，這個論點既未考慮時間動態的變化，又忽略了臺灣各類型港口貿易圈的差異性，[12]更低估了晚清臺灣帆船貿易圈的範圍。

自 1995 年以來，筆者陸續在竹塹地區和鹿港的相關研究，再次確定小口雖然長期從屬於鄰近的正口或之後的條約港，但是仍逐漸獨立發展出以小口為中心的對內地域市場圈及對外的貿易圈。[13]不過，這些研究一方面並未仔細論證小口開放的原因；另一方面，均未使用《臺灣總督府公文類纂》和中國北京第一歷史檔案館新出版的檔案，因此仍有疏漏和需要修正之處。

總之，本章透過一手材料，具體論證 19 世紀中葉臺灣港口政策的轉變和原因、小口的存在，以及所反映的意義。本章所謂的「小口」，是相對於清廷中央陸續正式開放的正口（二級港）而言，亦即除了區域性的正口之外，意指清末各地區性的吞吐口，他們大多是三級港規模。[14]不過，清代臺灣港口的泊船

---

11 濱下武志，《中国近代経済史研究：清末海関財政と開港場市場圈》（東京：汲古書院，1989），頁 243-245、249。

12 臺灣各地港口的核心貿易圈差異不小，詳見本書第六章。

13 詳見本書第二、六章；林玉茹，《清代竹塹地區在地商人及其活動網絡》（臺北：聯經，2000）。

14 清代臺灣港口的等級規模，依據其泊船條件、島外聯結、腹地的發展與貿易、商業設施以及行政與軍事配置等為指標，可以區分成五個等級。三級港大多具有軍事和商業機能，區位條件更好的港口也有行政機能。詳見：

條件變化不定，各地域小口的位置常有變動。由於本章試圖論
證小口的存在，因此首先說明小口出現前的背景，即其如何由
島內沿岸貿易港變成私口；其次，具體舉證道光末年以降臺灣
島內沿海小口的出現及貿易圈的擴大；最後解釋晚清小口就地
合法開放的原因及意義。

二、由島內沿岸貿易港至私口

清初臺灣的貿易型態和船隻，清楚地分成島外和島內貿易
兩種類型。本節首先說明其分類的起源，其次敘述島內沿岸貿
易港如何變成私口的過程。

（一）臺灣島內的沿岸貿易港

康熙 23 年（1684），清廷正式將臺灣納入版圖之後，港口
的管理政策繼承明代「貢舶貿易」中對渡口岸的傳統，以特定
港口為登陸地點，以利於稽查和徵稅。因此，採取中國內地與
臺灣的限制對渡政策，正式開放臺灣府城（今臺南）的鹿耳門
一口，稱為正口，與福建廈門對渡。[15]臺灣與中國內地的貿易往

林玉茹，《清代臺灣港口的空間結構》，第三章。

15 日治初期，臨時臺灣舊慣調查會第二部編纂的《調查經濟資料報告》指
　　出，康熙 35 年，以廈門為中心的中國沿海帆船貿易有 11 條貿易線，其中
　　臺灣佔 5 條，且包括漳、泉各港帆船與鹿港、五條港以及淡水港貿易在
　　內。但是，一來至今未有史料可證；二來康熙末年，中北部剛開始拓墾，
　　是否有足夠的貿易規模，值得懷疑。臨時臺灣舊慣調查會編，《調查經濟
　　資料報告》（東京：臨時臺灣舊慣調查會，1905），上卷，頁 71-72。

來、官兵配渡以及文報遞送，均透過正口來進行，鹿耳門也壟
斷全臺對外貿易。[16]不過，雍正年間以前，臺灣仍延續鄭氏王朝
往東洋貿易之習慣，主要輸出糖、鹿皮到日本，再由日本輸入
銀、銅以及海產。[17]

　　清廷對臺灣島內港口之間的沿岸貿易，管制則較不嚴格。
雍正 9 年（1731），即以西部沿岸已開發地域的港口作為島內
沿岸貿易點。根據日治初期臨時臺灣舊慣調查會所編纂的《調
查經濟資料報告》，這些港口是鹿港、海豐港、三林港、勞施
港、蓬山港、後壠港、中港、竹塹港及南崁港。[18]然而，比對
雍正至乾隆年間的文獻資料，這個說法顯然有誤。雍正 9 年清
廷確實於各廳縣設置縣丞和巡檢等佐貳官「稽查地方兼查船
隻」，但這些港口是：東港、大港、鹽水港、笨港、鹿港、竹
塹港以及八里坌等 7 港。[19]亦即西部沿海各地域港口條件較好，

16　林玉茹，《清代臺灣港口的空間結構》，頁 171-174、221-222；當然，正
　　口制度也建構在人口往來管理的考量，有關偷渡問題，參見：莊吉發，
　　〈清初人口流動與乾隆年間（一七三六～一七九五）禁止偷渡臺灣政策的
　　探討〉，《淡江史學》1（1989 年 6 月），頁 67-98。
17　朱德蘭，〈清康熙雍正年間臺灣船航日貿易之研究〉，中華民國臺灣史蹟
　　研究中心研究組編，《臺灣史料研究暨史料發掘研討會論文集》（高雄：
　　中華民國臺灣史蹟研究中心，1988），頁 423-434；朱德蘭，〈清康熙年間
　　臺灣長崎貿易與國內商品流通關係〉，《東海學報》29（1988 年 6 月），
　　頁 129-148；鄭瑞明，〈清領初期的臺日貿易關係〉，《臺灣師大歷史學
　　報》32（2004 年 6 月），頁 43-87。
18　臨時臺灣舊慣調查會編，《調查經濟資料報告》，頁 73。
19　張嗣昌著，李祖基點校，《巡臺錄》（香港：香港人民出版社，2005），
　　頁 25。記載：「諸羅縣的笨港、彰化縣的鹿仔港、淡防廳的竹塹港、淡
　　水港，『舟楫常通』……」；尹士俍著，李祖基點校，《臺灣志略》（北
　　京：九州出版社，2003），頁 14-15；劉良璧，《重修福建臺灣府志》（文

也是較早開發的地點，官方才開作沿岸貿易港口，並派駐文官
負責稽查管理。[20]清初臺灣的港口貿易和管理，遂分成島外與中
國福建的直接貿易、[21]島內沿岸港口貿易等兩種類型。

　　直至雍正末年，由於各地初開，貿易規模不大，上述各港
大多循正口制度，將土產運至鹿耳門出口。即連遠在北部的淡
水地區，「該處業戶每遇收成之後，頻用澎仔等船運載來府，
源源接濟內地」。[22]

　　另一方面，隨著臺灣各地域的開發，島內貿易港也逐漸增
加，沿岸網絡大幅擴張。[23]乾隆 12 年（1747），范咸的《重修
臺灣府志》，首先詳細地記錄乾隆初年臺灣各廳縣島外和島內
貿易的船隻和港口如下：

　　　臺灣縣：鹿耳門港（自廈至臺大商船及臺屬小商船往
　　　諸、彰、淡水貿易，俱由此出入）、大港（臺屬小商船
　　　往鳳山貿易由此出入）。鳳山縣：打鼓港、東港、茄藤

　　叢第 74 種，1961，1741 年原刊），頁 348。另外，尹士俍還提到大昆麓
　　（枋寮鄉大庄）一地也「兼查船隻」，但是康熙 61 年枋寮以南已經封山劃
　　界，且乾隆初年的方志都不再記載，是否是沿岸貿易地，仍存疑。

20　除了文官管轄之外，清廷也根據港口的重要性，而有不同等級的軍事部
　　署。詳見：林玉茹，《清代臺灣港口的空間結構》，頁 81-82。

21　這裡必須指出的是，雖然臺灣僅能透過鹿耳門與福建廈門直接貿易，但是
　　清初臺灣的大宗商品砂糖、藍靛，卻主要輸往華中地區。林玉茹，〈政
　　治、族群與貿易：十八世紀海商團體郊在臺灣的出現〉，《國史館館刊》
　　62（2019 年 12 月），頁 1-50。

22　張嗣昌著，李祖基點校，《巡臺錄》，頁 43。

23　Ng Chin-Keong, *Trade and Society：The Amoy Network on the China Coast,
　　1683-1735.*（Singapore：Singapore University press, 1983），p. 105.

港（以上俱無大商船停泊。惟臺屬小商船往來貿易）。
諸羅縣：笨港、蚊港、鹽水港、猴樹港（以上惟臺屬小
商船往來貿易）。彰化縣：鹿子港（惟臺屬小商船往來
貿易）。淡水廳：海豐港、三林港（以上二港，地屬彰
邑。至小商船往來貿易，歸淡防廳查驗）、勞施港、蓬
山港、後壠港、中港、竹塹港、南嵌港（以上俱無大商
船停泊。惟臺屬小商船往來貿易）、淡水港（自廈至港
大商船十隻，名為社船，於此出入。臺屬小商船自三月
東南風發，往來貿易；至八月止。）[24]

由此可見，乾隆初年，在臺灣港口進行貿易的船隻，很明顯地
區分成兩種：一種是從廈門來到鹿耳門或季節性地到淡水的大
商船；另一種是「臺屬小商船」，僅在臺灣沿岸各港貿易。島
內沿岸貿易港口由南而北分別是茄藤港等 16 港。[25]與雍正 9 年
相較，大概增加一倍多的沿岸貿易港。此外，北部淡水地區由
於離臺灣府城很遠，往來不方便，特別設置社船制度。范咸的
《重修臺灣府志》說明如下：

淡水舊設社船四隻，向例由淡水莊民僉舉殷實之人詳明
取結，赴內地漳、泉造船給照；在廈販買布帛、烟、
茶、器具等貨來淡發賣，即在淡買糴米粟回棹，接濟

---

24 范咸，《重修臺灣府志》（文叢第 105 種，1961，1747 年原刊），頁 89。
25 這些港口是茄藤港、東港、打狗、大港、蚊港、鹽水港、猴樹港、笨港、
海豐港、三林港、勞施港、蓬山港、後壠港、中港、竹塹港、南崁港。

漳、泉民食。雍正（乾隆）元年，[26]增設社船六隻。乾
隆八年，定社船十隻外，不得再有增添。每年自九月至
十二月止，許其來淡一次；回棹，聽其帶米出口。其餘
月分，止令赴鹿耳門貿易。[27]

亦即淡水的社船制度是一個鹿耳門正口時期的特例。早在康熙
年間淡水地區始墾時，因應地方需要、與正口距離遙遠以及東
北季風時期島內沿岸船隻難以航行等事實，清廷允許冬季淡水
社船可以直接至廈門進行日常用品與米的互補交易。然而，其
餘季節仍必須至鹿耳門貿易。

　　直至 18 世紀中後期，鹿耳門一正口對渡制度，大抵上仍被
嚴格執行。乾隆 34 年至 39 年（1769-1774），擔任臺灣海防同
知的朱景英，即詳細描述在一個正口下島外貿易和島內貿易的
不同：

蓋鹿耳門為全郡門戶，而南北各港口亦其統轄者。凡商
船自廈來臺者，有糖船、橫洋船之分；……又司四縣額
運內地府廳縣倉兵眷米粟，……。其鳳山縣粟石，自茄
藤港運至府澳。諸羅縣粟石，自笨港運至府澳。彰化縣
粟石，自鹿子港運至府澳。郡境有澎子、杉板頭、一封

26 根據雍正末年在臺灣任官的張嗣昌和尹士俍的記載，直至雍正末年淡水社
　船僅有四艘。因此，雍正元年可能是乾隆元年之筆誤。張嗣昌著，李祖基
　點校，《巡臺錄》，頁 43；尹士俍著，李祖基點校，《臺灣志略》，頁
　47。
27 范咸，《重修臺灣府志》，頁 90。

　　書、舢子各小船，領給臺灣、鳳山、諸羅三縣船照，設
　　有船總管理，均有行保，赴南北各港販運。[28]

顯然，直至 18 世紀後葉，鹿耳門仍是全臺唯一門戶。往來於鹿
耳門和廈門之間，從事島外貿易的船隻稱作糖船或橫洋船。[29]另
一方面，則有往來臺灣南北沿岸貿易的港口和船隻。這些船隻
種類相當複雜，主要有澎仔、杉板頭、一封書以及舢仔等船，[30]
領臺灣、鳳山以及諸羅縣三縣的船照，屬於臺灣本地船隻，與
島外貿易船隻大小、類型不同。

（二）臺運與私口的出現

　　康熙、雍正年間，臺灣初闢，加以對其他港道尚不熟悉，[31]

28　朱景英，《海東札記》（文叢第 19 種，1958，1774 年原刊），頁 18-19。
29　從檔案和文獻可證，雍正年間最先出現往華中貿易的「糖船」，乾隆年間
　　出現與福建進行米穀貿易的「橫洋船」。林玉茹，〈政治、族群與貿易：
　　十八世紀海商團體郊在臺灣的出現〉，頁 25-26。
30　丁紹儀，《東瀛識略》也有類似記載：「船有尖艚、杉板、舢船、渡船、
　　採捕船之分…。俗稱則有澎仔、龍艚、大舢、小舢、按邊、宂仔、一封書
　　等名，皆往來南北各港貿易採捕，不能橫渡大洋者。」1738 年尹士俍的
　　《臺灣志略》詳細說明各種船隻大小，種類也較朱景英提出的多。參見：
　　丁紹儀，《東瀛識略》（文叢第 2 種，1957，1873 年原刊），頁 21；尹士
　　俍著、李祖基點校，《臺灣志略》，頁 90-91。
31　例如，根據雍正末年至乾隆初年先後擔任臺灣知府和臺灣道的尹士俍的觀
　　察，當時竹塹、淡水雖然已經開發，但是臺灣府城和其他縣的商船，因
　　「港道不熟，且恐風逆有失，每年立夏後南風盛發，方貿易其地。迨九月
　　九降風起，則不敢復往，故穀賤物貴。」尹士俍著，李祖基點校，《臺灣
　　志略》，頁 47。

一個正口政策大抵還符合當時經濟發展狀況。然而，當各地如火如荼地進行拓墾、且形成一定規模的聚落和人口時，如何將臺地農產品直接交換中國沿海的手工製品和日常用品，越趨重要。原來的島內沿岸貿易港遂成為各地域的窗口，逐漸出現偷漏、走私現象。

　　以遠在中北部的竹塹、淡水地區為例，雍正末年至乾隆初年該地的米穀價格不但是全臺最低，而且「一切布帛器皿、應用雜物，價昂數倍」。原因是直至 18 世紀中葉，除了前述每年東北季風時期特別恩准的社船一年一至之外，只能從府城進出口商品；加以府城和其他縣的商船對該地港道不熟，僅在夏季南風時才往中北部貿易，導致該地「穀賤物貴」。[32] 在這種因交通不便而影響進出口商品價格的狀況之下，直接偷漏土產至福建內地貿易，不但更符合地方經濟利益，也吸引福建船隻逕至臺灣沿岸港口販運。因此，儘管從康熙至乾隆朝，國勢鼎盛，由於清廷國家機器的強力運作，[33] 鹿耳門一個正口對渡政策大致被遵循；不過，早在乾隆 7 年（1742）高宗上諭可見，中國內

32　尹士俍著、李祖基點校，《臺灣志略》，頁 47。淡水地區船隻的往來，除了前述的社船之外，范咸《重修臺灣府志》又載：「臺屬小商船自三月東南風發，往來貿易；至八月止」。范咸，《重修臺灣府志》，頁 89。

33　舉例而言，乾隆 11 年，巡視臺灣給事中六十七等報告乾隆皇帝，臺灣米穀並沒有偷漏他處的現象，乾隆皇帝則表示高度懷疑。六十七等只好再三申明將要求臺灣和廈門同知嚴加稽查。林爽文事件之後，乾隆 53 年至 57 年，乾隆皇帝也一再要求清查文武官海口陋規，嚴屬查禁偷渡。足見由於乾隆皇帝的高度關心，閩省和臺灣港口管理仍有一定效力。中國第一歷史檔案館、海峽兩岸出版交流中心編，《明清宮藏臺灣檔案匯編》（北京：九州出版社，2009），第 23 冊，頁 384-385、第 84、86-88 冊。

地小船已常假借遭風，到臺灣各地載米而回：

> （臺灣）雖素稱產米之區，……。蓋緣撥運四府及各營
> 兵餉之外，內地採買既多，並商船所帶，每年不下四、
> 五十萬。又南北各港來臺小船，巧借失風名色，私裝米
> 穀透越內地，彼處概給失風船照，奸民恃為護符，運載
> 遂無底止。[34]

　　乾隆 11 年（1746），管理閩海關的福州將軍新柱更進一步
指出，原來在臺灣南北各港販運的小船，由於載重 500 石至 900
石，可以橫越臺灣海峽，所以「私由小港偷運米穀等物至漳、
泉、粵東等處。」[35]換言之，18 世紀中葉，原來僅在臺灣沿岸港
口貿易的「臺屬小商船」，已因地方經濟發展之需，偷越到內
地貿易，對外的米穀走私貿易圈甚至跨越廈門，而涵蓋福建和
廣東兩省。
　　另一方面，前述乾隆上諭中，「撥運四府及各營兵餉」
的臺運制度的實行，更深刻化「私口」問題。雍正 3 年
（1725），清廷鑑於臺灣米出產有餘，可以補漳州、泉州、興
化以及福州四府缺米之苦，遂實施將臺灣正供米穀供輸福建各
府的兵米、眷米以及平糶米的臺運制度。[36]在此制度規範下，臺

34　中國第一歷史檔案館編，《乾隆朝上諭檔》（北京：檔案出版社，
　　1991），頁 828。
35　中國第一歷史檔案館、海峽兩岸出版交流中心編，《明清宮藏臺灣檔案匯
　　編》，第 24 冊，頁 399。
36　臺運制度至今研究成果眾多，本文僅大概交待臺運制度與小口發展之關

灣南北各廳縣的正供米穀「必從城鄉車運至沿海港口，再用澎
仔、杉板等小船，由沿邊海面運送至郡治鹿耳門內，方能配裝
橫洋大船，轉運至廈。」[37]不過，由於臺運米穀主要由民間商
船承運，而且按照船隻種類或是樑頭大小來決定運載數量；因
而，儘管官方給予商船運米腳價銀，卻因臺運所產生的眾多弊
端，[38]使得商船逐漸規避正口，轉往中、北部小港走私貿易。

　　乾隆末年，臺灣中、北部各口偷漏米穀狀況更為普遍。乾
隆 49 年（1784）、53 年（1788），因應中部和北部的開發成
果，以及將中部米穀配運至內地的需要，清廷只好陸續開鹿港
與泉州蚶江、八里坌與福州五虎門對渡，成三個正口對渡格
局。同時，為了有效而迅速地由來臺商船將臺運米穀運輸至廈
門，不但更嚴格執行正口制度，而且加強取締私口的偷漏。[39]
然而，加開兩個正口，仍不符合臺灣各地經濟發展後的實際需

係，其制度的演變則詳見：王世慶，〈清代臺灣的米產與外銷〉，《清代
臺灣社會經濟》（臺北：聯經，1994），頁 103-106；高銘鈴，〈清代中期
における台運休制の実態についての一考察〉，《九州大学東洋史論集》
29（2001 年 4 月），頁 88-115；吳玲青，〈清代中葉台湾における米と
銀：「台運」と「台餉」を中心として〉（東京：東京大學大學院人文社
會科博士論文，2009）。

37 〈為閩督喀爾吉善等奏〉，收於臺灣銀行經濟研究室編，《臺案彙錄丙
集》（文叢第 176 種，1963），頁 172。

38 例如，米穀遭風失水，由商船賠補；配穀手續繁雜，難免被書役勒索。
〈戶部為內閣抄出閩浙總督程祖洛奏移會〉，收於臺灣銀行經濟研究室
編，《臺案彙錄丙集》，頁 202。

39 〈閩浙總督富勒渾奏摺〉，收於臺灣銀行經濟研究室編，《臺案彙錄丙
集》，頁 245-246；〈大學士公阿桂等奏摺〉，收於臺灣銀行經濟研究室
編，《臺案彙錄庚集》（文叢第 200 種，1964），頁 163-164。

求，臺運米穀的配累也讓商船趨避各地域小港，走私日益嚴
重。

　　從乾隆末年至道光中葉，眾多文獻一再強調因私口偷漏弊
端，臺運積壓嚴重，並重申嚴守正口對渡政策。舉例而言，嘉
慶 22 年（1817）《福建省例》的〈配運臺穀條款章程〉即記
載，為了規避臺運配穀，在官商勾結下，內地小口與臺地小口
之間「私越」頻繁。[40]

　　私口偷漏越嚴重，商船不到正口運穀，臺運米穀也積壓更
多，成為福建省難以解決的棘手問題。道光 13 年（1833），閩
浙總督程祖洛即明白指出：

> 又臺、鹿、淡三口之外，沿海偏港甚多。當春夏風信平
> 穩之時，內地小船，往往私越販貨，不歸正口，漏配兵
> 穀。積久之弊，由此而起。[41]

亦即，儘管清廷規定由三正口運輸臺運兵眷米穀，卻因島內沿
海貿易港往往有內地船隻「私越販貨」，「不歸正口」，以致
臺運米穀積壓嚴重。道光中葉，周凱《廈門志》再度重申，臺
運造成商船不往正口貿易，趨避至其他小口。福建與臺灣兩地
的小口偷越狀況如下：

40　〈配運臺穀條款章程〉，收於臺灣銀行經濟研究室編，《福建省例》，頁
　　79-80。
41　〈戶部為內閣抄出閩浙總督程祖洛奏移會〉，收於臺灣銀行經濟研究室
　　編，《臺案彙錄丙集》，頁 202-203。

> 然由今計之，臺運積壓尚有十數萬石，其故原於……，
> 各船不歸正口，私口偷越者多。如臺灣淡水之大垵、後
> 壠、中港、竹塹、南嵌、大雞籠、彰化之水裏、嘉義
> 之笨港、猴樹、鹽水港、臺邑之大港、鳳山之東港、茄
> 藤、打鼓、蟯港，俱為私口，例禁船隻出入。內地晉江
> 之祥芝、永寧、圍頭、古浮、深滬各澳、惠安之獺窟、
> 崇武、臭塗各澳，矇領漁船小照置造船隻，潛赴臺地各
> 私口裝載貨物，俱不由正口掛驗，無從稽查、無從配
> 穀，俗謂之偏港船。同一往來貿販營生，乃彼得巧避官
> 穀，獲利倍於他船，無怪正口各船心懷不服。[42]

很明顯地，道光中葉，由於船隻多往私口，臺運似乎已經日趨
有名無實。此時，臺灣沿岸的私口有 15 個，大多是各地域的
吞吐口。另一方面，私口問題嚴重，促使正口不但商船越來越
少，又為了配合沿岸小口泊船條件，也導致往來臺地商船「漸
造漸小」，[43]商船有小型化趨向。

　　總之，由於臺灣各地域的開發及臺運弊端，促使臺灣島內
沿岸貿易港逐漸變成私口。面對私口貿易日益興盛的事實，清
中葉以降臺灣地方縣廳對於私口的管理政策也產生變化。

42　周凱，《廈門志》，頁 191-192。
43　周凱，《廈門志》，頁 192。

三、清中葉以降臺灣沿海小口的出現及貿易圈的擴大

　　乾隆初年以來，私口偷漏的現象已經出現，但正口對渡政策大致上至 19 世紀初應仍被嚴格執行。由嘉慶 14 年（1809）淡水廳淡水鄉耆盧允霞特地陳稟「淡水准造社船往來廈蚶各口貿易」事件即可為證。盧允霞指出，自乾隆末年八里坌開為正口之後，由於規定僅能與福州五虎門對渡，致使原來泉州、廈門往返八里坌的商船逐漸減少，淡水地區也無法直接從泉州蚶江和廈門取得民生日用物資，甚為不便。[44]由此可見，直至嘉慶年間，清廷中央的港口管理政策尚有一定的規範效力，對臺灣與福建兩地貿易的影響也不小。

　　然而，道光年間以降，局勢卻大有變化。儘管道光中葉以前，各種重申嚴格落實正口之制的文件數見不鮮，但是 1820 年代之後，清廷對於沿海港口的管理已現疲態。最明顯的是，一方面，1820 年代以來，由印度進口的各類鴉片走私問題日益嚴重。[45]至 1830 年代，即連已失去貿易壟斷權的英屬東印度公司對中國的鴉片貿易也大幅成長，白銀大量流出，[46]顯然此際清廷

---

44 〈淡水准造社船往來廈蚶各口貿易議稟附後〉，收於不著撰人，《福建沿海航務檔案》（北京：九州出版社，2004），頁 179-200。

45 1773 年，英國商人第一次將印度生產的鴉片輸入廣州，1800 年清廷正式禁止鴉片進口。然而，外商仍勾結清政府大小官吏，鴉片進口日多。1820 年代，鴉片進口遽增，至 1830 年代進口量又是 1820 年代的兩倍，已形成巨大危機。上海社會科學院經濟研究所，《上海對外貿易（1840-1949）》（上海：上海社會科學院出版社，1989），頁 20-22。

46 Edward LeFevour, *Western Enterprise In Late Ch'ing China*：*A Selective Survey of Jardine, Matheson and Company's Operations, 1842-1895*（Cambridg：East

已經無力控制西南沿海各口。

　　另一方面，臺灣各個正口的貿易網絡亦逐漸擴大，無須像清初一般以遭風等各種理由往北貿易，[47]不再受限於原來規定的福建對渡口岸。以鹿港為例，除了原來與福建的貿易之外，「糖船直透天津、上海」，還有南船往來廣東、澳門、蔗林。[48]即使後山噶瑪蘭（今宜蘭）的烏石港，1830 年代島外貿易狀況是「每春夏間南風盛發，兩晝夜舟可抵四明、鎮海、乍浦、松江」，近冬北風將起時，則至「蘇州裝載綢疋、羊皮諸貨」，一年一、二次到漳、泉，又一年一度裝運樟腦至廣東澳門，「販歸雜色」。[49]進言之，最遲 1830 年代初，臺灣五正口的貿易網絡不再侷限於原來福州五虎門、泉州蚶江以及廈門三口，而已北至天津，南至廣東。各個港口又因其港口規模、地理位置以及易達性，貿易圈大小各有差別。

　　此外，道光中葉以降，由於天災頻仍、黃河和運河決堤、西北回亂，銀貴錢賤以及鴉片戰爭的影響，清廷財政日趨惡化。[50]如何開源節流成為此後清政府的施政重點之一。道光 23 年（1843）12 月，宣宗皇帝因「浙江之寧波、乍浦、江蘇之上海等口，均與臺灣一帆可達」，恐「各商民往來貿易」，「難

Asian Research Center of Harvard University, 1970），p. 6.

47　〈船照逾期不許掛往別處〉（乾隆 51 年），《福建省例》（臺北市：臺灣銀行經濟研究室，1964），頁 655-656。

48　周璽，《彰化縣志》，頁 24-25。

49　柯培元，《噶瑪蘭志略》（文叢第 92 種，1961，1837 年原刊），頁 116。

50　道光年間，清代財政的惡化，詳見：何烈，《清咸同時期的財政》（臺北：國立編譯館，1981），第二章第二節。

保無走私漏稅之弊」，遂正式開放寧波、乍浦與臺灣貿易。[51]亦即，為了課稅之需，清廷終於打破了長達 160 年臺灣與福建正口對渡制度，將臺灣與華中的直接貿易合法化和體制化。[52]此後，直至 1860 年因西方壓力開港之外，清廷中央不再正式開放臺灣任何港口進行島外貿易，但 1840 年代以降臺灣地方廳縣已逐漸准許各地小口直接與中國各地貿易。以下舉具體的事證。[53]

　　首先，一個港口一旦開放與中國沿海貿易，通常設立文、武口和口書來查驗船隻，並徵收口費。例如，乾隆 53 年（1788），議開淡水八里坌與福州五虎門對渡後，《福建省例》即記載：

> 查八里坌新設口港，應召募行保、海保及口差、經書，並設立小船引帶商艘，一切紙張、飯食等費均不可少。是以請照新定章程，每船文員衙門准收番銀五元，武職衙門准收番銀三元。[54]

道光 4 年（1824），閩浙總督孫爾準因鹿港泊船條件日漸不佳，船隻常停泊五條港（即海豐港），而奏請開該港為正口。

51　中國第一歷史檔案館、海峽兩岸出版交流中心編，《明清宮藏臺灣檔案匯編》，第 168 冊，頁 288-293、342-343；《大清宣宗成（道光）皇帝實錄》（臺北：華文書局，1969），第 11 冊：道光 22 年 11 月上至道光 26 年閏 5 月，頁 7135。

52　詳見本書第六章。

53　另外，日治初期的《臺灣日日新報》，也有一些沿海港口已是「開港場」的報導。

54　〈八里坌對渡五虎門開設口岸未盡事宜〉，《福建省例》，頁 712。

其指出「既設正口，有稽查配運等事，自應添設口書、口差、澳甲、行保各役，悉照開設八里坌章程辦理。」[55]道光 14 年（1834），鹿港「重修天后宮碑記」中，也有文口書和武口書的捐款。[56]由此可見，正口一經開設，並得以從事島外直接貿易時，官方往往設立文、武口，並派遣口書查驗船隻。

這種文、武口的設置，除了五個正口之外，似乎最先出現於竹塹港，然後逐漸擴展到其他小口。1830 年代，由開臺進士鄭用錫撰寫的《淡水廳志》，首度將港口分成正口和小口兩類，亦即大甲溪以北淡水廳內的竹塹港和大安「係小口」，相對於八里坌「係正口」。其中，竹塹港則是「內地小船或有遭風暫時寄泊」。[57]該志並未指出竹塹港已經設立文、武口，顯然此時淡水廳尚未開放該港與中國內地貿易。不過，內地船隻遭風暫時收泊，似乎是當時地方官廳用以默認境內港口實際上已與大陸各港直接互通有無的變通辦法，更是「上有政策下有對策」的反映。至道光 20 年（1840），姚瑩的《東溟文後集》中，已載竹塹港「民居舖戶頗稠，有文武於此稽查」。[58]同治年間成書的《臺灣府輿圖纂要》也說竹塹港「原屬商船要口」，但咸豐年間已經淺淤，船隻常改由香山口進口。[59]由此看來，竹

55 〈戶部為內閣抄出閩浙總督孫爾準奏移會〉，收於臺灣銀行經濟研究室編，《臺案彙錄丙集》，頁 284-285。

56 〈重修天后宮碑記〉，收於劉枝萬編，《臺灣中部碑文集成》（文叢第 151 種，1962），頁 43。

57 鄭用錫著、國立中央圖書館臺灣分館藏，《淡水廳志》（手稿影本，1834），頁 41、43-44。

58 姚瑩，《中復堂選集》（文叢第 83 種，1860，1867 年原刊），頁 82。

59 臺灣銀行經濟研究室編，《臺灣府輿圖纂要》（文叢第 181 種，1963），

塹港很可能是臺灣西海岸最先開放島外貿易的小口。

　　之後，淡水廳又陸續開放更多港口進行島外貿易。《臺灣府輿圖纂要》、同治年間陳培桂的《淡水廳志》以及光緒 19 年（1893）的《苗栗縣志》均記載：廳內的竹塹、香山、中港、後壠及大安等港為「小口」，設有汛兵、口書、澳甲，以備稽查；其中後壠有文館兼辦中港，[60]文館即是文口。顯然，這些港口均設有文、武口來稽查船隻，並徵收口費。

　　口費通常僅向與中國內地貿易的船隻徵收，而在臺灣沿岸往來的商船和漁船一般是不收口費的。[61]光緒 5 年（1879），《淡新檔案》詳盡地說明淡水廳徵收口費的狀況如下：

> 照得香山、後壠、大安等口，原設口胥，凡有海洋船隻出入掛驗稽查，責任慕重，歷選就地殷實良民承辦在案。……凡有出入船隻，照例量驗，所有搭裝內渡米貨，遵照減成新章，按照樑頭公費，秉公收繳……。[62]

上述各港，內地民人互渡貿易並由官商驗照收費的事實，在《淡新檔案》行政篇交通類船政各案中，數見不鮮。其中，文

　　頁 40。

60　臺灣銀行經濟研究室編，《臺灣府輿圖纂要》，頁 275-278；陳培桂，《淡水廳志》，頁 171-172；沈茂陰，《苗栗縣志》（文叢第 159 種，1962，1893 年原刊），頁 173-174。

61　南溟漁夫，〈新竹附近ニ於ケル船舶ノ舊慣〉，《臺灣產業雜誌》7（1899 年 2 月），頁 25。

62　《淡新檔案》（臺北：國立臺灣大學圖書館藏），第 15209-1 號，光緒 5 年閏 3 月。

獻最早時間是咸豐 2 年（1852），同治 2 年（1863）之後，大甲溪以北的重要港口則大都開作小口。[63]

　　第二，粵民回中國內地省親或是鄉試大都由正口登船內渡。[64]同治 6 年（1867），由臺灣南部海防同知發佈的「嚴禁勒索以肅口務示告碑」卻明白記載：「粵民寄居海疆，每年或省親、或鄉試，多由旗後、東港配船」。[65]亦即，同治年間，除了旗後（打狗）已因中英、中法天津和北京條約開放為條約港之外，東港也已是小口，可以直接與中國內地對渡。又根據 1897 年的調查，東港於咸豐 3 年（1853）林恭事件之後，商船貿易復盛，遂設立文、武口以檢查商船出入。[66]顯見，東港應於咸豐初年新設小口。

　　第三，光緒元年（1875），福建巡撫沈葆楨建議臺灣北部應設一府三縣的奏摺中提到：「臺北海岸，前僅八里坌一口，來往社船不過數隻，其餘叉港支河僅堪漁捕，今則八里坌淤塞，新添各港口曰大安、後壠、香山、滬尾、雞籠。」[67]亦即，光緒元年，除了替代已淤塞的八里坌正口並開為條約港的滬尾

63 《淡新檔案》，15203-1 號，咸豐 2 年 4 月 3 日。又從同治 2 年 4 月至光緒 10 年 12 月，從北邊的許厝港、舊港、香山、後壠、中港，至最南邊的大安，均有設置口書、澳甲的紀錄。參見：本書第二章，附表 2-1。
64 例如在黃典權所編《南部碑文集成》中記載，乾隆 53 年粵民抗議回鄉省親或是鄉試遭到文武口胥需索。參見黃典權編，《臺灣南部碑文集成》（文叢第 218 種，1966），頁 421-422。
65 黃典權編，《南部碑文集成》，頁 495。
66 〈臺南縣下東石港、東港沿革其他情況〉，「臺灣總督府公文類纂」，國史館臺灣文獻館，典藏號：00004536022X002，1897。
67 沈葆楨，《福建臺灣奏摺》（文叢第 29 種，1959），頁 56。

和雞籠（基隆）之外，大甲溪以北至少有大安、後壠、香山等小口存在，且連福建巡撫亦承認其為已開港口的事實。

　　第四，光緒 9 年（1883）7 月，新竹縣皂頭役奉知縣周志侃命令，將糧丁紀錄由舊港（即竹塹港）押令登舟內渡。[68]官方文報向來僅由正口配運，[69]清末顯然小口已經承擔直接運輸公文到中國內地的任務。

　　第五，光緒 19 年（1894）編輯的《雲林縣采訪冊》，更詳細地記載縣內小口和文、武口查驗狀況：

> 海汊凡四：曰北港、曰海豐港、曰蚊港、曰下湖港；……惟北港、海豐港為大商船於此寄椗；然皆有沙線綿亙甚長，大船不能進口，惟載千餘石之船得至焉。有文武口，專管驗船之事。凡商船由金、廈、南澳、澎湖、按（垵）邊等處來者，皆由本地官給發船照；進口日，即呈文武口照驗掛號，然後得卸貨交易。載貨既畢，向文武口請領船單，按船之大小繳納船鈔，然後出口。船單由營、縣發給；每月須將存根送署，以備查考。[70]

清末雲林縣有北港、海豐港、蚊港以及下湖港等四個港口，僅有海豐港和北港作為島外貿易港，並有文、武口查驗船隻。北

68　《淡新檔案》，11312 號，光緒 9 年 7 月 9 日。

69　林玉茹，《清代臺灣港口的空間結構》，頁 118。

70　倪贊元，《雲林縣采訪冊》（文叢第 37 種，1959，1893 年原刊），頁 87。

港不但是雲林縣最大港，與金門、廈門、銅山及南澳貿易往來；貿易圈甚至已跨越中國沿海各港，遠達呂宋、日本等地。[71]

　　第六，1896 年的〈鹿港風俗一斑〉也記載晚清鹿港地區的港口狀況。鹿港廳（鹿港海防總捕分府）時代，轄區內除了鹿港正口之外，還有梧棲、新港、王宮（王功）、番挖以及北港等五口，設有文口和武口，負責徵收各港口輸出入物品稅，以作為地方衙門公費。光緒 13 年（1887），臺灣建省後，北港劃歸雲林縣管轄，梧棲、塗葛窟、新港（屬臺灣縣）、鹿港、王宮、番挖以及西港等港均能進行島外貿易，但除了鹿港之外，僅與泉州往來。[72]

　　綜上可見，至遲道光末年，淡水廳治的吞吐口竹塹港最早設置文武口，准許大陸船隻貿易往來。咸豐至光緒年間，臺灣沿海港口條件較佳、可以容納內地中式帆船進出的港口，已成為地方官廳允准的對外貿易口岸。這些港口則主要作為中式帆船的貿易中心。[73]亦即，清中葉以後，除了原來的五正口之外，儘管中央政府不再新開正口，但是地方廳縣的港口管理政策卻大幅鬆綁。

　　距離臺灣行政中樞最遠的淡水廳，顯然最先面對現實的挑戰。早在乾隆 28 年（1763）至嘉慶 12 年（1807），在淡水地區民眾不斷陳情下，連遠在臺南的臺灣最高文官臺灣道和武

71　倪贊元，《雲林縣采訪冊》，頁 87。

72　〈清末的鹿港〉（原題：鹿港風俗一斑），收於陳其南，《臺灣的傳統中國社會》（臺北：允晨文化實業股份有限公司，1991），頁 188-193、212-213。

73　伊藤博文，〈支那形船舶ノ出入及其手數料ニ關スル意見〉，收於伊藤博文編，《台湾資料》（東京：原書房，1970），頁 187-188。

官臺灣鎮，也一再指出應允許蚶江和廈門船隻直接至淡水港貿易，卻始終不被中央政府所接受。[74]清廷對於兩岸港口的治理顯然相當消極保守，嘉慶中葉以前特定正口之間的對渡政策大概仍持續被執行。然而，誠如前述，1830 年代，正口的貿易網絡已然放寬，可以遠及華北和廣東。鴉片戰爭前後，清廷統治能力更趨退化，對於各省的控制日益鬆弛，[75]邊陲的臺灣與帝國中央政策之間的脫軌也愈加顯著。特別是遠離政治中心、鞭長莫及的淡水廳，即最先開放轄內港口，直接與福建對渡。

　　1840 年代，鴉片戰爭之後，中國被迫開啟自由貿易體制，西方船隻源源而來，清廷對於沿海港口的控制似乎陷入管無可管狀態，更催化非條約港走私貿易和自由貿易的展開。咸豐元年（1851），洋船已經直接至滬尾、基隆貿易。[76]1850 年代中葉，臺灣雖然尚未開港，從臺灣道至臺灣知府「為了勒索規費，以保私囊」，未經中央允准，即私自與洋人協商，讓洋船到打狗「違法」開設洋行貿易，或是到中、北部收購樟腦和土產。[77]

　　1860 年，臺灣迫於西方列強勢力，開臺灣（安平）、淡水、打狗以及基隆四港為國際港埠之後，[78]從閩省到臺灣地方廳

---

74 〈淡水准造社船往來廈蚶各口貿易議稟附後〉，《福建沿海航務檔案》，頁 181。
75 何烈，《清咸同時期的財政》，頁 400。
76 丁紹儀，《東瀛識略》，頁 55。
77 黃嘉謨，《美國與臺灣（1874-1895）》（臺北：中央研究院近代史研究所，1979），頁 90-93；林子侯，〈臺灣開港後對外貿易的發展〉，《臺灣文獻》27：4（1976 年 12 月），頁 57。
78 臺灣四口海關開港過程，參見：葉振輝，《清季臺灣開埠之研究》（臺北：標準書局，1985），第二章至第四章。

縣的港口政策也同步進入自由貿易的時代，無視於中央長久以來的保守態度。從英國領事報告來看，新竹的舊港（竹塹港）在同治 4 年（1865）偶而有中式帆船到新加坡貿易；同治 6 年（1867），更一度特別允許西洋船隻來此停泊，進出口貨物。[79]顯然，此時舊港已由島內沿岸貿易港變成島外貿易港，貿易範圍不再像嘉慶中葉以前僅與固定正口對渡，而是擴及中國沿海各港，甚至遠及東南亞。相對於嘉慶中葉以前，地方官廳對港口管理的權限已經大幅提高，相當自主。

再由《淡新檔案》來看，除了前述沈葆楨奏摺之外，不但地方廳縣已經逕自開放縣內港口，即連閩省上級官員也接受此既定事實。舉例而言，光緒 8 年（1882），泉州晉江縣祥芝澳船金吉利控訴大安港規費收取不合理，由岑毓英的批示可見，即連福建巡撫也已默認小口有大陸船隻出入，並收取規費的現象。[80]清中葉以前，從閩省到地方廳縣表面上嚴守的正口對渡政策，顯然已經蕩然無存。

19 世紀後期這些小口的島內市場圈和島外貿易圈實態，除了前述《雲林縣采訪冊》的記載外，又可以由《臺灣總督府公文類纂》中的陳情書獲得確證。1895 年，日本領臺後，殖民政府最初僅承認原來四個條約港（開港場）的國際貿易體制，後來顧及現實，又實施「特別輸出入港」政策，亦即指定臺灣島內沿岸 7 個港口作為特別輸出入港，得以讓中國帆船來港貿

79　Robert L. Jarman ed., *Taiwan Political and Economic Reports, 1861-1890,*（Slough：Archive Editions, 1997），Vol.1：1861-1875, pp. 114, 154.

80　《淡新檔案》，15214-1 號，光緒 8 年 2 月 5 日。

易。這個制度卻無法符合原來清末沿岸眾多港口已經直接進行島外貿易的事實。未被指定的港口僅能轉為島內沿岸貿易港，頓時在兩岸商業貿易和交通上產生極大不便。1896 年至 1899 年之間，地方紳商於是陸續出來向總督府陳情。[81]其中，東石港和中港有詳細的商業貿易舊慣的報導，證實清末臺灣各地域的小口可以合法進行島外貿易，甚至貿易圈不再限制於中國沿海，而遠及日本、東南亞。

　　以中港為例，該港據稱嘉慶年間已有船隻往來。1830 年代中葉左右，設立文、武口。中港街民自有船隻者有 20 餘人，船 40 餘艘。從中國來到該港的船隻，每日 5、60 艘，多時至百艘以上。由中國各地輸入的貨物則運到新竹、頭份、三灣、北埔、大湖、月眉以及南庄等地，有時也由淡水轉運而來。中國輸入的商品有食鹽、紙箔、麵線、布、棉、雜貨以及其他海產品⋯等。由中港輸出的土產則有苧麻、米、藺草、砂糖、樟腦、木材、藤、水果及藥材等。中港的貿易地點除了中國沿海各口之外，還包括英國殖民地諸島及呂宋。[82]

　　總之，由竹塹、北港以及中港的例子可見，清末臺灣沿岸小口不但已經開放直接對中國沿海各港貿易，貿易圈甚至遠及日本和東南亞。這些港口由於泊船條件較差，又沒有開作國際

81　日本殖民政府原來僅開放清末的四個條約港，因此從 1896 年開始，陸續有不少港口的紳商向殖民政府陳情，希望繼續延續清末舊慣，准許其島外貿易。詳見：蔡昇璋，〈日治初期港口「郊商」與「特別輸出入港」之設置〉，《臺灣文獻》57：4（2006 年 12 月），頁 176-210。

82　〈中港ヲ開港場トナスハ詮議ニ及難シ〉，「臺灣總督府公文類纂」，國史館臺灣文獻館，典藏號：00004613015，1899。

港，主要作為中國帆船的貿易中心。前述何寶山認為直至清末臺灣僅透過條約港來與外界聯繫的立論顯然無法成立。濱下武志僅將臺灣劃入南至廈門北達日本的廣域貿易圈內，也有必要修正。然而，清中葉，特別是道光末年之後，臺灣港口政策為何日趨寬鬆，大幅開放島外貿易的港口呢？下一節進一步分析其理由及意義。

四、小口對外開放的原因

清康熙至嘉慶年間，臺灣港口管理政策仍大概遵行正口對渡制度。然而，19 世紀中葉之後，各廳縣級小口的島外貿易卻逐漸合法化。1860 年代以後，甚至跨越原來的中國貿易圈，遠及日本、東南亞等地。小口開放的原因，茲說明如下。

（一）貿易分工與地方經濟發展之需

清代臺灣是一個不斷發展中的農墾移民社會，與中國沿海地區的外向型經濟區大致上基於比較利益法則，形成所謂開發中與已開發地區的貿易區域分工型態；[83]加以臺灣沿海交通危險又不便，因此一個地域一旦開發告一段落，即有迫切與大陸直接貿易之需求。乾隆末葉至道光年間，鹿港、八里坌以及烏石港陸續開為正口，大概都是因民間走私偷渡已經盛行，或是採捕漁船藉口遭風往來交換商品，即連地方廳縣也大多睜一隻眼

---

83 王業鍵，〈清代經濟芻論〉，收於王業鍵，《清代經濟史論文集》，第 1
　　冊，（臺北：稻鄉出版社，2003），頁 60。

閉一隻眼，最後中央不得不承認既有事實，設立正口，以「防
微杜漸」。後山噶瑪蘭廳開烏石港為正口的歷程，最能說明各
地域吞吐口直接與中國內地貿易的需要以及地方官務實的態
度。

　　噶瑪蘭廳於嘉慶 15 年（1810）正式設治。道光 3 年
（1823），呂志恆出任噶瑪蘭廳通判之後，觀察到廳內有烏石
港和加禮遠兩個港口，常有內地漁船來港貿易的現狀。他即認
為應該化暗為明，設官稽查：

> 噶瑪蘭西勢烏石港、東勢加禮遠港，二處小口，向於春
> 末夏初南風當令之時，有臺屬之鹿港、大按、八里岔、
> 雞籠等處小船，載民間日用貨物，進港貿易，併有內
> 地之祥芝、獺窟、永寧、深滬等澳採捕漁舟入口，售賣
> 鹽魚、魚脯，換載食米回內。……稽自蘭疆收入版圖
> 十餘年，未有堪以配載官穀之船入港者。蘭地僻處全
> 臺山後，生齒日繁，人烟輻湊，一切日用所需，全賴各
> 處小船，於春夏之間，入口貿易，倘累以官差，或小加
> 裁禁，舟商一經裹足，地方立見衰頹。惟是每年進口商
> 漁船隻，或一百餘號至二百餘號不等，若不官為稽察掛
> 驗，難保無夾帶違禁貨物，甚或附搭匪人偷渡，實不可
> 不防其漸。[84]

---

[84] 姚瑩，〈籌議噶瑪蘭定制〉，收於姚瑩，《東槎紀略》（文叢第 7 種，
　　1957，1832 年原刊），頁 60。

由上可見，在春末夏初時，噶瑪蘭廳內一方面有從鹿港、大安、八里坌以及基隆等港口小船順風運來日常用品；另一方面，福建泉州的祥芝、獺窟、永寧以及深滬等港的漁船也會載鹽魚、魚脯等來交換食米而回。面對這個現象，呂志恆認為噶瑪蘭廳已經發展到「人烟輻湊」的地步，日常用品必須靠這些小船運入，一旦裁禁，「舟商一經裹足，地方立見衰頹」。換言之，在兩岸貿易分工體系下，噶瑪蘭廳亟需中國內地船隻往來貿易有無。

　　道光 4 年（1824），閩浙總督孫爾準親自到臺灣巡閱後，顯然接受了來自臺灣地方官員的建議，道光 6 年（1826）8 月正式奏開噶瑪蘭廳的烏石港為正口。他也強調為了地方經濟發展之需，必須開烏石港。其奏摺清楚地向中央反映位於偏遠後山的噶瑪蘭，由於僅生產米穀，早在開正口之前，每年春末夏初季節已經有福州、泉州等「內地」小船來廳貿易的事實，如不開口，將影響民生經濟的發展。

> 又查噶瑪蘭處全臺之背，但產米穀，一切器用皆取資於
> 外販。其地有三貂、崇崖二嶺，山逕險峻，陸路貨物不
> 能疏通，惟西勢之烏石港、東勢之加禮遠港，每於春末
> 夏初南風司令之時，可通四、五百石小船。內地福州、
> 泉州等處商民，裝載日用貨物，前往易米而歸。福、泉
> 民食，藉資接濟，兩有裨益。若加裁禁，則商販不通，
> 於民間殊多未便。亦應如其所請，開設正口，以利民
> 生。……其餘各小口仍嚴行封禁，如有商船私越偷渡，

　　照例究辦。[85]

　　烏石港的開口過程，應是鹿耳門之外，臺灣各地港口逐漸開放過程的寫照。整體而言，清代臺灣港口政策的變化，事實上也呈現在地的地方官廳和帝國中央政策的落差和矛盾。清廷遠隔重洋，對於臺灣統治的「殖民想像」甚為明顯，[86]在港口政策上趨於保守，嚴守正口之制。地方官廳直接觀察到地方經濟的發展以及臺灣與內地互補貿易的現實，往往較為務實。正由於地方官廳與閩省、帝國中央官員認知的落差，不但使得正口政策的執行有其限制，也為道光末年之後小口的就地開放鋪路。

（二）臺運廢弛，不需再嚴正口之制

　　如同前述，臺運與臺灣港口的管理關係密切。特別是乾隆 11 年（1746），福建巡撫周學健奏准由來臺商船配運兵眷米穀到福建之後，開啟商運米穀之始，[87]影響更深。臺運米穀

85　〈戶部「為內閣抄出閩浙總督孫爾準奏」移會〉，收於臺灣銀行經濟研究室編，《臺案彙錄丙集》，頁 286。

86　殖民想像（imagination）本身隱含著殖民者在瞭解、觀察和描述被殖民者過程中，不免有忽略、扭曲以及誤解。參見：姚人多，〈認識臺灣：知識、權力與日本在臺之殖民治理性〉，《臺灣社會研究季刊》42（2001 年 6 月），頁 122-123。

87　吳玲青，〈清代中葉台湾における米と銀：「台運」と「台餉」を中心として〉，頁 46。

原來由鹿耳門一口輸出，鹿港開口之後也承擔此任務。[88]嘉慶
14 年（1809），閩浙總督方維甸因臺運積米嚴重，又奏准八里
坌與鹿港、鹿耳門三口配運，同時為了杜絕商船改為漁船規避
臺運，令商、漁船一體配運。然而，臺運積壓如故，且弊端連
連。因此，直至道光年間，究竟由商船配運，或雇商船專運，
或是用官船專運，從臺灣地方官到閩浙總督意見不一，也變化
不斷。[89]不過，通令來臺商船一體配運兵眷米穀至內地，仍是較
持續之政策。[90]

　　由於主要以民船配運米穀，使得清廷不得不嚴格執行正口
對渡政策，禁止商、漁船至小口偷漏走私，而妨害臺運績效。
道光初年，閩浙總督趙慎畛和福建巡撫孫爾準鑑於臺運米穀仍
積壓嚴重，已開始考慮「改折抵餉」，最後雖因官、民意見紛
歧未全廢商運，[91]但道光 8 年（1828），卻先改眷穀為折色，臺
運更形有名無實。[92]道光 21 年（1841），又因鴉片戰爭「來往
商船稀少，撥配不敷」，閩浙總督怡良和福建巡撫劉鴻翔奏准
將臺運米穀除澎湖、南澳兩廳仍全運本色外，其餘均改為「一
半折色」。道光 24 年（1844），清廷中央一度以「夷匪平定，
臺運折色米穀應令復照舊章」，要求全運臺穀到閩。但是經閩

88　林玉茹，《清代臺灣港口的空間結構》，頁 220-221。

89　陳培桂，《淡水廳志》，頁 185-186。

90　吳玲青，〈清代中葉台湾における米と銀：「台運」と「台餉」を中心と
　　して〉，頁 46。

91　道光初年，臺運改折論議的詳細過程，參見：姚瑩，〈籌議商運臺穀〉，
　　收於姚瑩，《東槎紀略》，頁 24-30。

92　中國第一歷史檔案館、海峽兩岸出版交流中心，《明清宮藏臺灣檔案匯
　　編》，第 146 冊，頁 192-195。

浙總督劉韻珂陳奏，建議臺運各地府縣兵米兵穀，仍改為一半
折色，「劃抵臺餉歸款」，等三、四年後再察看情形如何，[93]最
後則不了了之。自此臺運即逐漸廢弛，不僅不必再嚴格要求商
船從正口出入，以配運米穀，也使得地方廳縣無須再嚴屬執行
正口對渡政策。

（三）地方財政與知縣津貼

清初並未在臺灣的港口設立権關，船隻必須到廈門港查驗
完稅。鹿耳門也隸屬於閩海關管轄。換言之，清初臺灣的港口
並無徵稅功能，[94]但卻有陋規。

康熙末年，因朱一貴事件來臺灣的藍鼎元已觀察到臺灣商
船出入徵收掛驗陋規，在臺灣府由海防同知「家人書辦掛號，
例錢六百」，「在鹿耳門則巡檢掛號，例錢六百」，又有「驗
船之禮」。[95]

船隻規禮成為地方衙門辦公費用的淵源，則起於澎湖。早
在康熙年間，靖海侯施琅曾「倚勢霸佔，立為獨行」，每年收
澎湖漁戶規禮 1,200 兩。雍正 7 年（1729），福建水師提督許

---

93 洪安全編，《清宮諭旨檔臺灣史料》（臺北：國立故宮博物院，1997），
    第 5 冊，頁 4222；中央研究院歷史語言研究所編，《明清史料・戊編》
    （臺北：中央研究院歷史語言研究所，1953-1954），第 10 本，頁 990-
    991；中國第一歷史檔案館、海峽兩岸出版交流中心，《明清宮藏臺灣檔案
    匯編》，第 169 冊，頁 42-45、58。
94 馬有成，〈閩臺單口對渡時期的臺灣港口管理〉，頁 57。
95 藍鼎元，〈與吳觀察論治臺灣事宜書〉，收於藍鼎元，《平臺紀略》（文
    叢第 14 種，1958，1723 年原刊），頁 51。

良彬到任後，「將此項奏請歸公，以為提督衙門公事之用，每年交納，率以為常。」乾隆 2 年（1737），清高宗卻認為抽取規禮，「行家任意苛求，漁人多受剝削，頗為沿海窮民之擾累」，所以命令閩浙總督郝玉麟「永行禁革」。[96]

此後，儘管澎湖廳已經革去陋規，但乾隆年間廈門與臺灣仍有海口陋規存在。乾隆 29 年（1764），根據福建水師提督黃仕簡奏報，廈門關凡有船隻進口，不分內外洋（國內、外），均需繳交若干陋規，再由總督以下各文、武衙門平分。[97]乾隆 31 年（1766），閩浙總督蘇昌又因鹿耳門陋規，奏准「同知衙門每船收取番銀三圓；武弁取錢一、二百文，以為辦公飯食之用」。[98]亦即原來是非正式的陋規，反而化暗為明，成為正式向出口船隻徵收的規費，即「口費」。

乾隆 51 年（1786）因林爽文事件來臺的福康安進一步指出，船隻規費不僅攸關從總兵到海防同知等地方文武長官的收入，而且此習慣相沿甚久：

> （鹿子港）船隻出入及多帶米石陋規與鹿耳門無異；而船隻較少，每年同知約得番銀一萬餘圓；守備約得番銀六千餘圓；送給總兵規禮一千二百圓；副將向不分送。

---

96 〈閩浙總督郝玉麟題本〉，收於臺灣銀行經濟研究室編，《臺案彙錄丙集》，頁 4。

97 《大清高宗純（乾隆）皇帝實錄》（臺北：華文書局，1969），第 14 冊：乾隆 27 年閏 5 月上至乾隆 29 年 12 月下，頁 10185；《宮中檔乾隆朝奏摺》第 20 輯（臺北：故宮博物院，1982），頁 411-412。

98 福康安，《欽定平定臺灣紀略》，頁 974。

> 至淡水八里坌海口，例不准船隻出入；常有私自收入港
> 口。因該處產米甚多，商販圖利順便販運出口，亦有陋
> 規，並無定數。該處係淡水同知與上淡水都司管理。每
> 年同知約得番銀六、七千圓；都司約得番銀四、五千
> 圓。都司又於所得銀內分送總兵一千圓。……。僉稱相
> 沿已久，實不知起自何年；至乾隆五十一年賊匪滋事
> 後，此項陋規概行停止。[99]

很明顯地，除了臺灣道之外，臺灣地方大小文武官員在海口陋
規的收取上，利益均霑。其次，八里坌尚未開口之前，由於
「商販圖利」，只要繳交陋規，即可「順便販運出口」。陋規
成為正口對渡制度下無法杜絕的弊端，也是非正式的港口管理
模式。

　　乾隆 51 年，清廷雖再度調整紙張飯食番銀，文口為 5
圓，武口 3 圓，並禁止其餘陋規；但由於商船規費既穩定又豐
厚，每次示禁之後不久，似乎又立刻故態復萌。由嘉慶元年
（1796）臺澎兵備道劉大懿頒佈的「嚴禁海口陋規記」來看，
除了固定的口費外，陋規仍不斷，且新增名目，如「鹿耳門文
武守口丁役，於正月內復有得受春彩禮名目。」[100]由此可見，
儘管臺灣正口無須繳稅，乾隆至嘉慶年間，從中央到臺灣道也
一再示禁不當陋規之收取，卻禁無可禁，而導致私口偷漏無法
根絕。陋規的持續存在，與清代官吏待遇微薄、地方公費不足

99　福康安，《欽定平定臺灣紀略》，頁 974-975。
100　〈嚴禁海口陋規記〉，收於黃典權編，《南部碑文集成》，頁 433-434。

及公共事務的不斷攤捐有關。

清初鑑於晚明因橫征暴斂，大失民心，而採取輕徭薄賦政策，且仿明代之制，官吏薪俸甚低。官吏俸給不符日常公私日用，州縣為了彌補支出不敷，於徵收錢糧時加收耗羨，也默許各級官員收取各種陋規。雍正朝為了修補弊端，實行耗羨歸公，作為官吏養廉銀，並禁革陋規。後來仍不符時代需要，州縣徵收錢糧，耗外加耗，又為了支應龐大的地方公私費用而收取各種規費，早已是從中央到地方習以為常之事，乾、嘉以後更日趨氾濫。[101]

另一方面，清初奠定的財政制度是中央集權制，地方除了部分存留經費之外，稅收必須層層起運至中央，所有經費也必須向戶部奏銷。[102]然而，移墾社會的臺灣素有「三年一小反，五年一大反」之稱，每一次社會的失序，中央不一定全額撥款，往往需要地方官員攤捐。自乾隆 51 年至道光 4 年（1786-1824）之間，臺灣歷經林爽文、蔡牽以及陳周全等事件，閩省即有高達 179 萬餘兩未攤捐完畢。道光 4 年（1824）11 月，

---

101 何烈，《清咸同時期的財政》，頁 65、78、138-139。清代州縣官吏薪俸微薄以及所謂非正式經費體系（the informal system of funding）等地方財政問題，參見：Madeleine Zelin, *The Magistrate's tael*：*Rationalizing Fiscal Reform in Eighteenth-century Ch`ing China*（Berkeley：University of California Press, 1984），Capt. 2；何平，《清代賦稅政策研究：1644-1840》（北京：中國社會科學出版社，1998），頁 108-118。

102 除了供應地方支出的存留之外，其餘稅收必須根據中央命令，解送到其他省分，稱作協餉；或解送到京師，稱解餉或京餉。王業鍵，〈清代中國的財政制度〉，收於王業鍵，《清代經濟史論文集》，第一冊（臺北：稻鄉出版社，2003），頁 299。

始由閩浙總督趙慎畛、福建巡撫孫爾準以「福建省補攤軍需銀兩、力難捐繳」奏准刪免，無須歸補。[103]此後，內憂外患，仍需地方官員不斷攤捐，鴉片戰爭的軍費核銷過程，即是典型的例子：

> 查臺灣防堵事宜，自上年六、七月間夷船屢至臺澎窺伺，……，經費有限，由在臺文武隨時自行籌辦，無用議外，自九月初一日起，各口一律設防，……兵勇既不能少，經費不得不籌。現據府局查明，約計郡城及各廳縣自上年九月至年底止，用過兵勇等項口糧、雜費紋銀共三萬四千六百餘兩。若責成地方官捐，斷無此力。……伏乞憲臺俯念海外防夷重務，准將二十年用過弁兵鹽菜及屯丁、鄉勇口糧二款，作正開銷，並將挪墊本年兵餉一萬零四百二十一兩，先發交領餉委員齎發來臺歸款。至建設礮墩、製備守具一切雜費銀一萬餘兩，俱係各廳縣挪款墊應，如不能作正開銷，似當分年捐攤歸補。如有例不准銷，應行攤捐之處，仍與通省一律，分年攤捐，方為妥洽，而免事後周章。[104]

由上可見，鴉片戰爭時地方財政之侷促，不但必須挪用其他款項來支應，而且一旦無法「作正開銷」，只好「分年攤賠」。

---

103 〈戶部「為本部議覆閩浙總督趙慎畛等奏」移會〉，收於臺灣銀行經濟研究室編，《臺案彙錄丁集》（文叢第178種，1963），頁143-146。
104 姚瑩，〈臺灣防夷經費請作正支銷狀〉，收於姚瑩，《中復堂選集》，頁94-96。

正由於清廷財政制度的不健全，為了彌補薪俸不足、支付衙門經費以及不斷的攤捐，對於臺灣地方官員而言，臺灣處處有海口，徵收船隻規費無疑是一筆重要而固定的財源。

　　派遣家僕收取陋規或是辦理港口事務，清初閩海關已很普遍，是港口管理的非正式結構（informal structures），[105]但從文獻可見，臺灣地方廳衙門直接派親丁收口費，似乎始於淡水廳。道光 9 年（1829），閩浙總督孫爾準和福建巡撫韓克奏准，為了防止商船出入時夾帶違禁品和偷渡等弊端，「由同知派丁，查驗商船出入」。[106]此例一開之後，讓地方廳縣得以化暗為明，直接透過查驗商船，取得規費，成為地方官收入的最大財源，更為小口的就地合法化鋪路。無怪乎如同前述，淡水廳也是最早開放小口島外貿易的地方政府。

　　清末各地方廳縣中的小口大多已經設立文、武口，但口費多寡，各有不同。以清末新竹縣而言，《新竹縣制度考》載：「口費分為二，一曰文口，一曰武口。文口係文衙門新竹縣所收，每年約有二千兩。武口係武衙門北路右營參將所收，每年約有幾百兩而已。」[107]文口的口費則主要支辦公務所需經費。[108]再由《安平縣雜記》可見，清末南部地區的港口口費徵收權由

105 負責港口管理的官員，派遣家僕來執行公務及所造成的問題和衝突，參見：Ng Chin-Keong, *Trade and Society : The Amoy Network on the China Coast, 1683-1735.*, pp. 73-77.
106 陳培桂，《淡水廳志》，頁 186。
107 臺灣銀行經濟研究室編，《新竹縣制度考》（文叢第 101 種，1961），頁 99。
108 南溟漁夫，〈新竹附近ニ於ケル船舶ノ舊慣〉，頁 25。

臺灣海防同知轉移到各縣，地方衙門派其家丁收取規費：

> 茄藤港凡大小商船、漁船、艇船等出口，均有規費。按
> 定樑頭之大小，或百餘元，或數十元，或十餘元不等。
> 臺防分府專恃此類津貼辦公諸費。……。（船隻）將出
> 口時，分府憲派家丁及書差會同武口汛弁，前往船上查
> 明果無私違禁、漏稅貨物，然後聽其開棹。自臺防廳移
> 住卑南而後，各口船隻出入，由各縣委派家丁、書差查
> 驗。[109]

又有：

> 文口係歸縣令派員稽查。凡內地商船於安平港入口，由
> 文口報明縣署，請驗牌照。出口之時，換照納金，方得
> 出港……。年計收五千餘圓。如有船隻未經換照納金私
> 自出港者，係是私漏抗違，一經查出，該船及貨物一概
> 充公。[110]

連橫的《臺灣通史》也載：

> 安平為府治通商之口，向由臺防同知管理，徵收船費，
> 謂之「文口」，派員查之。……。光緒元年，臺防同知

---

109 臺灣銀行經濟研究室編，《安平縣雜記》（文叢第 52 種，1959），頁 37。
110 臺灣銀行經濟研究室編，《安平縣雜記》，頁 50。

移駐卑南，仍歸收費。至十四年，改由安平縣收之，以
抵津貼一半之額。其時帆船漸少，歲約三、四千圓，而
輪船則由海關收之。又有「武口」，歸安平水師副將管
理，亦派弁兵以驗出入，詰盜賊，每船徵費二圓，歲約
二千餘圓。[111]

由此看來，清末船隻口費分成輪船和中式帆船兩種。輪船口費
由海關徵收，中式帆船的船費則於光緒 14 年（1888）劃歸地方
衙門徵收。後者，顯然有兩種功能，除了原來作為衙門辦公費
用之外，也是知縣津貼。以安平縣為例，光緒 14 年，由安平縣
徵收的出口船隻規費，扣除文口的文口委員、司事、巡丁 4 人
以及文口事務所等花費，即為知縣津貼。[112]

口費事實上是知縣津貼的主要來源。由《安平縣雜記》可
見，清末知縣薪俸銀僅 45 兩，且實缺才全支，如「署事（代
理）半支」；養廉銀則 1000 兩，津貼銀 8000 兩；其中，安平
文口船費收抵 4000 兩，由公款項下再給 4000 兩。文口口費甚
至是「所收多少，視官之運道」。[113]亦即在不合理的薪資結構
上，地方官勢必為了自己的津貼，鼓勵商船來港貿易。因此，
道光年間以後，小口的開放與地方財政制度不健全之間實有結
構上不可避免的關係。

　　除了口費之外，晚清釐金制度的建立也進一步催化港口的

111 連橫，《臺灣通史》（文叢第 128 種，1962，1921 年原刊），頁 486。
112 文口包括人員和事務所費用，一年大約 504 圓。臺灣銀行經濟研究室編，
　　《安平縣雜記》，頁 52。
113 臺灣銀行經濟研究室編，《安平縣雜記》，頁 36、70。

開放。道光末年，長達十餘年的太平天國事件（1851-1864）
爆發後，清廷的威權更為低落，地方督撫則因必須自籌軍費，
辦理團練，佈防抗敵，自主權大增。咸豐年間，督撫更得以抽
收釐金，做為地方經費，不讓戶部聞問。原來行之多年的中央
集權式財政制度至此崩解。[114]就港口稅收而言，清末也奠定常
關和海關兩大權關系統。常關原來主要隸屬於戶部管轄，開港
後的新式海關稅收亦由戶部管理，納入中央財政。不過，咸、
同年由於財政危機日益嚴重，釐金不但是地方督撫的重要經費
來源，常關關稅也常常被藉故截留，作為地方財源。[115]因此，
地方官廳無不更積極開放港口，設立釐卡，以增加地方稅收。
例如，清末新設的恆春縣也開放後灣仔、後壁湖（恆春鎮大光
里）以及蟳廣嘴（山海里）為稅口，所收港稅則作為光緒 18 年

---

114 何烈，《清咸同時期的財政》，頁 201、231、421。臺灣釐金之設，則源於
　　咸豐 11 年臺灣府知府洪毓深奉檄試辦釐金，此後又多次改變，由官辦改為
　　商辦，名目也有洋藥釐金、茶葉釐金、樟腦釐金以及百貨釐金的變化。所
　　徵收的也以通過地釐金居多，釐卡則大半設於重要港口。詳見：蔣師轍、
　　薛紹元，《臺灣通志》（文叢第 130 種，1962，1894 年原刊），頁 256-
　　257。臺灣釐金制度的施行和變化，詳見：許方瑜，〈晚清臺灣釐金、子
　　口稅與涉外關係（1861-1895）〉（國立暨南國際大學歷史學研究所碩士論
　　文，2012）。
115 鴉片戰爭開港以前，戶部共管理 24 個常關，工部管理 5 個常關，常關稅
　　收歸中央財政。1854 年英、美、法三國在上海設立新式海關之後，海關主
　　要管理外國船隻進出口關稅，收入為中央財政財源，常關則變成地方財政
　　來源。海關權勢的增加，開徵子口稅和復進口稅，使釐金和常關稅收入減
　　少，影響地方財源，導致中央財政與地方財政之矛盾。濱下武志，《中國
　　近代經濟史研究：清末海関財政と開港場市場圈》，頁 313、325；戴一
　　峰，《近代中國海關與中國財政》（廈門：廈門大學出版社，1993），頁
　　25-26。

（1893）「大軍勦辦射不力社番案死事諸君楓港忠義塚，春秋
兩季致祭之用」。[116]清末小口的開放，不但反映了此時中央與
地方財政的矛盾與危機，港口管理呈現中央和地方兩套系統並
存，[117]而且宣示地方官廳勢力的大幅躍升，不再完全受中央節
制。

　　不過，除了上述已經「正規化」的口費和釐金之外，清末
一艘商船入口要繳的規費和課徵名目繁多，包括文口應繳牌
金、口胥銀、澳甲銀、小哨、轎價銀、新春私禮銀、新任釐金
兩局銀、清賦新春私禮銀、新任水汛口銀、新春新任私禮銀、
巡司費銀等共 11 條，高達 34.15 元。其中以衙門的新春新任
銀最重。[118]由此可見，儘管從乾隆年間以來，清廷不斷示禁海
口陋規，卻成效有限。清末中央與地方權力大幅消長之後，地
方官廳除了文、武口費之外，原來額外需索的陋規不僅越來越
多，且進一步合法化，成為地方衙門非常重要的財源。

五、小結

　　海島型的農商連體經濟型態是清代臺灣經濟發展的首要特
徵。漢人大舉入臺拓墾之後，基於比較利益法則，農產品高度

---

116 陳文緯、屠繼善，《恆春縣志》（文叢第 75 種，1960，1895 年原刊），頁
　　122。
117 有關晚清臺灣港口海關與常關、中央與地方的雙軌管理機制，參見：Lin
　　Yuju, "Continuity and breakdown：Taiwan's customs service during the Japanese
　　occupation, 1895–1945," *International Journal of Maritime History,* 29：4
　　（October 2017），pp. 855-874.
118 詳見第二章，表 2-2。

商業化，大多對外輸出，以交換中國沿海外向型經濟區的手工製品和日常用品。由於陸路交通不方便和沿岸航行困難，使得各地域的吞吐口扮演土地開發和商業貿易火車頭的角色。過去僅以正口為中心而忽略小口的立論，往往無法解釋以小口為樞紐在對內地域市場圈和對外貿易圈的位置。

　　由本章的論證可知，除了康熙至道光初年陸續開放的五正口和 1860 年開港的四個條約港之外，道光末年以降，原來臺灣各地域的沿岸貿易港陸續變成地區性吞吐口，且地方廳縣逐漸就地開放其與中國沿海各地直接貿易。清末這些小口的帆船貿易圈，甚至遠及日本和東南亞。因此，何寶山（Samuel P. S. Ho）認為清末臺灣僅透過條約港與外界聯繫，或是濱下武志主張以廈門為南界的臺灣帆船貿易圈的論點，均有必要修正。

　　其次，從船隻和港口管理而言，雍正 9 年（1731）確立臺灣港口貿易分成島內沿岸貿易和島外貿易兩種系統。島內沿岸港口數量則隨著各地拓墾進程而不斷增加。雍正末年以前，由於各地猶屬初開發階段，貿易規模有限，以鹿耳門與廈門的單一正口對渡制度大體被嚴格遵行。不過，隨著各地開發有成，直接與中國內地貿易更加迫切，18 世紀中葉原來的島內貿易港漸有偷漏土產出口現象。儘管直至 19 世紀初，正口對渡制度仍大抵維持，但是一方面由於各地開發後與中國沿海地區貿易分工的必須性；另一方面，為了規避臺運，沿岸貿易港遂變成商、漁船走私貿易的私口。私口問題更越演越烈，反映清廷中央保守的港口政策無法因應地方實況，地方官廳則以商船遭風暫時寄泊默認小口的功能，中央和地方對港口的治理漸生落差，港口管理雙軌機制日益成形。

　　1830 年代前後，清廷已經無力全面控制中國沿海港口，不但鴉片走私越趨猖獗，而且原來嚴守的臺灣與福建正口對渡網絡也逐漸放寬，往來兩岸的帆船貿易圈大幅擴大，北及華北，南至廣東。1840 年代末，由於國家財政趨向崩潰，為增加稅收，清宣宗正式開放臺灣與華中直接貿易，打破清初以來長達160 餘年臺灣僅與福建貿易往來的規制。

　　1840 年代末，特別是長達十餘年的太平天國事件爆發之後，中央與地方權力大幅消長。地方督撫由於必須自籌經費，佈防抗敵，自主權越來越高。遠在帝國邊陲的臺灣，也逐漸與中央政策脫軌。離政治中心最遠、鞭長莫及的淡水廳即最早開放轄內港口進行島外貿易。1850 年代，開港之前，在臺灣道和地方廳縣默許之下，西洋船隻已經不斷來到臺灣各港貿易。1860 年臺灣開港之後，納入全球自由貿易體制中，各地域的小口不但可以直接與中國沿海貿易，而且跨出中國貿易圈，遠達日本和東南亞。清末各地小口已經就地合法對外貿易的事實，應無庸置疑。

　　小口開放的原因，至少有三。第一，康熙至道光年間，清廷陸續開放的五個正口，並無法符合各地域經濟發展之需求。因此，一旦地方開拓有成，即直接透過地區性的吞吐口對外貿易，進行與中國沿海外向型經濟區的貿易分工。第二，雍正 3 年開始的臺運制度，因主要以民船輸運，與港口管理政策息息相關。1840 年代，臺運則基於種種弊端而逐漸廢弛，原來嚴守的正口制度，已不再切合時代環境之需。第三，由於官吏薪俸微薄、地方衙門公費不足，加以必須因社會失序而不斷攤賠，使得海口陋規始終有其存在的必然性。亦即從私口時期的陋規

到就地合法後的小口口費，不但支應地方公私費用，更逐漸成
為知縣津貼的主要財源。另一方面，隨著地方政府權力的擴
張，為了增加收入，港口政策也與中央政府的保守態度大異其
趣，而盡量開放可以對外通商的港口，增設釐卡，以便抽收釐
金，做為衙門經費。

　　總之，清中末葉臺灣各地域小口對外貿易的全面性開放，
不僅反映了 1840 年代以來中央集權體制的逐漸衰微及中央與
地方港口政策之差異，而且展現了中央與地方財政的競爭與矛
盾。小口的開放與地方財政制度不健全之間更有結構上必然的
關係。以小口所形成的對內地域市場圈和對外的帆船貿易圈，
則與條約港的性質大為不同，而建構出形形色色的地域社會。

第二章

清末新竹縣文口的
經營與人際網絡

一、前言

　　康熙 23 年（1684），清朝政府取代鄭氏王朝，正式在臺設府置縣，行使治權。由於臺灣是位於大陸東南邊陲海島，清廷對臺之認識，主要基於征臺將軍施琅的海防理念，亦即：保障大陸東南沿海江蘇、浙江、福建、廣東四省的安全，防止臺灣再度成為反清根據地，以鞏固清廷的統治權。[1]是以，治臺之初，特別提防來自海上的匪徒，[2]重海防甚於陸防，對於海口管

1　許瑞浩，〈清初限制渡臺政策下的閩南人移民活動〉（國立臺灣大學歷史研究所碩士論文，1988），頁 89。

2　施琅的〈論開海禁疏〉即特別強調臺灣海防之重要性：「蓋天下東南之形勢，在海而不在陸，陸地之患也有形，易於銷弭，海外之藏奸也莫測，當思杜漸，更以臺灣澎湖新闢，遠隔汪洋，設有藏機叵測，生心突犯，雖有鎮營官兵汛守，間或阻截，往來聲息難通為患，抑又不可言矣。……，甫爾蕩定而四省開洋船隻出入無禁，思患預防，不可一日廢弛」。范咸，

理最為嚴密。官方為了確保臺灣的安定，嚴行控制人民渡臺，進而指定口岸為登陸地點。全臺僅設鹿耳門一個正口，臺灣與福建兩地物貨、人員俱需由正口出入。[3]

　　正口既是官方指定中國大陸來臺的唯一港口，進出口船隻最多，又是全臺最要口岸，遂委由文武官員負責稽查，以便互相制衡、防止疏漏。在文衙門方面，通常「責成同知、通判專司查察，掛驗放行」；[4]武衙門則由水師營將率兵弁統管，[5]文武衙門之下並附設文武口以利稽查徵稅。文武口分成文口與武口，文口或稱文館，是「稽查商船出入掛驗之所」，[6]亦即由知府或知縣（或同知、通判）派員稽查，[7]凡內地來臺船隻由文口報明縣署，請驗船照，徵收規費；武口或稱武館，是由水師營派兵弁查驗船隻出入，也徵收規費，並嚴緝匪船混入及犯法走

《重修臺灣府志》（臺北：臺灣銀行經濟研究室，臺灣文獻叢刊「以下簡稱文叢」第105種，1961，1747年原刊），頁616。

3　林玉茹，《清代臺灣港口的空間結構》（臺北：知書房出版社，1996），頁42。

4　〈閩浙總督富勒渾奏摺〉，收於臺灣銀行經濟研究室編，《臺案彙錄丙集》（文叢第176種，1963），頁245。

5　水師營弁的統領，依各正口的武力配置而定，例如鹿耳門由副將稽查，乾隆49年開口的鹿港由游擊稽管，八里坌口則最初由都司稽查，乾隆24年改由守備管理。參見：林玉茹，《清代臺灣港口的空間結構》，附表二「清代臺灣港口營汛配置表」。

6　孫爾準、陳壽祺，《重纂福建通志臺灣府》（文叢第84種，1960），頁375。

7　文口最初由海防同知管理，參見第一章。

私偷漏等事。[8]文口與武口通常設於臨近，[9]凡有往來商、漁船進港之時，即將牌照繳交文武口掛驗，然後起貨登岸，「文收武放，互相稽核，庶無淆混」。[10]

　　文武口最初僅設置於正口，其他港口皆無，清領臺之初只設於鹿耳門。其後，乾隆 49 年（1784）鹿港開港，53 年（1788）又開北部的八里坌港，道光 6 年（1826）再開噶瑪蘭廳烏石港與嘉義縣海豐港，至此五正口都設立文武口。[11]然而，道光中葉以降，由於臺灣西部地方開發大半完成，已有米穀、土產對外輸出，加以因商船規避臺運不至正口、港口淤淺以及其他因素的影響，使得沿海幾個港口條件較優的地域性吞吐口紛紛成為私口，有大陸商船來港走私貿易或本地小船偷越大陸。[12]為了因應臺灣地方經濟發展與民生用品消費之需要，開放泊船條件較優的海口直接對大陸貿易，成為時勢所趨。道光 20 年（1840）左右，竹塹城的吞吐港竹塹港（後稱舊港）已出現文武口。[13]文武口的設置，顯然已不再限於正口。

8　臺灣銀行經濟研究室編，《安平縣雜記》（文叢第 52 種，1959），頁 50－51。

9　例如鹿耳門原設文武口，道光年間該口淤廢之後，文武館即轉移至鹿耳門北邊 10 里的郭賽港（又稱國聖港），稽查商船。姚瑩，〈臺灣十七口設防圖說狀〉，收於姚瑩，《中復堂選集》（文叢第 83 種，1960，1867 年原刊），頁 78。

10　《淡新檔案》（臺北：國立臺灣大學圖書館藏），15208-2 號，同治 11 年 8 月 20 日。

11　有關鹿港、八里坌、海豐港以及烏石港的開港過程，詳見：林玉茹，《清代臺灣港口的空間結構》，第五章。

12　有關清代臺灣正口與私口的討論，參見第一章。

13　姚瑩，《中復堂選集》，頁 82。

　　道光中葉，姚瑩〈籌備噶瑪蘭定制〉一文中，已透露出開放地域性吞吐口、由文武官員稽查的必要現象：

> 查全臺雖例止鹿耳門、鹿港、八里坌三口通行，其餘小口一概不准私越，即未便官為掛驗；但噶瑪蘭另為一區，……，其間崇山峻嶺，貨多滯重，難以陸行，是烏石港、加里宛港二處必須舟楫往來，以為民便。頭圍縣丞、頭圍千總駐箚之所，切近二港，應請由廳督同縣丞會營於船隻進港、出港時逐加查驗，蓋印放行。[14]

　　由上可見，由於地方有對外貿易、互通有無的需求，官方雖行禁港，不准內地船隻來港貿易，但仍有私船往來。在這種既成事實之下，官方惟恐因無人稽察管理，來臺船隻私自偷漏禁物，附搭匪人，導致臺地不安，因而只有化暗為明，設立文武口，以稽查掛驗船隻有無違禁。另一方面，一旦設置文武口，即可以對船隻徵收規金，不但可以作為地方官的津貼或衙門公費，[15]而且可以避免守港兵汛藉口偷漏，需索、苦累船戶，「以安商民」。[16]

　　咸、同年間，臺灣西部的幾個地域性吞吐口陸續設置文武口，直接與大陸正式貿易往來，稱為小口。[17]光緒年間，大甲

14　姚瑩，《東槎紀略》（文叢第 7 種，1957，1832 年原刊），頁 60-61。
15　詳見第一章。
16　臺灣銀行經濟研究室編，《新竹縣制度考》（文叢第 101 種，1961），頁99。
17　晚清臺灣各地小口的開放，詳見第一章。

溪以北至南崁溪之間新竹縣轄區，共設香山港與舊港（合稱香
舊）、中港與後壠（通常並稱中壠）、大安港等三組文武口。
光緒 15 年（1889），以中港溪為界劃分新竹縣與苗栗縣之後，
後壠與大安劃歸苗栗縣轄區，仍設兩個文口，中港則仍隸屬於
新竹縣，而併入香山與舊港文口（以下簡稱香中舊口，見附表
2-1）。

　　總之，文武口體制，不僅呈現官方的港口管理政策，也反
映管理人員與船戶之間的互動情形。然而，過去相關研究幾乎
付之闕如，因此有關文武口的性質、實際運作情形，以及官
方、文武口、船戶之間的互動關係，有必要進一步探究。由於
《淡新檔案》猶存留清末（主要是同、光年間）新竹縣各個文
口豐富的資料，因此本章即透過這些檔案來釐清文口的管理和
經營模式，並分析文口活動所反映的港口人際互動網絡，以便
理解文口的性質及官方港口管理的實質意義。

二、文口的職責與承辦

　　本節首先利用《淡新檔案》討論文口的職責、配置的人員
及實際運作情形，再說明承辦的過程和方式。

（一）文口的職責

　　一般而言，文口向來設有專職人員辦理，但是直至清末才
有較多資料記載。基本上，文口人員的配置是因地而異的。以
清末臺南安平港為例，文口設有委員，司事 1 人，巡丁 4 人，

凡有內地船隻進入安平港，即由文口報明縣署，請驗船牌；船
隻出口之時，則由巡丁到船丈量貨物擔位，報明合符，給發縣
照，方能出港。[18]中部的鹿港則設司事 1 人、稽查海面並船失風
遭竊之澳甲 1 人，以及彙報船隻出入的口差 1 人。[19]清末臺灣北
部港口則於同治年間設置口書（又稱口胥）和澳甲。[20]北部的八
里坌由於是正口，有配運米谷（穀）之責，故又設口丁，亦即
由淡水同知派家丁就近管理。[21]至於新竹縣的 5 個文口僅置口書
與澳甲，職責則是「有船進口，例應先將船牌繳付文口，驗明
人照相符，然後准卸貨物，倚行發售，及報明滿載，須請牌候
驗，方准出口。」[22]

　　清末新竹縣文口為了稽查船隻而設置口書和澳甲，但是兩
者事實上又略有差別。口書是文口最重要的人物，也只有文口
才設置口書，其職責《淡新檔案》有如下的記載：

　　甲　稽查海洋船隻，進出掛驗，並無夾帶禁物、偷漏私
　　弊。[23]

18　臺灣銀行經濟研究室編，《安平縣雜記》，頁 51。
19　〈清末的鹿港〉（原題：鹿港風俗一斑），收於陳其南，《臺灣的傳統中
　　國社會》（臺北：允晨文化實業股份有限公司，1991），頁 192-193。
20　臺灣銀行經濟研究室編，《臺灣府輿圖纂要》（文叢第 181 種，1963），
　　頁 40；陳培桂，《淡水廳志》（文叢第 172 種，1963，1871 年原刊），頁
　　171-172。
21　例如道光 19 年（1841）6 月，八里坌港由口書與管口家丁盤驗，其時家丁
　　為楊和、劉諧。《淡新檔案》，15201-5 號、15205-6 號，道光 19 年 9 月、
　　道光 19 年 10 月 21 日。
22　《淡新檔案》，15212-1 號，光緒 5 年 6 月 2 日。
23　《淡新檔案》，12404-21 號，光緒 7 年 9 月 4 日。

乙　遵章徵收船費，按月解繳。[24]

丙　凡有進出船隻，進口入口照例查驗，所有搭裝糖、米、苧、貨等物，遵照定章，按照槺頭公費，分別收繳，倘該船戶行保抗驗，准與稟究。[25]

丁　凡有船隻進出口岸，應將牌照呈繳縣署，查驗丈量，徵收口費放行，毋許以大報小及偷漏禁物。[26]

由上述記載，大概可見口書之職責主要有三：一是稽查船隻有無夾帶禁物；二是查驗丈量船隻所載貨物，再按照槺頭公費收繳口費；三是將船戶牌照，呈繳縣署，再放行船隻。

再就澳甲而言，澳甲原是官方為了防患與清除匪徒在海洋搶劫船隻，私製槍械，以及嚴禁沿海人民接濟匪寇，而仿保甲慣例，在大陸瀕海且洋盜充斥的鄉莊設置澳甲。根據嘉慶元年（1796）福建省《會議設立澳甲條》，福建澳甲其實與保甲類似，亦即每 10 戶舉甲長 1 人，清點地方民丁戶口，查究地方有無窩匪藏私或出外為盜等不法之事，又查驗出港漁船有無夾帶禁物，並且編籍丁壯抵禦匪船，稟告州縣有無差役需索事端。[27] 另外船隻出口必須取得澳甲保結，凡來臺船隻如搭載無照客民，原保的澳甲將被究處，若事先盤獲則予以加賞。[28]

---

24 《淡新檔案》，12404-40 號，光緒 9 年 11 月 29 日。

25 《淡新檔案》，12404-69 號，光緒 11 年 4 月。

26 《淡新檔案》，12404-135 號，光緒 20 年 4 月 5 日。

27 臺灣銀行經濟研究室編，《福建省例》（文叢第 199 種，1964），頁 668-673。

28 臺灣銀行經濟研究室編，《清高宗實錄選輯》（文叢第 186 種，1964）頁

　　新竹縣澳甲的性質雖然部分類似於福建地區，卻較接近
戴炎輝所言，亦即臺灣的澳甲並非保甲職員，而是主要辦理
船隻進出口稽查、抽釐等行政事務的人員。[29]例如嘉慶 17 年
（1812）噶瑪蘭初設治之際，即議廳內烏石港「應設立澳甲，
稽查船隻」。[30]就新竹縣而言，《淡新檔案》光緒 5 年（1879）
4 月資料載：

> 照得海疆口岸，防範宜嚴，凡有船隻到口，誠恐夾帶禁
> 物以及偷渡客民，並濟匪情事，應設澳甲，責成巡查，
> 歷經照辦在案……，為此諭仰香山口澳甲金正順，即便
> 遵照，立赴該管澳內，小心稽查，遇有船隻到口停泊，
> 驗明人照是否相符，有無夾帶硝磺禁物，如有奸哨攬載
> 偷渡及匪船混竄到口，務須盤詰根底，稟請嚴拿解究，
> 此外採捕漁船竹排罟網各戶亦即押令出具鄰保切結報請
> 編號驗烙給照，以憑稽查，……。[31]

又光緒 19 年（1893）1 月資料載：

> 竊查各港口原設澳甲，查報船隻，巡驗哨務，不許船隻
> 裝載禁物及私自出口等弊。[32]

131。

29　戴炎輝，《清代臺灣之鄉治》（臺北：聯經，1979）頁 242-243。

30　柯培元，《噶瑪蘭志略》（文叢第 92 種，1961，1837 年原刊），頁 142。

31　《淡新檔案》，12404-4 號，光緒 5 年 4 月 14 日。

32　《淡新檔案》，12404-116 號，光緒 19 年 1 月 20 日。

由此可見，澳甲的設置與口書相同，均為了查緝違禁夾帶物品、偷載客民、接濟匪類而設，主要職務仍在於稽查船隻。其與福建地區澳甲雖然同樣負有海防查緝之責，但以稽查船隻為主，而且沒有 10 牌為 1 甲或查驗戶口等地方保甲的特性。至於編甲、查戶口的任務，光緒年間主要委由地甲辦理，[33]這種地甲與保甲的性質較為接近，也較類似福建地區之澳甲。

　　雖然澳甲的職務與口書相似，主要以稽查船隻出入為主，但澳甲卻負擔較多雜務。例如同治 9 年（1870）10 月，香山港因風雨海潮浪湧，而浮出大木枋兩塊，當地民人爭奪不下，遂由口書稟告縣署，最後則委由澳甲看管木料。[34]

　　其次，口書僅設於正式開放與大陸互通貿易的正口或小口，而一個時常有小船出入的港口，在未正式開放、設立口書之前，往往先置澳甲以稽查船隻、防止偷漏。例如新竹縣北邊的崁頭厝港與許厝港雖是「淺狹小港」，但因「小舟頗多，兼地方遼闊」，船隻往來無人稽查，走私船隻往往寄泊，加上港口常有洋商船隻遭風收泊，卻常被地方民眾搶掠，[35]故設澳甲 1 名管理稽查、救護船隻。[36]這種未設立文口而無口書的港口，

33　地甲的設置是因為清末開港之後，時有中外船隻於臺灣海面或港口遭風擱淺，官方遂於沿海廳縣計里設置地甲 1 名，新竹縣沿海轄區即每 10 里或 20 里設有地甲 1 名，以隨時救護遭風擱淺的中外船隻。臺灣銀行經濟研究室編，《新竹縣制度考》，頁 114、119、120。

34　《淡新檔案》，11701-2 號，同治 9 年 10 月 6 日。

35　有關臺灣漁村搶船習慣的討論，林玉茹，〈清末北台灣漁村社會的搶船習慣：以《淡新檔案》為中心的討論〉，《新史學》，20：2（2009 年 6 月），頁 115-165。

36　《淡新檔案》，12404-43 號、12404-91 號，光緒 9 年 12 月 11 日、光緒 15

澳甲的職責較重也繁雜，光緒 9 年（1883）許厝港澳甲的工作
是：

> 凡有進出船隻，照例催繳牌照，認真查驗，應收口費按
> 照向章收繳，不許偷漏茲弊，如果所載梁頭及舵水人數
> 不符，既未書蓬烙號，並有夾帶禁物或藏匿匪類情弊，
> 分別稟請查究。[37]

由此可見，一個未設文口但有澳甲的港口，具有過渡性質，澳
甲除了收繳牌照之外，事實上兼具口書收繳口費的功能，而且
也必須負責稽查匪徒、救助船難，功能較為繁複。

　　一般而言，新竹縣對大陸開放並設有文口的小口，是由澳
甲與口書共同稽查船隻出入，兩者的職責既有相當程度的重
疊，又具有分工性質。在正常的運作下，船隻進口，必須按例
將船牌繳交文口。即由澳甲收繳牌照，查驗是否人照相符，然
後准卸貨發售，再裝載土貨，報明滿載，復請牌由口書查驗並
收繳口費，最後蓋戳放行出口。[38]口書放行之後，需再通過武口
查驗船上水手砲械有無相符或夾帶違禁物，並收規費，始得以
出口。[39]而一旦地方有事，往往也由口書、澳甲以及武弁共同處

年 2 月 20 日。

37　《淡新檔案》，12404-46 號，光緒 9 年 12 月 17 日。

38　《淡新檔案》，12404-132 號，光緒 20 年 3 月 5 日；15212-1 號，光緒 5 年
　　6 月 12 日；12404-71 號，光緒 11 年 7 月 8 日。

39　《淡新檔案》，15208-2 號，同治 11 年 8 月 28 日。對武口的記載：「閩省
　　出洋貿易商船配帶砲械，於照內填註。該船於出口時，將船賚赴海口營汛

理。[40]

　　總之，官方透過澳甲與口書收繳牌照與抽收船金的例行工作，可以達到兩個目的，一是海口的控制與管理，一是收費補貼辦公費用。有關後者，下節將再做分析，至於前者則是達到防止無照偷渡，管制渡臺人民，特別是查緝匪徒與防止偷漏禁物，以確保地方的安定，避免撼動清朝統治權。換言之，官方藉由文口的設置，來達到查察私漏與控制港口的目的。

（二）文口的承充

　　文口的承充可以分成承充過程、承充者身份、保結者身份以及承充時間等四方面來討論。

　　文口既然負責稽查船隻、管理海口，自然必須審慎擇取適當人選充任。但是全臺文口充任的方式與人員的來歷，卻是因地而異。以安平港及鹿港而言，由於俱為是正口，船隻出入眾多，鑑於港口相當重要與口費抽收豐厚，兩港文口司事遂由縣令派員，並由縣署支薪。[41]這種文口職員既由官派辦理港口事務，又兼任警察查驗糾奸事務，其性質較接近縣衙門差役。反觀新竹縣的文口由於是小口，船隻出入又不如正口多，口費抽

掛號，由守口員弁親赴該船，查驗水手、砲械數目，於照內相符，蓋用關防鈐記，立即放行，不准照舊重複掛驗出口。」

40　例如官方封禁港口、不准私漏米穀之際，即飭令差役、口書以及澳甲聯合查拏偷漏。《淡新檔案》，14101-109 號。

41　臺灣銀行經濟研究室編，《安平縣雜記》，頁 50-52；〈清末的鹿港〉，收於陳其南，《臺灣的傳統中國社會》，頁 191-192。

收多寡不定，因此雖兼具「由官設充」[42]和包商贌辦性質，卻以包商贌辦為常態。換言之，文口人員大多並非由官方派遣，而是委由殷商承包，抽取口費之後，向縣署繳交定額的口費，有餘則充為己用，具有包商贌辦以分擔口費收取風險的性質。另一方面，為了確保文口人員堪充任務，官方採取總理與保甲認充保結、官方給與諭戳的相同形式，來合理化整個過程，並確保作為縣署津貼的口費之取得。

　　口書的承充過程，以《淡新檔案》光緒6年（1880）5月為例：

> 欽加同知銜署新竹縣正堂施為諭飭承充事。照得香山舊港、大安原設口胥，凡有海洋船隻出入，掛驗稽查，責任慕重，歷選就地殷實良民承辦在案。茲口務歸縣，據本城舖戶恆泰號，稟保得殷實良民金新泰、金順泰一名，為人誠實，口務熟悉，具結保充前來。除稟批准接充金新泰外，合行給發諭金順泰戳。為此，諭仰承辦香山舊港口務金新泰即便遵照，立即前往該口，於四月二十四日起，大安金順泰謹慎承辦。…計發記一顆。[43]

由上可見，口書的承充，首先必須由保結者稟保，並呈交縣署保結狀，[44]再由縣令施錫衛核可，載明承充的起始日期，並給與

42　《淡新檔案》，12404-59號，光緒10年10月29日。

43　《淡新檔案》，12404-59號，光緒6年5月9日。

44　例如光緒9年6月11日，新竹鄭家鄭恆利具保結狀保結金長發承充大安港口務。

口書諭戳以為憑據，隨後口書則具認充狀，以承辦口書。另一方面，官方同時曉諭港口行保船戶，[45]確立口書的合法性與代理縣署管理口務的地位。

　　澳甲的保結與認充過程和口書大同小異，俱需經過保結稟充（保結者具保結狀）──准充（官給諭戳）──認充（新充澳甲具認充狀）──官方曉諭地方等四個步驟，而後取得正式稽查船隻與辦理港口事務的澳甲職權。

　　一般而言，一個文口通常配置口書與澳甲各 1 人。不過，由附表 2-1 可見，雖然各口由澳甲與口書各 1 人承充為常態，口書的型態卻較澳甲複雜。例如光緒 5 年 9 月中壠與大安兩文口口書俱由金合泰承充；光緒 10 年（1884）3 月，新竹縣的 3 個文口口書俱由張海梅承充。反之，口書也並非一文口只有 1 人承充，光緒 9 年香山與舊港文口即由張瀛海與林敬和兩人承充。總之，新竹縣文口口書的承充，通常是 1 人承充 1 個文口，但也有 1 人承充 3 個文口或 2 個文口，或是 2 人共同承充 1 個文口。相形之下，澳甲的承充較為一致，1 個文口大多僅設置 1 個澳甲，只有光緒 20 年（1894）香舊中港文口由劉聚財與彭壽琪共同擔任。（附表 2-1）

　　承充口書與澳甲的人，由於責任綦重，並非毫無限制。就口書而言，在官方的要求中，承辦口務者由於必須收繳口費，因而「歷選就地殷實良民」充任。[46]這種殷實良民即「殷富」、

---

45 有關新竹縣知縣曉諭地方新充任口書的檔案，不勝枚舉，例如《淡新檔案》，12404-37 號，光緒 9 年 6 月 17 日。即示諭大安口新任口書金長發。
46 《淡新檔案》，15209-1 號，光緒 5 年閏 3 月。

「為人誠實」、「有家有室」者，[47]而由附表 2-1 可見，自光緒
5 年至光緒 21 年（1895）現今仍留存的檔案中，承充三口口書
者，很少直接用本名，而大多以「金」字號命名，類似舖號或
業戶的別稱，可能意味口書的承辦也具有合股經營的性質。部
份承充者在檔案中可見其身分來歷，大致上承充者包含舖戶、
業戶以及監生等身分；其中，以在港口「生理有年，口務熟
識」的舖戶最多。[48]光緒末年，承充香山、舊港以及中港口務的
口書，往往是「籍隸竹城，貿易為業，於香山舊港兩口情形甚
為熟悉」的本地舖戶，[49]其中應有相當部分的舖戶也經營兩岸貿
易。

　　承辦口書者的身份，大概是以地方上殷富的商舖為主。接
辦口務的舖戶、業戶以及監生大多是本地人，亦即口書主要以
本地紳商接辦，但也有例外。例如光緒 10 年 1 人獨立承充新竹
縣 3 個文口的張海梅，即是基隆港生員。[50]口書之承辦以舖戶最
多，而且也有外地人參與，更顯現其濃厚的商業經營色彩；另
一方面，也體現商人充份參與港口管理事務的事實。

　　承充澳甲的人，官方要求必須是「為人誠實，有家有室，
公務熟識」，「謹慎奉公，不敢玩娛」之人，[51]並未特別強調其

47　《淡新檔案》，12404-36 號、12404-54 號，光緒 9 年 6 月 17 日、光緒 10
　　年 10 月 24 日。

48　《淡新檔案》，12404-54 號，光緒 10 年 10 月 24 日。

49　《淡新檔案》，12404-111 號、12404-128 號，光緒 17 年 8 月 28 日、光緒
　　20 年 3 月 1 日。

50　《淡新檔案》，12404-52 號，光緒 10 年 6 月 21 日。

51　《淡新檔案》，12404-1 號、12404-3 號、12404-46 號、12404-93 號，光
　　緒 5 年閏 3 月 8 日、光緒 5 年閏 3 月、光緒 9 年 12 月 17 日、光緒 15 年 2

為「殷實良民」，而且承充者大多使用本名，特立名號者則顯得較少。他們的確實身份，大部份沒有特別標記，應以民人為主。但是光緒 17 年（1891）以後承充香山等港澳甲的駱財源、馬得利、駱慶源，俱是「籍隸竹城，貿易為業，於香山舊港兩口情形甚熟悉」之人，[52]可見澳甲仍有由商人承充者。而且，澳甲以本地人承充為主，並無外地人承充的現象。

　　口書、澳甲以及船戶均需由保結者具保，其中船戶的保家特別稱作行保，留待下節討論。至於，口書與澳甲的承充，俱需由地方上的有力人士向官方保結。保結者除了保其所舉充的人是誠實可靠、不會玩誤公事之外，保結口書者尚需負擔連帶賠償口費責任。換言之，一旦口書延欠口費，即由保人賠繳。[53]因此保結者與口書自然是具有相當密切的關係，甚至於有些口書會將官方所給的示諭由保家收藏，以為憑證。[54]

　　就口書保結者而言，由附表 2-1 可見，其身份包含從事兩岸貿易的郊商或郊舖、經營地方商業的舖戶以及屬於地主階層的業戶，其中又以舖戶最多，但這些舖戶可能不少也是經營兩岸貿易或是批售大陸內地商品的商號。此外，一個保結者也可能同時具有舖戶、郊戶以及業戶等身份或僅具有其中兩種身份。換言之，這些保結者屬於地方上的殷商階層與地主階層，通常與地方政府有良好關係，並擁有大資產與社會聲望，例如板橋

月。

52 《淡新檔案》，12404-112 號、12404-128 號，光緒 17 年 8 月 28 日、光緒 20 年 3 月 1 日。
53 《淡新檔案》，12404-29 號，光緒 8 年 8 月 3 日。
54 《淡新檔案》，12404-89 號，光緒 14 年 2 月 22 日。

林家（林源記）與新竹鄭家（鄭恆利）即是。保結者大多是在
新竹本地活動的人，不過偶有新竹縣以外商號具保，如光緒 9
年 11 月監生張瀛海與林敬和承充香山舊港口書，即由淡水鼎鼎
有名的郊商黃萬順與賴源和具保。由淡水商人具保，多少也反
映出竹塹商人、生員與淡水地方商人有相當密切的往來關係。

　　相較於口書，澳甲保結者的身份複雜許多，而且同時由兩
人具保者也不少。保結者的身份包括舖戶、業戶、口書以及兵
總書，其中仍以舖戶保結最多。口書與兵總書作為澳甲的保結
者，卻值得注意。一般而言，澳甲與口書承充時間並不一致，
但仍有兩者同時承充而由同一人出面保結的現象，例如林源記
與鄭恆利的保結即是。然而，倘若口書已經先承充辦公、另舉
澳甲之時，往往由口書，或是聯合其他身份人物出面保結。反
之，並無澳甲保結口書的情況出現。這種現象似乎顯現：在口
務的管理上，口書的地位較澳甲重要，澳甲處於協助口書的立
場；另一方面則呈現口書與澳甲在管理港務上，有互相協調、
合作需要。

　　至於兵總書保結澳甲，則是可以理解的。縣署兵房主要管
理海口開挖、驛站海防事務、海口船隻來往驗牌與發給商漁船
牌照、緝查海盜搶劫與船上禁物、船隻遭風擱淺或被搶，以及
澳口居民滋事等事務。[55]其所管理的事務基本上與澳甲職責相接
近，因此澳甲與兵房關係也相當密切，可能需相互協調。換言
之，澳甲是擔當最基層的港口經濟警察工作。因此，澳甲由兵

---

55 臺灣銀行經濟研究室編，《安平縣雜記》，頁 95；臺灣銀行經濟研究室
　編，《淡新檔案選錄行政編初集》（文叢第 295 種，1971），頁 25-26。

總書舉充，可以與兵房相配合者。

　　澳甲由口書與兵總書保結，顯然皆因為職務較為接近，工作上之方便使然。另一方面，承充澳甲者重其誠實、熟悉澳務，並無須繳交口費於縣署，保結者也沒有賠累口費的責任，相形之下，澳甲的性質較接近地方上鄉莊自治組織的職員，雖然以稽查船隻、收繳牌照為主要任務，但實質上側重於執行地方公務與維持海防安全。

　　就承辦的時間而言，口書在官方准予承充之際，通常言明起始時間，然而時常未明定承辦口書期限，最初往往以 1 年為限，[56]期滿仍可再贌辦。例如光緒 7 年（1881）9 月，中壢文口由金永泰承辦口書，光緒 9 年 11 月又請求再度贌辦。（附表2-1）不過，由附表 2-2 可見，口書的承辦時間並不一致，在有退辦記載的 16 個口書中，最短只有 2 個多月，即光緒 10 年 3月承允三口的張海梅；最長的是兩次承辦大安口的金安瀾，承任口書長達 3 年 11 個月。大體而言，口書承辦時間以數個月到 1 年為多，16 個口書平均任期是 1 年 5 個月，承辦不到半年者佔有相當的比例。（表 2-1）

　　澳甲的承辦時間，也相當不一致，在有承退記載的 11 個澳甲中，承辦時間最短者是光緒 20 年 2 月承充香山港的馬得利，承辦時間僅 1 個月；最長則是光緒 11 年（1885）承充大安港的李定安，為期長達 4 年 1 個多月。澳甲承辦時間長短之差距雖較口書為大，但是其承充時間整體而言仍較口書為長，平均是 1年 8 個月，以半年以上至 1 年為最多，而且罕有不到半年者。

56　《淡新檔案》，12404-48 號，光緒 10 月 27 日。

表 2-1　清末新竹縣澳甲和口書承充平均時間

名稱	觀察人數	3 年以上	2 年以上	1 年以上	6-11 個月	0-5 個月	平均
口書	16	1（6%）	3（18%）	7（44%）	1（6%）	4（25%）	1 年 5 個月
澳甲	11	2（18%）	1（9%）	3（27%）	4（36%）	1（9%）	1 年 8 個月

資料來源：根據附表 2-2 作成。

（表 2-1）

　　口書與澳甲也有同時承辦與退辦的情形，例如光緒 17 年 8 月承辦香山與舊港的口書金協合與澳甲駱財源由舖戶榮源號保結，而於光緒 18 年（1892）12 月同時退辦。但是，這種口書與澳甲同進退的情況畢竟不多，兩者承辦時間仍時有差異。這樣的現象，主要在於兩者工作性質不同，下一節將深入討論。

三、口書和澳甲的退辦

　　口書與澳甲的承辦，誠如前述由數個月到 2、3 年都有，儘管時間長短不一，卻都有程序可遵循。退辦時，則必須由原承充人向縣署具稟，一旦新竹縣令准予退辦，即飭令口書或澳甲將港口事務料理清楚，縣署並派差役前往港口吊銷承充者原領的諭戳，再赴縣核銷。[57]

---

57 有關口書與澳甲退辦，並另銷諭戳各一顆的檔案，不勝枚舉，如《淡新檔案》，12404-52 號、12404-11 號，光緒 10 年 6 月 21 日、光緒 5 年 9 月 28

口書與澳甲退辦的原因，有關澳甲的資料較少，僅有光緒
9 年 12 月一件，許厝港澳甲許春因病故，由業戶吳振利另外舉
充金萬益承辦澳務。[58]至於口書的退辦則有不少的記載，可供討
論。這個現象似乎也顯示口書的工作較為重要，退辦遠比澳甲
複雜與困難，性質也較為特別。

在《淡新檔案》中有關口書退辦的原因除了限期已屆，口
書不再贌辦之外，尚有兩項因素，一是口費徵收不足，不堪賠
累，而稟請退辦；另一項是在光緒 10 年一人獨自承辦新竹縣 3
個文口的基隆人張海梅，由於中法戰爭，法軍寇擾基隆，在地
方紳耆與家人催促下，不得不退辦返鄉聯絡鄉團禦寇。[59]後者基
本上是特殊且偶發的事件，但前者口費的徵收問題卻是口書退
辦的基本因素，可以反映文口承辦的結構性問題與意義。本節
以下先說明「口費」的意義和性質，再根據口書退辦實例討論
其原因。

（一）口費的意義和性質

所謂「口費」分為兩種，一是文口費，一是武口費，[60]兩
種海口陋規事實上由來已久。乾隆中葉，據福建水師提督黃仕
簡奏報：福建廈門關凡有船隻進口，不分內、外洋，都需要繳

日。
58 《淡新檔案》12404-43 號，光緒 9 年 12 月 11 日。
59 《淡新檔案》12404-52 號，光緒 9 年 12 月 11 日。
60 臺灣銀行經濟研究室編，《新竹縣制度考》，頁 110。

納番銀陋規多寡不等，再由文武衙門「朋分收受」。[61]臺灣地區
則如同藍鼎元《平臺紀略》所言：「商船出入臺灣俱有掛驗陋
規」。[62]這種非正式的陋規至乾隆 31 年（1766）由閩浙總督奏
准「同知衙門每船收取番銀三員（元），武弁收銅錢二十文至
百文，以為辦公飯食之用」。[63]至此原來的海口陋規成為正式向
出口船隻徵收之規費，即為「口費」。乾隆 53 年復由於「食物
昂貴，實不敷用」，調整成文口每船徵收番銀 5 員（元），武
口每船徵收 3 元，以資貼補文武口的紙張飯食費用。[64]

　　乾隆中葉所定的口費，不但至清末仍有徵收，而且也變相
增添了各種課徵名目。以光緒 8 年（1882）2 月泉州晉江縣祥芝
船戶金吉利條陳的口費來看（見表 2-2），總口費共有 34 元 1
角 5 點，除了乾隆 30 年代清廷核定的文、武口口費之外，又增
加口胥銀、澳甲銀、小哨銀、轎價銀、釐金清賦銀、巡司費以
及文武衙門與釐金清賦兩局新春新任銀。其中，尤以衙門的新
春新任私禮銀最重。[65]

　　相形之下，文武衙門陋規則顯得微不足道。換言之，在收

61　臺灣銀行經濟研究室編，《清高宗實錄選輯》，頁 137-138。

62　藍鼎元，《平臺紀略》（文叢第 14 種，1958，1723 年原刊），頁 51。

63　〈禮部「為內閣抄出將軍福康安等奏」移會〉，收於臺灣銀行經濟研究室
　　編，《臺案彙錄庚集》，頁 177。

64　〈禮部「為內閣抄出將軍福康安等奏」移會〉，《臺案彙錄庚集》，頁
　　180；〈嚴禁海口陋規碑記〉，收於黃典權編，《臺灣南部碑文集成》（文
　　叢第 218 種，1966），頁 433。

65　這種陋規由來已久，嘉慶元年鹿耳門即有所謂「春彩禮」名目，即船戶於
　　文武口丁役新正到口時，自願致送，但一度為臺澎總兵哈當阿示禁。〈嚴
　　禁海口陋規碑記〉，收於黃典權編，《臺灣南部碑文集成》，頁 434。

表 2-2　光緒 8 年大安港管口條費

文口應繳牌金銀　　七元七角
加口胥　　　　銀　壹元
加澳甲　　　　銀　壹元
加小哨　　　　銀　貳角
加轎價　　　　銀　壹元
加新春、新任私禮銀　　五元六角
釐金清賦兩局應繳銀　　五元五角
加新春、新任　私禮銀　肆元
水汛口應繳銀　　三元八角
加新春、新任私禮銀肆元
加巡司費　　　三角八點
以上一十一條統共繳銀三拾肆元一角五點
光緒八年貳月　日具稟原籍泉州晉江縣船戶金吉利出海許輝煌叩

資料來源：《淡新檔案》，15214-1 號。

受船戶規金之中，縣衙門還是最大的獲利者。另一方面，儘管
官方向來體恤往來臺灣的船隻，而經常示禁額外需索，然清末
之際原來的陋規卻已逐漸予以承認，成為正式稅費。因此，口
費事實上不但具有剝削船隻貿易利潤的特性存在，而且也是層
累地將歷來的額外需索合理化。此外，規費也因各地域差異而
多寡不等，徵收的方式各地不一，而且原先口費主要作為武口
巡查者紙張飯食之用，清末卻成為縣令津貼或衙門公費。

　　清末新竹縣文口口費的徵收，分成派收與璞收。[66]前者如安

66　《淡新檔案》12404-5 號，光緒 5 年 5 月 13 日。

平與鹿港之例，由同知或縣令派員徵收，後者則由舖戶、業戶
以及監生等地方有力人士保充殷富良民，承充口書徵收。但是
派收並不多見，而以贌收為主。這樣的現象，可能由於 3 個文
口船隻進口數目不如安平與鹿港兩正口多，包商贌收乃固定年
額，可以分攤風險，確立口費的取得。

　　徵收口費的方式，也具有地域的獨特性。與安平口比較，
安平港文口船隻是每載貨 100 擔即徵銀 5.38 元，口費年收銀約
5,000 餘圓（元）。[67]新竹縣的香山、後壠以及大安各文口則俱
照 5 成辦理，[68]三口的口費年額各不相同，依進出口船隻多寡而
定，而且即使同一口口費在不同時間也略有變化。

　　口書在具認充狀時，有時會言明收全年口費的多寡。例如
《淡新檔案》光緒 9 年 6 月記載：[69]

　　　具認充結狀人金長發今當大老爺臺前贌辦大安港口務全
　　　年認繳規費銀九佰大元，按以六大月六小月攤繳，大月
　　　應繳銀壹佰大元，小月應繳銀伍拾元外，又加隨封銀叁
　　　拾大元，計共該銀九佰叁拾大元，期銀不敢貽務挨延，
　　　如有等情，惟發是問，合具認充結狀是實。
　　　光緒九年六月十一日　具認充結狀人金長發

又《淡新檔案》光緒 10 年 12 月記載：[70]

67　臺灣銀行經濟研究室編，《安平縣雜記》，頁 50。
68　《淡新檔案》12404-4 號，光緒 5 年 7 月；12404-8 號，光緒 5 年 7 月。
69　《淡新檔案》12404-33 號，光緒 9 年 6 月 11 日。
70　《淡新檔案》12404-55 號，光緒 10 年 12 月。

具認充狀人大甲舖戶王合發今當大老爺臺前認得發蒙准
充大安港口務，查驗來往船隻，全年應繳規費銀捌佰伍
拾元，分作大小月照繳，大月應繳銀玖拾元，惟頭月繳
銀壹佰元；小月應繳銀伍拾元，以本年十二月起至光緒
十一年正、貳、叁、拾、拾壹、拾貳月底為小月，又自
光緒十一年肆、伍、陸、柒、捌、玖月底止為大月，按
月照繳，每月以拾伍日為限，毋敢拖延短欠，倘有短欠
等情，願甘坐罪，並惟該保家是問，合具認充狀是實。

光緒拾年拾貳月　　日具認充狀人王合發

由這兩件檔案可見，贌辦大安港的口書，必須對縣令負責，認
繳全年規費，承辦期限往往也以 1 年為期。規費分成大、小
月，每年自 10 月至翌年的 3 月為小月，而 4 月至 9 月為大月。
大、小月是按船隻進口數多寡區分。臺灣北部地區冬季由於東
北季風凜烈，船隻航行困難，往來內地船隻不多，故為小月；
反之，夏季西南風盛行，船隻往來最多，故為大月。[71]口費年額
除了分成大月攤繳之外，偶而也分成大、中、小月攤繳，大月
即每年 4 月至 8 月；中月是 9 月至 11 月；小月則是 12 月至翌
年 3 月。[72]大致上仍然是以春、夏季為大月，秋、冬為中小月。
大小月應繳規費自然不同，大月規費較多，小月則較少，但是
即使是同一個港口每年大小月規費仍不一致，需按照船隻進出

---

71 林玉茹，〈清代臺灣港口的互動與系統之形成〉，《臺灣風物》44：1
　　（1994 年 3 月），頁 110。

72 《淡新檔案》，12404-66 號，光緒 11 年 4 月 1 日。

口數目調整。另外，值得注意的是，小月收繳較少時，尚有「隨封銀」等額外陋規存在。

其次，口費以年額為準，每年多寡不定，由於具有包商贌辦性質，是由口書與縣署議價談攏。新竹縣 3 個文口的口費並不一致，光緒 19 年左右，後壠與大安口口費共 2,800 元。[73]而光緒 10 年 3 個文口全年共繳規費 5,600 元，閏月需加繳 250 元。[74]大抵而言，3 個文口船隻進出越多，則口書贌辦口費也較高，中壠與香山兩個文口口費即高於大安口。光緒 19 年，香山、舊港 1 年口費更高達 2,000 兩，約合 2,600 餘元。[75]這樣一筆數額頗高的規費，[76]主要作為縣令津貼，由地方官抽收，與布政使無關。[77]由於攸關個人額外收益，縣令也特別重視口費的徵收。通常，在縣令發給口書諭戳時，即要求「所有應繳口費仍應按月繳清，不得稍事拖欠」。[78]相對於臺南安平港口費是按春、夏、秋、冬四季上繳，[79]新竹知縣似乎更依賴口費。

---

73 沈茂蔭，《苗栗縣志》（文叢第 159 種，1962），頁 64。

74 《淡新檔案》，12404-48 號，光緒 10 年 3 月 27 日。

75 臺灣銀行經濟研究室編，《新竹縣治度考》，頁 99。

76 清末安平港文口費不過是 4 千兩（約合 5 千餘元），鹿港廳總轄鹿港、新港、梧棲、王宮、番挖以及北港 6 文口，每年則是 2 萬兩左右。臺灣銀行經濟研究室編，《安平縣雜記》，頁 70；〈清末的鹿港〉，收於陳其南，《臺灣的傳統中國社會》，頁 189。鹿港與安平畢竟分別為中部與南部大口，而新竹縣僅為小口，相形之下三小口口費徵收不少，也反映其往來內地的中式帆船數目不少。

77 臺灣銀行經濟研究室編，《新竹縣制度考》，頁 99。

78 《淡新檔案》，12404-144 號，光緒 21 年 1 月 28 日。

79 臺灣銀行經濟研究室編，《臺灣兵備手抄》（文叢第 222 種，1966），頁 27。

　　再者，由於口書大多包商贌辦，承充之初議定全年包繳銀額數，類似「定額租」，因此一旦口費徵收不足，即由口書賠繳，若短欠不繳，則口書的保結者必須負連帶賠償責任。透過包繳銀制度，縣令得以確保其額外規費的取得，並且無須負擔風險，而轉嫁予口書與保家。

　　另一方面，口書願意贌辦口費，保家願意冒險具保，自然有其利益使然。換言之，如果港口船隻往來頻繁，口費徵收有餘，扣去包繳銀即為其承辦利潤。由於承辦口務者大多是海口商人、業戶以及生員，這些人通常必須熟悉口務、又有資產方能承辦，並與兩岸船隻貿易或是船貨批售有相當關係，透過承充口書可以取得特權或利益輸送的便利。因此新竹縣文口之所以包商贌辦，是基於縣令、口書、以及保家互蒙其利，可以說是剝削船隻貿易利潤所形成的官商利益分贓現象。

　　儘管承辦口書應有利益可得，但是誠如前述，他們的承辦時間平均是 1 年 4 個月，而且不足半年者為數不少，甚至有時由兩人以上承辦，以共同分攤風險。這種現象正反映口書承辦並不穩定，仍有虧累情形，時常有退辦之事。由於口書的承辦，具有濃厚的商業經營色彩，退辦原因自然是因口費徵收不足，無利可圖，甚至必須賠繳。口費徵收不足，主要有兩個因素，一是船隻來港減少，一是船戶的抗繳與偷漏。後者擬於下一節再作討論，此處僅說明船隻不來導致口費不足，並造成口書亟欲退辦的情形。

（二）口書與保結者的退辦與個案分析

　　船隻不來港口卸貨起運，是影響口費收入的最大因素。而船隻選擇往來某一個港口，則受到有無貨物可運、貨物價格高低、船貨稅率（包含口書的額外需索），以及氣候的影響。氣候對於新竹縣 3 個文口的影響，大致是相同的，亦即春、夏季節船隻進口數最多，所得口費也最多；而秋、冬季則船隻進口較少，口費也較少，以致於往往是以春月收入補冬月的不足。[80] 因此，氣候固然造成季節性船隻活動的高低潮，影響口費收入多寡，但是其為普遍性因素而非特殊性的因素，是一個固定的變項。

　　貨物之有無，應是影響船隻進口多寡的最大關鍵。香舊口、中壢口以及大安口三口因腹地產品略有差異，加上腹地消費人口數不一，而造成港口船隻往來多寡有別，因此也有大小口之分。不過，口費其實是徵收出口費，港口必須有貨物可以運載出口，口書方能按照樑頭徵收。大體上，香山、舊港、中港以及後壠港等口岸的出口貨物是「半米半貨」，大安口則僅有米穀得以出口。[81]正由於大安口出口貨物米多貨少，因此香山與中壢俱照 5 成收繳，而大安則由 5 成改為照 3 成收繳口費。[82]無論如何，三口仍以米穀輸出為大宗，[83]因此有無米穀可以出

80　《淡新檔案》，12404-25 號，光緒 8 年 5 月 8 日。

81　《淡新檔案》，12404-8 號，光緒 5 年 7 月。

82　《淡新檔案》，12404-8 號，光緒 5 年 7 月。

83　清末新竹縣在茶與樟腦等大宗出口商品必須轉運至通商口埠淡水港出口以及土產有限情形之下，米穀的出口事實上是縣內幾個港口的主要出口產

口，成為船隻是否來港的誘因，而且由於米價高低波動，船戶也會選擇米價較低的港口往運。[84]

　　另一方面，米穀的出口，是有所管制的。一旦米穀欠收或青黃不接、米價騰貴之際，官方即據紳民所請，而飭令郊商壟戶（土壠間）封禁米穀出口，是為禁港或封港。[85]禁港對船戶的影響是相當大的。舉例而言，內地船戶金順成自同治 10 年（1871）12 月由內地運載貨物來竹塹港，打算配載米穀回泉州、廈門；不幸的是，同治 11 年（1872）正月由於米價稍高，新竹縣知縣施錫衛諭令禁港，金順成只有靜候早稻登場、米糧充裕之時，再運米回航。然而，禁港卻長達半年，導致船戶因「收泊已久。候配無期，用費虧乏，慘難言狀」，遂於 6 月具稟乞求縣令或是仿照鹿港與梧棲之例，「挨次分幫按期而出」，或因早稻業已登場，能「恩准啟禁放行，俾得運載些，

品。儘管清末臺灣北部因人口眾多，北部開山撫番軍隊雲集，乃至漸無米對外輸出而須由南部或大陸進口稻米，然而直到 1892 年北部仍有米穀由通商港出口。通商口既偶有米穀出口，作為地域性吞吐的新竹縣等小口則是以米穀為主要產品。林滿紅，《茶、糖、樟腦業與晚清臺灣》（臺北：臺灣銀行經濟行究室，1978），臺灣研究叢刊 115 種，頁 91；*Parliamentary Papers：Essayand Consular Commercial Reports 1971*（Irish University, Area Studies China〈領事報告〉）, Tamsui, 1993, p. 11. 有關晚清臺灣各地米穀仍大量出口的狀況，參見：林文凱，〈再論晚清臺灣開港後的米穀輸出問題〉，《新史學》22：2（2011 年 6 月），頁 215-252。

84　例如光緒 8 年 8 月，香山口的米價高於大安，船隻遂往大安口載運。《淡新檔案》，12404-29 號，光緒 8 年 8 月 3 日。

85　《淡新檔案》，14101-102 號，光緒 4 年 2 月 3 日。有關禁港檔案詳見《淡新檔案》，14101 號等諸檔。

可早回內地」。[86]最後縣令以「甘霖渥沛，米價亦已平減」，而且船戶「羈候日久，資本缺乏，亦屬實情」，恩准開禁。[87]

　　禁港使得船戶收泊甚久，仍無米可載，以致於「用費虧乏，慘難言狀」。因此一旦船隻事先知道禁港，往往改泊其他口。船隻不來，自然影響口費收入，導致口書因不堪賠累，而請求退辦。以光緒 8 年（1882）2 月大安口口書金順泰為例，他於自光緒 7 年 9 月起贌大安口書，光緒 8 年 2 月即稟請退辦。金順泰退辦的理由是：「冬月不足，又適大甲堤工創置，萬夫雲集其間，使內地商旅聞而畏張，均莫敢進」，船隻遂改往竹塹港與後壠港，而不來大安港。[88]進口船隻既然減少，口費徵收自然不足，甚至於賠累至 200 餘元，加以口費必須按月上繳縣署，不得遷延，口書只能極力措借賠補。[89]另一方面，大甲溪因築堤，夫工雲集，官方惟恐米穀供應不足，仍一再禁港，口書在無法籌措口費之下，只有申請退辦。但是，值得注意的是，縣令並未因此而准許金順泰退辦，甚至飭令其繼續承辦口務。[90]

　　縣令不准口書退辦，應與大安口持續禁港有關。當時大安口封港原因，根據大甲街金萬興郊所言：一是「客歲兩季光景收成不佳」，「各戶谷底罄稀」，又值青黃不接之際，鄉里市廛人口不少，米糧需求量高；一是大甲溪築隄，夫工餉食頗多。因此，郊商「為地方患饑起見」，自光緒 7 年秋季以降即

86　《淡新檔案》，14101-59 號，同治 11 年 6 月 6 日。

87　《淡新檔案》，14101-59 號，同治 11 年 6 月 6 日。

88　《淡新檔案》，12404-23 號，光緒 8 年 2 月 30 日。

89　《淡新檔案》，12404-23 號，光緒 8 年 2 月 30 日。

90　《淡新檔案》，12404-23 號，光緒 8 年 2 月 30 日。

停配米石出口，實行禁港。[91]自秋季至翌年 3 月，長期禁港，
船隻遂皆改至後壠等口不至大安，自然造成口費無措。另一方
面，也因禁港勢在必行，縣署既知船隻改投他口，在無利可圖
之下，不會有商人肯出面新充，因此為了確保其全年口費取得
無誤下，儘管金順泰於 2 月、3 月以及 5 月先後 3 次稟請退辦，
仍未獲縣令恩准。[92]

金順泰不被准予退辦，遂只能用其他方式肆應。一是投告
縣令，控訴港口郊舖的禁港是「不顧損人，並藉以防饑為題，
阻撓澳務出米」，一是懇求緩繳規費，然皆不獲縣令批准。[93]
在這種情況下，金順泰既無力賠累，又不得退辦，加上新竹縣
口書總辦金新泰的極力安撫暫辦，只能繼續承辦至光緒 9 年 6
月。不過，由於金順泰是「非商兼充，獨以為務」，[94]其間賠補
部份則仰賴連保者暨口書總辦香山口金新泰代為籌湊賠繳。直
至光緒 8 年 8 月，大安口米價較舊港低，船隻都進大安載運，
形成「牌金旺收」，但是此時金順泰卻不願補繳前面由保家金
新泰所賠繳的口費。[95]

91　《淡新檔案》，12404-26 號，光緒 8 年 3 月。

92　《淡新檔案》，12404-23 號、12404-24 號、12404-25 號，光緒 8 年 2 月 30
　　日、光緒 8 年 3 月 8 日、光緒 8 年 5 月 8 日。

93　《淡新檔案》，12404-23 號、12404-24 號、12404-25 號，光緒 8 年 2 月 30
　　日、光緒 8 年 3 月 8 日、光緒 8 年 5 月 8 日。

94　《淡新檔案》，12404-24 號、12404-25 號，光緒 8 年 3 月 8 日、光緒 8 年
　　5 月 8 日。

95　《淡新檔案》，12404-29 號、12404-25 號，光緒 8 年 8 月 3 日、光緒 8 年
　　5 月 8 日。

　　新竹縣口書總辦香山口金新泰，即因連帶保結大安口金順泰，協助措借墊繳，因而受到大安口金順泰的牽累，之後更因米石昂貴、又無貨物可運出口，以致虧本連連，「前欠之坐賠已甚，何堪月復一月還，舊欠新將來之虧累靡所底止」，因此於光緒 8 年 2 月至 8 月一再申請退辦。[96]儘管如此，不論是香山口口書金新泰或是大安口口書金順泰俱至光緒 9 年 6 月方得以退辦。

　　船隻不來，致使口費無出，除了禁港，米價高於他港之外，也受到口稅的影響。一般而言，清末大陸船隻來臺，載貨出口之際，除了繳付文口口書與武口口費之外，咸、同年間以後由於後壠口與舊港俱設釐金分局，出口船隻尚需繳納船貨釐金。[97]而一旦釐金分局過份需索，刁延不給牌放行，常常導致船戶「屢逢浪靜風塡，不能揚帆西渡，舵水多人坐食山崩」，甚至因「抗延天時，致害商船遭風失水」。[98]因此，船戶在風聞釐稅加索之下，自然改往他口，遂造成船隻往來日少，口費徵收不足。前述金新泰之退辦，釐金局與船戶的糾紛即為原因之一。

96　《淡新檔案》，12404-27 號、12404-28 號、12404-29 號，光緒 8 年 6 月 17 日、光緒 8 年 6 月 23 日、光緒 8 年 8 月 3 日。清代臺灣釐金制度的演變，參見：許方瑜，〈晚清臺灣釐金、子口稅與涉外關係（1861-1895）〉（國立暨南國際大學歷史學研究所碩士論文，2012）。
97　《淡新檔案》，13502-1 號，光緒 8 年 6 月 3 日；臺灣銀行經濟研究室編，《新竹縣志初稿》（文叢第 61 種，1959），頁 82－84。
98　《淡新檔案》，13502-1 號，光緒 8 年 6 月 3 日。

　　口書如果因不堪賠累而申請退辦，也可能連累原保者。例如前述金新泰受到大安口金順泰的牽累而申請退辦。此外，光緒 21 年（1895）4 月塹城舖戶金義復合號也因具保舊港口書金合和，卻造成虧累連連，請求退保。金合和的虧累，是因為承辦口書期間正值日清交戰、初定和約之際，「地方嘵嘵，人心不古」，船戶既風聞臺灣業已割讓日本，即任意出入，不但不照規驗照完費，甚至於認為各口已無規免費，抗繳規費。[99]口書在無法抽收口費之下，只有邀同保家金義復合號協同勸諭各船戶，但船戶仍「任意逞刁不肯聽遵」，導致口書必須賠損 2、3 月的口費，4 月則已無力賠繳，勢必由保家出面賠償。在惟恐賠累過甚之下，保家只好具稟請求退保。[100]這件保結者退保案，縣署並未允准，而批示「現當南風司令，出入船隻頗多之際，正宜始終經理」。[101]由於沒有後續文件，結果不得而知，但是縣署的反應基本上應是與前述金順泰與金新泰案相同的。

　　由金義復合號的退保事件可見：口書承辦有一定期限，在承辦期限未屆之時，即使賠繳累累也須盡力籌措。而一旦籌湊不足，保結者即需出面協助或代賠規費，甚至於介入口務，勸告船戶按規照繳。而當保家發現無法承擔虧損時，也只有請求官方准予退保。

　　另一方面，儘管臺灣割讓日本之前，已偶有船戶私下違禁、偷漏事例發生，卻不敢如本案般，堂而皇之的聲稱各口已

99　《淡新檔案》，12404-154 號，光緒 21 年 4 月 28 日。
100　《淡新檔案》，12404-154 號，光緒 21 年 4 月 28 日。
101　《淡新檔案》，12404-154 號，光緒 21 年 4 月 28 日。

不抽收規費，並公然抗繳規費，對口書和保家的勸諭視若無
睹。此外，縣令對於船戶的違禁行為並未訓飭查辦，更顯現出
在統治權鬆動之際，官方對於港口管理的無力感。據此可見，
口費的徵收，必須是在官方仍有相當控制力之下方得施行。換
言之，文口的正常運作與對船戶的剝削，必須以穩固的政治力
為後盾，一旦統治權鬆動，船戶即可能反抗文口的管制。

四、文口的脫序：需索、走私及抗驗

　　一般而言，一個文口的正常運作是：船隻進港後，將牌照
交予澳甲，澳甲除了收繳牌照之外，並查驗有無偷漏禁物與搭
載無照匪徒，如查驗無誤，即將牌照繳送縣署，船戶則可將船
貨卸下，靠行求售。等到船隻裝滿貨欲出港之際，則請牌並等
候口書查驗有無偷運禁物出口，然後照例量驗，按照樑頭大小
收繳口費，再蓋戳放行，或西渡或往臺灣南北口岸貿易。在文
口運作下，以達到控制與管理海口，並獲得口費作為額外津貼
的功能。然而，這樣的運作程序，如果暫時不考慮海盜或洋人
的肆擾與走私，僅從船戶與口書、澳甲的互動關係來看，有時
也出現脫序現象，亦即：一方面是船戶的偷漏禁物、抗驗牌照
及抗繳牌金；另一方面，則是來自於口書的違禁需索規費。

（一）口書的額外需索

　　新竹縣對文口的管理主要採取招商贌辦方式，但是其對於
承辦文口的口書和澳甲實有監督稽查之責，一方面要求口書和

澳甲能確實辦理口務，稽查違禁、偷漏，並收繳口費；另一方面，也嚴格禁止口書的額外需索與苦累船戶。在地方衙門對於船戶的曉諭中，更明白的表示：如果口書「敢於額外需索，及有兜壓船牌情事，准予指稟控究，本縣定當按法訊辦，決不寬貸」。[102]因此，口書和澳甲雖然獲得知縣諭戳，形同官方代理人，但是並非擁有絕對權威，一旦其有違規需索事，船戶可有糾舉稟縣辦理。

口費的徵收也可能出現額外需索。這種現象，除了個人貪利之外，有時是因為船隻進口太少，口費徵收不足，因此「額外多派，始能夠本」。[103]

口費額派的方式，一是船隻出口時，半載卻以全載課稅；一是直接額外加徵規費。前者如光緒 8 年晉江船戶許輝煌因入泊大安港，正值大甲築堤，無多餘米穀出口，後來因「停港多月，需費盡空」，不得不半載工糧出口，然而口書卻要求以全載課徵全費 3、4 餘元。[104]後者如光緒 5 年 5 月，由大陸來臺的金得勝等四船戶寄泊大安港，口書陳元裕卻加派口費銀 5 元，澳甲銀 1 元。[105]

對於口書的額外需索，船戶的肆應方式是改投他口，或抗納規費並向縣署直接稟控。例如金得勝等四船戶對於口書陳元

---

102 《淡新檔案》，12404-12 號，光緒 5 年 10 月 2 日。

103 《淡新檔案》，12404-9 號，光緒 2 年 7 月 8 日。

104 《淡新檔案》，15214-1 號，光緒 8 年 2 月 5 日。

105 《淡新檔案》，12404-5 號、12404-8 號，光緒 5 年 5 月 11 日、光緒 5 年 7 月。

裕的加派，即以「生理微末難堪」，加派過甚，而「眾口囂
囂，均不肯從」，投告縣署。[106]其後雖經口書具稟申辦，但新
竹縣知縣林達泉對於大安口書陳元裕與大陸船戶的爭執，卻批
示：

> 口費雖原定五成而向章每百擔賧收五元五角，豈不按
> 五五成抽收，乃至該書承辦續加至一倍有餘多，當謂循
> 照舊章，藉詞矇混，實屬藐玩海洋風帆靡常，而該書因
> 圖需索，故意留難阻滯，殊違本縣體恤商艱之意，此後
> 敢再不照向章以及無端藉稱丈量與船戶爭長較短，一經
> 察出，定即斥革提究嚴辦…。[107]

縣署基本上是站在體恤商艱、維護船戶的立場，以便讓更多船
隻來港貿易，因此對於口書違例加派，採取斥責甚至斥革嚴辦
的立場。

（二）船戶的違禁行為

　　在文口的運作中，可能出現口書的額外需索，但就船戶而
言，則可能出現抗繳牌照、抗繳牌費以及走私禁物等違禁行
為。口書和澳甲必須向官方稟究，縣令即飭差抓拏船戶訊問，

---

106 《淡新檔案》，12404-6 號、12404-7 號，光緒 5 年 5 月 26 日、光緒 5 年 6
　　月 22 日。
107 《淡新檔案》，14101-7 號，光緒 4 年 4 月 19 日。

並扣留船隻，如果查訊屬實，抗驗者即補驗牌照，抗繳規費則補繳牌費。[108]至於抗驗牌照並私自出口的船隻，大都由澳甲向縣署稟究，縣署往往飭令差役協同地總、澳甲查明，如船隻已先私自出口，則諭飭沿海總董、地甲協同查拏。[109]基本上，抗驗牌照的船戶如果無其他違規行為，一旦繳出牌照候驗，即可銷案。[110]

抗驗牌照大多由於偷漏禁物。所謂偷漏禁物，除了官方例禁的硝礦、釘鐵、軍火器械以及樟板之外，[111]北部進口的走私品以私鹽或鴉片最多，出口則是樟腦與禁港時的米穀。由於偷漏禁物，船戶不敢遵例由澳甲驗照而抗驗，或托辭緩驗，甚至意圖行賄澳甲免徵牌照。[112]偷漏禁物的處罰，遠比單純的抗繳牌

---

108 《淡新檔案》，15212-2 號，光緒 5 年 6 月 9 日。

109 例如光緒 5 年 5 月興化船隻柯萬興抗驗船牌，將船駛逃，經香山口澳甲金正順稟究，縣令即飭差查拏，並諭飭沿海總董地保協同查察，而 6 月於舊港查得載運私鹽入泊的柯萬興船，隨即拘訊該船出海柯傑，柯傑繳交牌照之後，則由林海保釋結案。《淡新檔案》，15210-3 號、15210-4 號、15210-5 號，光緒 5 年 5 月 11 日、光緒 5 年 6 月 12 日、光緒 5 年 6 月 12 日。

110 例如前述柯萬興船即是如此，又光緒 5 年 6 月方雙興等五船因稱未見澳甲收繳牌照，而未繳船牌，並非存心抗繳，其後繳照銷案。《淡新檔案》，15212-3 號，光緒 5 年 6 月 19 日。

111 明亮，《欽定中樞政考》（臺北：廣文書局，1972），頁 44－46。

112 例如光緒 9 年興化船隻陳合興載私鹽進香山口，澳甲洪山往驗，出海即出銀 2 元意圖賄賂澳甲，澳甲不從，船隻乃私自出港。《淡新檔案》，15215-6 號，光緒 9 年 10 月；又如光緒 5 年 4 月興化商船柯萬興，於澳甲收牌時，即托辭「俟伊貨物兌清，隨將船牌自行帶繳」，然該船貨賣清款之後，則開船駛出，未繳牌照。《淡新檔案》，15210-2 號，光緒 5 年 4 月 27 日。

照重，必須船貨充公、船隻扣留、船戶拘提至縣。然而，實際
上的執行，也並非毫無通融。舉例而言，光緒 7 年 7 月頭北船
隻金順興由內地載私鹽 400 擔收入中港，為哨丁與澳甲查緝，
其後船隻出海蕭慇即將私鹽繳鹽館，並情願效力於後厝仔一帶
海邊查拏私鹽，將功贖罪，而得以銷案免究。[113]

（三）船戶保結者的連帶責任

　　船戶走私、抗驗，有時也會牽連船戶的保家。船戶的保結
者稱為行保，起源於往來臺灣的船戶和商民俱需「取具行舖認
保」。[114]雍正、乾隆年間，臺灣對大陸配運兵米、眷穀之後，
來臺配運船隻凡「已至內港，因駕駛不慎漂失穀石及雖在外
洋而擊碎船隻無實在行跡可驗者，仍著落行保船戶照時價賠
補」。[115]這兩種行保最初都設在福建港口，臺灣則僅於正口設

113 《淡新檔案》，15201-17 號，光緒 7 年 7 月 14 日。
114 臺灣銀行經濟研究室編，《清會典臺灣事例》（文叢第 226 種，1966），
　　頁 59。
115 臺灣銀行經濟研究室編，《清高宗實錄選輯》，頁 48；直至道光中葉，陳
　　盛韶，《問俗錄》（北京：書目文獻出版社，1983 年 12 月），頁 14 亦
　　載：「內地各府州縣兵穀，多由蚶江、廈門轉運，其運費、夫價、折耗，
　　惟廈門行保是問」。

置，[116]而那些未開放對外貿易的私口則無行保。[117]換言之，一般臺灣私口並未設置行保，直到清末臺灣開放各地域吞吐口之後，始設行保，新竹縣則遲至光緒 10 年創設全縣港口行保，所有中國大陸來臺灣船隻於入口之際，俱需將牌照交由行保，再轉交澳甲、口書。這種行保與福建地區行保具有保結船戶及賠繳米穀的性質又有些不同。

　　光緒 10 年 4 月，新竹縣全縣保牌行保的設立，是因竹塹釐金司事張友梅與口書張瀛海鑑於「茲憲轄所屬舊港、香山、中壢、後壢、大安等港，全無設立保牌行保。致唐船進港，任意自便，無處跟究。且有不法奸商船戶，膽敢私帶禁物，抗繳牌照，漏費駛歸。」因而具稟建議仿照全臺其他海口設置保牌行保。亦即船隻進港，必須先將船牌交付行保，再轉交口胥查驗；當船隻欲載貨回內地之時，「牌費諸項，由行保之人算賬，交繳口胥」。[118]當時並舉充張合發（即張鏡清）一人，承

---

116 〈嘉慶二十年重修大觀音亭廟橋碑記〉已有商船行保紀載。收於黃典權編，《南部碑文集成》，頁 585；另外，《淡新檔案》，15208-1 號，有同治 11 年 8 月淡水港（原以八里坌為正口）行保與船戶記載：「本港金捷益，晉江小船金成裕，以上貳船係行保金長晉。晉江翻身蔡協吉，本港小斛金成順，晉江小船金合發，晉江小船金恆春，……行保金晉興，惠安小船陳吉慶，惠安小船金德盛，惠安小船陳萬發，惠安小船金泉發，本港金興順，……行保金晉興，晉江小船金聯順，惠安小船莊合興，本港莊興順，惠安小船金合益，本港陳允甡，……拾叁船行保金德成，晉江翻身金瑞勝，晉江小船金恆順，晉江小船蔡瑞順，……行保吳朝榮。」上述這些行保的性質為保牌行保，並無大陸地區賠補米穀之責任。其職責主要是船隻若未經文武口掛驗而擅行出口，即惟行保是問。
117 姚瑩，《東槎紀略》，頁 61。
118 《淡新檔案》，14103-6 號，光緒 10 年 4 月 26 日。

充保牌行保。[119]

　　基本上，這種全縣保牌行保是澳甲、口書和船戶之間的媒介，實分擔了原來澳甲收牌照與口書收口費的工作；另一方面，則是官方鑑於船隻出入眾多，在無法掌控之下，將職權下移地方人士，以收互相制衡、保結之效，並確保對港口的切實控制。保牌行保也經過與口書、澳甲類似的承充過程，而變成官方的代理人，性質與口書、澳甲頗為接近。但是，有關全縣保牌行保的承充，僅有此例，並未如同口書和澳甲一般有完整的檔案，因此無法釐清其是否繼續設置。[120]

　　事實上，全縣保牌行保的作用應是相當有限的，真正與船戶關係較密切的是在此之前就已存在的，未經正式舉充的行保。由於內地船戶來臺必須投行發售船貨，再透過商舖取得土產、米穀裝載西渡，因此船戶往往與港口某特定商舖具有貨物買賣關係，[121]甚至於有時船隻進口繳牌之際，部份舖戶即代為向官方保認船戶納繳牌照，或是代繳牌費，[122]這些與船戶關係密切的舖戶，後來常常成為船戶行保。這種作為貿易仲介的行保有些類似宋、明以來的牙行，然而性質上仍有差別。[123]新竹

---

119 《淡新檔案》，14103-6 號，光緒 10 年 4 月 26 日。
120 事實上，光緒 10 年之後，口書與澳甲職務並未有多大變化，臺灣割讓之際，船戶紛紛抗驗牌照與抗繳規費，而獨獨未見保牌行保之申訴，似乎行保並未持續設立。
121 船戶和商行（九八行、船頭行）之間的委託代理關係，詳見第七章。
122 例如《淡新檔案》，13506-6 號，光緒 12 年 12 月 19 日，載：「舊港口商船金廣益向投源吉號，釐賦係該行完納」。
123 清代中國大陸東南沿海牙行除了作為貿易中介之外，尚負責呈驗船戶牌照、輸稅報驗等工作。傅依凌，〈清代前期廈門洋行〉，《明清時代商人

縣的行保似乎是自願的,且未經過官方認證,更沒有強制性的
規則存在。[124]

　　船戶與行保關係的建立,大多基於同鄉的地緣關係或業緣
關係。以地緣關係而言,光緒 9 年 9 月頭北船陳合興入泊香
山港,該船的港口行保是「原籍頭北,現住香山,開張德利
號什貨並船隻生意」的吳鮴,而由他承諾口費,並擔保船牌
口費。[125]另外,光緒 7 年頭北船金順興因載私鹽至中港被查緝
時,亦由香山舖戶吳鮴保結。[126]在香山口營生的吳鮴,至中港
保結與其同籍的商船,顯現船隻與本地商舖的互動,是基於同
鄉關係。

　　另一方面,也有牌費係由舖戶直接認繳的現象。這種情
形,通常是因為船隻是由商舖所購買或包租,因而一旦船隻載
貨出入,自然由舖戶繳費。例如光緒 12 年(1886)12 月,竹塹
城南門內的振春號苧麻行自置柯益興貨船,口費與釐金即皆由
該舖戶繳交。[127]像振春號這種商舖,實擁有船隻所有者與保結
者的雙重身份,也需承擔相關連帶責任。

————————

　　與以及商業資本》(臺北:谷風出版社,1986 年 12 月),頁 231、246。
　　但是新竹縣各口船戶行保並未有承擔此種工作的絕對義務,光緒 1 年的保
　　牌行保,也僅止於呈驗牌照。
124 例如光緒 9 年 9 月,頭北船戶陳合興原由德利號具保,其後因該船未繳規
　　費即私自出口,澳甲稟究行保,德利號商主吳鮴卻否認其為陳合興的行
　　保。《淡新檔案》,15215-6 號,光緒 9 年 10 月。由此可見,行保似乎未
　　正式行文具保。
125 《淡新檔案》,15215-6 號,光緒 9 年 10 月。
126 《淡新檔案》,14201-18 號,光緒 7 年 7 月。
127 《淡新檔案》,13506-5 號,光緒 12 年 2 月 19 日。

　　除了擔保船戶繳納規費或直接代繳之外，對於船隻違漏事件，行保商舖也負有連帶責任。亦即如果原保船隻逃失，保戶必須照價賠繳。前述頭北船戶陳合興，由行保擔保繳納船照規費，其後該船駛逃出口而未繳，澳甲即稟究保家吳鯏。[128]

　　船戶與行保主要是基於商業貿易和同鄉關係而形成的利益共同體，亦即由內地來的船隻進入新竹縣港口之後，即尋求原籍同鄉的港口舖戶，保認或代繳規費，隨之將船貨交由舖戶求售，另一方面也大都透過該舖戶收集回航所運載的貨物。因此，行保成為內地船戶來臺買賣貨物的中介者，船戶與行保之間形成一種基於地緣聯結而成的商業買賣關係。另一方面，如果本地商舖自置商船，往來內地、臺灣貿易，則船戶與商舖之間的連繫性不但更甚於前者，而且也存在著雇傭關係。然而，一旦船戶有違禁事例發生，行保有時也要負連帶責任，不過由於行保並未經過官方認證，因此被約束力相對於口書與其保家的關係低得多，甚至於可以否認與船戶的保結關係。[129]

　　綜合上述，文口的脫序行為，一方面是來自於口書的額外需索，另一方面則是來自船戶的抗繳規費、偷漏禁物以及抗繳牌照。面對文口的脫序，官方除了影響其統治權穩固的海盜或洋匪肆擾事件之外，對於船戶基本上是站在保護的立場。之所以如此，仍是惟恐過度的需索，造成「舟商一經裹足，地方立見衰頹」，而影響及於自己的津貼收入或地方經濟的發展，導

---

128 《淡新檔案》，15215-1 號、15215-6 號，光緒 9 年 9 月 11 日、光緒 9 年 10 月。

129 例如前述頭北船戶陳合興抗牌出口後，保家吳鯏即以無憑據而不承認其為陳合興保戶。《淡新檔案》，15215-6 號，光緒 9 年 10 月。

致地方不安，甚至於撼動其統治地位。官方這種維護船戶的立場，使得口書的過度需索也會遭到船戶抗爭，因此口費的徵收或額派大都必須在船商可以接受的合理範圍之內，口書和船商之間的互動遂形成一種動態的平衡關係。

五、小結

清末新竹縣各港文口，設置澳甲繳驗船牌，口書收費並查驗放行，成為定例，直至臺灣割讓予日本，方再出現新的港務管理方式。[130]口書和澳甲的承辦是仿總理、董事以及街庄正等鄉莊自治組織成員的承充過程，亦即經過保結稟充（保結者具保結狀）——准充（官給諭戳）——認充（新充澳甲具認充狀）——官方曉諭地方等四個步驟，而後取得正式稽查船隻與收繳規費的職權。透過這種承充過程，口書和澳甲獲得官方代理口務身份，具有行政機能與經濟警察的性質，職權的執行仍依賴政治力作為後盾。另一方面，官方也因為口書和澳甲的設置，以達到查緝違規夾帶禁物、偷載無照客民以及接濟匪類等海口管制目的。

其次，由口書及其保家身份來看，文口的管理事實上帶有濃厚的商業經營以及利益輸送的色彩，因而口書的承辦和退辦也視虧損與盈餘狀況而定，展現文口包商贌辦的特性。特別是這些在海口經營兩岸貿易的商人，由於在文口承辦上佔有相

---

130 日治時期的港口管理方式，詳見：Lin Yuju, "Continuity and breakdown：Taiwan's customs service during the Japanese occupation, 1895–1945," *International Journal of Maritime History,* 29：4（October 2017）, pp. 855-874.

當重要的地位，進而透過口書職權，一方面取得官方代理人身份，擁有將上繳官府口費之外的額外利潤；另一方面，同時兼具港口管理者身分，有利於自己商業貿易的經營。就保結者而言，保認口書，雖然需共同承擔口費徵收不足而連帶賠償的風險，但是由於其大多是從事兩岸貿易的商人，與口書的保結關係自然有利於貿易之進行。

再者，口書和保結者既是利益共同體，他們又主要由在地紳商所組成，似乎也象徵著透過收取口費，而與縣署共享船隻貿易的部分利益。不過，縣署並不分擔口費利益之外的風險，是純粹獲利者。這種現象可以解釋，新竹縣各港為何未採用安平港和鹿港的官方派收方式，因為畢竟小口進出口船隻不如安平等大港多，只有採用贌收，才能固定口費收入，而轉嫁風險於地方紳商階層。

就澳甲而言，雖然偶有舖戶認充，並有澳甲銀的利益，但相形之下，其性質更接近於鄉莊自治職員，商業經營色彩較低。由澳甲有時由口書保結、官方所給的諭戳又由口書保管來看，一個文口中，口書的地位較澳甲重要。至於有關口書和澳甲的異同關係，可以參見表 2-3，不再贅述。

在文口的運作過程中，主要呈現口書、澳甲與船戶、行保的互動關係。基本上，口書、澳甲與保結者，是基於業緣關係而聯結；而行保與船戶的關係則兼具業緣與地緣關係。在良性的運作下，船戶進港繳交牌照予澳甲，出口則向口書繳納口費。口書雖然隱含陋規與送禮的性質，但同時象徵船戶、口書以及縣令之間的互惠關係，亦即：船戶順利卸貨裝貨，以取得高額貿易利潤；口書與縣署則抽取部份船隻貿易利潤作為己

表2-3 清末新竹縣文口口書和澳甲的異同

項目	口書	澳甲
設置地點	僅設於正口或小口	正口、小口以及船隻較常往來的島內貿易港
主要職責	查驗樑頭、收繳牌費	收驗牌照
設置時間	澳甲較早設置	
承充型態	較複雜	大多一個文口由一人擔任
承充者身份	舖戶、業戶、監生,以及股實舖戶最多	以民人為多,並無外縣人士
承充字號	多以「金」字號別稱	大多以本名
保結者	郊商、舖戶、業戶保家負連帶賠償責任	舖戶、業戶、口書、兵總書,較複雜,但保家不負連帶賠償責任
承辦時間	以數個月至一年為多,承充時間略短	以半年以上至一年為多,承充時間略長
性質	商業經營色彩濃厚	較接近鄉莊自治組織

用。不過,文口也可能出現脫序狀況,亦即:一方面是口書或澳甲的額外需索,一方面則是船戶的抗驗、抗繳以及偷漏。

　　大體上,口費徵收不足時,口書往往採取額外加派的策略,以減輕自己的損失。但是這種加派若超過船戶所願意承擔的範圍,即採取抗驗並投告官府行動。對於口書與船戶這種合作又對立的關係,官府大抵是站在中立立場,以維持文口正常運作,因而既不准船戶偷漏、抗驗,也不許口書與澳甲藉機需索,苦累船戶。不過,官方對於船戶的管理事實上較為寬弛,嚴禁口書或澳甲需索加派,即使船戶偷漏私鹽、米穀等禁物,只要未涉及匪寇妨害治安事件,船戶又知道悔改,並不嚴格拘

究，甚至網開一面。官方對於船戶的種種維護，主要在於吸引
船隻來港貿易，否則「舟商一經裹足，地方立見衰頹」，因此
促使文口管理以及口書與船戶的關係達到一種平衡而合理的狀
態。

附表 2-1　清末臺灣新竹縣港口的口書和澳甲

起迄時間	港口	口書（P）、澳甲（O）	保結者	資料來源
同治 4 年 4 月 21 日（1865）	後壠	O 陳淡然		《淡新檔案》：14101-10
光緒 5 年潤 3 月 4 日-5 年 9 月 18 日（1979）	香山	O 金正順即林魁	口書陳元裕舖戶益豐號	《淡新檔案》：12404-1、2、3、4 12509-1
光緒 5 年 7 月 11 日（1879）	大安	P 金合興即蔡奏 O 李定安（光 9.10.6 止）	金萬興	《淡新檔案》：12404-10、14
光緒 5 年 9 月 14 日-6 年 4 月 25 日（1879-1880）	香山、舊港	P 葉克榮	本城舖戶金恒順	《淡新檔案》：12404-15、16
光緒 5 年 9 月 14 日-6 年 4 月 25 日（1879-1880）	中壠、大安	P 金合泰	後壠舖戶合興號即朱烏枹、大安舖戶益成號即梁琳	《淡新檔案》：12404-13、16
光緒 6 年 4 月 24 日-7 年 9 月 4 日（1880-1881）	香山、舊港大安	P 金新泰 O 金進安（光 7.9.6 止）P 金順泰即蔡黃魁	本城舖戶恒泰號	《淡新檔案》：120404-18、19
光緒 7 年 9 月 4 日-9 年 6 月 27 日（1881-1883）	中壠香山大安	P 金永泰 O 金濟順（光 9.6.8 止）P 金新泰 O 金濟安 P 金順泰 O 金濟豐（光 9.6.8 止）	舖戶恆春號（保口書）	《淡新檔案》：12404-20、21、23、29、30、31、32

起迄時間	港口	口書（P）、澳甲（O）	保結者	資料來源
光緒 9 年 6 月 6 日（1883）	大安	P 金長發 O 謝其祥	本城業戶鄭恆利	《淡新檔案》：12404-33、34、35、36、37
光緒 9 年 6 月 8 日（1883）	中壠	P 金永泰 O 金濟順		《淡新檔案》：12404-31
光緒 9 年 11 月 27 日-10 年 3 月 28 日（1883-1884）	舊港、香山	P 監生張瀛海、林敬和 O 洪山	淡水舖戶黃萬順、賴源和	《淡新檔案》：12404-40、41、42、47 15215-6
光緒 9 年 12 月 11 日（1889）	許厝港	O 金萬益	業戶吳振利即泰記	《淡新檔案》：12404-43、44
光緒 10 年 3 月 27 日-10 年 6 月 6 日（1884）	舊港、香山中港、後壠大安	P 張海梅 O 魏昌記 O 魏阿武 O 謝其祥（光 10.4.13）	舖戶、郊戶金德美	《淡新檔案》：12404-48、49、52
光緒 10 年 12 月 23 日（1884）	大安	P 大甲舖戶王合發	本城業戶、舖戶吳萬裕號即吳士騰	《淡新檔案》：12404-54、55、56、57、58
光緒 10 年 12 月 7 日（1884）	香山	P 金戀順 0 金濟安	本城舖號雙合號	《淡新檔案》：12404-59、60、61、62
光緒 11 年 4 月 1 日-12 年 3 月 31 日（1885）	中壠	P 塹商鄭合成	業戶翁貞記即職員翁林藻	《淡新檔案》：12404-66、67、68、69、70

起迄時間	港口	口書（P）、澳甲（O）	保結者	資料來源
光緒 11 年 11 月 11 日-14 年 2 月 1 日（1885）	大安 中壠 香山、舊港	P 業戶金安瀾 P 金德利（光 14.2.21 止） P 金長興（光 14.2.1 止）	業戶林源記	《淡新檔案》：12404-73、75、77 《淡新檔案》：12404-89、83 之 1、2
光緒 11 年 11 月 22 日（1885）	香山、舊港 大安 中壠	O 王合升（光 15.11.9 止） O 陳東興 O 陳駱興	口書金長興 口書金安瀾 口書金得利	《淡新檔案》：12404-76、78、79、80、81、96
光緒 14 年 2 月 19 日（1888）	大安	P 金安瀾		《淡新檔案》：12404-84
光緒 14 年 3 月 1 日（1888）	大安	P 金再發	舖戶金勝發	《淡新檔案》：12404-85、87-1
光緒 15 年 2 月 12 日-15 年 11 月 9 日（1889）	許厝港、崁頭厝港	O 陳朝宗	新館莊業戶郭龍文、職員陳寶員	《淡新檔案》：12404-91、96
光緒 15 年 10 月 23 日（1889）	中壠港 大安港	O 陳駱興 P 金再發 O 陳東興		《淡新檔案》：12404-95
光緒 15 年 11 月 7 日-16 年 4 月 8 日（1889）	香山、舊港	P 本城舖戶郭禧祥 O 劉邦	本城舖戶劉振春號、劉勝發號、口書郭蔡祥	《淡新檔案》：12404－97、98、99、101、102、103
光緒 16 年 4 月 6 日-17 年 8 月（1890-1891）	香山、舊港、中港	P 業戶金得利	本城舖戶高恆升號	《淡新檔案》：12404-104、106、107、110

起迄時間	港口	口書（P）、澳甲（O）	保結者	資料來源
光緒 17 年 8 月 22 日-18 年 12 月（1891-1892）	香山、舊港	P 本城舖戶金協合 O 駱財源	本城舖戶榮源號	《淡新檔案》：12404-111、112、113、114
光緒 18 年 12 月 1 日-20 年 2 月（1892-1894）	香山、舊港、中港	O 劉聚財	兵總書朱明、業戶蘇勝記	《淡新檔案》：12404-116、125、118、119
光緒 20 年 2 月 24 日-3 月（1894）	香山、舊港、中港	P 金駿發 O 馬得利	本城舖戶協和號	《淡新檔案》：12404-127、128、130、131
光緒 20 年 3 月 25 日-21 年 1 月（1894）	香山、舊港、中港	O 劉聚財、彭壽琪	兵總書朱明舖戶、業戶勝記號即蘇進貿	《淡新檔案》：12404-142、143、138、136、140、148
光緒 21 年 1 月 26 日（1894）	香山、中港	P 民人金合和 O 駱慶源	本城舖戶王義合、口書金合和	《淡新檔案》：12404-144、147、148、149、150、151

說明：O 代表澳甲，P 代表口書。

附表 2-2　清末新竹縣口書和澳甲充任時間

港口	口書、澳甲	承辦起迄時間	總承辦時間
香山	O 金正順	光緒 5 年潤 3 月 4 日-5 年 9 月 18 日（1879）	6 個月+
大安	P 金合興 O 李定安	光緒 5 年 7 月 11 日-5 年 9 月 14 日（1879） 光緒 5 年 7 月 11 日-9 年 10 月 6 日（1879-1883）	2 個月+ 4 年 1 個月+
香山、舊港	P 葉克榮 O 金進安	光緒 5 年 9 月 14 日-6 年 4 月 25 日（1879-1880） 光緒 6 年 4 月 24 日-7 年 9 月 6（1880-1881）	7 個月+ 1 年 4 個月+
中壠、大安	P 金合泰	光緒 5 年 9 月 14 日-6 年 4 月 25 日（1879-1881）	1 年 4 個月+
舊港、香山	P 金新泰	光緒 7 年 9 月 4 日-9 年 6 月 27 日（1881-1883）	1 年 9 個月+
大安	P 金順泰 O 金濟豐	光緒 7 年 9 月 4 日-9 年 6 月 27 日（1881-1883） 光緒 7 年 9 月 4 日-9 年 6 月 8 日（1881-1883）	1 年 9 個月+ 1 年 9 個月+
中壠	P 金永泰 O 金濟順	光緒 7 年 9 月 4 日-10 年 3 月 27 日（1881-1884） 光緒 7 年 9 月 4 日-10 年 3 月 27 日（1881-1884）	2 年 6 個月+ 2 年 6 個月+
舊港、香山	P 張瀛海、林敬和	光緒 9 年 11 月 27 日-10 年 3 月 28 日（1883-1884）	4 個月+
大安	O 謝其祥	光緒 9 年 6 月 6 日-10 年 4 月 3 日（1883-1884）	10 個月+

港口	口書、澳甲	承辦起迄時間	總承辦時間
舊港、香山、中港	P 張海梅	光緒 10 年 3 月 7 日-10 年 6 月 6 日（1884）	2 個月+
中壠	P 鄭合成	光緒 11 年 4 月 1 日-12 年 3 月 31 日（1885-1886）	1 年個月+
大安中壠舊港香山	P 金安瀾 P 金德利 P 金長興 O 王合升	光緒 11 年 11 月 11 日-14 年 3 月 1 日（1885-1888） 光緒 11 年 11 月 11 日-14 年 2 月 21 日（1885-1888） 光緒 11 年 11 月 11 日-14 年 2 月 21 日（1885-1888） 光緒 11 年 11 月 22 日-15 年 11 月 9 日（1885-1889）	3 年 11 個月+ 2 年 4 個月+ 2 年 4 個月+ 3 年 11 個月+
大安	P 金再發	光緒 14 年 3 月 1 日-15 年 10 月 23 日（1888-1889）	1 年 7 個月+
舊港、香山	P 郭蔡祥	光緒 15 年 11 月 7 日-16 年 4 月 8 日（1889-1890）	2 個月
舊港、香山、中港	P 金得利	光緒 16 年 4 月 6 日-17 年 8 月（1890-1891）	1 年 5 個月+
舊港、香山	P 金協和 O 駱財源	光緒 17 年 8 月 22 日-18 年 12 月（1891-1892） 光緒 17 年 8 月 22 日-18 年 12（1891-1892）	1 年 4 個月+ 1 年 4 個月+
舊港、香山	O 劉聚財	光緒 18 年 12 月 1 日-20 年 2 月（1891-1894）	1 年 2 個月+

港口	口書、澳甲	承辦起迄時間	總承辦時間
舊港、香山	O 馬得利	光緒 20 年 2 月 24 日-20 年 3 月 25 日（1894）	1 個月+
舊港、香山	O 劉聚財、彭壽琪	光緒 20 年 3 月 25 日-21 年 1 月 25 日（1894-1895）	10 個月+

資料來源：根據附表 2-1 作成。

說明：O 代表澳甲，P 代表口書。

第二部

族群與港街變遷

第三章

番漢勢力交替下麻豆港街的變遷（1624-1895）

一、前言

　　現今臺南市麻豆區東北角的水堀頭，存留一座三合土結構的遺蹟，過去以來對於它的性質眾說紛紜。從日治時期至今，當地居民即口傳其是麻豆港的古碼頭。1956 年，由於水堀頭鄰近的「龍喉」挖掘出眾多出土物，臺南縣文獻委員會吳新榮等人至現地會勘之後，卻推斷可能是水利疊水設施的「灞頭」，或有以為是墓道。[1]水堀頭的三合土遺蹟，究竟是墓道、水利設施，抑或是傳說中的麻豆港碼頭，一直是公案。

　　2002 年，在文建會和臺南縣政府支持下，本人與劉益昌一起展開該地考古和歷史學的共同調查，以便確認遺蹟屬性，重建麻豆港的歷史。經過此次跨學科的合作，水堀頭曾經是麻豆

1　吳新榮，〈採訪記〉第七期，《南瀛文獻》4（上期）（1956 年 12 月），頁 87-91。

港之所在，三合土遺蹟即是碼頭結構，已獲得證實。[2]

　　過去至今，臺灣西南海岸地形的變化相當劇烈，麻豆原來瀕臨海邊，是八掌溪和曾文溪之間倒風內海（潟湖）中的港口，但是現在卻已經距離海岸線近 30 公里。水堀頭碼頭可以說是臺灣目前已知清代時期內海河港的唯一遺構，是滄海變桑田的見證。這個港口雖然不及我們所熟知的「一府（今臺南）二鹿（鹿港）三艋舺（萬華）」等區域性港口的等級和規模，主要是麻豆地區與鹽水港或臺灣府城聯絡的內海港口，[3]但卻是典型的番漢勢力交替港街。亦即，在漢人勢力完全取代番社之前，位列西拉雅平埔族最強大社群的麻豆社一直是該港街的主人。

　　以往的港口研究，較少實證番漢勢力在港街內的消長。特別是，富田芳郎曾經指出，麻豆社所在的麻豆和蕭壠社所在的佳里，是臺灣少見的「街村與農村的合成聚落」。[4]這種特殊現象是否是受到麻豆社人原聚落的影響，或是意味著麻豆社人的歷史遭遇與臺灣其他地區的平埔族不盡相同，應是值得探究的課題。

2　考古與歷史調查的結果，參見：林玉茹、劉益昌，《水堀頭遺址探勘試掘暨舊麻豆港歷史調查研究報告》（文化建設委員會、臺南縣政府文化局委託，未刊，2003）。歷史學的四篇調查，則出版專書，詳見：林玉茹主編，《麻豆港街的歷史、族群與家族》（臺南：臺南縣政府，2009）。

3　林玉茹，《清代臺灣港口的空間結構》（臺北：知書房，1996），第五章、第六章。

4　富田芳郎，〈臺灣に於ける合成聚落としての麻豆及び佳里〉（Ⅰ）（Ⅱ），《地理學評論》11：6（1935 年），頁 490-503；11：7（1935年），頁 601-605。

　　本章基本上擬試圖重建 17 世紀到 19 世紀末麻豆港街的貿
易、人群活動以及市街變遷的歷史過程。時間斷限以歷史時
期麻豆港運作的主要時代為主，亦即荷蘭時代至清代（1624-
1895），研究區域則以麻豆港及其市街為範圍，大約是以今日
麻豆區為中心的地區。以下以港口和市街變遷為分期依據，分
成麻豆社人的港口、漢人庄保形成時期的麻豆港，以及麻豆港
陸化和市街轉型等三大部分來論證。

二、荷蘭至康雍年間：倒風內海中麻豆社人的港口

　　臺灣西南海岸自今雲林至高雄一帶，海岸線變化非常劇
烈，曾歷經數次海進和海退過程。距今 4000 年至 3500 年前，
海水又再度內侵到麻豆、佳里、善化一帶。但直至 17 世紀，海
岸線變遷的資料卻相當缺乏。[5]

　　臺南地區海岸地形有較清楚的文獻資料，是 17 世紀初荷
蘭人來臺之後，所留下來的地圖和相關記錄。大致上，自 17
至 18 世紀，臺灣西南部海岸地區變遷較不顯著，以成群羅列
的洲潟海岸地形為主，自北而南依序是倒風、臺江以及堯港等
三個內海。[6]不過，在此兩百年之間，經過荷蘭、鄭氏時代以

5　林朝棨，〈臺南西南部之貝塚與其地史學意義〉，《國立臺灣大學考古人
　　類學刊》15（1961 年），頁 49-94；張瑞津、石再添、陳翰霖，〈臺灣西南
　　部臺南海岸平原地形變遷之研究〉，《師大地理研究報告》26（1996 年 11
　　月），頁 23-24。

6　曹永和，〈歐洲古地圖上之臺灣〉，收於曹永和，《臺灣早期歷史研究》
　　（臺北：聯經，1979），頁 350。

及清朝三個政權的統治，不同時期對於臺南地區海岸的指稱亦有差異。倒風港和臺江主要在清代使用。荷蘭時代，常以魍港（Wanckan）灣指稱，鄭氏時改稱蚊港。[7]臺江則稱為「大員灣」（Tayouan）或譯為「臺窩灣」。

　　本章研究對象的麻豆港，在 17 到 18 世紀初隸屬於魍港灣，或稱為倒風港中的海汊，既是麻豆社人對外出入口，也是番漢勢力接觸的起點。由於鄭氏時期缺乏史料，較難討論，因此本節以下從荷鄭魍港時期的麻豆社與麻豆港、清初麻豆港的位置及麻豆社與麻豆街的經貿發展等三方面來說明。

（一）荷鄭魍港時期的麻豆社與麻豆港

　　臺灣西南海岸，由於漁業資源豐富，早在 13 世紀初已經吸引閩南的中國漁民，來到臺灣捕魚。14 世紀，番社聚落均位於海邊的平埔族四大社新港、蕭壠、麻豆以及目加溜灣社，推測已與漢人進行零星的「番漢貿易」，但是因為「土人矇昧，地乏奇貨」，貿易量非常有限。15 世紀中葉左右，臺灣納入東亞貿易航線的一環，西南部平原因洲潟海岸發達，船隻航行方便，逐漸成為中日走私貿易的據點。[8]根據《明史》記載，16 世紀中葉，魍港已經是海商、海盜以及漁民活躍的地點。[9]麻豆

7　楊英，《從征實錄》（臺北：臺灣銀行經濟研究室，臺灣文獻叢刊「以下簡稱文叢」第 32 種，1958），頁 188。

8　曹永和，〈早期臺灣的開發與經營〉，收於曹永和，《臺灣早期歷史研究》，頁 137-154。

9　張廷玉，《明史》（臺北：臺灣商務印書館，1977），頁 5861、8377。

社域基本上即屬於魍港貿易圈內，當時漢人主要以布、鹽、銅簪、瓷器、瑪瑙與原住民交換鹿皮、鹿肉、魚及藤等物品。[10]

　　1624 年，荷蘭人在大員（今安平）建立政權之後，即面臨魍港和麻豆社的問題。荷蘭人來到臺灣的目的，是希望以大員作為與中國貿易的據點和轉口港，以與葡萄牙、西班牙競爭，因此企圖將所有的國際貿易均集中到大員來。然而，大員北邊的魍港，不但港口條件一度較大員好，東北風季節時更是往澎湖必經的航道。[11]早在荷蘭人之前，已經有漢人、日本人在當地進行走私貿易或是與原住民交易。荷蘭大員政權成立之後，漢人為了避免受到荷蘭人的限制或是課稅，仍在魍港進行貿易。[12]另一方面，魍港海域也是麻豆社人的勢力範圍，即使獲得荷蘭東印度公司通行證的漢人，在魍港捕魚、交易或出入，常受到麻豆社的干預。[13]1629 年，麻豆社人殺死荷蘭人士兵的「麻豆社

10 中村孝志，〈十七世紀臺灣鹿皮之出產及其對日貿易〉，收於中村孝志著，吳密察、翁佳音、許賢瑤編，《荷蘭時代臺灣史研究（上卷）：概說・產業》（臺北：稻鄉出版社，1997），頁 83；曹永和著，〈明代臺灣漁業誌略〉，收於曹永和，《臺灣早期歷史研究》，頁 163-169。1625 年，《巴達維亞城日記》亦記載漢人與原住民的貿易商品主要是鹿皮、鹿肉和魚類。村上直次郎原譯，郭輝重譯，《巴達維亞城日記》第一冊（臺北：臺灣省文獻委員會，1970），頁 49。

11 村上直次郎原譯，郭輝重譯，《巴達維亞城日記》第一冊，頁 136；韓家寶（Pol Heyns）著，鄭維中譯，《荷蘭時代臺灣的經濟、土地與稅務》（臺北：播種者文化，2002），頁 66。

12 冉福立（Kees Zandvliet）著，江樹生譯，《十七世紀荷蘭人繪製的臺灣老地圖》下冊論述篇（臺北：漢聲雜誌社，1997），頁 67-68。

13 江樹生譯註，《熱蘭遮城日誌》I（臺南：臺南市文化局，2000），頁 89-90、189。

事件」和 1635 年荷蘭人征服麻豆社，可視為雙方在魍港海域的
貿易或是控制權爭奪戰。

　　1636 年，四大社一一被征服之後，荷蘭人更進一步在魍港
口設立菲力辛根（Vlissingen）碉堡，控制麻豆溪入口。[14]魍港
納入大員貿易體系，失去了以往直接與中國、日本的對外貿易
權，轉而主要從事與大員和打狗（今高雄）、堯港等地的區間
貿易。中國商船或是漁船必須先至大員，取得證照或是繳稅之
後，才能來到魍港貿易和捕魚。[15]魍港一方面成為中國漁民捕魚
的漁場；[16]另一方面，與大員往來最為密切。從大員運到魍港的
貨物，主要是提供荷蘭駐防人員所需要的米、藤、鹹魚、日常
用品，或是與原住民交易的煙草、布、酒以及鹽；[17]從魍港到大
員則是石灰、鹿皮、蠔殼、鹹魚、柴薪以及漁獲。[18]其中，鹿皮

14　江樹生譯註，《熱蘭遮城日誌》Ⅰ，頁 68。
15　中村孝志，〈臺灣南部鯔漁業再論〉，收於中村孝志著，吳密察、翁佳
　　音、許賢瑤編，《荷蘭時代臺灣史研究（上卷）：概說・產業》，頁 145；
　　韓家寶（Pol Heyns）著，鄭維中譯，《荷蘭時代臺灣的經濟、土地與稅
　　務》，頁 155。
16　在荷蘭統治時代，魍港與打狗、堯港、下淡水、笨港均是重要的漁場。有
　　關這方面的討論，參見：中村孝志著，〈荷蘭時代臺灣南部之鯔漁業〉、
　　〈臺灣南部鯔漁業再論〉，收於中村孝志著，吳密察、翁佳音、許賢瑤
　　編，《荷蘭時代臺灣史研究（上卷）：概說・產業》，頁 121-141、143-
　　163；曹永和，〈明代臺灣漁業誌略補說〉，收於曹永和，《臺灣早期歷史
　　研究》，頁 175-253。
17　江樹生譯註，《熱蘭遮城日誌》Ⅱ（臺南：臺南市文化局，2003），頁
　　50、165、209、322。江樹生譯註，《熱蘭遮城日誌》Ⅲ（臺南：臺南市文
　　化局，2004），頁 67、88、92。
18　江樹生譯註，《熱蘭遮城日誌》Ⅰ，頁 454、455；江樹生譯註，《熱蘭遮
　　城日誌》Ⅱ，頁 132、157、180、404-405；村上直次郎原譯，郭輝重譯，

為魍港最大宗出口商品，1635 年即由魍港運一萬張到大員。[19]

　　臺灣西南海岸，北由魍港灣南至大員灣，基本上形成一個
偌大的內海網絡，不僅有利於沿岸船隻航行，而且順著河流港
道即可以到沿岸的平埔族聚落。新港、蕭壠、麻豆以及目加溜
灣等四大社，都擅於利用海洋資源和航運，甚至戰爭亦常使用
舢舨航行。[20]然而，麻豆社社址又是在哪裡呢？根據荷蘭人的描
述，該社是位居兩條河中間的大型聚落，幅員廣闊，四周為樹
木環繞，魚產甚多，又接近鹿場，肉類取得方便。[21]1625 年，
該社擁有 3,000 人武力，是臺南平原地區最強大的部落，[22]直至
1639 年該社人口尚接近 3,000 人。[23]位於兩河之間、資源豐富

　　《巴達維亞城日記》第一冊，頁 143。

19　中村孝志著，〈十七世紀臺灣鹿皮之出產及其對日貿易〉，收於中村孝志
　　著，吳密察、翁佳音、許賢瑤編，《荷蘭時代臺灣史研究（上卷）：概
　　說・產業》，頁 90。

20　甘為霖（William Campbell）著，李雄輝譯，《荷據下的福爾摩沙》（臺
　　北：前衛出版社，2003），頁 22-23。

21　轉引自伊能嘉矩，〈荷蘭時期的「理番」第一〉，臺灣慣習研究會編，
　　《臺灣慣習記事》4：5（臺北：臺灣總督府臺灣慣習研究會，1904），頁
　　213。

22　Tonio Andrade 著，白采蘋譯，〈最強大的部落：從福爾摩沙之地緣政治及
　　外交論之（1623-1636）〉，《臺灣文獻》54：4（1999 年 12 月），頁 133-
　　148；韓家寶（Pol Heyns）著，鄭維中譯，《荷蘭時代臺灣的經濟、土地
　　與稅務》，頁 21。麻豆社的人口，1625 年《巴達維亞城日記》則記載可以
　　武裝的男子約計三千人，由此可知麻豆社總人口數將更多。村上直次郎原
　　譯，郭輝重譯，《巴達維亞城日記》第一冊，頁 48。不過，1647 年至 1656
　　年，麻豆社人口則大約在 1,000-1,500 人之間。中村孝志，〈荷蘭時代的臺
　　灣番社戶口表〉，《臺灣風物》44：4（1994 年），頁 223。

23　甘為霖（William Campbell）著，李雄輝譯，《荷據下的福爾摩沙》，頁
　　256。

的自然條件優勢，應是麻豆社成為臺南平原上最強大部落的關鍵。

　　不過，上述這兩條大河的名稱，文獻記述不一，學者判定亦有不同。[24]麻豆北邊的麻豆溪，由魍港灣出口（圖 3-1）。比對荷蘭時代到清代初期的文獻，魍港事實上是一個大型的潟湖港灣，[25]亦即清代稱的「內海」。魍港只是總海口的指稱，從笨港到麻豆地區有多條溪流注入該灣。根據張瑞津等比對麻豆地區舊河道的結果，認為麻豆北邊的河道屬於急水溪水系。[26]清初方志亦記載，灣裡溪（今曾文溪）稍北有麻豆溪，[27]因此麻豆溪應該屬於急水溪水系。至於麻豆南邊的溪流，則是清代文獻上

---

24 韓家寶（Pol Heyns）認為麻豆溪是曾文溪。冉福立認為是八掌溪，魍港則在今嘉義好美里。但是因為八掌溪並未經過麻豆，曾文溪才經過麻豆，他解釋是為了避免受到南部荷蘭人政權的牽制，漢人選擇在魍港與麻豆人交易，而稱該溪為麻豆溪。參見：冉福立（Kees Zandvliet）著，江樹生譯，《十七世紀荷蘭人繪製的臺灣老地圖》下冊論述篇，頁 66-67。其他對於麻豆溪和魍港位置的討論，參見：冉福立（Kees Zandvliet）著，江樹生譯，《十七世紀荷蘭人繪製的臺灣老地圖》下冊論述篇，頁 66-67。基本上，荷蘭學者和韓家寶（Pol Heyns）均忽略了麻豆社地處兩河之間，並非僅有一條河流可至。

25 1638 年 10 月至 12 月，荷蘭軍隊與麻豆等四大社、諸羅山一起從魍港出發攻打華武壠人時，對於魍港溪流、沙洲綿亙有詳細的描述。例如 10 月提到，魍港有「寬闊的內灣」；12 月的報告提到，他們在漲潮時，循著小溪，越過溪口沙洲，抵達魍港旁邊的大海灣。江樹生譯註，《熱蘭遮城日誌》Ⅰ，頁 354-355、416-417、420-421。

26 張瑞津、石再添、陳翰霖等，〈臺灣西南部嘉南海岸平原河道變遷之研究〉，《師大地理研究報告》27（1997 年 11 月），頁 120。但是，張瑞津等將急水溪原在麻豆地區的河道僅劃至大埤寮，應該有誤。

27 臺灣銀行經濟研究室編，《清一統志臺灣府》（臺北：臺灣銀行經濟研究室，臺灣文獻叢刊「以下簡稱文叢」第 68 種，1960），頁 18。

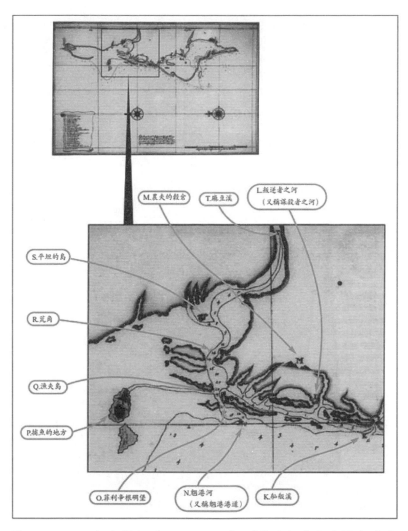

圖 3-1　1636 年密得保（Middelburg）測繪的魍港航海圖中的麻
　　　　豆溪
資料來源：冉福立著，江樹生譯，《十七世紀荷蘭人繪製的臺
　　　　　灣老地圖》，頁 129。

的灣裡溪。[28]總之，麻豆社域大概位於急水溪系至灣裡溪之間，進入魍港內海之後，沿著麻豆溪可以直接抵達麻豆社進行各項貿易活動。

　　在荷蘭人統治之下，番漢貿易仍持續進行，但被規制化。番漢貿易商人必須先向大員荷蘭當局申請貿易許可證，且不得於原住民聚落居住，僅能乘駕舢舨或是中式帆船到原住民部落貿易。[29]至 1644 年，荷蘭當局將麻豆社等四大社以及大目降社米的什一稅權出贌，並要求所有中國農夫必須向承包者誠實申報所種植的米、小麥以及其他穀物，正式施行贌社貿易制度（或稱村落承包制）。[30]獲得贌社貿易權的商人，可以來到麻豆社和原住民交易。1645 年至 1646 年，麻豆社包括村社、河流以

28　清初麻豆南邊的灣裡溪，主要是經蘇厝甲（今安定鄉蘇厝），轉北過蕭壠社（今佳里鎮），由歐汪（今將軍鄉）入海。盧嘉興，〈曾文溪與國賽港〉，《南瀛文獻》8（1962 年 12 月），頁 6-7；盧嘉興，〈曾文溪中游主要溪道有無改道之論證〉，《南瀛文獻》23（1978 年 6 月），頁 26-27；張瑞津等透過牡蠣碳十四定年的結果，確定古曾文溪原由將軍鄉出口。張瑞津、石再添、陳翰霖，〈臺灣西南部臺南海岸平原地形變遷之研究〉，頁 34。

29　韓家寶（Pol Heyns）著，鄭維中譯，《荷蘭時代臺灣的經濟、土地與稅務》，頁 157。

30　江樹生譯註，《熱蘭遮城日誌》II，頁 347、283-289；韓家寶（Pol Heyns）著，鄭維中譯，《荷蘭時代臺灣的經濟、土地與稅務》，頁 157-159。有關贌社制的演變與發展，參見：翁佳音，〈地方會議、贌社與王田：臺灣近代初期史研究筆記（一）〉，《臺灣文獻》51：3（2000 年 9 月），頁 266-269、吳聰敏，〈荷蘭統治時期之贌社制度〉，《臺灣史研究》15：1（2008 年 3 月），頁 1-30、吳聰敏，〈贌社制度之演變及其影響，1644-1737〉，《臺灣史研究》16：3（2009 年 9 月），頁 1-38。

及湖泊的贌社貿易租金是臺灣全島各村社中最高，[31]直至 1655
年，其贌社租金仍居四大社之首。[32]顯然該地資源最豐富，番漢
貿易量最多。不過，贌社制也有弊端。1651 年為了擺脫贌社制
所造成的壟斷和番漢衝突，東印度公司先在麻豆、蕭壠、大武
壠等村社嘗試設立商店，開辦各種必須商品。[33]

　　除了村社出贌外，1645 年起，荷蘭人亦將漁稅徵收擴大為
將整條溪港的漁場出贌，由出價最高的承包人取得贌港權，而
得以在該溪捕魚。1647 年麻豆溪即以麻豆港（Mattaukangh）之
名，以 90 里爾（real）出贌。贌港者並不限於漢人。1650 年至
1651 年荷蘭宣教師 Hambroek 即曾以一百里爾（real）承贌麻豆
港一年，每週兩次將漁獲販運至麻豆出售。[34]

　　番漢贌社貿易的內容，如前所述，以鹿皮為大宗。其次，
由於麻豆社域內既有廣大的魍港灣，又有河流綿亙，漁業資源
相當豐富，故魚不但是平埔族人僅次於米的重要食物，也是主
要的出口商品之一。在西南海岸上的原住民婦女不去田裡工作
時，即乘舢舨採集蟹、蝦及牡蠣。蕭壠社婦女更常在夜晚時到
河裡以籠捕魚。他們也醃製烏魚，賣到中國，很受漢人歡迎。[35]

31　程紹剛譯註，《荷蘭人在福爾摩沙》（臺北：聯經，2000），頁 276。

32　除了 1654 年之外，麻豆社贌社租金均居四大社之首位。江樹生譯註，《熱
　　蘭遮城日誌》Ⅲ。

33　程紹剛譯註，《荷蘭人在福爾摩沙》，頁 353-354；江樹生譯註，《熱蘭遮
　　城日誌》Ⅲ，頁 284。這個措施或許也是清初「麻豆街在麻豆社」的原因。

34　中村孝志著，〈荷蘭統治下的臺灣內地諸說〉，《荷蘭時代臺灣史研究
　　（上卷）：概說・產業》，頁 295-297；江樹生譯註，《熱蘭遮城日誌》
　　Ⅱ，頁 628；《熱蘭遮城日誌》Ⅲ，頁 127。

35　甘為霖（William Campbell）著，李雄輝譯，《荷據下的福爾摩沙》，頁

　　麻豆社人也種植稻米，[36]主要是維生，較看不到作為貿易商品的紀錄。[37]1643 年，荷蘭大員政權考慮向四大社原住民徵收米穀，當作他們服膺荷蘭統治的象徵，[38]並解決荷蘭人缺米之苦。米作的需求和米稅，應是造成原住民番社允許漢人到其農地開墾的原因之一，同時也逐漸形成番漢租佃制度的雛形。

　　不過，為了避免住在原住民部落中的漢人逃稅和挑撥原住民，加上原住民的抗議，1642 年起，巴達維亞當局決定將居住於麻豆和諸羅山北方、大目降南方的漢人全部遷居到大員和赤崁。1644 年正式實行隔離政策時，麻豆地區的漢人因駐守的政務官有能力監督他們的活動，可以在番社長老許可之下，在番社邊緣外的田園重新開墾農地。但是，這種措施使得贌買麻豆等社的意願明顯降低；1645 年 4 月，荷蘭當局只好決定同年 10 月底以前，漢人必須完全撤離麻豆等四大社和大目降社，僅能在各村庄留下 6、8 到 12 個人。之後，漢人到各村庄辦事，均必須獲得荷蘭臺灣長官的特許。[39]雖然早在荷蘭人統治之前，漢

20、373；中村孝志著，〈荷蘭時代臺灣南部之鰡漁業〉，收於中村孝志著，吳密察、翁佳音、許賢瑤編，《荷蘭時代臺灣史研究（上卷）：概說・產業》，頁 125。

36　據荷蘭人觀察，對原住民而言，稻米與鹿皮一樣重要，是不可以短缺的。江樹生譯註，《熱蘭遮城日誌》II，頁 249。

37　1648 年由於缺米，荷蘭當局決議中國帆船不得載運多餘米穀出口至中國。江樹生譯註，《熱蘭遮城日誌》III，頁 40。

38　江樹生譯註，《熱蘭遮城日誌》II，頁 57、64、199、249。

39　韓家寶（Pol Heyns）著，鄭維中譯，《荷蘭時代臺灣的經濟、土地與稅務》，頁 85；江樹生譯註，《熱蘭遮城日誌》II，頁 370、403、481；村上直次郎原譯，郭輝重譯，《巴達維亞城日記》第二冊（臺北：臺灣省文獻委員會，1970），頁 439。

人已經進入麻豆社居住，[40]但 1645 年隔離政策的施行，相當程度地保護了原住民聚落，延緩其勢力的侵入。

　　這群早期來到臺灣的漢人，除了配合荷蘭政策或是貿易之需，種植稻米、捕魚以及獵鹿之外，1633 年至 1635 年，也陸續引進各種經濟作物。[41]因此，儘管 1640 年代之後，荷蘭人對於住在原住民番社的漢人有許多規範和限制，[42]他們仍居住在麻豆社一段時間，直到 1645 年才撤出。他們對於新技術或新作物的引入，多少還是起了作用。特別是當時引進的甘蔗和藍靛，似乎在鄭氏時代逐漸成為麻豆地區的新作物，清領之初時並取代原來的鹿皮和魚類，[43]成為麻豆港主要出口商品。

　　整體而言，儘管荷蘭統治時期，積極招徠漢人來臺灣進行農業生產和開墾，並出贌原住民村社貿易權，又准許漢人於蕭壠、麻豆以及目加溜灣等社交接的 Tickeran 地帶開墾，而形成土地租佃制度，但卻相當保護原住民的土地所有權。即使 Tickeran 一地，也明令耕作時限一到，土地仍屬於原來主人所

---

40 舉例而言，1635 年麻豆社投降之際，即由長住在該社的漢人代表與荷蘭東印度公司斡旋。甘為霖（William Campbell）著，李雄輝譯，《荷據下的福爾摩沙》，頁 172、190。

41 1633 年至 1635 年，漢人從中國先後引進甘蔗、棉花、大麻、藍靛、稻子、小麥、薑、煙草以及土茯苓等新經濟作物，最先在赤崁種植。韓家寶（Pol Heyns）著，鄭維中譯，《荷蘭時代臺灣的經濟、土地與稅務》，頁 57-63。

42 1644 年 11 月，要求住在麻豆等四大社和大目降社的漢人，除了生活必需品之外，不得與原住民交換或是購買任何東西。江樹生譯註，《熱蘭遮城日誌》II，頁 375。

43 周鍾瑄，《諸羅縣志》（文叢第 141 種，1962，1717 年原刊），頁 16。

有。[44]基於荷蘭政權的隔離政策和土地所有權歸屬的限定，使得麻豆地區免於漢人侵墾之虞，麻豆社仍擁有一定的勢力範圍。

鄭氏王朝時期，鄭成功的軍屯政策也明顯地避開番社聚落，1661 年施行圈地丈量，北路派出 11,000 名至 12,000 名的士兵進行駐防開墾，但以麻豆北邊的茅港尾為起點。[45]從 1664 年的「明鄭臺灣軍備圖」可見，麻豆社和蕭壠社所在並未駐軍，相對地新港社顯然受到荷蘭統治的影響，民社、番社交錯。[46]今日臺南地區鄭氏時代新出現的聚落或地名，也很少出現在番社內。鄭氏政權對於原住民部落顯然始終採取保護的措施，因此番社在麻豆社域和麻豆港仍具有優勢。直至清廷治臺之後，番漢勢力和麻豆港街才產生了巨大的變化。

（二）清初倒風內海港汊中的麻豆港

清代麻豆港是倒風內海內的港口，盧嘉興根據文獻資料已經有許多論證，[47]本章不擬多贅述。事實上，早在荷蘭時代指稱麻豆港時，除了 Mattaukangh 之外，也用 Tohong（倒風）一

44 程紹剛譯註，《荷蘭人在福爾摩沙》，頁 402。1654 年在荷蘭長官允許下，原住民將四大社交界的 Tickeran 土地租予漢人開墾，而抽取租金，原住民與漢人之間的土地租佃制度乃告確立。韓家寶（Pol Heyns）著，鄭維中譯，《荷蘭時代臺灣的經濟、土地與稅務》，頁 88-89。
45 江樹生譯註，《梅氏日記：荷蘭土地測量師看鄭成功》（臺北：漢聲雜誌社，2003），頁 49-51、64。
46 陳漢光，《北臺古輿圖》（臺北市：臺北市文獻會，1957），頁 5。
47 參見盧嘉興，〈曾文溪與國賽港〉，《南瀛文獻》8：1（1962 年 12 月），頁 1-28；盧嘉興，〈曾文溪中游主要溪道有無改道之論證〉《南瀛文獻》23：1（1978 年 6 月），頁 24-29。

詞。[48]倒風港是急水溪水系的旁支，由南到北再分麻豆港、茅
港尾港以及鐵線橋港等三個支流。清代從北邊的猴樹港到南邊
的倒風港三支港，形成一個偌大的內海，時以總海口蚊港統稱
（表 3-1）。

　　清初倒風內海面積寬約 60 平方公里。自康熙中葉，漢人積
極入墾臺南地區，就近圍墾潟湖海岸成魚塭或是鹽田之後，促
成倒風內海逐步陸化。不過，直到 18 世紀末乾隆年間，八掌溪
改經鹽水港海汊注入倒風內海之後，內海才迅速淤積。[49]

　　倒風內海變化最大的是急水溪到八掌溪兩大主流一帶，麻
豆港位於最南邊，地勢低窪，卻是淤積較緩慢的地帶。直至光
緒 13 年（1887），今日麻豆北邊北勢里的貓求港、箕竿港雖
已變成魚塭，原麻豆港道沿岸卻尚殘留池沼，甚至延伸到北勢
寮、麻豆街北邊的油車、關帝廟、後牛稠一帶。日治初期麻豆
北邊仍有倒風內海殘跡可見，直至 1937 年官方疏導總爺排水之
後，貓求港、箕竿港等低窪處才完全浮覆。[50]

　　至於麻豆港的位置究竟在哪裡呢？由文獻可見，倒風內海
港水流至麻豆社邊為止，亦即乘船可以直接到達麻豆社，水
堀頭則位居「麻豆社口」，是港口所在。[51]（表 3-1、3-2、圖

---

48 江樹生譯註，《熱蘭遮城日誌》Ⅲ，頁 127。
49 張瑞津、石再添、陳翰霖，〈臺灣西南部嘉南平原的海岸變遷研究〉，
　　《師大地理研究報告》28（1998 年 5 月），頁 87。
50 參見：盧嘉興，〈八掌溪與青峰闕〉，《南瀛文獻》9：1（1964 年 6
　　月），頁 35-40。
51 麻豆港的位置在水堀頭之考證，參見：林玉茹主編，《麻豆港街的歷史、
　　族群與家族》，頁 163-165。

表 3-1　倒風港、麻豆港、麻豆社之關係

年代	文獻記載	資料來源
康熙 25 年（1685）	一曰蚊港，從南崑身外，海潮過佳里興之北，分南北二流，東過麻豆社之北⋯。	蔣毓英，《臺灣府志》，頁 26-27
康熙 56 年（1717）	蚊港，港面甚闊，大小船俱可泊。自此以南至麻豆港，皆此港支分。 蚊港，港口為青峰闕、猴樹港、鹹水港、茅港尾、鐵線橋、麻豆港等處出入所必由，港在青峰闕之內。 倒風之水分三港，北為鐵線橋港，南為茅港尾港，西南為麻豆港。 麻豆港，港水入至麻豆社邊止。	周鍾瑄，《諸羅縣志》，頁 15-16、122。
乾隆 3 年（1738）	又北曰茅港尾（與麻豆港之水會），又北曰鐵線橋港（其外口為倒風港），⋯⋯，又有貫乎南北三十餘里曰蚊港（自茅港尾以上各港，並急水溪之水總歸於蚊港，從青峰闕入海）。	尹士俍，《臺灣志略》，頁 81。
乾隆 6 年（1741）	倒風港，在井水港南，水分三支：北為鐵線橋、南為茅港尾港、西南為麻豆港；麻豆南曰灣裡溪。	劉良璧，《重修福建臺灣府志》，頁 59

表 3-2　麻豆港的位置在水堀頭

文獻出刊時間	文獻記載	資料來源
康熙 24 年（1685）	陸防汛麻豆港管隊一名，兵二十名。	蔣毓英，《臺灣府志》，頁 1；高拱乾，《臺灣府志》，33。
康熙 56 年（1717）	麻豆水窟頭，南出灣裏溪垵，北出茅港尾，西出佳里興。番漢雜處之地。目兵二十名。 麻豆舖，在麻豆社口水窟頭，舖兵三名。	周鍾瑄，《諸羅縣志》，頁 43、120；范咸，《重修臺灣府志》，頁 93。
乾隆 27 年（1762）	麻豆店橋、麻豆口橋，並存水堀頭。相對距數百步，南北孔道。	余文儀，《續修臺灣府志》，頁 96。

3-2）如同臺灣各地以港口為登陸地點的漢人開發史軌跡一般，水堀頭因是港口，地理位置又是「南出灣裡溪垵，北出茅港尾，西出佳里興」，為清初南北官路必經之道，因此康熙 23 年（1683）即有駐軍和舖遞，《諸羅縣志》亦特別註明「番漢雜處之地」（表 3-2）。顯然，做為港口的水堀頭，一方面是麻豆社的出入口；另一方面，也成為清初漢人和麻豆社人最早交會的地點。

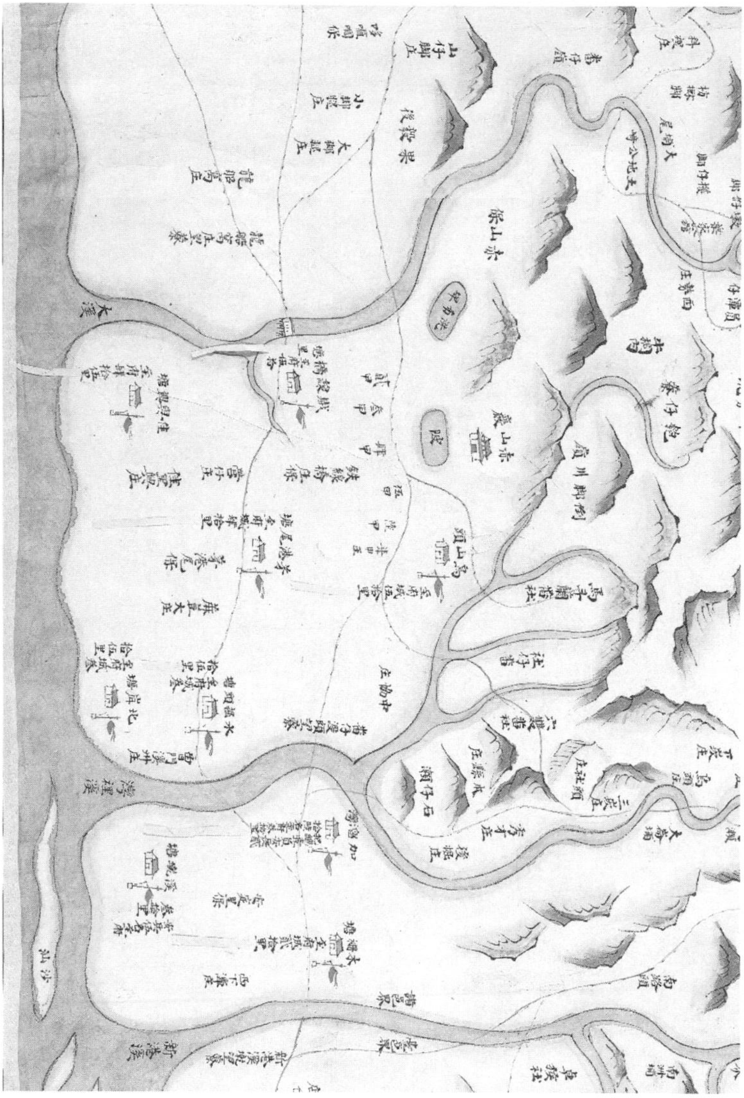

圖 3-2　1750 年代「臺灣汛塘圖」中的麻豆社

（三）清初麻豆社與麻豆街的經貿發展

康熙 23 年（1684），臺灣被收入清朝版圖之後，在新港溪以北設置諸羅縣。然而，由於鄭氏王朝官民大半遷回中國內地，形成「人去業荒」的現象。[52]西拉雅族四大社又因早有和漢人接觸的經驗，加以荷蘭、鄭氏政權統治下受教育和熟悉貨幣的歷練，導致清初麻豆社仍維持一定的優勢。首先，有別於中北部或是下淡水溪以南地區的原住民，尚處於物物交換時期，康熙中葉臺南地區的平埔族已「多事耕田，猶能以錢貿易」。[53]郁永河來臺灣採硫磺，路經四大社時，也指出鄭氏以蠲免徭役來鼓勵四大社子弟至鄉塾讀書，且又知「勤稼穡、務蓄積」，故「比戶殷富」。[54]因此，相對於其他地區的平埔番社，清領臺初期四大社已具有相當程度的「文明化」經驗，族群勢力仍具優勢，諸羅縣的整體景象是「現轄多番鄉，鄉民需物皆市府中」。[55]

然而，麻豆社南邊的目加溜灣社（今善化）或許受到沈光文教化的影響，不但最早成街，且是諸羅縣地區的文教重鎮，社學、學署、典司署、街市，均僅設在該地。[56]鄭氏時期北路軍隊第一個屯墾地茅港尾，是麻豆社北邊最重要的漢人聚落，

---

52 有關康熙 23 年至 30 年代，臺灣人口變化狀況，參見：林玉茹，〈政治、族群與貿易：十八世紀海商團體郊在臺灣的出現〉，《國史館館刊》62（2019 年 12 月），頁 18。

53 高拱乾，《臺灣府志》（文叢第 65 種，1960，1696 年原刊），頁 99。

54 郁永河，《裨海紀遊》（文叢第 44 種，1959，1700 年原刊），頁 17。

55 高拱乾，《臺灣府志》，頁 48。

56 高拱乾，《臺灣府志》，頁 30。

「民居輳集，船隻往來，為沿海各庄要路」；麻豆地區則仍在
麻豆社人的勢力範圍內，成書於康熙末年的《諸羅縣志》記載
「麻豆街在麻豆社」，[57]應即在番漢貿易之地的水堀頭及鄰近地
區。

康熙年間，漢人積極地入墾臺灣，除了農業開墾之外，航
海貿易亦非常重要。臺灣知府高拱乾即說：

> 三邑之民，務本之外，牽車服賈而已，揚帆濟渡而已。[58]

直至乾隆 3 年（1738）尹士俍《臺灣志略》仍盛讚諸羅縣境內
所生產的米穀、蔗糖、二麥、麻、豆、番樣（芒果）以及檳榔
等物產比其他地區優良，故「民多蓋藏。沿海各港，為水陸通
衢，人民輻輳」。[59]顯然，相對於荷、鄭時期政府的隔離或保護
政策，在清朝政權作為後盾之下，漢人移民積極墾殖臺灣西南
平原。凡是沿海船隻可到達的地方，既是移民的登陸地點，貿
易也最盛行。

麻豆地區也不例外。首先，西拉雅四大社向來即有在住宅
周邊栽種檳榔的習慣，麻豆社地區亦盛產檳榔，品質最佳。康
熙末年，開始有漢人廣植檳榔，作為商品，[60]大概只供應內需。

57　周鍾瑄，《諸羅縣志》，頁 120。
58　高拱乾，《臺灣府志》，頁 186。
59　尹士俍（著）、李祖基（點校），《臺灣志略》（北京：九州出版社，
　　2003），頁 46。
60　由於臺灣原住民或漢人基於文化或是防瘴癘理由，向有吃檳榔的習慣。周
　　鍾瑄，《諸羅縣志》，頁 165。

　　糖和藍靛則是主要的出口商品。根據《諸羅縣志》記載，麻豆港有商船來運輸糖和藍靛。[61]當時沿岸往來船隻種類繁雜，依大小可以簡分成商船、小杉板頭船及竹筏等類型。[62]商船可以直接進入麻豆港，到達麻豆社邊，顯然雍正年間之前，麻豆港的泊船條件相當好。對照在水堀頭考古試掘出的康熙年間古遺蹟和文化層，或許為了負荷商船來到麻豆港出口糖、藍靛等重載的需要，而興建較簡易的碼頭設施。不過，受到清朝官方海防系統和港口限渡政策的影響，清代麻豆港隸屬於蚊港管轄，主要由蚊港出入，再轉運到臺灣府城（今臺南）的鹿耳門輸出入商品。亦即透過倒風和臺江內海網絡，麻豆街與鹽水港街、臺灣府城有密切的貿易關係。[63]

　　在這種島外出口貿易盛行時期，麻豆社人在麻豆港街的勢力也產生變化。延續荷蘭時代，麻豆社人即有將土地贌租給漢人耕種的經驗，在清初放任政策下，漢人不但可以贌耕原住民土地，更能取得土地所有權，因此麻豆社人土地的流失仍是趨勢。不過，儘管清初漢人已經逐漸侵墾麻豆社域，但麻豆大社所在的港街仍在該社的控制下。

　　由現存清代地契可見，麻豆社的土地主要在乾隆 20 年（1755）以後才逐漸杜讓與漢人，康熙、雍正年間僅有一筆紀錄。至嘉慶年間以前，漢人土地臨接番人田園的現象，相當普

61　周鍾瑄，《諸羅縣志》，頁 16。

62　有關清代臺灣傳統船隻的種類，參見林玉茹，《清代竹塹地區在地商人的活動網絡》（臺北：聯經，2000），頁 217-225。

63　林玉茹，《清代臺灣港口的空間結構》，頁 176-185。

遍。甚至出現不少番人向漢人購買土地的「逆向操作」方式，[64]
有別於臺灣中北部康雍年間頻繁可見的社番杜讓土地給漢人的
模式。[65]（附表 3-1）另一方面，直至乾隆 32 年（1767），麻豆
社番的土地文書除了漢文之外，均另以羅馬字書寫契約內容，
代書和中人都是麻豆社人。（附表 3-1）顯然，麻豆社由於早
在荷蘭人來臺之前已經與漢人有接觸經驗，又因位於荷鄭政權
核心轄區，受到較多的「文明化」教育，使他們更有能力與漢
人往來或競爭。清領臺之初，四大社以及諸羅山、哆囉國都是
自行選舉通事、向官方輸餉，以避免通事或是社商從中舞弊取
利。[66]因此，康、雍年間麻豆社仍具有一定的勢力，初來到麻豆
地區的漢人應避開番社村落所在，僅先侵墾番社邊緣的土地。
麻豆港的貿易應仍在麻豆社的影響之下進行。

三、乾嘉年間：漢人保庄形成時期的麻豆港

　　儘管清初麻豆社仍具有一定的勢力，但是在國家政策和漢
人文化的強勢侵入之下，該社仍免不了被漢化或是遷徙的命
運。特別是自康熙中末葉以來，清廷先後徵召麻豆社番參與平

64　在目前所見臺南地區的平埔古文書中，麻豆社也是各番社中最特別的例
　　子。該社的相關古文書中，麻豆社番買土地，甚至向漢人買土地的比例出
　　奇地高。參見：林玉茹，〈臺南縣平埔族古文書集導讀〉，收於林玉茹，
　　《臺南縣平埔族古文書集》（臺南：臺南縣文化局，2004），頁 5。

65　臺灣中北部平埔族土地流失狀況成果相當多，參見：陳秋坤、施添福、柯
　　志明以及洪麗完等人的相關著作。

66　周鍾瑄，《諸羅縣志》，頁 103。

定吞霄社番亂和朱一貴事變等大戰役，[67]或是勞役、番餉的徵課以及陋規的勒取，[68]均促使麻豆社勢力逐漸衰微。進入乾隆年間，麻豆地區番漢勢力明顯地出現交替現象，一方面麻豆社人力量萎縮，社域範圍向今日街區北邊集中，甚至部分麻豆社人放棄原居地開始避居他處；另一方面，番社邊緣土地開墾有成，漢人街庄陸續成立。[69]以麻豆街為中心的麻豆保，大概於乾隆中葉左右成立，麻豆港的腹地範圍大為擴張，糖和米成為該港的主要出口商品。

　　麻豆社址的質變，明顯地呈現在當時的地圖上。由圖 3-2 可見，[70]1750 年代，麻豆社仍是此地域重要社群。但乾隆末葉的臺灣興圖，已經不再標記麻豆社，僅註記「麻豆保二十庄」和水堀頭汛。[71]麻豆保的出現，顯然具有番漢勢力交替的重要意義，有必要考證其成立時間。由文獻可見，康熙 35 年（1696），

67　四大社曾先後參與康熙 38 年的吞霄社事件和 60 年的朱一貴事件。特別是前者致使四社番死傷甚重。黃叔璥，《臺海使槎錄》（文叢第 4 種，1957，1722 原刊），頁 168。

68　藍鼎元，《平臺紀略》（文叢第 14 種，1958），頁 55-56。另外，從地契文書中，也可以看到社番受到社課、勞役及貨幣經濟的影響，而典賣土地。參見：林玉茹，《臺南縣平埔族古文書集》（臺南：臺南縣文化局，2009）。

69　由《光緒四年麻豆林家鬮書》及表 3-3 寺廟興建的時間可見，包括前班、磚仔井、崁頂、苓仔林、方厝寮等莊以及麻豆街市場圈內的村莊已陸續出現，這些地區不少也種植稻米。

70　本圖根據蘇峯楠考證，應該是乾隆 21 至 25 年左右繪製。

71　《乾隆末葉臺灣興圖》，原藏於日本天理大學。1770 年代繪製的「臺灣汛塘望寮圖」，已經沒有麻豆社而指稱「麻豆大莊」，謝國興主編，《方輿搜覽：大英圖書館所藏中文歷史地圖》（臺北：中央研究院臺灣史研究所，2015），頁 294。

麻豆社隸屬於開化里佳里興保，並無麻豆保。乾隆 6 年
（1741），劉良璧的《重修福建臺灣府志》中，仍未出現麻豆
保，且僅有茅港尾庄，無麻豆庄。[72]直至乾隆 20 年（1755），
麻豆保才出現在文獻上。[73]乾隆 27 年（1762），余文儀的《續
修臺灣府志》亦記載新增麻豆保。至於原來的麻豆社人則是
「近番眾分居社東中協庄（今官田鄉官田村中協）後，距舊社
12 里」，[74]或是逐漸漢化，隱身於漢人社會中。不過，直至乾隆
末葉麻豆社北邊仍殘留麻豆社人的勢力，乾隆 43 年（1778）猶
見社番在聚落內的活動，翌年（1779）更在今日街區北邊中心
設立代表西拉雅族阿立祖信仰的「尪祖廟」。然而，有別於雍
正 12 年（1734）番漢合作於水堀頭附近，興建具有濃厚漢文化
象徵的關帝廟（今文衡殿），尪祖廟的出現，似乎隱含著此際
麻豆社人對於自身文化的自覺以及族群勢力已經由街區中心逐
漸北移。今日尪祖廟北邊曾有「大芮宅」、「買郎宅」、「番

---

72 高拱乾，《臺灣府志》，頁 37、39；劉良璧，《重修福建臺灣府志》（文
　叢第 74 種，1961，1742 年原刊），頁 78、84；范咸，《重修臺灣府志》
　（文叢第 105 種，1961，1747 年原刊），頁 67。
73 乾隆 20 年，「嚴禁佔築埤頭港示告碑記」，已有麻豆保記載。收於黃典
　權，《臺灣南部碑文集成》（文叢第 218 種，1966），頁 386-387。
74 余文儀，《續修臺灣府志》（文叢第 121 種，1962，1774 年原刊），頁
　72、80。乾隆中葉，麻豆社遷至官田尚有兩項證據：一是乾隆 17 年在今日
　官田鄉社子和番子田，官方豎立以漢文和羅馬字（即新港文字）並列的禁
　止兵丁和文武官員擾累麻豆番的諭告。戰後在隆田車站附近的國母山，
　亦發現乾隆 20 年代擔任麻豆社土目的邦岳圖記。由圖記中間字樣，邦岳
　家族可能改姓李。陳春木，〈「國母山」遺跡發掘經過及隆田附近的今
　昔〉，《南瀛文獻》15：1（1970 年 6 月），頁 84-86。山中樵，〈官田的
　同文古碑〉，《南瀛文獻》3：1、2（1955 年 12 月），頁 90-92。

仔宅」、「來西宅」、「烏棒宅」等地名或可為證。

　　番漢勢力的交替，也表現在地方公共事務的參與。康雍年間以前，麻豆地區的義渡、寺廟，或是由麻豆社人負責，或是可以看到他們的參與。[75]然而，乾隆 20 年（1755）以後，麻豆市街的重要公共建設，卻開始由漢人低階士紳率領地方人士參與，較少見到麻豆社人參與其間。乾隆 39 年（1774），原麻豆社祖廟關帝廟（文衡殿）重建時，社番雖然仍參與，但是漢人顯然成為主要的出資者。乾隆 42 年（1777），麻豆社通事和社番甚至一改過去番漢私下約定舊例，請求理番分府鄔維蕭立石要求虞朝庄黃大謨等家族務必遵照舊約，繼續貼納武廟香燈銀和丁餉。[76]社番尋求公權力來保護既有權利，顯然番社勢力已漸衰退，無力約束漢人。

　　另一方面，番漢文化的涵化在乾隆中葉明顯出現。康熙 36 年（1697）郁永河路經四大社時，看到他們不論男女仍是「被髮不褌，猶沿舊習」。[77]康熙末年，四大社已是「衣褌半如漢人」。[78]至乾隆 17 年（1752）王必昌《重修臺灣縣志》則是：

---

75 麻豆社南邊的灣裡溪渡，甚至北方的鐵線橋渡，乾隆 6 年均由麻豆社番設渡濟人。灣裡溪渡是由麻豆社和灣裡社輪流派渡。余文儀，《續修臺灣府志》，頁 97-98。乾隆 43 年，漢人吳惠等人甚至串通麻豆社番贌墾果毅後保官山麻埔（今柳營鄉神農村）。何培夫，《南瀛古碑誌》（臺南：臺南縣文化局，2001），頁 454-455。再加上地契文書資料之佐證，灣裡溪以北至鐵線橋大抵倒風內海域內都在麻豆社活動範圍內。

76 該二石碑現存於麻豆文衡殿。

77 郁永河，《裨海紀遊》，頁 18。

78 黃叔璥，《臺海使槎錄》，頁 98-99；周鍾瑄，《諸羅縣志》，頁 156。

> 邇來社番，衣褲半如漢人，諳曉漢語。肄業番童，薙髮
> 冠履，誦詩讀書，習課藝，應有司歲科試。[79]

很明顯地，乾隆中葉臺南地區的平埔族原住民已明顯受到漢化的影響，不但衣服如漢人，也會講漢語。更值得注意的是，或許自荷蘭、鄭氏時代以來，在政權的鼓勵或誘導之下，臺南地區的平埔族讓子弟讀書已成為習慣。清治時期，他們再度融入新政權的主流文化中，甚至參與科舉考試，求取功名。康熙末年，藍鼎元已指出「四社近府，刁獪健訟」。[80]這或許也可以解釋清代麻豆地區為何具有科舉功名者數目出奇的多。這群被漢化或「隱身為漢人」的原住民，應在麻豆地域扮演重要角色，[81]只是已難分辨出來。

　　總之，乾隆 20 年左右，是麻豆成立保、庄的時期，正是番漢勢力交替的關鍵時期。麻豆保的範圍原來即是麻豆社的核心勢力範圍，[82]活躍於麻豆港的主角亦漸轉成漢人。目前所見的

79　王必昌，《重修臺灣縣志》（文叢第 113 種，1961，1752 年原刊），頁 404。

80　藍鼎元，《平臺紀略》，頁 56。

81　舉例而言，雍正、乾隆時期的虞朝庄主要頭人國學生吳仕光，家住麻豆社祖廟文衡殿北邊，正是麻豆社番居住所在地之一。吳氏並帶頭創建平埔族番廟文衡殿。吳氏家族又無明確的大陸祖籍記載，很可能是麻豆社人。參見：林玉茹編，《麻豆港街的歷史、族群與家族》，附表 4-1。又如乾隆 48年地契，麻豆社的「甲冊收餉」是泰來馮記，顯然識字的「知識份字」已使用漢人姓名。乾隆 54 年，老加弄亦使用「國興利記」這種漢人家號或是店號。

82　臨時臺灣土地調查局，《臺灣土地慣行一斑》第一編（臺北：臨時臺灣土地調查局，1905），頁 98。麻豆保 20 庄，根據地契文書和《臺灣府輿圖纂

水堀頭三合土結構物，可能是乾隆 19 年（1754）所發生的那次震驚清廷的大颱風之後，[83]由漢人興建，主要出口鄰近地區的砂糖。[84]因此，番漢勢力的交替，並未影響麻豆港的運作。水堀頭因具有港口碼頭功能，又是南北官路必經之路，仍具重要的地位。麻豆地區設橋地點主要在水堀頭，有麻豆口橋和「麻豆店」橋。[85]「麻豆店」之名，似乎也意味著水堀頭具有人貨聚集的街店存在。

　　然而，番漢勢力的交替，卻使得康雍年間以前罕為漢人染指的番社聚落，漸漸變成漢人居所，而奠定該地崛起為新商業中心的契機。另一方面，由於水堀頭鄰近曾文溪，時常遭受洪水侵襲，至遲至乾隆 40 年代之後，麻豆的商業貿易中心顯然已經由水堀頭一帶，轉移到今日麻豆市街中心地帶，亦即原番社社址。乾隆末葉至嘉慶年間，陸續興建的尪祖廟、護濟宮、金蓮寺、保濟寺、仁厚宮等寺廟，均在今日麻豆區中心內（表3-3）。特別是媽祖廟護濟宮廟前形成販賣魚肉蔬菜的市集，又

要》之記載，其範圍大概包括今北門鄉、學甲鄉以及麻豆鎮。臺灣銀行經濟研究室編，《臺灣府輿圖纂要》（文叢第 181 種，1963），頁 14。

83　乾隆 15 年、19 年以及 23 年分別有三次「大風雨」肆虐諸羅縣，其中 15 年造成麻豆田園廬舍被水沖陷。但是，19 年 9 月的大風雨更大，震驚清廷。參見曹永和、林玉茹，〈明清臺灣洪水災害之回顧及其受災分析〉，收於《臺灣地區水資源史》（臺中：臺灣省文獻會，2000），頁 318。在北極殿和水堀頭的兩碑，均是乾隆 20 年完成，或提及其洪害，或建橋。

84　根據口傳，水堀頭碼頭以運載砂糖為主。國分直一著、周全德譯，〈麻豆的歷史〉，《南瀛文獻》2：1、2（1954 年 9 月），頁 57-58。

85　余文儀，《續修臺灣府志》，頁 96。兩座橋，一是由國學生吳仕光帶頭倡建。麻豆店橋則是由陳雲奇、洪吉士倡修。〈蔴豆街調查書〉，「臺灣總督府公文類纂」，國史館臺灣文獻館，典藏號：000097080010，1896。

有度量衡的公砝存在，北極殿則有專賣米穀的市集，[86]成為麻豆街的新商業中心。

　　麻豆街商業中心的轉移，並未影響麻豆港的運作，反而港街地位更加提升。由林爽文事變中麻豆港仍為兵家必爭之地，即可為證。[87]乾隆 51 年（1786），林爽文事件爆發，52 年（1787）4 月，由於麻豆地區是販運米糧重要的「社港」，又是「薪米入城（臺灣府城）之路」，而被叛軍覬覦，與鹽水港、笨港等同是「米糧販運通衢」，均受到兵亂波及。[88]由此可見，此時麻豆港是臺灣府城（今臺南）至鹽水港這兩個港口市街之間，最重要的港口。其次，除了糖的出口之外，乾隆末年麻豆港已是重要的米穀集散港口，不但仍運作中，而且因為鄰近地區的拓墾，米也成為麻豆港的出口商品之一。不過，由於官方的港口管理政策，主要透過便利的倒風和臺江內海網絡，與臺南府城的鹿耳門往來。林爽文事件之後，清朝官方除了原來水堀頭的駐兵之外，又添設麻豆外委一員，兵 30 名，[89]更突顯此時麻豆街及其港口的重要性。

86　國分直一著、周全德譯，〈麻豆的歷史〉，頁 57-58。

87　另外，麻豆地方盛傳水堀頭和虞朝庄在乾隆 23 年洪水之後，或因瘟疫而廢庄。事實上，由乾隆 43 年關帝廟廟碑記，可以清楚看到虞朝庄仍處於鼎盛狀態，虞朝庄黃清芳尚於乾隆 33 年帶頭重修關帝廟。

88　臺灣銀行經濟研究室編，《清高宗實錄選輯》（文叢第 186 種，1964），頁 412-413；臺灣銀行經濟研究室編，《欽定平定臺灣紀略》（文叢第 102 種，1961），頁 348-349、369-370、419-420。國立故宮博物院編，《宮中檔乾隆朝奏摺》（臺北：故宮博物院，1982），第 64 輯，頁 654-655。

89　福康安，「奏為酌籌添設弁兵分佈營汛以重海疆事」，國立故宮博物院編，《宮中檔乾隆朝奏摺》，第 67 輯，頁 704。

表 3-3　清代麻豆地區興建之廟宇

位置	廟宇	主神	興建年代
關帝廟角	文衡殿	關公	雍正 12 年（1734）
大埕角	北極殿	玄天上帝	乾隆 2 年（1737）重建
溝仔墘	龍泉巖	清水祖師	乾隆 9 年（1744）
尪祖廟角	三元宮（原名尪祖廟）	三元真君	乾隆 44 年（1779）
穀興（下街）	護濟宮	媽祖	乾隆 46 年（1781）
穀興	金蓮寺	地藏王菩薩	乾隆 46 年（1781）
前班	金山巖	清水祖師	乾隆年間
方厝寮庄	永安宮	周府千歲	乾隆年間
後牛稠角	保濟寺	保生大帝	嘉慶 13 年（1808）
油車角	仁厚宮	媽祖	嘉慶 23 年（1818）
草店尾角	萬福宮	張府元帥	道光 9 年（1829）
謝厝寮庄	紀安宮	謝安	道光年間
麻豆口	保安宮	五府千歲	道光以前
下街	保安宮	五府千歲	道光年間
大埕角	文昌祠	文昌君	同治元年（1862）
埤頭庄	永安宮	石府千歲	同治 2 年（1863）

資料來源：《臺南州寺廟臺帳簡冊》，1933，頁 95-98。

四、道光年間以降：麻豆港的陸化與市街的轉型

　　儘管嘉慶 24 年（1819）以後繪製的「臺灣里保圖」，還註記「倒風港口」，[90]但 19 世紀之後倒風內海陸化更為明顯。首先，道光 3 年（1825）7 月臺灣大風雨之後，原由今將軍鄉出海的灣裡溪，改道由西港南流注入臺江內海，並改稱為曾文溪。原來作為灣裡溪上游的歐汪溪（今將軍溪），則失去上游水源，麻豆地區的河道遂逐漸浮覆。[91]麻豆地區海岸線亦逐漸北移，至道光末年文獻上已無麻豆港的紀錄。

　　水堀頭失去港口功能之後，面臨廢庄沒落的命運。由同治初年《臺灣府輿圖纂要》和光緒 6 年（1880）夏獻綸的《臺灣輿圖並說》可見，原來是南北官路所必經的水堀頭，亦不再是要道。臺灣縣往嘉義縣城的大道分成三條，其中有兩條經過麻豆。一是「自曾文溪，北由茅港尾、下加冬到嘉義縣丞，為正道，視為內路」，此條道路經過麻豆的崁頂庄（今寮仔廊）；另一是自灣裡溪西出蕭壠街、麻豆街，歷鹽水港、北港，「此海口之繞道，為外路也」。清初原設於水堀頭的郵傳麻豆舖已裁撤，駐兵亦遭裁減。[92]同治 8 年（1869），綠營逐漸為勇營取代之後，原駐防麻豆的 30 名士兵，裁存 28 名，光緒 19 年

90　謝國興主編，《方輿搜覽》，頁 69。

91　盧嘉興，〈曾文溪與國賽港〉，頁 6-7；盧嘉興，〈曾文溪中游主要溪道有無改道之論證〉，頁 26-27。

92　同治初年，已經無麻豆舖記錄。臺灣銀行經濟研究室編，《臺灣府輿圖纂要》，頁 201、205。

（1893）左右僅剩兵 4 名。[93]汛房地點亦轉至麻豆頂街。[94]

　　麻豆街並不因水堀頭港口機能的消失而沒落。由於麻豆街仍是南北官道所必經，又有糖、魚之利，乃轉型為供應周邊麻豆保、善化里東保等鄉村集散和消費的鄉街。[95]

　　蔗糖可以說是麻豆地區財富的根源。根據 1896 年的調查，清末麻豆保內種蔗面積達 340 甲，與西港仔保同為臺南地區產糖量最高的地方。如果再加上其市場圈內善化里東保的 230 甲，則冠於嘉南平原。[96]也因此，今日麻豆區內現存與糖廍有關地名最多，地方上的豪族亦多因蔗糖之利而崛起。乾隆至嘉慶年間，最富有的後牛稠莊（虞朝）黃合興號，擁有蔗田不少，[97]應該是經營砂糖買賣致富。清末麻豆林家和大埤郭家亦均涉足砂糖的輸出，特別是林家可以說是麻豆保內最大的砂糖出口商。晚至嘉慶年間才來到麻豆發展的林文敏家族，卻於清末之際躍升為「臺灣三林」之一，擁有土地二千餘甲，橫跨嘉義、臺灣以及鳳山三縣，在府城兌悅門附近也有大量土地，致富的關鍵顯然也跟經營砂糖貿易有關。[98]麻豆港淤廢之後，砂糖的出

93　陳文騄，《臺灣通志》（文叢第 130 種，1962），頁 656。

94　〈蔴豆街調查書〉作汛官有 5 名，管轄保內 12 庄。

95　〈農產物取調ノ為出張復命〉，「臺灣總督府公文類纂」，國史館臺灣文獻館，典藏號：00009763012，1897。

96　〈土地并商業上一般情況調查報告〉，「臺灣總督府公文類纂」，國史館臺灣文獻館，典藏號：00009763003，1897。

97　林玉茹編，《麻豆港街的歷史、族群與家族》，附表 4-1。

98　麻豆林家上升流動的過程，參見：蔡承豪，〈麻豆地區家族的發展與士紳階級的建立〉一文，收於林玉茹編，《麻豆港街的歷史、族群與家族》（臺南：臺南縣文化局，2009），頁 250-361。

口，則先用牛車載運到南邊的曾文溪畔，再用竹筏運到臺南府
城，對外輸出。[99]

　　除了糖之外，由於瀕臨倒風內海，麻豆地區自荷蘭時代以
來傲視其他地區的漁獲之利，在內海逐漸浮覆之後，繼續被開
築成魚塭。直到日治初期，該地域魚塭稅仍是全臺最多，[100]顯
然漁業資源極為豐富。

　　道光末年以降，麻豆街亦漸蛻變成一個漢化的鄉村市街。
完成於道光末年，丁紹儀的《東瀛識略》記載麻豆等社：
「均雜處民間，存番無幾；往昔番廬胥成村市，舊社無從跡
矣」。[101]顯然，原來是麻豆社聚落所在的麻豆街已全然漢化。
該街因為位居南北交通要路，資源又豐富，規模仍持續擴大，
甚至始終是盜匪覬覦的地方。由清代臺灣幾次大規模的民變，
包括朱一貴、林爽文、張丙以及戴潮春事件，麻豆街均受到波
及，即可知道該街的重要性。道光年間，麻豆街更分化出頂街
和下街。[102]至同治、光緒年間，從來是臺南北邊漢人主要市街
的茅港尾街衰微之後，麻豆街取而代之，更為繁榮。[103]該街主

99　根據日治初期的調查，清末麻豆主要糖商有草店尾的林塗、林壽三、林
　　慶、林進、林除□以及巷口的林招，共 6 家，大多是麻豆林家各房。其他
　　有大埕郭乃、寮仔廊黃養、四六廊李軒、安業庄李連德以及大埤頭庄的陳
　　昆。〈砂糖ニ關スル取調トシテ出張復命書〉「臺灣總督府公文類纂」，
　　國史館臺灣文獻館，典藏號：00009761008，1897。
100　臺灣慣習研究會著，臺灣省文獻委員會譯編，《臺灣慣習記事》中譯本第
　　一卷下（臺中：臺灣省文獻委員會，1984），頁 86。
101　丁紹儀，《東瀛識略》，文叢第 2 種，頁 67。
102　從道光 23（1843）年地契可見，其時麻豆已經分成頂街和下街，下街並有
　　米市。參見：林玉茹編，《麻豆港街的歷史、族群與家族》，附表 4-1。
103　茅港尾原來因市街規模和位置重要，曾設外委 1 名，兵 25 名。同治 8 年，

要具備以下的功能和特色。

（一）嘉南地區的糧倉，運糧收稅的重地。[104]清代嘉義縣的錢糧徵收分成南櫃麻豆、東櫃店仔口（白河）、北櫃鹽水港和打貓以及中櫃的嘉義城。麻豆櫃又分設蕭壠一櫃。麻豆櫃管轄麻豆保、赤山保、善化里東西保、茅港尾東西保、果毅後保，共 7 保錢糧的徵收。[105]

（二）具有基礎的商業設施或機構，包括鹽館、[106]米市、牛墟。[107]

（三）防衛機制的建置。清代麻豆街歷經多次民變的波及，又是盜匪覬覦之地，因此發展出防衛機制。咸豐年間，更出現地方自治聯庄組織和聯庄公記。首先，每年近冬麻豆街民設置柵門，來防範強盜入庄劫奪。[108]咸豐 3 年（1853），以麻豆街為中心，聯合鄰近的蕭壠保、佳里興保以及西港仔保等部分鄉村，訂定聯庄公約。麻豆街的紳耆，並已有聯合的公記

卻由汛改為塘，並歸麻豆汛分防。由此可見，該市街在同治年間已經衰頹，市勢被麻豆街所奪。蔣師轍、薛紹元，《清光緒臺灣通志》（文叢第130 種，1962），頁 656。

104 光緒 19 年有在麻豆櫃完清錢糧的執照。「臺灣公私藏古文書」，FSN02-06-337。

105 麻豆最後一任櫃書是黃韻光。〈麻豆街調查書〉。

106 臺南鹽務總局嘉義總館下轄麻豆子館、蕭壠子館、鐵線橋子館，已無茅港尾館。〈塩田養魚池取調中谷宇衛、四倉峰雄復命書〉「臺灣總督府公文類纂」，國史館臺灣文獻館，典藏號：00004524014，1897。

107 〈嘉義管內牛墟一件書類〉「臺灣總督府公文類纂」，國史館臺灣文獻館，典藏號：00009762002，1897。

108 〈蔴豆街調查書〉。

「麻荳庄紳耆公約記」。[109]麻豆保內村莊亦大為增加，至光緒
14 年（1888），首任臺灣巡撫劉銘傳實施清丈政策時，已高達
30 個（圖 3-3），較清中葉增加近 10 個村莊。

　　（四）鄉街結構不斷分化與十二角頭的完成。麻豆、學甲
以及佳里地區內以角來作為地名，相當明顯。[110]這種習慣或許
因為本地原住民聚落以檳榔宅為主體，以致於漢人開發過程中
不得不順應原聚落的單位進行拓墾。《諸羅縣志》曾經描述麻
豆等四大社宅舍如下：

> 地邊海空闊，諸番饒裕者，中為室，四旁列種果木；廩
> 囷圈圍，次第井井，環植荊竹，廣至數十畝。……舍前
> 後左右多植檳榔。[111]

　　顯然，檳榔宅的面積廣大，格局常是：「帶磚井一口、檳
榔、什物、果子、樹木、荖葉、竹圍」。宅宅相連的結構，則
構成了角。[112]至遲至道光年間，麻豆地區已經出現妈祖廟角，
光緒年間左右形成十二角，[113]角也用來指稱地名或位置，或是

---

109 「詹評仁私藏文書」。
110 臺灣其他地區雖然也有部分採用「角」的用法，如東勢角、南勢角，但是
　　卻較少見到像麻豆等地幾乎均用「角」來指稱區內的各個區塊，並出現在
　　地契中。
111 周鍾瑄，《諸羅縣志》，頁 159、165。
112 檳榔宅與角的構成，參見：曾品滄，〈從番社到漢庄：十七至十九世紀麻
　　豆地域的拓墾與市街發展〉，收於林玉茹編，《麻豆港街的歷史、族群與
　　家族》，頁 119-124。
113 角的資料，參見：林玉茹編，《麻豆港街的歷史、族群與家族》，附表

圖 3-3　光緒 14 年劉銘傳清丈時麻豆街庄圖
資料來源：〈調查既未濟圖〉（1902-11-01）、〈庄土名調查
表〉，「臺灣總督府公文類纂」，國史館臺灣文獻館，典藏
號：00004403004、00004252036，1902、1903。

作為宗教信仰祭祀圈的範圍。[114]至日治初期，麻豆街仍繼續分化。

　　（五）特殊且超大規模的「街村與農村的合成聚落」。如同上述，麻豆社原來是以檳榔宅為單位所構成，因此漢化新市街乃受到原聚落型態的制約，一方面保留檳榔宅的農村格局，與具有商業機能的「頂街」、「下街」並存，[115]而形成富田芳郎所言、全臺少見的「街村與農村的合成聚落」。亦即受到檳榔宅結構的影響，形成疏狀的超大規模集居型農業聚落，宛如一座大森林，又有街村連貫其中，獨特性顯著。[116]

　　總之，道光年間，麻豆港失去港口機能之後，麻豆街並未消頹，而轉變成周邊鄉村依存鄉街。鄉街的結構雖然具備漢人市街型態，但是長久以來該地一直是麻豆社的社址，因此番社的影響卻仍有跡可尋。麻豆街十二角和全臺少有的「街村與農

4-3，頁 247-248。又麻豆所謂的麻豆十二角，過去大多引用昭和 7 年《麻豆鄉土誌》的口訪結果，但是對照較早的清代古契約文書和明治 32 年伊能嘉矩的調查結果，卻有相當大的出入。伊能嘉矩，《臺灣踏查日誌》（臺北：南天，1992），頁 97。後來出現的《麻豆鄉土誌》的紀錄恐怕有誤。

114 麻豆地區宗教信仰的變化，詳見本書第九章。

115 麻豆街農村與商街並存的論證，參見：曾品滄，〈從番社到漢庄：十七至十九世紀麻豆地域的拓墾與市街發展〉，頁 82-137。

116 富田芳郎，〈臺灣に於ける合成聚落としての麻豆及び佳里〉（Ⅰ）（Ⅱ），《地理學評論》，頁 1-2、497-502、602。根據富田的調查，有別於臺灣南部的集居型聚落規模平均僅達 0.2-0.5 平方公里，麻豆卻高達 3.39 平方公里。這是因為其農業聚落型態是北部散居型農家與南部集居型農業聚落的複合型態。麻豆的農家都有散居型農家擁有的竹圍，內有井、並種植檳榔、水果等。這卻是南部其他集居型農業聚落少見的，也使麻豆成為超大規模的聚落。

村的合成聚落」，可能是受到番社原來檳榔宅聚落的影響。

五、小結

綜上可知，麻豆港街是一個番漢勢力交替的港口聚落。聚落原來的主人是早在荷蘭人政權成立之前，聞名於臺灣西南平原最強大的部落麻豆社。麻豆社人不論戰爭、漁獵以及交通，均擅長於利用水路和海洋資源。麻豆大社瀕臨倒風內海海濱，沿著麻豆港可以直接到達該社。聚落的範圍大概是今日麻豆街區的大部分。

17 世紀中葉起，麻豆社雖然先後歷經荷蘭東印度公司和鄭氏兩個政權統治，但是由於荷、鄭對於原住民聚落採取保護和隔離政策，因此漢人除了進行番漢貿易之外，很難侵入麻豆社。漢人開墾土地大多從番社的邊緣地帶開始。因此，最初在麻豆港活躍的是麻豆社人。

康熙 23 年（1684），清廷正式統治臺灣之後，漢人農墾集團大舉移入。在清朝政權作為後盾之下，麻豆社人受到更大的挑戰。不過，由於他們與漢人有長期接觸的經驗，又識字、懂得使用貨幣，更已學會較先進的農耕技術，因此不像中北部原住民一般弱勢。康、雍年間，麻豆社番尚在麻豆地域扮演重要角色。直至乾隆年間，番漢比鄰而耕現象比比皆是，因此清初麻豆社人仍居優勢，麻豆港水堀頭是番漢貿易的主要地點，亦是麻豆地區最早番漢雜處之處。

然而，麻豆社受到清朝政府勞役、社餉、陋規以及多次協助作戰的影響，勢力日趨萎縮。另一方面，自荷蘭、鄭氏時代

以來，麻豆社人習於讀書識字，至清代他們亦很快地接受主流文化，甚至參與科舉，求取功名，逐漸漢化。這或許是麻豆地區擁有科舉功名者特多、清中葉還出現社番向漢人購買土地逆向操作的原因。儘管如此，乾隆中葉仍是番漢勢力消長的關鍵期，麻豆地域變成漢人社會，麻豆社人或漢化「隱身作漢人」，或是族群勢力集中至社址北邊，仍在麻豆地區扮演一定角色，部分社人則遷徙到官田和其他地區。原來以港口水堀頭和鄰近地區為主的街市貿易中心，隨著漢人勢力入侵和避免水患的考慮，轉移至水堀頭西邊，亦即今日的街區中心，原大社社址所在。

番漢勢力的交替，並未影響麻豆港的運作。雖然貿易中心由番社邊緣的港口轉移至番社中心，但是麻豆港仍是府城和鹽水港之間最重要的運米社港，主要與兩地貿易，因而成為乾隆末年林爽文事件發生時重要的戰場。事平之後，清朝政府於麻豆街增設外委一員，更突顯其地位的重要性，地方更為繁盛。乾隆中末葉至嘉慶年間，應該是麻豆港最鼎盛時期，主要輸出糖、米。

最後，倒風內海自乾隆時代以來經過幾次的大水災和河流改道，以及民人一再圍築魚塭或鹽田，逐漸浮覆。麻豆港地區因河道改變較小，是較晚陸化的地方。但至道光年間，隨著麻豆社權力式微，加上自然環境和人文因素的影響，港道日益淤塞。麻豆港淤塞之後，港街由於仍位於南北交通要道，又是周邊鄉村的糖、米集散中心，逐漸轉型成供應麻豆保和善化里東保的鄉村依存市街。麻豆社人以檳榔宅為主體的聚落型態，則是唯一殘存的番社遺跡。這種居住型態也影響已經漢化的麻豆

街，使其成為全臺罕見的「街村與農村的合成聚落」。麻豆港街番漢勢力的消長與聚落特色，顯然見證了番漢文化之間相互涵化的歷史過程。

附表3-1　清代麻豆社人買賣土地的相關地契

時間	契名	賣/胎/典立契者	買者/典出者	土地座落	四至	說明	資料來源
康熙 22 年（1683）	新港文書				無	羅馬字單語。	村上直次郎編，《新港文書》（臺北：捷幼，1995），129 頁
乾隆 9 年（1744）	新港文書				無	羅馬字單語，有麻豆社土目嘮咳、土官嘮口（Ravong）圖記。	《新港文書》，130 頁
乾隆 18 年（1753）	典契*	匏呂、貓勝獅	吳宅	橄頂後	東至許家田，西至□□，南至龜里拔田，北至浮葛田。	承祖下田。	《新港文書》，132 頁
乾隆 20 年（1755）	盡賣絕根田契*	麻豆社番民勝呼、斗爾	郭宅	番仔橋坤	東至郭家田，西至謝家田，南至車路，北至番大羅田。	承父物業水田一所，有麻豆社土目買冬印記。	《麻豆林家文書》

時間	契名	賣/胎/典立契者	買者/典出者	土地座落	四至	說明	資料來源
乾隆 22 年（1757）	盡賣絕園契＊	麻豆社番夫伊銅、達來，婦于來、加嘮油	郭宅代書人番童思吧涼，為中人土目邦岳	二重橋	東、西至丁雅憂園，南至老密臘園，北至郭家園。	承父業鬮分園一坵，帶番丁餉銀 7 錢。有「麻豆社土目大芮并收番丁餉圖記」、「麻豆社土目邦岳圖記」。	《新港文書》，135 頁
乾隆 32 年（1767）	新港文書				無	羅馬字單語。	《新港文書》，136 頁
乾隆 32 年（1767）	賣盡根絕契＊	麻豆社番大邦聿、婦烏來	番大加弄	大犂坉北勢	東至蜜納田，西至烏來田，北至嗊仔田，南至沙烏田。	承祖父及鬮分田一所。有麻豆社土目貓口印	《麻豆林家文書》
乾隆 46 年（1781）	杜賣盡絕根契	番婦投仔達、女子蠻仔、漳仔、丹仔	謝衷遠	番仔橋坉內南勢洋至山腳	東、南至至蔡宅，並番大加踏田，西至車路，北至謝宅田。	承祖父鬮分田一所，年帶番餉丁銀中錢一員。為中人土目乃犁、代書思吧來。	《新港文書》，137 頁

時間	契名	賣/胎/典立契者	買者/典出者	土地座落	四至	說明	資料來源
乾隆 48 年（1783）	杜賣契*	麻豆社南勢番浮葛、大芮	謝宗揚	番仔橋坬內	東至烏棒田，西至郭家田，南至加弄田，北至坑。	承父鬮分田一段，年帶番租粟 3 斗，有麻豆社土目大芮、甲冊收餉泰來馮記。	《麻豆林家文書》
乾隆 54 年（1789）	杜絕根契	麻豆保虞朝社吳石羔	思巴來、貓來、達來、油仔、蠻仔	坬內	東至斗耳園，西至毛隨坬，南至馮家墓，北至路。	承父自置園一坵，年帶租粟 3 斗。作為思巴來等公園。	《麻豆林家文書》
乾隆 54 年（1789）	賣盡根契	麻豆社番老加弄、烏來	番綱逸、口蠻	打雷坑南	東至老嗊田，西至郭家園，南至沙荷田，北至老嗊田。	明買過田一所，年帶租 2 斗。老加弄下有國興利記印。	《麻豆林家文書》
乾隆 55 年（1790）	杜賣契（上手契 48 年）	麻豆社謝宗揚	番加弄	番仔橋坬內	東至烏棒田，西至郭家田，南至加弄田，北至坑。	明買田一段，年帶番租粟 3 斗，謝宗揚有振利信記印。	《麻豆林家文書》
嘉慶 8 年（1803）	賣杜絕盡根契	社番婦他里務	社番老加弄、女子斗巧	本坬內洋	東至西笠田。	承祖田一坵，年帶納粟 3 斗。	《麻豆林家文書》
嘉慶 17 年（1812）	賣盡根契	麻豆社大埕內郭啟榜	番婦老蠻	番仔橋坬	東至郭家田，西至老蠻田，北至郭家田。	自置田一所 4 分，帶番租 120 文。	《麻豆林家文書》

時間	契名	賣/胎/典立契者	買者/典出者	土地座落	四至	說明	資料來源
咸豐4年（1854）	立約字	茅港尾保中營庄馮鎮等四房		埤內社前西勢洋	東至老蠻園，西至毛家埤埝園，南至本家園。	承父自置園一坵，3分，年帶番租粟2斗。	《麻豆林家文書》

說明：＊表示該件地契有羅馬字的新港文書。

第四章

清代臺灣中港和後壠港街的
發展與比較

一、前言

清代臺灣西部歷經兩百餘年的拓墾，逐漸發展出由南至北三帶縱列的鄉街市鎮群：沿海鄉街市鎮群、臺地平原鄉街市鎮群，以及山麓地帶鄉街市鎮群。[1]其中，港街可以說是臺灣市鎮的起源，[2]因此在臺灣城市史的研究中，佔有一席之地。

清代臺灣由於陸路交通不便，全臺南北幾條大河又有相當高的阻隔性，導致西部形成南北不相連續的地域，[3]而在各個地域中的海港或位於河口的河口港，一方面作為移民入臺門戶，

---

1   施添福，《臺灣的人口移動和雙元性服務部門》（臺北：師大地理學系，1982），頁 23-24。

2   富田芳郎，〈臺灣鄉鎮之研究〉，《臺灣銀行季刊》7：4（1955 年 6 月），頁 102。

3   施添福，《臺灣的人口移動和雙元性服務部門》，頁 26。

另一方面則往往成為該地域最有利形成聚落的地點，並且隨著
港口貿易的進一步發展，逐漸形成港街。

港街的規模，深受地理位置與港口條件的影響。位置是指
一個聚落或地方對附近及其他聚落或地方的空間關係，大多數
的城市是由於佔有優越位置，發展其「位置價值」而形成。[4]中
港和後壠，即因位居水陸交通的優越位置，而分別成為中港保
與後壠保最早出現的地域性港街。[5]

中港位於東經 23 度 37 分，北緯 120 度 14 分，約當現今苗
栗縣竹南鎮中港里、中華里以及中美里一部分；市街西距與南
距中港溪各約 1.5 公里。[6]由於位居中港溪口，屬竹南平原，又
背臨竹南丘陵，利於農耕，[7]使得中港成為中港溪流域最早開發
的地方。而且中港溪又有舟楫之利，港口雖然潮差極大，不能
成為優良的天然港灣，但是因四周有丘陵，成為海上往來船隻
的避風港，[8]並成為漢人進入中港溪流域的港口，其後逐漸發展
成中港溪流域地域性的吞吐港。

後壠在中港之南，位於東經 24 度 37 分，北緯 120 度 47
分，約當今苗栗縣後龍鎮，市街的所在主要是今南龍里、中龍
里以及北龍里，且在苗栗市西北 7 公里，居後壠溪北岸，西距

4　沙學浚，《城市與似城聚落》（臺北：正中書局，1974），頁 119。

5　中港和後壠後來分別成為中港保和後壠保之吞吐港，但是保名和區域範圍
　　隨著時間演變而有異，有關行政區劃之變化，參見表 4-3。

6　陳正祥，《臺灣地名辭典》（臺北：敷明產業地理研究所，1961），頁
　　64。

7　竹南鎮公所，《竹南鎮志》（竹南：竹南鎮公所，1955），頁 8。

8　伊能嘉矩，《大日本地名辭書續編》（東京：富山房，1909），頁 57。

海約 2.5 公里。後壠位於後壠溪口，因地居後壠溪下游的平原，又具有河口港機能，而成為移民入墾門戶，是為後壠溪流域最早開發的地區，並漸發展成苗栗街與後壠溪流域的吞吐港。[9]此外，由於該港「與興化南日對峙」，[10]故比中港居於與中國大陸聯結更有利的位置，也倍受官方重視。

　　本章以今苗栗縣後壠與中港為研究對象，探討其港街在清代的形成與發展過程。選擇這兩個港街，是基於以下幾點理由：第一，前人對於單一港口的研究，主要集中於安平港、高雄港、艋舺、大稻埕、基隆港，以及鹿港等條約港或正口的大型港市，小口（次級港口）則較少受到關注。[11]因此，對於清代臺灣次級港口的街鎮結構與機能，缺乏清晰圖像。然而，具有中介轉運與作為地域性吞吐港功能的次級港口的重要性，卻不容忽視。第二，後壠和中港兩個港街，現今尚留下不少資料，特別是《淡新檔案》中有相當豐富的記載。第三，中港和後壠兩港，於清代中葉構築土城，過去有關臺灣築城的相關研究，卻幾乎未注意到此種土城聚落。

　　之所以同時討論中港和後壠兩港，而未採取單一港口的論證方式，則基於：一方面，清代大半時間，兩港幾乎皆具有相同的歷史發展條件，但是清末後壠一躍而為苗栗縣吞吐口，成

9　陳正祥，《臺灣地名辭典》，頁 196；陳正祥，《臺灣地誌》（中）（臺北：敷明產業地理研究所，1961），頁 817；伊能嘉矩，《大日本地名辭書續編》，頁 59。

10　黃叔璥，《臺海使槎錄》（臺北：臺灣銀行經濟研究室，臺灣文獻叢刊「以下簡稱文叢」第 4 種，1957，1722 年原刊），頁 26。

11　關於小口的相關討論，參見本書第一章。

為二級港；反觀中港卻未有同等際遇，始終維持三級港規模，[12]
因而透過對兩港的比較與分析，大概可以釐清這種中介港不同
的發展形態與侷限。另一方面，光緒 15 年（1889）正式成立苗
栗縣以前，後壠港與中港經常並稱為中壠，[13]中港並一度由後壠
文館兼管。[14]換言之，有必要同時關照兩港在功能上的互補、從
屬以及互動關係。此外，值得注意的是，中港和後壠是現今苗
栗縣僅有的兩個閩南人聚落，[15]以泉州籍為最多。但是，中港多
為三邑人（南安、惠安、晉江），也有相當部份漳州人；後壠
則以安溪、同安籍最多，[16]兩個不同族群所組成的港街彼此的交
互關係，以及其與粵籍所組成鄉莊之間的互動，值得討論。

　　過去有關後壠和中港的調查和研究，可以上溯至日治初期
由臨時臺灣舊慣調查會於 1905 年所編輯出版的《調查經濟資料
報告》，對於兩港的地形、水文、沿革、貿易、集散地以及變
遷等有極豐富的記錄。除了官方調查資料之外，1895 年來臺的
伊能嘉矩，於 1923 年出版《大日本地名辭書續編》，利用 1908
年淡水稅關所編《臺灣稅關要覽》，約略考證兩個港口的位置

12　清代臺灣港口的等級和分類，詳見：林玉茹，《清代臺灣港口的空間結
　　構》（臺北：知書房，1996），頁 63-64。

13　《淡新檔案》，12404-20、21 號，光緒 6 年 9 月 4 日。

14　陳培桂，《淡水廳志》（文叢第 172 種，1963，1871 年原刊），頁 171。

15　陳正祥，《臺灣地誌》中，頁 818。1956 年兩個市鎮客籍人口均在 15％以
　　下，中港比例更低，更為福佬化。

16　此處對中港與後壠居民祖籍的描述，是依據昭和元年（1926）對於臺灣所
　　做最詳細的祖籍調查資料，但其中中港與竹南莊合併觀察。陳漢光，〈日
　　治時期臺灣漢族祖籍調查〉，《臺灣文獻》，23：1（1972 年 3 月），頁
　　94-95。不過，根據最新考證，此調查準確性仍存疑。

和沿革。此外，1931 年渡海來臺，任教於臺北帝國大學理學部地質科的富田芳郎，也曾對中港作詳細的田野調查。不過，除了戰前日本人的研究之外，戰後至今，幾乎沒有相關研究成果。因此，有關這兩個港街的形成與發展過程、市街結構與機能以及街庄組織，仍需要進一步探究。

　　本章即一方面比較這兩個在清代有類似歷史背景與自然條件港街的發展；另一方面，則探討後壠和中港市街的結構與機能。

二、港街的形成

　　依據聚落形態的演變與港口條件，中港和後壠兩個港街的形成與發展，大概可以隨著時間演進粗分成三個大階段：番社聚落與移民門戶時期、港街與私口形成期，以及腹地完墾與小口時期，以下分別敘述之。

（一）番社聚落與漢人移民入墾門戶時期（雍正末年以前）

　　由於中港和後壠兩地既為平原，又臨溪水，具有給水方便、堅固建地等作為聚落的優點，[17]因此分別成為中港社與後壠社居地。中港社所在地範圍，西至海，北至鹽水港，東經頭份到達山邊，南至苗栗淡水湖，而其後形成的中港街雖僅是中港

17　沙學浚，《城市與似城聚落》，頁 138。

社地的一小部份，[18]但為中港社主要聚居地。[19]

　　相傳明末清初漢人已入墾中港，[20]並無可考。事實上，中港最早開墾時間大概為雍正年間。乾隆 53 年（1788）所立的〈嚴禁差役藉端擾累碑〉即載：「緣榜等佃耕中港番田，係雍正年間墾闢之業。」[21]《臺灣土地慣習一斑》也說：

> 中港附近一帶土地，原為蕃人所佔，雍正年間漢人移住從事開墾，他們大多是漳泉種族，興化及廣東潮州也混在其間。……雍正年間張姓與黃姓兩位墾戶合資招佃開墾，徵收大租。[22]

由此可見，雍正年間以前，中港主要是中港社番活動居地，漢人只有零星開墾活動。後壠亦原為後壠社番居地，[23]康熙 50 年（1711）因鄭盡心之亂北上搜尋匪賊的北路營參將阮蔡文曾對

---

18 張炎憲，〈漢人移民與中港溪流域的拓墾〉，《中國海洋發展史論文集》第三輯（臺北：中央研究院三民主義研究所，1988），頁 37；盛清沂，〈新竹、桃園、苗栗三縣地區開闢史（上）〉，《臺灣文獻》31：4（1980年 12 月），頁 154。中港社地為今苗栗縣竹南鎮中港、中江、中成、中華、中英以及中美里一帶。1978 年裁中江里及中成里一半歸中港里，裁中成里一半歸中華里。

19 陳朝龍、鄭鵬雲，《新竹縣采訪冊》（文叢第 145 種，1962），頁 100。

20 苗栗縣文獻委員會，《臺灣省苗栗縣志》（苗栗：苗栗縣政府，1960），頁 50。

21 陳朝龍、鄭鵬雲，《新竹縣采訪冊》，頁 239。

22 臨時臺灣土地調查局編，《臺灣土地慣行一斑》（東京：臨時臺灣土地調查局，1905），頁 21。

23 盛清沂，〈新竹、桃園、苗栗三縣地區開闢史（上）〉，頁 154。

後壠社番有深刻的描述。[24]

　　後壠的開闢略早於中港，康熙 30 年（1691）已有金門人陳、謝、鄭三姓，經澎湖入後壠沿海捕魚，其後即定居該地。康熙 50 年，阮蔡文派兵駐防後壠社，康熙 52 年招諭後壠社番開墾土地，駐屯武官也在彰化招佃開墾，漢人遂往北移墾後壠。大體而言，康熙末年，移民已南由鹿港，北由竹塹港進入後壠開墾，主要是泉州籍的杜、謝、蔡、陳等姓。[25]不過，事實上，大甲溪以北的崩山八社地漢人開墾並不多，康熙末年的《臺海使槎錄》載：

> 崩山八社所屬地，橫亘兩百餘里。高阜居多，低下處少。番民擇沃土可耕者，種芝麻、黍、芋；餘為鹿場，或任拋荒，不容漢人耕種。竹塹、後壠交界隙地有水道，業戶請墾無幾，餘皆依然草萊。[26]

很明顯地，康熙末年竹塹與後壠是大甲溪以北地區最先開墾之地，但是仍處於零星開墾狀態。

　　再就港口發展而言，由於後壠港與福建南日興化港對峙，

---

24 「顧此後壠番，北至中港限；音語止一方，他處不能辨。頭髮頂上垂，當額前後翦；髮厚壓光頭，其形類覆盆。亦有一二人，公然戴高冕⋯」。黃叔璥，《臺海使槎錄》，頁 134-135。

25 盛清沂，〈新竹、桃園、苗栗三縣地區開闢史（上）〉，頁 161；苗栗縣文獻委員會，《臺灣省苗栗縣志》，頁 51；伊能嘉矩，《大日本地名辭書》（東京：富山房，1909），頁 58。

26 黃叔璥，《臺海使槎錄》，頁 134。

為水陸扼要地，因此比中港更早出現於史籍，明末已可見其地名。[27]中港則是康熙 24 年（1685）蔣毓英《臺灣府志》首見該港名稱。[28]然而，由於全臺移民入墾方向是由南而北發展，新竹與苗栗地方的開發又晚於淡水地方，直至康熙 35 年（1696）吳球之亂前，大甲溪以北「崩山、後壠、中港、竹塹、南崁各港，商賈舟楫未通，雖入職方，無異化外」。康熙 49 年（1710），由於洋盜鄭盡心潛伏淡水，清廷才在北臺灣建立防衛體制，不僅置淡水分防千總，而且設立大甲以上七塘，其中中港和後壠皆各置一塘。兩港成為軍事據點，安全性提高，無疑地更加促使漢人有意願入墾。

康熙 50 年之後，中港和後壠兩港已有「本郡商賈舟楫往來」。[29]康熙末年，中港時有商船往來載芝麻；而後壠港港口條件稍佳，由康熙年間至雍正末年皆是「港面深廣，可容戰船出入」，並有商船來載芝麻。（見附表 4-1）儘管如此，由於雍正末年以前，兩地開墾無幾，未能吸引大陸商船來港運載商品，因此這些商船主要是臺屬小商船，由臺灣府境內其他港口到中港和後壠港運載芝麻等零星土產。此時，「貨物自南而北者，如鹽、如糖、如煙、如布匹、衣線；自北而南者，如鹿脯、鹿筋、鹿角、鹿皮、芝麻、水藤、紫菜、通草之類」，[30]充分展現初開墾時的商品流通樣態。

27　季麒光撰、李祖基點校，《蓉洲詩文稿選輯・東寧政事集》（香港：香港人民出版社，2006），頁 172。
28　蔣毓英，《臺灣府志》（北京：中華書局，1985），頁 39。
29　周鍾瑄，《諸羅縣志》（文叢第 141 種，1962，1717 年原刊），頁 110-111。
30　黃叔璥，《臺海使槎錄》，頁 134。

　　整體而言，雍正末年以前，中港和後壠港兩地皆有漢人入墾，由於後壠與福建興化港對峙，居於水陸扼要地位，港口條件又較優良，遂比中港早開發。然而，兩港地仍主要為番社居地，漢人開墾無幾，因此也未形成村莊。清領之初中港和後壠港並無船隻往來，至康熙末年則已有臺屬商船往來貿易，因此兩港一方面既作為移民入墾門戶，另一方面則是地方土產輸至臺境各地的地方性轉運港，規模並不大。

（二）港街及私口形成期（雍正末年至咸豐末年）

　　雍正末年至乾隆初年，中港和後壠進入成莊時期，乾隆中葉出現港街。道光初年，兩港腹地大半墾成，分別形成竹南一保（中港保）和竹南二保（後壠保）。[31]

　　中港的拓墾雖然晚於後壠港，於雍正年間展開，但是由於其臨近淡水廳治竹塹城，發展反而比後壠迅速。雍正末年成圖的〈雍正臺灣輿圖〉，大甲溪以北僅見中港和竹塹兩莊。[32]進入乾隆朝，漢人更積極入墾。乾隆元年（1736）至中葉，中港附近的海口莊、公館莊、鹽館前莊也陸續開墾，至嘉慶、道光年間更已進入到中港溪中游的北埔和銅鑼圈地區。[33]附近村莊的

31　根據道光 6 年以後繪製的「臺灣里保圖」，道光初年已經出現竹南一保、二保。謝國興主編，《方輿搜覽：大英圖書館所藏中文歷史地圖》（臺北：中央研究院臺灣史研究所，2015），頁 69。

32　夏黎明，《臺灣文獻書目解題：地圖類》（臺北：國立中央圖書館臺灣分館，1987），頁 92。

33　有中港溪流域（竹南一保）的開墾過程，參見：伊能嘉矩，《大日本地名辭書續編》，頁 56-57；張炎憲，〈漢人移民與中港溪流域的拓墾〉，頁

出現，使中港成為地方性的吞吐港，提供腹地物品的交易與服務，乾隆中葉逐漸形成市街，（表 4-1）是為中港舊街，乾隆 51 年（1786）中港社番被迫遷移至今番社莊，[34]道光年間又形成中港新街。

　　後壠港雖早在康熙末年已有漢人入墾，拓墾速度卻相當遲緩。乾隆朝才出現積極而大規模的開墾，[35]乾隆末年後壠已完全墾成，臨近地方亦相繼開墾，至嘉慶、道光年間漢人更已入墾後壠溪中游。[36]隨著後壠與臨近地方村莊的墾成，後壠於乾隆中葉陸續成立後壠莊和後壠街。（表 4-1）不過，後壠成莊時間晚於中港，顯見自雍正年間至乾隆初年其開墾速度較中港緩慢。

　　由於大甲溪以北地方的開墾主要是以竹塹為中心，再向北與向南進墾，[37]因此距離竹塹較近的中港自然先墾成而出現村莊。乾隆中葉以降，後壠街的發展卻逐漸超越中港，乾隆 33 年（1768）首先興建天后宮，而中港卻遲至嘉慶 21 年（1816）始建廟。道光 14 年（1834），後壠並由紳民合建土堡，而中港則於稍後興建。（表 4-1）一個市街有能力興建寺廟和土堡，無疑

　　　36-51；波越重之，《新竹廳志》（新竹：新竹廳，1907），頁 128。

34　波越重之，《新竹廳志》，頁 128。

35　例如乾隆年間六成安向後壠與新港社番取得土地進行開墾，而六成安是由嘉志閣、維祥、田寮、芒埔、內麻、西山等六庄所組成。臺灣協會，《臺灣協會會報》第 3 號（1898 年 12 月），頁 43。

36　有關後壠溪竹南二保墾拓的進行，參見：伊能嘉矩，《大日本臺灣辭書續編》，頁 58；盛清沂，〈新竹、桃園、苗栗三縣地區開闢史（上）〉，頁 136-143；潘朝陽，〈後龍溪谷地村落民房的形態〉，《臺灣風物》30：3（1971 年 9 月），頁 69-70。

37　張炎憲，〈漢人移民與中港溪流域的拓墾〉，頁 50。

表 4-1　清代中港和後壠港港街之建置

項目	中港	後壠港
莊	中港莊 （雍正 12 年）	後壠莊 （乾隆 24 年）
街	中港街 （乾隆 27 年）	後壠街 （乾隆 27 年）
土堡	同治元年	道光 14 年
郊行	無	郊戶金致和（同治 9 年） 郊戶金長順（咸豐 7 年）
鹽館	同治 7 年	同治 7 年
倉儲	未建	義倉 （同治 11 年）
釐卡	無	茶釐驗卡（光緒 12 年設） 稅釐卡（光緒 13 年設）
小口	設口書、澳甲（同治元年）	設口書澳甲（同治元年）
橋梁	塭仔頭橋、媽祖宮橋、中港大橋 （同治 11 年）	南門橋，嘉慶 2 年建
寺廟	天后宮（嘉慶 21 年建） 福德廟（道光 15 年） 福善堂（咸豐 6 年） 三聖堂（咸豐 9 年） 龍鳳宮（光緒 11 年）	天后宮（乾隆 33 年建） 愍善亭（同治元年）
教堂	小教堂一座（光緒 18 年）	小教堂一座（光緒 18 年）
義塚	周廣一里許，嘉慶年間陳肇熙置	在赤塗崎，乾隆 53 年，陳伯樹置

資料來源：《雍正臺灣輿圖》；《乾隆臺灣輿圖》；余文儀，《續修臺灣府志》，頁 76、90；《新竹縣志初稿》，頁 12；《臺灣府輿圖纂要》，頁 36；《淡新檔案》15207-4 號、14101-79 之 2 號、11509-37 號；《臺灣省苗栗縣志》，頁 54-55、160-163；《新竹縣采訪冊》，頁 140；盧嘉興〈清季臺灣北部鹽務〉，頁 60；《淡水廳志》，頁 37、47-48；《光緒臺灣通志》，頁 255-256；《臺灣六記》，頁 140。

地顯示該港街的發展已累積相當財富，日益繁榮。

　　大體上，道光初年中港和後壠港的腹地已開墾大半，形成竹南一堡（中港保）和竹南二堡（後壠保）。[38]至此，以中港和後壠港為入墾門戶的移民已經建立各自以兩港為中心的保，含括中港溪流域與後壠溪流域。而以中港和後壠港為中心的墾拓，則經歷由番社聚落、漢人村莊、漢人市街、興築土堡，到形成獨立一堡的過程。（表 4-2）

　　另一方面，自康熙末年中港和後壠設塘之後，漢人入墾增加，加上臺屬商船往來貿易，更加顯現兩港的重要性，因此雍正 11 年（1733），官方增添軍防，改設把總一員率弁駐守。（表 4-3）後壠港港澳由於較為寬深，又距竹塹城稍遠，至乾隆初年改把總為千總。[39]除了軍事設防之外，乾隆初年北部首設郵傳，中港和後壠分別設一舖，並置舖兵三名。（表 4-4）郵舖的設置，代表兩港位於南北官道上，居陸路要衝。中港和後壠即因佔有水陸交通優勢，遂分別成為地域的經濟與軍事中心。

38　夏黎明，《臺灣文獻書目解題─地圖類》，頁 188。

39　事實上，雍正初年，藍鼎元即以後壠港港澳寬深，為水陸扼要區，而建議：「增設墩臺，以千把總輪防其地」。藍鼎元，《平臺紀略》（文叢第 14 種，1958，1732 年原刊），頁 71；而乾隆 6 年劉良璧《重修福建臺灣府志》（文叢第 14 種，1961，1741 年原刊），頁 145 已載：後壠港有千總駐防。

表 4-2　清代中港街與後壠街行政區的變化

時間	中港街	後壠街
雍正元年以前	諸羅縣	諸羅縣
雍正元年	淡水廳	淡水廳
乾隆 6 年	淡水廳竹塹保	淡水廳竹塹保
道光 10 年	淡水廳中港保 （竹南一保）	淡水廳後壠保 （竹南二保）
光緒元年	臺北府新竹縣竹南一保	臺北府新竹縣竹南二保
光緒 15 年	臺北府新竹縣竹南一保	臺灣府苗栗縣苗栗一保
光緒 21 年	臺北府新竹縣竹南保	臺灣府苗栗縣苗栗保

資料來源：周鍾瑄，《諸羅縣志》；劉良璧，《重修臺灣府志》；
《道光臺灣輿圖》；《臺灣府輿圖纂要》；《同治一統輿圖》；
《新竹廳志》；《苗栗縣志》。

表 4-3　清代中港和後壠港軍事佈防之變遷

時間	中港	後壠港
康熙 56 年－ 雍正 10 年	塘，目兵 10。	塘，目兵 15。
雍正 11 年－ 嘉慶 12 年	把總 1，兵 50 汛	1. 把總 1，兵 100 汛 2. 千總 1，兵 100（乾隆 6 年）
嘉慶 13 年－ 道光 13 年	1. 汛，把總 1，兵 50 2. 汛，把總 1，外委 1， 兵 58（道光 10 年增添）	汛，千總 1，兵 58。代管白沙敦 與嘉志閣塘
道光 14 年－ 同治 7 年	汛，把總 1，外委 1，兵 58	汛，千總 1，額外，兵 53
同治 8 年－ 光緒元年	汛，外委 1，兵 29	汛，千總 1，兵 28
光緒 2 年－ 光緒 21 年	光緒 2、3、9 年裁汰，改 為外委 1，兵 3	汛，千總 1，兵 7

資料來源：林玉茹，《清代臺灣港口的空間結構》，附錄二，頁
345-347。

表 4-4　清代中港和後壠港街舖遞的變化

時間	中港	後壠
乾隆 6 年	海防舖，舖兵 3 名	海防舖，舖兵 3 名
道光 9 年	舖兵 4 名	舖兵 3 名
同治 13 年	中港腰站，書吏 1 名，勇夫 6 名	後壠站，書吏 1 名，勇夫 6 名
光緒 14 年	裁撤	民站

資料來源：劉良璧，《重修臺灣府志》，頁 366；《道光福建通志臺灣府》，頁 133；《淡水廳志》，頁 56；《新竹縣采訪冊》，頁 106；《苗栗縣志》，頁 34；《光緒臺灣通志》，頁 19；《淡新檔案》，第 15102-7 之 5 號。

　　在乾隆末葉以前，由於中港和後壠尚處於初墾階段，沒有足夠商品吸引大陸商船來港貿易，往來的商船以島內小商船為主，（附表 4-1）港口除了設汛稽查監督之外，也由淡水同知管理。此時兩港只是臺灣島內貿易港，依例只能至臺灣府的鹿耳門轉運出入貨物，或透過竹塹港轉運至府城。直至乾隆 49 年（1784）、乾隆 53 年（1788）鹿港與八里坌港陸續開港之後，中港和後壠港成為八里坌的中介轉運港，輸出土產至八里坌，再由八里坌取得日常所需用品。[40]

　　嘉慶年間以降，由於港口腹地大半墾成，有米穀足以對外輸出，加上往來於鹿耳門、鹿港以及八里坌三正口的大陸商船，苦於官方配運米穀至內地之累（臺運），紛紛至未開口的

───────────
40　林玉茹，《清代臺灣港口的空間結構》，頁 125、135。

兩港走私米穀，[41]而有「商艘駱繹」的盛況。（附表 4-1）至此，中港和後壠港已由島內貿易港漸成為直接與大陸往來的私口，但是仍與正口港有功能從屬關係。中港和後壠港由於私口地位，貿易興盛，更奠定各自為中港保與後壠保的地域性吞吐港的地位。嘉慶、道光年間港口貿易的發展，促使市街擁有更多財富，而能進一步興建寺廟和土城。道光中葉姚瑩〈臺北道里記〉中載，當時後壠街是「民居街市稠密，館舍甚整潔」，[42]可見港街的繁榮。道光至咸豐年間，中港也陸續興建了三座廟宇。（表 4-1）

（三）腹地完墾與小口時期：分途發展（咸、同年間以降）

在道光朝以前，中港和後壠兩個港口聚落的發展大致相同，亦即由一個地方性的小港逐漸發展成地域性的三級港，分別成為竹南一保和竹南二保的吞吐港，並各自建立市街，興築土堡。

道光末年前後，由於臺灣西部各地開發大概完成，商船偷越中國大陸內地更盛，又為了籌措財政，導致地方衙門逐漸調整兩岸的港口對渡政策，陸續開放幾個與大陸內地直接貿易的小口，[43]中港和後壠兩港也各設口書、澳甲，[44]稽查港口往來船

---

41 有關正口與私口之間關係的遞變，參見本書第一章。
42 姚瑩，〈臺北道里記〉，收於姚瑩，《東槎紀略》（文叢第 7 種，1957，1832 年原刊），頁 89。
43 有關清末開放小口問題，參見本書第一章。
44 根據日治初期的調查，嘉慶年間已經有中國大陸的帆船來到中港，而設立

隻。[45]在同治年間至光緒 15 年（1889）新、苗分界以前，兩港同屬一個文武口，合稱中壠，中港港務並由後壠兼辦。

　　由附表 4-1 可見，自道光中葉以降至同治年間，中港的港口條件雖比後壠稍佳，但是差距不大，兩港口門皆窄小，口外沙線變遷不定，必須熟悉口岸始能入港，港口只能容納五百石以下船隻出入，大船皆不易進出，避風時也只能停泊口外，因此港口沒有開為條約港，僅做為中式帆船往來貿易港。[46]

　　光緒年間以降，兩港港口條件更加惡劣。中港一向是利用流注於中港溪的兩條支流行船，而分成塭仔頭和港仔墘兩支港。其中，塭仔頭可容大型帆船碇泊，再換駁小河船，過海口尾至番社前卸貨；港仔墘則僅容中型帆船碇泊，而接駁竹筏或小河船，至東方的鹽館前卸貨。光緒年間，中港溪泥沙淤積越來越嚴重，港仔墘水路漸失去航運功能，港口逐漸衰微。[47]儘管如此，根據日治初期的調查，中港街民自有船隻者有 20 餘人，船 40 餘艘。從中國來的船隻，每日 50 艘至 60 艘，多時至 100

文、武口，參見第一章和第二章。

45 臺灣銀行經濟研究室編，《臺灣府輿圖纂要》（文叢第 181 種，1963），頁 36；《淡新檔案》，12404-13 號、15209-1 號，光緒 5 年 10 月 2 日、光緒 5 年閏 3 月。

46 臨時臺灣舊慣調查會編，《調查經濟資料報告》下（東京：臨時臺灣舊慣調查會，1905），頁 102；劉銘傳，《劉銘傳撫臺前後檔案》（文叢第 276 種，1969），頁 150；伊藤博文，〈支那型船舶ノ出入及其手數料ニ關スル意見〉，收於伊藤博文編，《臺灣資料》（東京：秘書類纂刊行會，1936），頁 187-188。

47 臨時臺灣舊慣調查會編，《調查經濟資料報告》下，頁 204；富田芳郎，〈臺灣鄉鎮之地理學研究〉，《臺灣風物》5：6（1955 年 6 月），頁 27-28；伊能嘉矩，《大日本地名辭書》，頁 57。

艘以上。[48]

　　後壠港則是同治初年載重七、八百石船隻可以溯源至港口上方約十町處，停泊於後壠街東北方的溪州莊。[49]同治 13 年（1874），日本人曾描述所見後壠港街的狀況是：

> 後壠，大河北岸的大村市，距大甲八里，有義渡，河口廣闊，中國大船五、六艘繫泊。由後壠至竹塹六里，在中港溪有渡船，道路多山崗。[50]

其後由於洪水泛濫，後壠溪流沙及近傍沙質丘陵飛砂淤積河口，至日治初期港口碇泊位置改至後壠溪南岸的公司寮莊，再以小船接駁至後壠街。[51]

　　由於中港和後壠的港灣時常受溪流淤沙和臨近砂質丘陵飛砂的影響，口外出現沙丘，（圖 4-1）港口條件較差，輪船無法入港，發展受到限制，洋貨、鴉片以及食鹽的進出口，皆須透過條約港轉運，因此與淡水、雞籠港有密切的中介轉運關係，後壠更曾輸出樟腦至臺灣府安平港。[52]

48　〈中港ヲ開港場トナスハ詮議ニ及難シ〉，「臺灣總督府公文類纂」，國史館臺灣文獻館，典藏號 00004613015，1899。

49　臨時臺灣舊慣調查會編，《調查經濟資料報告》下，頁 501；伊能嘉矩，《大日本地名辭書》，頁 58。

50　日本海軍省，《臺灣地誌草稿》（臺北：成文出版社，1985，1874 年原刊），頁 61。

51　臨時臺灣舊慣調查會編，《調查經濟資料報告》下，頁 163。

52　G.W.Pickering（必麒麟）著，吳明遠譯，《老臺灣》（*Pioneering in Formosa*）（文叢第 60 種，1959），頁 119。

　　儘管兩港依官方規定必須與淡水、雞籠港交易，但是中港和後壠港私鹽仍相當盛行。[53]後壠港因後壠溪流域為樟腦盛產地之一，[54]樟腦通常必須以中式帆船運至大稻埕，[55]但經常有外國商船來港走私。[56]此外，該港也是鴉片走私來臺的港口之一。[57]

　　大體而言，最遲咸豐朝之後，後壠和中港皆被地方官府開為小口，除了茶、糖以及樟腦等國際商品仍大多透過條約港轉運之外，已可直接輸出米穀、土產至大陸，再交換日常所需品而回。特別是後壠，由於為樟腦主要產地，樟腦和鴉片的走私時有所聞，也偶爾有洋船來港貿易，遂佔有較大優勢，官方更一度在後壠設置樟腦轉運站、茶釐以及稅釐（表4-1）。光緒15年，由於「新竹苗栗街一帶，扼內山之衝，東連大湖，沿山新墾荒地甚多」，遂將新竹縣西南境新設苗栗縣。[58]中港仍隸屬新竹縣，是竹南一保吞吐口；後壠則劃歸苗栗縣，又因臨近苗栗縣城，地位適中，成為苗栗地區的吞吐港。

　　清末兩港對外輸出入品和地點，以中港而言，大多是與蚶江、獺窟、崇武、安海等地貿易，中國輸入的商品有食鹽、紙

53　《淡新檔案》，14201-24號，光緒7年7月27日。

54　林滿紅，《茶、糖、樟腦業與臺灣之社會經濟變遷（1860-1895）》（臺北：聯經，1997），頁64。

55　大藏省理財局，《臺灣經濟事情視察復命書》（東京：忠愛社，1899），頁161。

56　例如《淡新檔案》，15207-7號記載：英國商人與後壠商人合作走私樟腦。《淡新檔案》，15207-7號，同治元年9月21日。

57　廈門市志編纂委員會編，《近代廈門社會經濟概況》（廈門：鷺江出版社，1990），頁53。

58　劉銘傳，〈臺灣郡縣添改撤裁摺〉，收於劉銘傳，《劉壯肅公奏議》（文叢第27種，1958，1906年原刊），頁285。

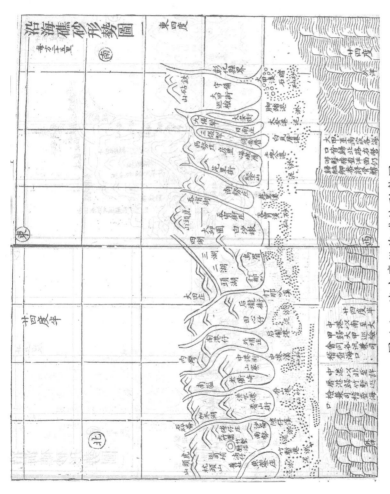

圖 4-1　淡水廳沿海礁沙形勢圖

資料來源：陳培桂，《淡水廳志》

箔、麵線、布、棉、雜貨以及其他海產品…等。由中港輸出的
土產則有苧麻、米、蓪草、砂糖、樟腦、木材、藤、水果及藥
材等。貿易地點除了中國之外，還包括英國的藩屬諸島（新加
坡、檳城）及呂宋。[59]由中國各地輸入的貨物，則運到新竹、頭
份、三灣、北埔、大湖、月眉以及南庄等地，有時也由淡水轉
運而來，島內集散地區以竹南一保為主，有所謂「外而中港、
頭份，內而南莊、獅潭、北埔等處，其貨物之出入皆藉斯港為
流通」。[60]

　　後壠港則是主要與大陸的蓮河、廈門、瀨窟、海山以及福
州等地往來貿易；輸出貨物是由苗栗、大湖、獅潭底以及鴨母
坑等地提供苧麻、米、木材、割藤、胡麻、乾龍眼，並由廈門
與泉州諸港輸入棉布、苧布、捲煙草、紙箔、麵線、大豆、爆
竹等物品，美國石油則由香港轉口至淡水，再輸至後壠。後壠
的島內集散市場主要是銅鑼灣地域、苗栗、福興、公館、大
湖、鴨母坑等街庄及其附近村落，海岸地帶則中港、白沙墩、
四窩口、通霄、房里、大安港均為後壠港的集散範圍。換言
之，清末作為苗栗縣吞吐港的後壠港，港口的腹地大致包含中
港以南至大甲溪以北的苗栗縣境，但日治初期通霄以南之腹地
卻漸為塗葛窟港（今臺中縣龍井鄉麗水村）所瓜分。[61]整體而
言，清末後壠港的腹地較中港大。

59　〈中港ヲ開港場トナスハ詮議ニ及難シ〉；臨時臺灣舊慣調查會編，《調
　　查經濟資料報告》下，頁 203。
60　〈中港ヲ開港場トナスハ詮議ニ及難シ〉。
61　臨時臺灣舊慣調查會編，《調查經濟資料報告》下，頁 158、160-161、
　　203。

　　清代咸豐、同治年間以降，除了內山以外，竹南一保和竹
南二保已大致墾成建莊，（圖 4-2 與圖 4-3）中港和後壟分別為
其吞吐港。其後，兩港逐漸分途發展，前者仍為竹南一保的吞
吐港；後者則不但躍居苗栗縣吞吐港，而且甚至於隸屬新竹縣
的中港也是後壟港的集散區域之一，中港部份功能從屬於後壟
港，港口地位居於後壟之下，加上中港溪的運沙作用，使中港
淤積更甚，故至日治初期僅開後壟港為特別輸入港，中港則被
關閉，市街衰微，居民轉往後壟。[62]中港河港機能的消失，使其
成為單純的鄉村城市，但因仍位於南北交通要衝上，日治初期
一度設中港支廳，其後由於南北縱貫公路並未經過，而在東方
的竹南莊（原三角店庄）則設火車站，且有縱貫公路通過，中
港逐漸式微而為臨近的竹南合併。[63]

　　後壟作為苗栗一保政治中心的地位，雖然因光緒 15 年設苗
栗縣後，轉移至內陸的苗栗縣城（原夢花莊），[64]但是因該港是
苗栗縣吞吐港，市街的經濟活動不但比縣城活絡，而且規模也
比較大。[65]由於後壟港河口港機能的持續發展，苗栗縣城又新設
不久，因此終清代一朝並未產生章英華所指出，縣城經濟功能

62　臨時臺灣舊慣調查會編，《調查經濟資料報告》下，頁 204。

63　富田芳郎，〈臺灣鄉鎮之地理學研究〉，頁 27-29。

64　苗栗縣文獻委員會，《臺灣省苗栗縣志》，頁 17。

65　在章英華〈清末以來臺灣都市體系之變遷〉一文中，曾以 1897 年與 1899
　　年資料，統計全臺各市街人口，並將市街分成 43 級，其中後壟位居 26
　　級，人口 3,279 人；而苗栗街則是 37 級，人口 2,652 人。收入瞿海源、章
　　英華主編，《臺灣社會與文化變遷》，中央研究院民族學研究所專刊乙種
　　16（臺北：中央研究院民族學研究所，1986），頁 240。

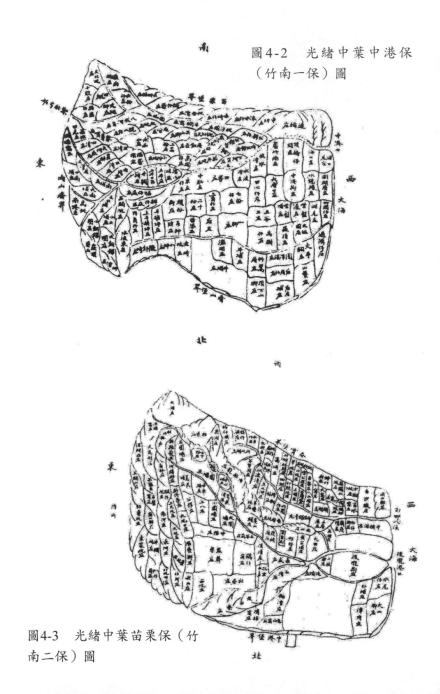

圖4-2　光緒中葉中港保（竹南一保）圖

圖4-3　光緒中葉苗栗保（竹南二保）圖

超越港街的現象。[66]

　　再就清末兩個港口聚落的人口而言，由表 4-5 可見：根據光緒初年的統計，中港和後壠皆是閩人聚落，光緒末年後壠街總人口大約 3 千餘人，而中港大概只有 1 千餘人。依章英華的統計，在全臺 43 個人口超過 2 千人的市街中，後壠市街位居全臺第 26級，中港則未達標準。[67]顯然，清末後壠街規模較中港大。

表 4-5　清末至日治初期中港和後壠的人口

時間	中港	後壠港	資料來源
光緒元年	中港街 閩籍　42 戶 男　　53 人 男孩　24 人 女　　45 人 女孩　29 人	後壠街 閩籍　83 戶 男　　93 人 男孩　47 人 女　　89 人 女孩　58 人	《淡新檔案》，12403-29 之 9 號
光緒 20 年	草店尾街　戶 47　丁口 219 新街　戶 47　丁口 392 舊街　戶 87　丁口 565		《新竹縣采訪冊》，頁 83
明治 31 年[68]	戶數　328 男　　709 人 女　　688 人 合計　1397 人	戶數　592 男　　1623 人 女　　1656 人 合計　3279 人	《臺灣總督府第二統計書》，頁 59-60

66　章英華指出清末臺灣都市的變化，一方面是河港機能消失，另一方面則是地方行政中心經濟功能加強，在成長速度上也超越原來河港。章英華，〈清末以來臺灣都市體系之變遷〉，頁 238。
67　章英華，〈清末以來臺灣都市體系之變遷〉，頁 240。
68　不包含日本人。

　　綜合上述，清末中港和後壠港兩個港口聚落已分途發展，中港由一保的吞吐港漸失去水路、陸路交通地位，成為失去河港機能的鄉街，日治初期更為臨近新興的竹南街所合併，終於喪失市街地位。相形之下，後壠港則由於港口條件稍佳，位置適中，距離新竹縣吞吐港舊港較遠，加上腹地有油、樟腦、茶之利，官方於此設置釐卡，新苗分縣之後又由一保吞吐港躍居一縣吞吐港，因此雖然市街的政治地位轉移至苗栗縣城，因仍位居於水陸交通要衝，依舊保存其港街的地位，繁榮狀態不下於苗栗縣城。

三、港街的內部機能

　　清代中港和後壠兩個港口，隨著時間的演變，聚落內部逐漸發展出各種機能。以下就土堡的構築、市街與商業機能、地方自治行政組織、軍事與交通機能以及文教社會功能等項目，逐一討論。

（一）具有土堡的港街

　　清代中港和後壠均構築土堡。土堡又稱土城、城堡，（表4-6）其與縣廳城並不相同，不能等同視之。林豪〈淡水廳志訂謬〉即曾言縣廳城與土堡的差異：

> 竹塹城係淡水廳治、文武駐箚之所，故謂之城。其鄉民私造以資守望者，僅稱土堡。[69]

69　陳培桂，《淡水廳志》，頁461。

表 4-6　中港和後壠土堡的史籍記載

史籍	中港	後壠
淡水廳志（1871）頁 27	城堡，在中港北。僅設南、北、東、西四門；餘石牆未建。	城堡，有營汛。堡外，有竹圍。周圍約三百餘丈，設四門，道光 14 年，紳民稟官捐建。
苗栗縣志（1893）頁 35		土堡，有營汛。堡外環植莿竹，周圍約 300 餘丈。設四門。
新竹縣采訪冊（1894）頁 15	築土為城，環築莿竹，周圍 325 丈。設東、西、南、北、小東，計五門，門各建門樓一座。道光間，中港紳民捐建土城。	
新竹縣志初稿（1897）頁 12	城堡，初建，僅有東西南北四門。同治元年，因防匪劫掠，紳民重建，疊石為垣。	城堡，道光 14 年，紳民稟官捐建土堡。東西南北創立四門，土堡外植竹，周圍約 300 餘丈。同治元年增修。

一般縣城通常具有三種功能：1.防禦性作用；2.政治性的象徵意義；3.城是城、鄉約略的界限。[70]土堡與縣城相較，土堡通常是由地方紳民所捐建，主要作為防禦，雖然也具有區隔市街和村

70　劉淑芬，〈清代臺灣的築城〉，《食貨》14：11、12（1985 年 3 月），頁 484。

莊的作用，但是並無明顯的政治性象徵意義。不過，由於土堡
依市街範圍而建立，土牆遂成為村莊與市街的界限，並影響市
街結構。

　　基本上，大甲溪以北的幾個重要的地區性市街，在道光至
咸豐年間興起一股修築土堡風潮。[71]這股風潮與民變、械鬥發生
的高峰一致（表 4-7 與圖 4-4）。換言之，由於道光年間匪亂與
械鬥頻仍，各重要市街紛紛構築土堡以資防禦。後壠土堡和中
港土堡即於道光年間興建，且皆在道光 6 年（1826）中港閩粵
分類械鬥之後。[72]兩地土堡的興建也是因為嘉慶、道光年間腹地
已大半墾成，港口相當繁榮，成為財富集聚之地，因此為了防
禦匪寇覬覦，保護人民生命與財產之安全，遂建土堡。至同治
元年（1862），復因戴潮春事件而重修。[73]由此可見，中港和後
壠土堡的構築，首重防禦功能。

71　道光 6 年，閩粵分類械鬥，內山黃斗奶、黃武二乘機率生番亂中港。（陳
　　培桂，《淡水廳志》，頁 352）；後壠土堡是道光 14 年所建，而中港土堡
　　依文獻記載，是在道光年間所建，惟詳細時間無可考，富田芳郎認為應是
　　道光年間械鬥之後。富田芳郎，〈臺灣鄉鎮之地理學研究〉，頁 30。

72　除了中港和後壠外，大甲土堡於道光 7 年興建；房里土堡是咸豐 5 年；中
　　壢新街土堡是道光 22 年；桃仔園土堡是道光 19 年；枋橋土堡是咸豐元
　　年；八里坌土堡是乾隆初年；雞籠石圍是道光 22 年。陳培桂，《淡水廳
　　志》，頁 27-28。除了八里坌土堡於乾隆年間興築之外，大多數土堡以道光
　　年間興築最多，其次是咸豐年間。

73　鄭鵬雲、曾逢辰，《新竹縣志初稿》（文叢第 61 種，1959），頁 12。

表 4-7　清代臺灣各區動亂與比例

		康熙 39 年	雍正 13 年	乾隆 60 年	嘉慶 25 年	道光 30 年	咸豐 10 年	同治 13 年	光緒 21 年	區域合計
高屏地區	抗官	2	4	5	3	3	2	0	1	20
	械鬥	1	1	3	0	4	0	0	3	12
臺南嘉雲地區	抗官	3	0	3	5	12	4	1	6	34
	械鬥	0	0	3	1	1	0	0	4	9
臺中彰化南投地區	抗官	1	0	6	2	5	1	3	2	20
	械鬥	0	0	7	2	4	1	0	0	14
臺北桃竹苗地區	抗官	0	0	1	1	0	1	1	2	6
	械鬥	0	0	4	1	8	7	2	1	23
宜蘭地區	抗官	0	0	0	0	3	1	0	0	4
	械鬥	0	0	0	3	1	0	1	0	5
東部地區	抗官								1	1
	械鬥									

			康熙 39 年	雍正 13 年	乾隆 60 年	嘉慶 25 年	道光 30 年	咸豐 10 年	同治 13 年	光緒 21 年	區域 合計
朝代合計	抗官	次數頻率	6 15.38%	4 30.76%	40 23.32%	11 44%	23 76.67%	9 90%	5 38.46%	12 52.38%	85
	械鬥	次數頻率	1 2.56%	1 7.69%	17 23.32%	7 28%	18 60%	8 80%	3 23.08%	8 38.13%	63
	原住民反抗	次數頻率	6 15.38%	6 46.15%	4 6.67%	1 4%	1 3.33%	0 0	1 7.69	18 85.71%	37

資料來源：翁佳音，《臺灣漢人武裝抗日史研究》（臺北市：
臺大出版委員會，文史叢刊 74，1986 年 6 月），頁 44。

　　土堡的型制則與縣城略有不同。由表 4-6 可見，兩土堡由
於是地方紳民自行捐建，型式較為簡單，大多僅有四門，且簡
稱為東西南北四門，未如縣城有特別的命名。據《淡水廳志》
所載，中港初築時僅設四門，並未築石牆。雖然該志沒有說明
原因，但是築城往往須視地方紳民經濟情形而定，構築土堡必
須市街已具有某種規模，又擁有相當財富，故可能由於經費不
夠，而未能完成。不過，同治元年中港石堡重修時，顯然大有
改善，除東西南北 4 門外，又加上小東門，總計有 5 門，而且
各門均建門樓一座。相形之下，後壠街似乎有較雄厚的財力，
道光年間初建，即是具有土牆的土堡。
　　土堡並未如同清代臺灣縣城一般，經歷竹城、木柵城、土

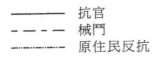

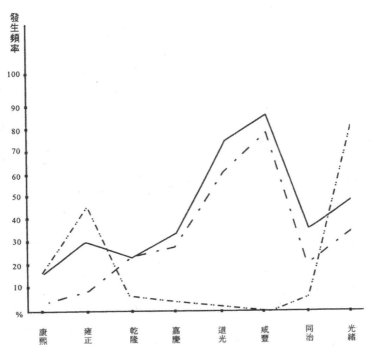

圖4-4　清代臺灣地方動亂發生頻率曲線圖
資料來源：同表4-7。

城以及磚城等不同型制。[74]在嘉慶中葉以前，清政府擔憂築城可
能導致亂民據城堅守，並不熱衷築城，臺灣幾個縣城最初是以

74　有關清代臺灣縣城的興築參見：劉淑芬，〈清代臺灣的築城〉，頁 485-
486；溫振華，〈清代臺灣的建城與防衛體系的演變〉，《師大歷史學報》
13（1985 年 6 月），頁 253-270。

竹城和木柵城為主。嘉慶中葉以後,清廷築城政策由消極轉為
積極,開始改建為石城。[75]土堡的建築多在道光年間之後,在配
合地方有限財力與防禦需求的,以築土城為多。但是土城的材
質,似乎也包含石材,道光初年所建的中港堡雖只建四門,未
建石牆,但同治元年重修的土堡即「疊石為垣」。1931 年來臺
的富田芳郎,曾描述當時所見的中港土堡:

> 城門有東西南北四門,各門的中間繞圍城壁,城壁用石
> 塊疊成,城門先疊土塊,外裝磚瓦,更於城壁之外,繞
> 有深溝,其寬約四公尺,可知防禦設施甚嚴。西門早
> 已拆卸,其它的三城門,日治後尚有存在,在昭和十年
> (一九三五)中部臺灣大震災後,有崩潰的危險,所以
> 決定拆去云。[76]

根據上述,中港土堡材質實包含石材和磚。後壠土堡雖未記載
材質,但應與中港相同。除了建城門、築石牆以及建牌樓之
外,土堡皆仿縣城型制,於外圍環築莿竹,並挖濠溝。莿竹是
臺灣特產,高大且有尖刺,又橫向滋長,適合作為防禦的籬落
與垣牆,[77]因此外環築莿竹,更增強土堡的防禦性。此外,土
堡外圍也有寬達 4 尺的深溝,阻礙匪寇侵入。總之,石牆、莿
竹、濠溝增強了土堡的防禦功能。

---

75 劉淑芬,〈清代臺灣的築城〉,頁 487-491;溫振華,〈清代臺灣的建城與
　防衛體系的演變〉,頁267。
76 富田芳郎,〈臺灣鄉鎮之地理學研究〉,頁 30。
77 劉淑芬,〈清代臺灣的築城〉,頁 488。

　　以土堡的形狀而言，土堡的建制大多仿縣城，清代臺灣縣城因早期築竹城的影響以及為節省材料，城的外觀幾近圓形。[78]中港和後壠土堡在設計原型上，也是圓形。在《淡新檔案》中所發現的兩張圖中，[79]中港和後壠土堡皆是圓形，且皆開 4 門（圖 4-5 與圖 4-6）。但是，據 1905 年日治初期的《臺灣堡圖》（圖 4-7 與圖 4-8），仍可見後壠街城牆的實際形狀並非圓形，而是不很規則，惟近似圓方形。這種現象可能由於土堡由紳民所建，因陋就簡之下，測量並不準確，而變成非圓形的城牆形狀。另一方面，城牆呈南北長而東西方且短形狀，可能是受到市街型態的限制使然。至於中港土堡雖無實圖可證，但其形狀依市街型態觀察，應亦非圓形而是類似長方形。

　　最後，就土堡的大小而言，中港和後壠均是廣 3 百餘丈左右，與嘉慶中葉廣達 1 千 4 百餘丈的竹塹廳城相比，顯然小許多。[80]縣廳城與土堡大小的差別，除了反映政治性的差異之外，也反映兩種市街的層級、規模以及財富的差距。

　　整體而言，民變與械鬥促使市街為防禦匪亂而建造土堡，遂影響市街的形態，成為具有城牆、濠溝的市街，在領域上也有內外之別。其次，雖然中港和後壠土堡都是基於防禦需要而興建，然而城牆的修建，既增強市街的安全性，而且對人口的聚居及商業活動的繁盛，均有積極作用，而強化市街的中心性，進一步擴大規模。

78　劉淑芬，〈清代臺灣的築城〉，頁 491。
79　《淡新檔案》，11509-51 號、17339-60 之 13 號，光緒 19 年 9 月 29 日。
80　陳培桂，《淡水廳志》，頁 25。

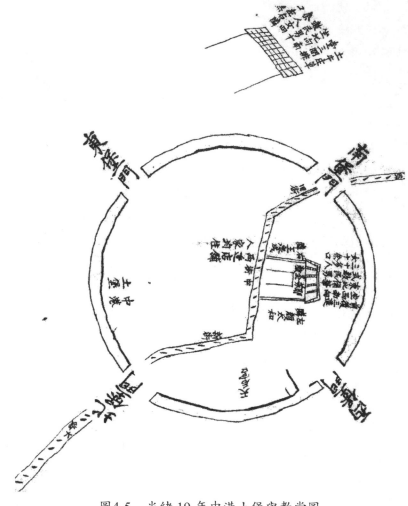

圖4-5　光緒 19 年中港土堡與教堂圖

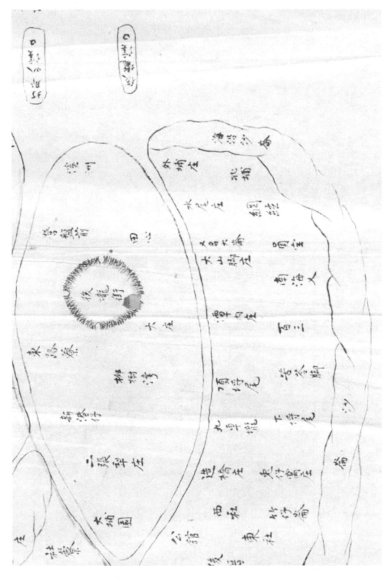

圖4-6 光緒19年後壠土堡圖

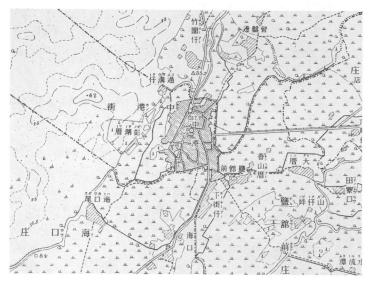

圖4-7　明治 37 年（1904）中港街圖

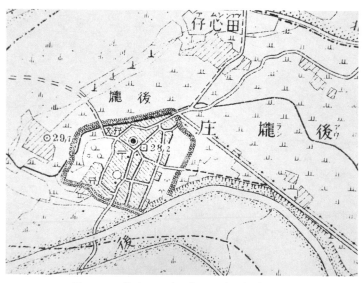

圖4-8　明治 37 年（1904）後壠街圖

（二）市街形態和商業機能

1. 市街形態的演變

　　富田芳郎認為，早期臺灣的鄉街有一個共同特徵是：「沿著通往農村去的聯絡道路形成主要商業街市，因此多半是狹長形的鎮。」[81]中港和後壠兩街也大致呈現南北狹長的市街形態。後壠街和中港街均於乾隆中葉形成，由於都以港口機能而興起，因此市街南邊靠近碼頭處最先發展出街道。以中港而言，是在溯中港溪支流兩公里處設市，[82]清末《新竹縣采訪冊》記載該街已分化出舊街、中街、新街（又稱建和街）以及草店尾街。其中，乾隆中葉成街的即是舊街，在南門內；中街則居中，新街與草店尾街皆在北門，較晚形成。[83]其次，由圖 4-5 可見，中港的 4 條街道位於南北官道上，但並非成一直線，而是類似 S 形。S 形的街道更顯現市街是自然形成的。[84]換言之，中港街最先是沿著聯結港口碼頭與南北官道而形成，其後隨著市街的發展，街道日形複雜，至清末東西向道路已有 6 條，南北向有 4 條，且至少已發展出 4 條十字形街衢，並形成格子狀街道，形狀大致是狹長形。（圖 4-7）

81　富田芳郎，〈臺灣鄉鎮之研究〉，頁 105。

82　根據富田芳郎的解釋，中港在支流設港市是因為：以便防海賊的攻擊、避洪患以及因帆船久泊海中易膠著牡蠣及海藻，需碇泊河水中以脫落。富田芳郎，〈臺灣鄉鎮之地理學研究〉，頁 29。

83　陳朝龍、鄭鵬雲，《新竹縣采訪冊》，頁 83、102。

84　富田芳郎指出鄉間道路大多由於足跡道路發達而成，而當人類行經一遼闊草原時，自然而然行成一自然彎曲的道路。富田芳郎，〈臺灣鄉鎮之研究〉，頁 106。

　　現存有關後壠街的形成與分化的史料較少，但是由於港市設在後壠溪北岸，距港口大約 1 公里處，市街的橋樑又以嘉慶 2 年（1797）所建的南門橋最早，[85]因此推論其發展與中港相同，亦由南邊起始，也以通過南門與北門的南北官道為市街的主要動線，商舖主要分佈在街道的兩旁，以提供往來旅客以及腹地鄉莊居民消費。清末至日治初期，市街亦略呈南北狹長形，東西向街道有 2 條，南北向街道有 4 條，而形成至少 5 條十字形街衢（圖 4-8）。不過，後壠街道配置與中港略有不同，南北向道路較為發達，且以通過南北門與街道中心的主要動線為中軸向兩側發展，主要幹道南北官道的彎曲率也較小，街道雖已呈格子狀，卻不如中港複雜。東西向道路的不發達，顯現市街東西方向的鄉莊較中港少，腹地內鄉莊以南北向較多，而可以順沿後壠溪或南北官道至市街交易。

　　總之，中港和後壠都是由於經濟因素自然形成的港市，並未經官方特別規劃，街道也不是十分規則，市街形態充分受到港口位置及陸路交通的制約，而由南邊向北發展，南北向的官道是主要動線。

2. 商業機能

　　中港和後壠於乾隆中葉分別形成市街，代表港口聚落人口已較村莊多，且為臨近村莊的商業中心，經濟機能較多。[86]作

85　臨時臺灣舊慣調查會編，《調查經濟資料報告》下，頁 157；苗栗縣文獻委員會，《臺灣省苗栗縣志》，頁 55。

86　L.W. Crissman，夏黎明、隋麗雲譯，〈彰化平原的交易活動〉，《師大地理教育》10（1984 年），頁 109。

為一個港街，基本上具有輸出入貨物的集散、分配以及消費機能。隨市街日益發展，各項商業設施漸形繁雜，愈高級的功能往往也愈晚出現。以下依商業設施出現的先後次序，討論兩市街所具備的商業機能。

市場

中港和後壟港均以具有港口機能而成為地域內最早出現的聚落和市街，成為臨近鄉莊的商業中心。市街的商舖一方面集聚各鄉莊物產對外輸出；另一方面，則將來自臺灣本島以及中國大陸內地輸入的貨品分配至各鄉莊，或提供鄉民直接來港市交易。

市街內往往也出現各類的專門市場。清末大甲溪以北，淡水以南地區，曾出現米市、柴市、炭市、魚市、果市、菜市、瓜市、土豆（花生）市、腦市、苧市，其中有米市的市街最多；中港和後壟則分別有米市、柴市、炭市以及魚市。竹南一保有此類市場者僅中港街與頭份街，竹南二保則僅有苗栗街與後壟街具備此市場，[87]由此可見，中港和後壟是保內沿海鄉莊的商業中心。

其次，中港和後壟的市場，以供應臨近鄉莊日常消費的物品為主；另一方面，設置市場也便於官方之管理與控制。以米市為例，官方為了平衡米價，規定各街庄殷實的礱戶（土礱間、碾米商）必須「碾米挑赴米市，公平發售」，一旦米價高昂之際，官方不但禁港，禁止對外輸出米穀，而且公佈公定價

87　鄭鵬雲、曾逢辰，《新竹縣志初稿》，頁 21-22；陳朝龍、鄭鵬雲，《新竹縣采訪冊》，頁 104。

格，以防商人趁機抬高米價引發米荒。[88]

鹽館

　　中港社和後壠社番從來即有「挑沙瀝鹵自煮，官不徵課」的傳統。然而，雍正初年以降，淡水廳鹽由臺灣府的瀨北和瀨東場供應。[89]同治年間，新竹雖設南北鹽場供鹽，[90]但同治末年因臺鹽不敷供應全臺，臺灣道夏獻綸訂定辦法，由官方統一收購福建鹽來彌補臺鹽之不足。[91]

　　鹽的運銷主要透過鹽館進行。同治 6 年（1867），臺灣道吳大廷整頓鹽務，設全臺鹽務總局，下設總館、分館、子館。[92]其中，中港和後壠均設子館，分別是竹南一保和竹南二保唯一的鹽館，但前者隸屬竹塹館，後者隸屬大甲館管轄。[93]由此可見，中港和後壠兩個鹽館分別供應其所屬一保的食鹽，為食鹽銷售市場。以中港而言，鹽館前的街道是中港最熱鬧的地方，集散機能頗高。

88　《淡新檔案》，14101-79 之 1 號，光緒 2 年 4 月。

89　陳培桂，《淡水廳志》，頁 91。

90　鄭鵬雲、曾逢辰，《新竹縣志初稿》，頁 81-82。

91　劉銘傳，〈陳請銷假至閩省協款情形摺〉，《劉壯肅公奏議》（文叢第 27 種，1958）頁 282-283；鄭博文，〈清代臺灣鹽專賣制的建立與發展〉（國立臺灣大學歷史學研究所碩士論文，2007），頁 87。

92　盧嘉興，〈清季臺灣北部鹽務〉，《臺北文物》7：3（1958 年 10 月），頁 60；鄭博文，〈清代臺灣鹽專賣制的建立與發展〉，頁 78-79。

93　陳培桂，《淡水廳志》，頁 91；臺灣銀行經濟研究室編，《新竹縣制度考》（文叢第 101 種，1961），頁 18。

郊

　　郊是進出口貿易商所組成的商人團體。[94]一般而言，必須是通商大邑始有郊，否則最多只出現獨自經營對外貿易的散郊戶。[95]中港始終未出現郊，但因自嘉慶、道光年間已有商船私越大陸或大陸商船來港，咸豐、同治年間又為官方開為小口，准許內地船隻往來貿易，因此雖無郊，但有散郊戶。例如，同治9年（1870）由同安商人合資於中港街開設的恒裕號舖戶，即自行由內地買載船料，修造金恒升商船一號，[96]往來兩岸或島內貿易。很明顯的，恆裕號自置船隻，是船頭行。[97]相形之下，後壠港的規模顯然較中港大，咸豐、同治年間已出現郊戶金長順和金致和，應已出現商人團體，參見表4-1。

釐卡

　　釐金創始於咸豐年間，臺灣自同治9年開始抽收腦釐，同治10年抽收茶釐；光緒15年（1889），茶、樟腦之外，又抽收百貨釐金。[98]為了抽收釐金，通常於重要海港設立釐卡，船隻

94　林玉茹，《清代竹塹地區的在地商人及其活動網絡》（臺北：聯經，2000），頁177。
95　蔡振豐，《苑里志》（文叢第48種，1959），頁83。
96　《淡新檔案》，11701-6號，同治9年11月12日。
97　經營進出口貿易的郊商分成大致船頭行和九八行兩種。其運作詳見本書第七章。
98　李佩蓁，《地方的視角：清末條約體制下臺灣商人的對策》（臺北：南天書局，2020），頁124。許方瑜，〈晚清臺灣釐金、子口稅與涉外關係（1861-1895）〉（國立暨南國際大學歷史學研究所碩士論文，2012），頁26、58。

出口時需完納出口稅。[99]清代中港並未設置釐卡，後壠則由於是清末樟腦重要的集散地，光緒 12 年至 17 年（1891）之間，官方一度設後壠樟腦轉運局收售樟腦，[100]加上該港又是苗栗地方的吞吐港，光緒 12 年官方復設茶釐驗卡，次年（1887）新竹稅釐分局下設後壠和舊港稅釐卡。（表 4-1）由此可見，大甲溪以北至淡水河以南地域，以作為竹塹城吞吐口的舊港和後壠港最為重要，是茶、樟腦、糖及百貨的主要輸出港或轉運港，而中港卻始終未設釐卡，地位在後壠之下。

　　總之，隨著時間的演變，後壠和中港兩個港街，所具有的商業設施越來越多，商業機能也越高，但是同治、光緒年間後壠的商業機能較中港高，也確立其作為苗栗縣吞吐港的地位。

（三）行政機能：地方街莊組織

　　終清一朝，中港和後壠始終未駐防縣、廳所屬的佐貳官縣丞或雜職官巡檢等地方低級官治組織，因此市街的行政機能很低，只組成街莊自治組織。

　　清代臺灣的鄉莊依區域大小及位置不同而名稱各異，大者為里、保、鄉、澳；小者為街、莊、鄉。[101]中港和後壠即皆設

---

99 唐贊袞，《臺陽見聞錄》（文叢第 30 種，1958，1891 年原刊），頁 69。

100 臺灣總督府民政局殖產部，《臺灣產業調查錄》（東京：金城書院，1896），頁 141；蔣師轍、薛紹元，《清光緒臺灣通志》（文叢第 130 種，1962），頁 260。

101 伊能嘉矩著，江慶林等譯，《臺灣文化志》上（臺中：臺灣省文獻委員會，1991），頁 379。

有村莊，分別隸屬於竹南一保和竹南二保。街與莊的差異在於：街是人口稠密的街市，住民以商人、工人居多；莊則是住民散居各地，且以耕稼、伐木、捕魚為業。[102]以中港和後壟而言，兩個港口聚落皆先建莊，而後在莊中最熱鬧、商舖集中處建成市街，範圍也比莊小。

市街、保及莊的地方行政組織相互關聯。通常，保設保長，其下街莊則分設總理。[103]以同治末年為例，竹南一保有保長一人，鄉長一人，下設中港街莊總理一人，其他幾個鄉莊亦各設總理一人。竹南二保，保長、鄉長亦各一，後壟街莊與貓裡街總理各一，其下各莊也分設總理一名，惟五湖莊則設紳董一名。[104]

這些保、街、莊組織的職員可以分成官治和自治兩種。官治職員稱地保，自治職員包含總理、街莊正、董事以及莊耆。[105]地保又稱保長，光緒末年亦稱總保，[106]是由鄉里受官命稟舉，再由州縣准充，屬於胥役，為駐於地方的官役而非鄉莊自治體的莊職。[107]一般而言，官方以保為單位設地保一名，如光緒 6 年竹南一保地保是陳人和；竹南二保是鄭文福。由《淡新檔案》可見，保長負責收納正供、屯租、錢糧等公款，看管縣

---

102 戴炎輝，《清代臺灣之鄉治》（臺北：聯經，1979 年），頁 217。
103 詳見本書第五章。
104 《淡新檔案》，12213-4 之 3 號，同治 11 年 5 月 4 日。
105 戴炎輝，《清代臺灣之鄉治》，頁 218。
106 《淡新檔案》，12606-11 號，光緒 16 年 4 月。
107 戴炎輝，《清代臺灣之鄉治》，頁 21、219。

府榜單告示免被風雨毀壞，管理義倉穀石的存儲，[108]以及其他
地方性雜務。[109]由此可見，保長一方面上承官命而下達於保內
民眾；另一方面，則管理保內雜務，具有行政警察的特性，並
上稟地方動態，為官方耳目。

官治職員除了常駐於地方的地保之外，為了傳達縣城政
令，官方也專設分區的對保，例如光緒元年（1875）竹南一保
中港街和竹南二保後壠街皆由一快對保李益傳達訊息。[110]這些
對保主要負責攜帶告示、曉諭給各地保，或為縣令差遣協助地
保處理其他雜役，或是拘提人犯至縣署。

就自治組織而言，後壠街留有較詳細資料。該街設有總理
和頭人，同治 4 年（1865）總理是杜國成，頭人是蘇國春。[111]
其中，總理是官方最重視的鄉職，[112]主要處理地方糾紛、維持
地方安寧，隨時稟報地方重案，清造地方男女丁口清冊，修建
地方公共建築，又查辦保甲，監管釐金事宜。[113]其次，又有董
事負責捐輸事宜，董事不只一人，光緒 11 年（1885）後壠即
有杜漢淮、陳日昌、盧慶章三位董事。此外，後壠又額設族長
一人，處理族中爭端，由地方選充符人望者擔任，並由縣官給

---

108 《淡新檔案》，13705-21 號，光緒 6 年 2 月、13701-14 號，咸豐 7 年 8 月
　　3 日、13705-20 號，光緒 6 年 3 月 9 日、12606-11 號，光緒 16 年 4 月。
109 有關保長的其他職務，詳見：波越重之，《新竹廳志》，頁 109-110。
110 《淡新檔案》，12506-34 號，光緒 1 年 8 月 24 日。
111 《淡新檔案》，14101-26 號，同治 4 年閏 5 月 9 日。
112 戴炎輝，《清代臺灣之鄉治》，頁 21。
113 《淡新檔案》，12229-5 號，光緒 12 年 4 月 5 日、12229-4 號，光緒 12 年
　　4 月 4 日、14506-7 號，光緒 8 年閏 2 月 25 日。

戳。[114]

　　承擔地方事務者，除了保長、鄉長、總理、董事以及頭人之外，由於聚落具有港口機能，清末開作小口之後，唯恐船隻進出，「夾帶禁物，接濟匪類」，地方衙門遂於兩港設口胥和澳甲分層負責。澳甲專責管理港口出入船隻牌照的收驗，而口胥則負責收繳船隻槳頭公費、查驗放行等事務。[115]兩者與上述街莊職員相同，皆是由地方舖戶、紳耆合力選充，而且由於港口口費抽收是招商包辦，因此口胥、澳甲往往亦由殷實舖戶或業戶擔任，例如光緒初年中壠口的口胥是金永泰，澳甲是金濟順；光緒 11 年則由業戶金吉利認充口胥，陳駱興認充澳甲。[116]港口的管理主要委託澳甲和口胥，[117]但是一有偷漏走私與其他大事發生，地方的總理、頭人以及保長也協助管理疏通。[118]

　　整體而言，由保、街至莊，所有鄉莊市街事務概由地方紳耆（包括生員、耆老）、殷實的業戶及舖戶負責；另一方面，一旦地方有事，這些地方上有財力和聲望的人往往直接呈稟縣令，舉凡有關鄉職充舉、捐款、清莊及團練等事務，[119]皆有賴

114 《淡新檔案》，13905-2 號，光緒 11 年 12 月 14 日、12211-6 號，同治 9 年 11 月 7 日。
115 《淡新檔案》，12404-13 號、12404-20 號，光緒 5 年 10 月 2 日、光緒 6 年 9 月 4 日。
116 《淡新檔案》，12404-20 號、12404-41 號至 42 號、12404-66 號至 68 號、12404-73 至 80 號，光緒 6 年 9 月 4 日、光緒 9 年 12 月 4 日、光緒 11 年 4 月 1 日、光緒 11 年 11 月 19 日、光緒 11 年 11 月 22 日。
117 港口的管理，詳見本書第一部。
118 《淡新檔案》，14101-10 號、14101-24 號，光緒 5 年 7 月 11 日、光緒 8 年 3 月 8 日。
119 《淡新檔案》，12215-3 號，同治 13 年 8 月。

他們辦理。換言之，這些地方紳商階層，不但擔任保、街、莊職務，而且是地方和縣府之間的中介。[120]其次，以中港和後壠兩街莊而言，地方紳商階層大多居住於市街，保長、總理、董事等地方職員也皆於市街辦事，因而形成一個以市街為中心處理保、街、莊事務或傳達政令的自治組織。此外，政府的告示和曉諭也於港街公佈，例如竹南一保公告於中港街和頭份街；竹南二保公告於後壠街和貓狸街。[121]可見，市街也是傳達訊息至鄉莊的主要場所。

（四）軍事與交通機能

中港和後壠因具有港口機能，地位較為重要，因此清廷首先於康熙末年置塘，以稽查海口，是為港口聚落具有軍事機能之始。其後，隨著地域的開發，港口重要性增強，曾幾度增添汛防。由表 4-2 可見，康熙末年至雍正末年，中港和後壠皆只置塘，駐兵 10 餘名，後壠駐兵較多，顯見後壠軍事地位較高。雍正 11 年（1733），兩港軍事佈防加重，改塘為汛，各設把總 1 員管領；乾隆初年，後壠是大甲溪以北至淡水河口以南沿岸港口中唯一駐防千總者，[122]據此可見後壠港軍事地位的重要，軍事機能也最為顯著。中港則直到道光 10 年（1830），除原設把總以外，又新添外委 1 員，增防原因可能鑑於道光 6 年

120 黃富三，〈清季臺灣之外來衝擊與官紳關係：以板橋林家之捐獻為例〉，《臺灣文獻》62：4（2011 年 12 月），頁 131-160。
121 《淡新檔案》，13705-21、13705-22 號，光緒 6 年 2 月、光緒 6 年 2 月。
122 劉良璧，《重修臺灣府志》，頁 345。

（1826）閩、粵械鬥擴及中港，又有內山賊匪趁機作亂，而加重兵防。[123]同治年間以降，全臺防務漸為勇營取代，綠營已趨疲弱，遂一再裁汰，[124]中港和後壠亦被裁減兵額，但是仍置汛以稽查海口，而始終維持軍事配置，保有軍事機能。

就交通機能而言，康熙末年中港和後壠置塘以後，即是北部沿海要道之一，乾隆初年更設置舖遞傳送文報，而成為南北官道要站。作為陸路交通要衝的地位，增強聚落的重要性，促使市街形成。由表4-4可見，中港和後壠始終具有官站的地位，兩舖變化亦不大，直至同治13年始裁撤舊舖遞而新設郵站，光緒中葉又裁撤中港腰站。

清末新竹和苗栗地區除了原來海邊官道之外，已發展出山中官路與內山新墾官路等兩條要路，[125]但有清一代，通過中港和後壠的南北海邊官路仍最為重要。清代中港和後壠因為既具有水運功能，又是陸路交通要衝，而奠定其作為市街之地位，並為臨近鄉莊的中心。

（五）文教社會功能

基本上，中港和後壠兩港街的經濟功能與交通機能最為顯著，文教功能則顯得微不足道，比較重要的文教和社會設施有寺廟和教堂、社學和義塾以及倉儲。以下逐項說明。

---

123 鄭鵬雲、曾逢辰，《新竹縣志初稿》，頁210。

124 許雪姬，《清代臺灣的綠營》（臺北：中央研究院近代史研究所，1987年），頁77-84。

125 臺灣銀行經濟研究室編，《新竹縣制度考》，頁12。

1. 寺廟和教堂

　　一般而言，一個聚落拓墾定居成莊之後，往往會興築寺廟，以保境內平安或作為居民凝聚的中心。後壠天后宮卻是乾隆中葉港口成街之後始興築，中港則又稍晚，直至嘉慶末年方才建廟。由表 4-1 看來，清代中港至少興建 5 座廟宇，而後壠卻僅有 2 座，且愍善亭又稱萬善祠，主祀孤魂，[126]實非純宗教廟宇。

　　相較之下，中港街的宗教機能較為顯著，且義塾設於天后宮中，顯見寺廟也具有文教功能。不過，兩街所建寺廟，地方性色彩較重，純為地方紳民合力所建，並未具有文昌祠和武廟等官方祀典的政治意義。

　　除了傳統中國寺廟之外，清末中港和後壠皆有教堂。其中《淡新檔案》對中港有較詳細記載，[127]教堂位於中港中街南北官道上，亦即最重要的動線上。（圖 4-5）教堂建築是中國式，瓦屋前後三進，坐西南向東北。教堂人員配置有傳教士 1 人，為中港本邑人；教讀 1 人，是苗栗縣人，總共 2 人。教堂並無育嬰服務，僅對地方施行醫藥救助，男女教民共 40 餘人。

　　中港教堂雖然規模不大，但得以設置，並由華人擔任傳教士，而且教民為數不少，隱約可見地方風氣的開明，以及西方勢力的侵入。

2. 社學和義塾

　　清代中港和後壠皆未設置書院，僅於番社設社學和義塾，

---

126 陳培桂，《淡水廳志》，頁 140。
127 《淡新檔案》，11509-37 號，光緒 19 年 4 月 9 日。

但至同治年間兩者均已傾廢。社學與義塾都為教育番童、鼓舞後學而設，嘉慶 20 年（1815）中港社番胡經國即首先為臺灣道糜奇瑜取為八佾生，道光元年（1821）眾番甚至公議抽番社公租口糧作為社學經費。[128]

義塾則是同治 6 年（1867）由淡水同知嚴金清以義倉捐穀於各處設置，中港和後壠亦皆建義塾 1 所，但同治末年皆已廢棄。[129]

大體而言，由於社學和義塾皆為教化番民而設，對佔聚落人口多數的閩人而言，影響不大，因此中港和後壠街並沒有完整的教育設施。市街的教育功能不大，應是中小型港市的特徵。

3. 倉儲

清代臺灣府有府倉，縣有縣倉，社有社倉，大市街則往往有義倉。義倉的興建，《新竹縣制度考》有載：

> 官捐義倉係地方官恐年歲減收，青黃不接，致有捐派各
> 業戶，存倉以防地方糧食不敷，當此時應發穀平糶，以
> 濟民食。[130]

由此可見，義倉的設立，具有社會救濟功能。中港曾於同治 6

---

128 陳培桂，《淡水廳志》，頁 126-127。

129 陳培桂，《淡水廳志》，頁 126；陳朝龍、鄭鵬雲，《新竹縣志初稿》，頁 98。

130 臺灣銀行經濟研究室編，《新竹縣制度考》，頁 91。有關義倉的進一步研究，參見：黃朝進，〈清末淡水義倉「明善堂」的創設與經營〉，《臺灣文獻》54：4（2001 年 12 月），頁 377-402。

年一度議建義倉，其時由署理同知嚴金清曉諭街莊董事捐穀興建，然終功敗垂成。雖然中港並未建義倉，但是在媽祖廟南邊卻設置社倉，清末已廢棄，空留社倉名。[131]

後壠倉儲的興建，始於乾隆中葉，於後壠社設倉廒 1 間，以存兵米，或為常平倉。嘉慶年間經淡水同知薛志亮興修，道光初年同知李嗣業又重修，至同治 10 年（1871）《淡水廳志》則載已廢置不用。[132]此種倉廒，除了供應軍需米糧外，對地方救濟事業多少也有助益，且具有集中臨近鄉莊米糧的功能。同治年間倉廒廢棄之後，官方諭地方紳董建造義倉，並設立倉總 1 人，各倉出納米穀則歸地方紳董經管。另外，如同中港一般，後壠也於街南邊設社倉，以存番社食米。[133]

此外，清代中港和後壠尚設置義塚。義塚往往祭祀因戰亂喪生的無主孤魂，中港義塚於嘉慶年間由街民陳肇熙設立，後壠義塚則於乾隆 53 年（1788）林爽文之亂後建置。（表 4-1）兩個義塚皆由街莊有力人士自置，非官方所建，為地方公益事業。

綜合上述，清代中港和後壠兩個港口聚落，皆具有土堡、商業、地方街莊組織、軍事和交通以及文教和社會救濟等內部機能。其中，兩港最先發展出軍事機能，軍事機能亦較為顯著，其後隨著地域開發，港口漸成市街，並逐漸出現各種商業

---

131 陳朝龍、鄭鵬雲，《新竹縣采訪冊》，頁 66；陳朝龍、鄭鵬雲，《新竹縣志初稿》，頁 17-18。

132 陳培桂，《淡水廳志》，頁 15。

133 陳培桂，《淡水廳志》，頁 37；陳朝龍、鄭鵬雲，《新竹縣志初稿》，頁 17。

設施，而具有商業機能，同時也有足夠財力興築廟宇，具備文教功能。整體而言，在各項功能中，尤以商業機能最重要，但清末時期由於後壠港地位高於中港，商業機能遂比較繁複。

四、小結

中港和後壠兩個因具有泊船條件而形成的港口聚落，原先有相似的發展過程；亦即經歷番社聚落、漢莊、市街、築土堡，進而各自成為中港保和後壠保的吞吐港與集散市場。清末以降，則逐漸分途發展，中港仍只是三級港規模，為一保的吞吐港，後壠港則晉身為二級港，是苗栗縣的吞吐港，港口的商業機能遂較中港高。

中港和後壠兩個港口聚落由起源相同至分途發展的主因，一方面是自然地理位置的影響。中港較接近竹塹城，但與塹城又有相當距離，無法取代竹塹港或香山港的縣吞吐港地位。另一方面，由於港口口門窄小，潮差又大，港口條件較差，以致始終只是地方性的港街。

至於後壠港，雖然無法發展成區域性的大型港街，但由於港口條件較中港好，又與福建港口對峙，加上溯後壠溪而上可至苗栗縣治，具在位優勢。因此，清末新竹與苗栗分縣之後，儘管後壠保政治中心轉移至縣城，後壠港卻成為苗栗縣吞吐港，港街的規模也始終比晚期形成的縣城大。

其次，中港和後壠都是以河口港機能而興起，官方進而佈兵駐防，促使兩聚落具有軍事機能，更具備移民入墾的有利條件，隨後地方鄉莊組織逐漸形成，並成為鄰近鄉莊的商業中

心，而有中心性的商業機能，最後地方性的文教社會機能也陸
續出現。歷經清代兩百餘年的發展，兩個港街具有土堡、商
業、地方街莊組織、軍事和交通以及文教和社會救濟等內部機
能。其中，商業機能顯然最強，影響圈也最大；而文教和社會
救濟機能則顯得微不足道，影響圈較小，只具地方性。

　　最後，中港和後壠都是因交通位置重要而興起的港街，泊
船條件的強弱、有無，與港街的興衰攸戚相關。由於兩港皆是
河口港，非天然良港，口門不大，復受溪流流沙與臨近丘陵飛
砂的影響，而限制港街發展。一旦其逐漸喪失港口機能時，港
街也漸趨衰微，中港即經歷此種過程；反之，後壠港雖然有同
樣限制，無法成為區域性首要港口，但由於港口一再更改泊岸
地點，始終未喪失航運機能，加上位置適中，為苗栗縣門戶，
遂能維持一縣吞吐港之地位，港街始終相當繁榮。

附表 4-1　清代中港和後壠的港口變遷

時間	中港	後壠港	資料來源
康熙 36 年		山中澗水所出，雖沙堅水淺，難客巨舶，每當潮汐，亦可進舟。	《裨海紀遊》，頁 30。
康熙 56 年	海淺，有小澳，商船到此載脂麻。港口時有船隻往來。	港面甚闊，商船到此載脂麻。港口深廣，可容戰船出入，為水陸扼要之地。	《諸羅縣志》，頁 14、118。
康熙 60 年	可通杉板船。	可通杉板船。港澳寬深，由海口直達後壠社，可容戰艦出入，此亦入臺僻路，為水陸要區（1723年）。	《臺海使槎錄》，頁 33-34。《平臺紀略》頁 14。
雍正 11 年	小舟可入。		《清世宗實錄選輯》，頁 46。
乾隆 12 年	無大商船停泊，惟臺屬小商船往來貿易。	無大商船停泊，惟臺屬小商船往來貿易。	范咸，《重修臺灣府志》，頁 89。
乾隆 24 年	潮滿七、八分，船隻方能出入。	潮滿七、八分，船隻方能出入。	《乾隆臺灣輿圖》
乾隆 38 年	郡境小船出入販運其中，設官守之。	郡境小船出入販運其中，設官守之。	《海東札記》，頁 8。
乾隆 53 年	小船出入。	小船出入	《臺灣采訪冊》，頁 71。

時間	中港	後壟港	資料來源
嘉慶 22 年	商漁船偷運米穀，避配官穀。	商漁船偷運米穀，避配官穀。	《福建省例》，頁 78。
道光元年	私口，商艘絡繹。	私口，商艘絡繹。	《東槎紀略》，頁 111。
道光 9 年	有小船捕魚。	港口寬廣，可泊巨艦。	《福建通志》，頁 378，海圖。
道光 13 年	私口。	私口。	《問俗錄》，頁 114。
道光 19 年	私口，偷越者多。	私口，偷越者多。	《廈門志》，頁 122。
道光 20 年	水口稍深，南北兩岸平遠，街市汛防皆在北岸，均當設防。	淺水小港，惟本地小船出入，非內地商船之比。	《中復堂選集》，頁 81-82、129。
道光 28 年	巨艘咸不能泊。	巨艘咸不能泊。	《東瀛識略》，頁 52。

時間	中港	後壠港	資料來源
同治元年	源通內溪，闊三五丈，水深一丈五尺，三、五百石商船可乘潮出入，大船不能出入。深一丈二，潮漲至進口十里止，七、八百石大船間有遭風收泊者，均在口外洋面，不能進口，口門窄小，沙線變遷非熟悉口門者不能逕入，大船亦難停歇，可隨時防禦。	源通內溪，闊二十丈，水深八、九尺，二、三百石商船可乘潮出入，大船不能出入。口門較中港尤小，闊不過二十丈，深八、九尺，設有渡船，略大商船遭風收泊者，均在口外洋面，不能進口，潮水漲至烏尾地方止。口門窄小，沙線變遷非熟悉口門者不能逕入，大船亦難停歇，可隨時防禦。	《臺灣輿圖纂要》，頁36、411-412，421。

時間	中港	後壠港	資料來源
同治 10 年	淺狹多飛沙，遇內山雨則溪流衝突，口門闊三十五丈，深一丈二尺，潮漲至進口十里而止。所泊三、五百石之船，出入在半里許，大船遇風多泊口外。暗砂延亙十餘哩，水道迂迴，埈邊小船尚須熟悉者，乃敢傍岸。	口門較小，內港闊二十餘丈，深八、九尺，大船不能進口，所泊只載二、三百石，潮漲至烏眉而止，與興化南日對峙，為水陸扼要。廳設口書一，澳甲一，有文館兼辦中港。暗砂延亙十餘哩，水道紆迴，埈邊小船尚須熟悉者，乃敢傍岸小口。	《淡水廳志》，頁 3-4、171。《苗栗縣志》，頁 173。
同治 11 年	小口。	小口。	《臺灣兵備手抄》，頁 19。
光緒 5 年		因產油有外國船隻至，只能容納 3 艘貨船出入，汽船只能半載才能入泊。低水位時深 2.5 潯，周圍有沙洲。高潮時有 12 呎，低潮時是 3 呎。船隻出入只能在好天氣下進行。	《海關報告》，頁 221。

時間	中港	後壠港	資料來源
光緒 6 年	源流長，惟水淺難泊巨舟，必以滬尾雞籠通交易。	源流長，惟水淺難泊巨舟，必以滬尾雞籠通交易。	《臺灣輿圖》，頁 50。
光緒 11 年	三號兵輪能出入。	三號兵輪能出入。	《劉銘傳撫臺前後檔案》，頁 146。
清末日治初	在中港溪口，面西方。港內，東西三十町，南北七、八十間。水深，低潮時，於港口深四尺，上流公館附近深兩尺。滿潮時，港口附近深一丈七尺，公館附近達九尺，潮差太大，沒有自然港灣之價值。但因三面環繞丘陵，船舶可以避港。	港口西向開口，西方有暗礁，且港內不甚廣，不能視作良港。同治初年八百石內外船舶得以溯航至距港口上方約十町地方。今淀泊位置轉至港口南岸的公司寮。日治初期開為特別輸出入港。	《大日本地名詞書續編》，頁 57-59。

第五章

閩粵關係與清代吞霄港街庄組織的變遷

一、前言

　　鄉莊組織是清代臺灣地方社會運作的主要單位，戴炎輝的《清代臺灣的鄉治》一書即是這方面研究的代表作。該書利用《淡新檔案》和方志，闡明清代臺灣鄉莊組織的組成、性質、功能以及運作。不過，自其書出版後，鄉莊組織的研究卻不多，[1]似乎隱含著這個課題已經不再需要探討。然而，他畢竟是一位法學學者，更重視鄉莊的組成與分類，卻較少關注鄉治組

1　本文發表之後，針對街庄組織的研究有：黃國峯，〈清代苗栗地區街庄組織與社會變遷〉，（國立暨南大學歷史系碩士論文，2004）。針對總理的研究較多，如：吳俊瑩，〈由斥革總理看十九世紀北臺灣地方菁英與官府的權力互動〉，《政大史粹》8（2005年6月），頁35-65、鄭威聖，〈清代臺灣街庄總理與地方社會：以吞霄街總理為中心〉，（國立中央大學歷史所碩士論文，2010），後來出版，作《鄉賢與土豪：清代臺灣街庄總理與地方社會》（新北：花木蘭文化，2014）。

織的動態演變過程。

　　臺灣鄉莊組織非常複雜，種類繁多，不但有北、中、南區域性的差異，甚至北部各堡之間也有不同。各堡之下，由街莊形成一個個的自治體，稱為總理區，這種總理區有由幾個村莊形成一個自治體，也有街莊共同形成的街莊自治組織。而各總理區中的街莊職更加繁雜，在不同的歷史地理情境之下發展也有差異。特別是，隨著移民一再向內陸進墾，北臺灣的街莊自治組織經歷不斷擴張與分化的過程。這種動態的組合與變化、形成背景以及所展現的地方社會特質，卻是戴炎輝較少著墨的。舉例而言，戴文提出北臺灣街莊鄉職中吞霄街（今苗栗縣通霄鎮）有正副總理之分，[2]但是未進一步說明為何會出現這樣的特例。其次，吞霄街是臺灣少數的閩粵族群混雜居住的港街，[3]族群關係與街莊組織的成立及演變，也值得進一步討論。

　　由戴炎輝專書可見，《淡新檔案》留下相當豐富的清代北臺灣鄉莊組織的資料，但也展現區域性差異極為顯著，因此朝向區域細緻化研究是有其必要的，特別是針對一個堡或各個街莊自治組織進行個案研究，以便釐清各鄉莊社會的特色。本章基本上擬透過上述清代吞霄地區街莊自治組織的形成過程作為拋磚引玉之例，期待未來有更多的研究出現。

　　本章所謂的「吞霄地區」，是指以吞霄港為吞吐口、吞霄街為集散中地的吞霄溪流域地區，這個地區在清中葉時期形成

2　戴炎輝，《清代臺灣的鄉治》（臺北：聯經，1979），頁21、49。

3　吞霄地區以嘉應、惠州移民為主，閩、粵族群勢力是三、七比。鄭威聖，〈清代臺灣街庄總理與地方社會〉，頁91-93。

一個街莊總理區，隸屬於竹南三堡，但隨著土地拓墾的進展、族群關係及外在環境的變化，堡、街莊、鄉職均產生不少的變化。以下分別從街莊的形成、竹南三堡中心的變動以及吞霄街莊組織的運作三個方向，來論證閩粵族群關係與吞霄地區街莊組織的動態變化。

二、吞霄街莊的形成

（一）吞霄十三莊的出現

　　房里溪以北至白沙墩以南地域，原是吞霄社、房里社、苑里社以及貓盂社等平埔族四社居地。康熙中葉以降，隨著漢人移墾臺灣漸熾，本地域漸有漢人出入，但尚未拓地成莊。[4]康熙末年境內的房裡港與吞霄港已有航行於臺灣沿岸的杉板船往來蒐購土產，[5]顯然漢番之間正進行贌社貿易。雍正末年，蔡、尤、李、陳、毛、郭六姓越過房裡溪，向貓盂社番取得土地，合夥開墾貓盂社附近一帶平原，而成立此地域最早的漢人村莊貓盂莊。[6]其時，北邊的吞霄地區則猶未開發或處於初墾狀態。

　　吞霄溪由於具有舟楫之利，吞霄港附近又早在康熙 50 年（1711）已設立吞霄塘，[7]加上地處由南到北的官道上，設有吞

4　伊能嘉矩，《大日本地名辭書續編》（東京：富山房，1909），頁 59-61。

5　黃叔璥，《臺海使槎錄》（臺北：臺灣銀行經濟研究室，臺灣文獻叢刊「以下簡稱文叢」第 4 種，1957，1722 年原刊），頁 33。

6　蔡振豐，《苑里志》（文叢第 48 種，1959），頁 118；臨時臺灣土地調查局，《臺灣土地慣行一斑》（東京：臨時臺灣土地調查局，1905），頁 31。

7　周鍾瑄，《諸羅縣志》（文叢第 141 種，1962，1717 年原刊），頁 125。

霄舖，有舖兵往來傳遞公文，[8]吞霄社地的開墾遂以吞霄港附近平原為濫觴。[9]乾隆年間以降，移民或由吞霄港上陸拓墾後來的吞霄街地，或沿吞霄溪主流進入溪南的南勢與溪北的北勢以及更東邊的梅仔樹地區開墾。乾隆 6 年（1741）劉良璧編成的《重修臺灣府志》已出現吞霄莊，[10]是為吞霄溪流域內最早成立的鄉莊。此後，移民沿著吞霄溪入墾，乾隆 10 年（1745）左右已至吞霄溪支流下游的內湖莊，或是沿著南北交通幹道向吞霄莊北邊的吞霄灣一帶進墾。（附表 5-1）

　　乾隆 20 年（1755）初繪成的〈乾隆臺灣輿圖〉，吞霄地區已記載南勢莊、北勢莊、內湖莊以及吞霄灣莊，[11]顯然吞霄港附近到吞霄溪下游的平原地帶業已進入開墾狀態，並逐一建立鄉莊。乾隆 20 年代，移民開墾的方向再向吞霄灣北邊的新埔莊以及吞霄溪中游的土城莊挺進，但土城莊的開發因番害一度中斷，直至嘉慶年間始順利進行。[12]乾隆末年至嘉慶年間，南勢莊南邊的五里牌莊地區也陸續開發，嘉慶末年內湖莊南邊的圳頭莊亦進入開墾狀態。道光初年，移民進一步入墾吞霄溪主、支流上游的南興莊、南和莊、北勢窩莊以及楓樹窩莊等地，道光 6 年（1826）已經出現「吞霄十三莊」，[13]總理區的規模至此大概

8　劉良璧，《重修臺灣府志》（文叢第 74 種，1961，1741 年原刊），頁 342。

9　臨時土地調查局，《臺灣土地慣行一斑》，頁 32。

10　劉良璧，《重修臺灣府志》，頁 90。

11　〈乾隆臺灣輿圖〉，收於夏黎明，《臺灣文獻書目解題：地圖類（一）》（臺北：中央圖書館臺灣分館，1987），頁 151。

12　臨時土地調查局，《臺灣土地慣行一斑》，頁 32。

13　道光 6 年閩浙總督孫爾準的奏摺已經提出「吞霄大小十三莊、中港大小五十三莊」。孫爾準，《孫文靖公奏牘稿本》，（天津：天津古籍出版

已建立。

由上述可見，吞霄溪流域街莊開墾的高峰大概自乾隆至道光年間。乾隆初葉拓墾行動主要在吞霄溪下游平原進行，乾隆中葉拓墾方向轉至中游的丘陵地區，拓墾速度也受到地形與原住民威脅的影響而漸緩。到了道光初年才再向吞霄溪上游的沿山地帶挺進。而經過一百年時間的拓墾，吞霄溪地區於道光末年形成吞霄十三莊，主要的鄉莊大抵形成，吞霄溪流域的開墾大致告一段落。

（二）街的成立

道光年間吞霄溪流域進入全面開墾狀態，開墾的方向並已轉向內山地區。而吞霄溪流域的各鄉莊以吞霄港為吞吐口，腹地開墾既逐漸完成，吞霄港也相當繁榮，有所謂「商船絡繹」之盛況。[14]

吞霄莊由於位於吞霄溪口，具有集散貨物的港口機能，對腹地內鄉莊又有提供各種服務的需要，逐漸成為中地，於道光初年左右建立市街。

隨著市街的成立，人口的聚居，足以積聚財富興建公共的工程。寺廟通常是街莊最重要的象徵性建築物，因此市街發達

社，1987），頁 623。在道光 22 年、23 年的《淡新檔案》中，南興莊、南和莊、五里牌莊、北勢窩莊，以及楓樹窩莊等莊名均已出現，且以「吞霄十三莊」具名。《淡新檔案》，12203-3 號、道光 22 年 12 月 14 日、12203-4 號，道光 22 年 12 月 18 日、12203-17 號，道光 23 年 10 月。

14 姚瑩，《東槎紀略》（文叢第 7 種，1957，1832 年原刊），頁 111。

之初，往往即興建寺廟。像吞霄街這種港口市街，通常最先興建媽祖廟，以期庇祐商船往來平安、地方港務繁盛。道光 13 年（1833），吞霄街總理鄭媽觀即首倡興建媽祖廟慈惠宮。[15]由於市街日益興盛，港口商船往來頻繁，基於治安考量，同年官方乃將原於康熙 50 年設立的吞霄塘，改設為吞霄汛，置外委1 員，領兵 30 員。[16]港口駐兵由塘改汛，正顯示吞霄莊由莊到街，聚落規模的擴大與地位的提升。

　　作為一個港口市街，吞霄街的規模、等級與吞霄港的發展息息相關。在清代大部份時間，吞霄港是竹南三堡（房裡溪以北至白沙墩地區）的首要港口，雖未被官方開口對外貿易，卻偶有中國大陸船隻來港，或是本地船隻偷漏出口到對岸。儘管如此，本港基本上仍是島內沿岸貿易港，與鄰近的較大型港口，如北邊的後壠港與南邊的大安港、鹿港均有聯結關係，[17]地方上的垵邊船甚至遠至雞籠與淡水貿易。[18]清末時期，外國貨物進口至北部的通商口岸淡水港，也會轉運至吞霄港。[19]由於主要

15 鄭鵬雲、曾逢辰，《新竹縣志初稿》（文叢第 61 種，1959），頁 126；沈茂蔭，《苗栗縣志》（文叢 159 種，1962），頁 160。至今，在通霄鎮慈惠宮中仍立鄭媽觀的長生祿位與肖像。這大概也是全臺媽祖廟少見之例。

16 臺灣銀行經濟研究室編，《臺案彙錄甲集》（文叢第 31 種，1959），頁129。

17 臨時臺灣舊慣調查會編，《調查經濟資料報告（下）》（臺北：臨時臺灣舊慣調查會，1905），頁 205；《淡新檔案》，33315-3 號，光緒 1 年 7 月12 日。

18 「吞霄溪源流長，惟水淺難泊巨舟，故必以滬尾、雞籠互易」。夏獻綸審定，《臺灣輿圖並說》（臺北：成文出版社，1985，1880 年原刊），頁50。

19 *"Trade Reports and Returns, Tamsui, 1891"*，收錄於黃富三、林滿紅、翁佳

以島內沿岸貿易為主，港口出入的船隻不如為官方開為正口的八里坌港或小口的後壠港、竹塹港多，腹地最大時也僅限於房里溪以北至白沙墩以南之間的竹南三堡。港口規模不大，市街的等級也有限，再加上竹南三堡中還有苑裡街、房裡街兩個市街，使得與吞霄街密切依存的周地僅限於整個吞霄溪流域。

由此可見，吞霄港及其市街由於先天自然環境的限制，以及鄰近港口與市街的競爭，只能局限於一個堡的吞吐口和中介轉運港的地位，港口市街本身的地位具有中介與標準市鎮的特色，這種市街的規模通常不太大，是一個地方性的中地。

三、由苑裡堡至吞霄堡

道光初年至中葉，吞霄溪流域的開墾大概告一段落，此時期也逐漸形成以吞霄街為中心的街莊總理區。另一方面，除了吞霄溪流域這個核心腹地之外，吞霄港街尚有間接聯結的次要腹地。由於港口與腹地之間所發展的市場與社會關係，道光中葉左右房裡溪以北至白沙墩地區已形成一個堡，稱竹南三堡。[20]竹南三堡內共有以漳州人為主的苑裡街、以粵人為主的吞霄街以及咸豐年間由泉州人新設的房裡街三個鄉街。而隨著三個鄉街所依賴港口規模與經濟環境的變化，三街產生競爭與相互消長的關係，竹南三堡的中心也一再產生變動。

音編，《清末臺灣海關歷年資料》（臺北：中央研究院臺灣史研究所籌備處，1997），總頁927。

20 〈道光臺灣輿圖〉，收於夏黎明，《臺灣文獻書目解題：地圖類（一）》，頁188。

　　竹南三堡由南向北有房裡港、苑裡港以及吞霄港三個出
入口。[21]房裡港和吞霄港同時出現，康熙末年時已有杉板船出
入，或許因其與大甲地區較接近，移民入墾早，乾隆中葉房裡
已建莊。[22]然而，清代兩百多年中，房裡港雖然一直存在，但
直至清末卻未再有任何文字記載，顯見該港規模極小，重要性
較低，因此腹地隸屬於大安港或是吞霄港。在商業貿易發達的
時代，港口條件不佳的房裡莊發展也受到限制。直至咸豐 3 年
（1853），漳、泉械鬥爆發，泉州人市街的貓盂街被毀，泉人
乃於房裡莊北邊建新街，稱房裡街，並建土堡防禦。也許由
於具有防禦工事，加上泉人主宰的港口市街有較為雄厚的地緣
資源，房裡街相當繁榮，街勢一度凌駕吞霄和苑裡兩街。其後
該街因發生火災，損失極大，市街漸漸消頹。[23]

　　苑裡港是三港中最晚出現的港口，大約於乾隆中葉開始運
作，[24]清末港口可以供 2、3 百石的小船停泊。[25]由於無法容納

21　蔡振豐，《苑裡志》，頁 156。
22　〈乾隆臺灣輿圖〉，收於夏黎明，《臺灣文獻書目解題：地圖類
　　（一）》，頁 151。
23　蔡振豐，《苑裡志》，頁 118。
24　苑裡港在文獻上最早見於〈道光臺灣輿圖〉，但是由於該港乾隆 37 年已
　　興建天后宮，推測港口的運作應在此之前，只是因港口規模不大，重要性
　　低，以致於文獻少載。〈道光臺灣輿圖〉，收於夏黎明，《臺灣文獻書目
　　解題：地圖類（一）》，頁 188。
25　沈茂蔭，《苗栗縣志》，頁 174。本條資料雖然是清末時期（1893）的記
　　載，卻是苑裡港有文獻記載以來，唯一較清楚的記錄，因此推測該港泊船
　　條件應與房裡港相似，清代大部份時間只能停泊島內沿岸貿易船隻（大概
　　載重在 2、3 百石以下），而清末的這條記載正是一個輔證，也應是清代苑
　　裡港的港口實況。

4、5百石以上的船隻進港，[26]與大陸直接往來的可能性並不高，主要作為沿岸貿易港，透過吞霄港取汲。苑裡溪流域地區的鄉莊，與房裡莊相同，主要以大安港或是吞霄港集散物資。

　　苑里港腹地苑里溪流域大半屬於大甲平原的一部份，[27]平原沃土較吞霄溪流域廣大，開闢成的水田也最多。[28]清末開港之前，臺灣與大陸之間形成一個完全依存的貿易分工體係，臺灣北部主要以米產為出口大宗，因此具有較多平原生產稻米的地區往往最先開發，因而苑裡不但較吞霄先建立市街，而且自乾隆中葉至咸豐年間之間一直是竹南三堡最大市街。[29]由道光年間竹南三堡又稱苑裡堡，[30]足以知道苑裡街凌駕吞霄街之上，為竹南三堡的中心。然而，咸豐年間，閩粤械鬥爆發，白沙墩以及房裡、苑裡各街莊皆遭到粤人焚燬，苑裡「街市遂墟」，直至

---

26 清代臺灣雖然有不少港口在官方未開放口岸之下，會私自以澎船偷越大陸港口，（詳見第一章）或有大陸船隻私自來到臺灣口岸貿易，不過由於海峽橫渡困難，往來兩岸的船隻至少是 4、5 百石以上。林玉茹，《清代臺灣港口的空間結構》（臺北：知書房，1996 年），表 3-1。

27 陳正祥，《臺灣地誌（上）》（臺北：敷明產業地理研究所，1961 年），頁 819。

28 由日治初期所繪成的〈臺灣堡圖〉（1905，原藏於臺灣大學地質系）看來，吞霄港街的腹地吞霄溪流域雖然較苑裡街腹地大，但是相形之下，苑裡多平原，開墾成的水田也最大。

29 乾隆中葉（1762 年以前）苑裡溪口最先成立苑裡街，是為竹南三堡地區唯一的市街，其後直至咸豐年間分類械鬥之後始衰落。參見：余文儀，《續修臺灣府志》（文叢第 121 種，1959，1762 年原刊），頁 90；蔡振豐，《苑裡志》，頁 118。

30 鄭用錫，《淡水廳志稿》（臺北：臺灣省文獻委員會，1998，1833 年原稿），頁 30；陳培桂，《淡水廳志》（文叢第 172 種，1963，1871 年原刊），附圖。

日治之初街尾空地尚未築屋，[31]可見苑裡街衰敗之甚。

　　苑裡街衰頹之際，作為粵人市街的吞霄街乘勢而起。同治、光緒年間，竹南三堡設街莊總理 4 人，其中房裡街和苑裡街合設 1 人，日北莊和白沙墩莊各設 1 人，而吞霄街則由兩個總理統管，[32]竹南三堡也改稱為吞霄堡。[33]由此可見，吞霄街終於凌駕自乾隆中葉以來一直是竹南三堡最大市鎮的苑裡街，成為首要市街。

　　咸豐年間以降，吞霄街的擴大，除了閩人市街受到分類械鬥的破壞之外，外在經濟環境的變遷也是原因之一。清代兩百餘年之間，吞霄港泊船條件時好時壞，惟在竹南三堡三港之中卻一直最佳，並有塘、汛駐防，顯見其重要性不但較房裡、苑裡兩港為高，而且出入的船隻也較多。不過，由於腹地大半屬於苗栗丘陵，[34]能夠開墾為水田的地區有限，儘管港口泊船條件具有優勢，道光初年成立港街，但是市街的規模始終不大。直

31　蔡振豐，《苑裡志》，頁 107。

32　臺灣銀行經濟研究室編，《淡新檔案選錄行政編初集》（文叢第 295 種，1971），頁 494-495。白沙墩莊由於鄰近性原則使然，在清代大部份時間與後壠街的關係較為密切，《淡水廳志》中也載該莊屬於後壠保 33 莊之一。再舉一例而言，後壠的義塚是乾隆 53 年由白沙墩莊民陳伯樹所捐獻。由此可見，白沙墩莊與後壠街聯結較為緊密。陳培桂，《淡水廳志》，頁 45-46、55。

33　陳朝龍、鄭鵬雲，《新竹縣采訪冊》（文叢第 145 種，1962，頁 1、12）記載：光緒 5 年竹南三堡改稱吞霄保；又載：光緒 15 年新、苗分治，竹南三堡又名吞霄保。無論如何，可以確定的是，光緒年間竹南三堡大體上稱吞霄保。不過，日治以後，苑裡港街又比吞霄繁榮，使得苗栗二保又稱苑裡保。蔡振豐，《苑裡志》，頁 24-26。

34　陳正祥，《臺灣地誌（上）》，頁 817。

至同治、光緒年間，內山利源的開發，才改變了這種現象。

　　臺灣中北部樟林的分佈範圍遍佈平原和山地，惟隨著開墾的進行，平原的樟林被砍伐殆盡，至道光年間產腦地已由平原轉向山區，至咸豐、同治年間大概僅有漢番交界的內山是製腦地所在。[35]清末，相較於房裡、苑裡兩地，吞霄地區的丘陵和內山，卻尚有樟木資源存在。咸豐 11 年（1861）8 月，吞霄樟腦甚至吸引蘇州商人盛大奎來臺，透過雞籠郊行媒介，打算偷運樟腦出口，以謀暴利。官方為了管制和監督，同年 9 月遂派軍工匠首金榮昌於吞霄街設立料館一所，採製軍料。光緒年間，也許是樟腦利源的吸引，吞霄內山更由謝慶安設隘防番，向內山進墾。[36]由此可見，當清中葉樟腦成為國際市場重要商品時，[37]臺灣的樟林產地也為之水漲船高，變成開採者和商人的天堂，吞霄街由於周地內擁有較多的樟腦資源，躍升為竹南三堡重要市街。

　　清末吞霄地區也是茶產地，自吞霄街至東邊苗栗一堡（後壠堡）的公館莊皆有茶樹的栽培，但茶品質並非最好。不過，

---

35 林滿紅，《茶、糖、樟腦業與臺灣之社會經濟變遷（1860-1895）》（臺北：聯經出版，1997），頁 64。

36 《淡新檔案》，14302-2 號，咸豐 11 年 8 月 28 日、34101-1 號，同治元年 7 月 2 日、17329-116 號，光緒 12 年 12 月 29 日。

37 早在 1820 年代末，臺灣的樟腦已經由閩南、廣東商人轉手，用中式帆船運到廣州，甚至直接到新加波，再出口到歐洲。當時中國出口到歐洲的樟腦，大部分來自臺灣。李佩蓁，《地方的視角：清末條約體制下臺灣商人的對策》（臺北：南天書局，2020），頁19。；朱瑪瓏，〈自由貿易、帝國與情報：十九世紀三十年代《廣州紀事報》中的臺灣知識〉，《漢學研究》32：2（2014 年 6 月），頁 49-82。

由光緒 12 年（1886）官方在吞霄街設茶釐驗卡來看，[38]茶葉貿易仍佔一定比例，有利於提升街勢的繁榮。由於竹南三堡在茶葉和樟腦產額上在新竹縣敬陪末座，[39]以致於各市街的規模也最小。

　　此外，嘉慶年間由苑里社熟番婦始創的大甲蓆，至同治、光緒年間生產愈盛，不但遍及竹南三堡各街莊，幾至「無戶不習」狀態，而且銷售市場擴及新竹、臺北、臺南，甚至於大陸對岸。大甲蓆生產的增加，不僅潤澤地方經濟，也為原以農、漁為業的街莊帶來生氣。儘管大甲蓆主要以大甲街為市場，特別是苑裡、房裡街莊一帶民人大多直接攜帶製成品到那裡販售，以交換布帛等日常用品，[40]但是由於吞霄街莊距離大甲稍遠，仍不乏直接經營製帽業的商號，如川盛號即專做米穀買賣和製帽業，並以製帽業最發達。[41]由此可見，清末大甲蓆的盛行，對於吞霄街的繁榮也有若干的助益。

　　清末吞霄街一方面由於腹地擁有樟腦、茶之利源，另一方面距離大甲街稍遠，位置適中，吞霄港稍奪同堡內苑裡街和房裡街之勢。該街有米市、魚市以及柴市，米、魚二市皆是竹南

38　蔣師轍、薛紹元，《清光緒臺灣通志》（文叢第 130 種，1962），頁 255；
　　沈茂蔭，《苗栗縣志》，頁 65。

39　茶質最好的產地是更近內山、隸屬苗栗三堡（大甲堡）的三叉河（今三
　　義）附近地區。臨時臺灣舊慣調查會編，《調查經濟資料報告（下）》，
　　頁 513。

40　蔡振豐，《苑裡志》，頁 95；臨時臺灣舊慣調查會編，《調查經濟資料報
　　告（下）》，頁 525-528、537。

41　岩崎潔治，《臺灣實業家名鑑》（臺北：臺灣雜誌社，1912），頁 263。

三堡唯一的市場，[42]又設樟腦料館和茶釐支局，具備最多商業機能，成為竹南三堡的中心。

由竹南三堡的例子可見，咸豐年間以前竹南三堡以苑裡街最大，因此又稱苑裡堡；咸豐年間以後，漳州人所在的苑裡街受到分類械鬥的影響而衰頹，吞霄街則因港務繁榮、內山樟腦和茶的生產，一躍為竹南三堡最大市街，竹南三堡也改稱為吞霄堡。顯然，北臺灣地區的堡名和中心，會隨著境內市街的競爭與消長不斷改變。

四、閩粵關係下的街莊自治組織

竹南三堡的中心隨著市街的消長而改變，清末吞霄街成為竹南三堡最大市街，街莊總理區的組成也產生變化。以下從總理區範圍、市街地位以及鄉莊職變動三方面來討論。

（一）總理區與市場圈

吞霄街莊總理區大抵是以吞霄港街為中心，再聯接吞霄溪的主、支流或陸路交通腹地內的各鄉莊，形成一個街莊共同體，這個共同體範圍大概包含整個吞霄溪流域。在行政管理上，該範圍屬於吞霄街總理的轄區，亦即所謂的「總理區」；[43]在商業貿易上，屬於吞霄港和吞霄街的核心腹地，可稱為核心市場圈，而苑裡至房裡地區則為次要市場圈。由此看來，吞霄

42　沈茂蔭，《苗栗縣志》，頁 21-22。

43　有關總理區的定義參見：戴炎輝，《清代臺灣之鄉治》，頁 18-20。

街莊總理區與核心市場圈大致重疊。

　　吞霄流域大概於嘉慶年間形成一個總理區，[44]或許因為吞霄街尚未成立，總理區以「吞霄十三莊」泛稱，直至光緒年間地方頭人的具稟中仍稱「吞霄十三莊」。[45]最初的十三莊應是：吞霄街、吞霄莊、吞霄灣莊、內湖莊、番社莊、北勢莊、五里牌莊、梅樹腳莊、竹仔林莊、楓樹窩莊、南興莊、南和莊、北勢窩莊。其範圍涵蓋整個吞霄溪流域，部份鄉莊仍處於初定莊狀態。[46]

　　吞霄街莊總理區和苑裡街莊則有「聯保」關係。道光 22 年 12 月，吞霄街總理鄭媽觀因故遭官方斥革，苑裡和吞霄街莊民人以鄭媽觀長期擔任吞霄總理、對地方建設貢獻極多，即由苑裡街莊總理梁媽成率領苑裡、吞霄街莊的莊正、董事、通事、土目以及眾舖戶聯銜具稟，請求淡水廳同知繼續留用鄭媽觀。[47]不過此後，即未再出現兩個街莊總理區鄉職人員和舖戶聯銜具稟的現象。換言之，道光 22 年之後，吞霄街莊才真正脫離苑裡街的影響獨立運作。道光 23 年，吞霄街莊議立聯莊公約，即由竹南三堡保長謝明春號召吞霄總理區內的總理、莊正以及舖戶

44　由道光 22 年苑裡街總理梁媽成的具稟可知，當時被淡水廳斥革的吞霄街總理鄭媽觀擔任總理 40 餘年，顯然嘉慶年間吞霄地區已經形成一個總理區。不過，當時吞霄街應未成立，因此吞霄地區或許是一個由村莊聯合組成的總理區。《淡新檔案》，12203-4 號，道光 22 年 12 月 18 日。

45　臺灣銀行經濟研究室編，《淡新檔案選錄行政編初集》，頁 587。

46　如南和莊至道光 22 年尚未出現莊正，而是以隘首負責莊務。《淡新檔案》，12203-4 號，道光 22 年 12 月 18 日。

47　《淡新檔案》，12203-4 號，道光 22 年 12 月 18 日。

參與，共同訂立公約。[48]

　　隨著內陸開發的進行，總理區的範圍和轄區內的村莊數也產生不斷擴張的現象。街莊總理區內的鄉莊是不斷增加的。光緒年間，吞霄地區已不只 13 莊，在各大莊中又陸續分化出一些小鄉莊。光緒 14 年（1888）12 月，總理張鳳岐向淡水廳同知新舉吞霄街總理區內莊正，列有 15 莊，[49]連同前述已經出現的村莊，至少有 20 個鄉莊。

　　總之，嘉慶年間，吞霄溪流域已經逐漸形成一個總理區。道光年間，隨著內陸開墾的進展，市街、鄉莊紛立，至道光末年吞霄街莊總理區的規模大致完成，逐漸脫離苑裡街的影響，獨自運作。吞霄街莊總理區和市場圈大致重疊，隨著移民向東邊內山地區的拓墾，自然村莊越來越多，吞霄街總理區的範圍也越來越大。

（二）市街為總理區的權力中心

　　市街通常是街莊自治組織的權力中心。以吞霄街為例，總理區內一切防盜、聯莊等有關地方公務，通常在公廟慈惠宮開會集議，[50]總理區內的各鄉莊頭人有事即往市街裏辦。新竹知縣巡視地方時，大都在市街聽事，清末吞霄街一躍為竹南三堡

48　《淡新檔案》，12203-17 號，道光 23 年 10 月。

49　分別是：南勢莊、內湖莊、五里牌莊、吞霄灣莊、竹仔林莊、梅樹腳莊、楓樹窩莊、南和莊、南興莊、隘頭莊、番仔寮莊、四湖口莊、望高寮莊、圳頭內莊、大坪頂莊。《淡新檔案》，12240-2 號，光緒 14 年 12 月。

50　沈茂蔭，《苗栗縣志》，頁 21-22。

中心之後，堡內鄉莊有事陳稟，當事人必須來到吞霄街陳情。咸豐 6 年（1856）11 月，竹南三堡雞籠莊生員、莊正等即為隘糧不足、隘丁四散，導致墾務廢遲延擱，而到「吞霄街口憲前車」陳稟，請求為之處理。[51]另一方面，鄉莊頭人也來到市街，參與稟舉總理、董事等鄉職、聯莊以及其他公共事務。（表5-1）

　　吞霄街的商舖可以說是街莊總理區財力的主要來源。道光23 年（1843）吞霄街莊共同訂立的聯莊公約中，約定各條規應用銀員由「街莊舖戶人等，勻鳩交出付用，不得臨時推諉、延誤。違者，公議稟究」，[52]這應是舖戶捐派的法源。由於是街莊公議的結果，捐派本身帶有強制性，並以輿論相制衡。在此公約中，也可以發現街中的商人主要提供財力，村莊的壯勇則負責巡邏，以共同維護街莊治安。咸豐年間左右，吞霄街為了應付各項公費，除了原先的捐派之外，公議對來吞霄港的出口船隻課徵出口稅，稱為抽分費。光緒 5 年（1879）南興莊莊正幫拏內山匪徒的鉛藥諸費用，即由抽分費用支付。顯然，船隻抽分費成為吞霄街莊總理區的固定公費。但是，商舖的捐派卻未中斷，光緒 5 年吞霄街商舖即言：「吞霄街面，地通南北，公務浩繁，所有一切用費係由各舖戶題派」。[53]舖戶仍是地方公費的主要出資者。

51　《淡新檔案》，17307-33 號，咸豐 6 年 11 月 24 日。
52　臺灣銀行經濟研究室編，《淡新檔案選錄行政編初輯》，頁 440-441。
53　《淡新檔案》，15211-6 號，光緒 5 年 6 月 14 日、15211-10 號，光緒 5 年 7 月 22 日。

表 5-1　清代吞霄街莊總理區陳情表

時間	事由	參與人	資料來源
道光 22 年（1842）	簽稟准鄭媽觀依舊充當吞霄街總理	吞霄街街正、北勢莊莊正、內湖莊莊正、五里牌莊正、吞霄灣莊正、北勢窩莊正、南興莊正、甲首、南和莊陇首、番社莊正、通事、土目、眾舖戶	《淡新檔案》12204-3 號，道光 22 年（1842）12 月 18 日
道光 22 年（1842）	具保結劉振德堪充吞霄街總理	苑裡總理、生員、監生、街耆、莊耆、舖戶二家	12203-7 號，道光 22 年（1842）12 月 19 日
道光 23 年（1843）	竹南三堡吞霄街莊清莊聯絡公約	竹南三堡保長、吞霄街總理、吞霄莊正、北勢莊正、內湖莊正、五里牌莊正、吞霄灣莊正、楓樹窩莊正、南興莊正、甲首、南和莊甲首	12203-17 號，道光 23 年（1843）10 月
道光 23 年（1843）	稟舉與保結梁壬生為吞霄街總理	內湖莊正、五里牌莊正、吞霄灣莊正、舖戶 14 家	12203-21 號、12203-24 號，道光 23 年（1843）11 月 20 日
道光 24 年（1844）	稟舉與保結陳存仁為吞霄街董事	竹南三堡保長、吞霄街總理、吞霄街正、北勢莊正、吞霄灣莊正、舖戶十六家	12203-28 號、12303-29 號，道光 24 年（1844）4 月 30 日
道光 25 年（1845）	稟請恩准將吞霄總理原戳飭梁壬生暫行辦理	吞霄街董事、吞霄街正、內湖莊莊正、南興莊正兩人、舖戶十四家	12203-32 號，道光 25 年（1845）5 月 8 日

時間	事由	參與人	資料來源
光緒元年（1875）	陳稟聯莊緝盜章程規約	吞霄街總理二人、吞霄街正、、竹南三堡鄉長、五里牌莊正、吞霄灣莊正、吞霄彎下莊正、北勢窩莊正、南勢莊正、梅仔樹莊正、南興莊正二、大坪頂莊正、隘口寮莊正、金和安郊	12303-1 號，光緒 1 年（1875）12 月 3 日
光緒 5 年（1879）	稟請恩准給諭成立金和安郊，於港口督抽	吞霄街總理（閩籍）、吞霄街正、竹南三堡鄉長、北勢莊正、竹仔林莊、吞霄街金和安郊、舖戶二十五家	15211-1 號，光緒 5 年（1879）5 月 14 日
光緒 9 年（1883）	稟請斥革總理林愈薰，另舉妥人接充	吞霄街生員、武生、監生	12224-4 號，光緒 9 年 9 月 3 日
光緒 9 年（1883）	稟請斥革總理林愈薰，並准予總理張鳳岐復充	吞霄街正、五里排莊正、竹仔林莊正，舖戶十五家	12224-2 號，光緒 9 年（1883）12 月 6 日
光緒 9 年（1883）	稟請恩准總理仍給林愈薰辦理	吞霄街職員、生員、金和安郊、舖戶三十七家	12224-3 號，光緒 9 年（1883）12 月 24 日

　　捐派的最大範圍是以一個堡為單位，[54]主要包含地方防匪和公共建設費用。其主旨在於商人需盡防衛地方之責，另一方面則是以共同的力量確保社會秩序，俾使商戶能安心營業，捐派本身含有保護費的意味。此外，捐派也隱含街莊自治組織財政獨立，各街莊直接由居民取得行政管理和公共建設費用。而且，很明顯地，市街中的商人和鄉莊中殷富的地主往往是捐派的主要對象。官方基本上只是站在監督管理的立場，很少負擔地方公費。

　　商人既是地方捐派的主要對象，對於地方事務自然有一定的發言權，甚至於積極參與地方公務。由表 5-2 可見，在有關吞霄地區地方事務的陳稟中，除了街莊總理、莊正等鄉職以及士紳之外，商人往往也在聯銜具稟行列中。在向官方陳稟時，舖戶數由 3、2 家至 20 餘家都有，通常是 15 家左右。（表 5-2）不過，無論在哪一個年代，總是有一些商舖經常出現在市街公務的具稟名單中，或是成為舖戶陳情的領銜者。例如道光年間的振利號、源美號、豐發號以及合利號；光緒年間的德芳號、川盛號以及怡順號。這些商舖應是同時期市街中較有財力且最孚眾望的。

　　吞霄街商人也積極介入街莊自治組織鄉職人員的舉充或承充。自有文獻記載以來，吞霄街商人始終參與街總理和堡董事等鄉職的舉充，而且本身承充鄉職者也為數不少。舉例而言，道光末年，承充街總理的劉振德即「住吞霄街開干（乾）果店生理」；道光 23 年，充任總理的梁壬生亦是「在街生理」；道

54　《淡新檔案》，15211-12 號，光緒 5 年 8 月 26 日。

表 5-2　清代參與吞霄街事務的舖戶

時間	事由	庄名	資料來源
道光 22 年（1842）	保鄭媽觀繼續為總理	瑞興、源美、豐發陳記、泉發、振利、成發、協和、合利順記、泉協信記、壽仁堂、和盛記（無法辨出歸屬有 14）	《淡新檔案》12203-3 號道光 22 年（1842）12 月 18 日
道光 22 年（1842）	保結劉振德為吞霄街總理	振利、廣發號	12203-5、7 號道光 22 年（1842）12 月 18 日、19 日
道光 23 年（1843）	舉充梁壬生為總理	源美、豐發陳記、振利合記、協和、合利圖記、萬利兌貨、陸源、成美、榮勝、和盛、和源兌貨、復盛兌貨、松盛、恆順信記	12203-28 號道光 24 年（1844）4 月 30 日
道光 24 年（1844）	稟舉陳存仁為竹南三保董事	成美、合利兌貨、泉美、協和、瑞興、成發、泉發信記、泉協信記、萬利兌貨、壽仁堂、濟成信記、合裕、新謙泰、永芳信記、益美信記、源泰	12203-32 號道光 25 年（1845）5 月 8 日
光緒元年（1875）	聯庄防匪	通霄街眾舖戶金和安公記	12303-1 號光緒 1 年（1875）12 月 3 日

時間	事由	庄名	資料來源
光緒 5 年（1879）	吞霄港抽分收存在公設金和安公記	隆昌信記、廣源、億勝兌貨、鼎盛、益元、萬生堂、川盛兌貨、金合利、怡順、德芳林號、德發林記、金利信記、鎰香信記、裕榮兌貨、合利信記、惠利、廣興、永泰兌貨、永順、裕發兌貨、和元、金振順、廣盛兌貨、合發利記（25 家）	15211-1 號光緒 5 年（1879）5 月14 日
光緒 5 年（1879）	乞准歸公抽分	廣源、益元、萬生堂、川盛兌貨、金合利、德芳林號、德發林記、金利信記、鎰香信記、裕榮兌貨、合利信記、廣興、永泰兌貨、金永順、裕發兌貨、和元、廣盛兌貨、裕盛兌貨、怡盛兌貨、恒發、和發承記、和發林記、裕發（23 家）	15211-6 號光緒 5 年（1879）6 月14 日
光緒 9 年（1883）	稟請斥革總理林愈薰，原總理張鳳崎復充	隆昌信記、廣源、億勝兌貨、鼎盛、益元、萬生堂、川勝兌貨、金合利、怡順、合興、怡發、益勝、長春、裕德信記	12224-1 號光緒 9 年（1883）12 月6 日
光緒 9 年（1883）	准已革總理林愈薰復充	莊錦源號、湯川盛號、巫怡順號、黃金利號、通霄街金和安公記	12224-3 號光緒 9 年（1883）12 月24 日

光 24 年（1844），竹南三堡董事則是由開油車生理的吞霄舖民
陳存仁擔任。[55]

　　舖戶承充街莊總理，原因在於：總理雖是經由地方紳耆舖
戶公舉產生，但舉充大多在市街進行，加上總理以市街為中心
處理街莊公務，又負責支配地方的公款，因此商人不但特別重
視總理的承充人選，也常主動推舉對於商人有利的地方頭人或
商人承充總理。特別是咸豐年間以降，吞霄街總理又擁有船隻
抽分權，掌握地方上最大財源，市街商人與有力人士爭充總理
現象屢屢可見。而部份商人出身的總理更透過權力行使之便，
以追求個人利益。[56]

　　由上述可見，吞霄街為街莊總理區的權力中心，街中商人
的角色和地位顯然相當重要，不但是總理區的財源，而且更積
極參與公務，極有影響力。明治 32 年（1899）吞霄街配綬紳章
者，僅有湯祿和邱有財兩人，皆是商人出身。湯祿即是上述川
盛號的舖主，湯家素為吞霄街世家，並以富豪著世，清末主要
經營米穀和製帽等業。[57] 舖戶具有高度影響力，加上吞霄地區複
雜的閩粵族群色彩，使得該地街莊組織的組成和發展也別具特
色。

55　臺灣銀行經濟研究室編，《淡新檔案選錄行政編初輯》，頁 432、444、
　　446、448。

56　例如光緒 9 年林愈薰總理即被指控「設館收詞、借端騷擾」。《淡新檔
　　案》，12224-1 號，光緒 9 年 2 月 6 日。

57　岩崎潔治，《臺灣實業家名鑑》，頁 263；鷹取田一郎，《臺灣列紳傳》
　　（臺北：臺灣日日新報社，1916），頁 160、168。

（三）閩粵關係與鄉職的變遷

　　吞霄街莊總理區由吞霄街以及其腹地內各鄉莊所組成。總理區最高鄉職人員是總理，其下設董事協辦公務。又於街設街正，莊設莊正。這些鄉職的選舉和職務，戴炎輝的著作中已經有充分的討論，本章不再贅述，而試圖探討吞霄街總理區內村莊職和總理職的變遷。

　　村莊鄉職的變遷，位於沿山地帶的南興莊和南和莊是一個很好的例子。由表 5-1 可見，道光 22 年，南興莊參與街莊公務是由莊正和甲首代表，南和莊則是隘首。至道光 23 年，南和莊隘首變成甲首。道光 25 年（1845），南興莊已經由原來 1 莊正、1 甲首，改為 2 個莊正。[58]很明顯的，以內陸沿山設隘防番的村莊而言，莊職有由隘首向甲首、莊正的發展趨勢。亦即村莊尚未成立的過渡時期，沿山地區由隘首、平原地帶由業戶出面維護村莊治安，[59]並代表村莊參與總理區內各項公務。莊初定時，改由甲首出任；完全定莊之後，人口較多，即改設莊正。另外，雖然大部分村莊僅設莊正 1 人，但是部分較大村莊仍有設 2 個莊正的例子。

　　除了竹塹城等大城市之外，一般街莊總理區僅設總理 1 名，吞霄街也原設總理 1 名。但是，自嘉慶年間設置總理一職以來，由於吞霄港常有「洋匪登岸滋擾」，東邊深山地區又

58　《淡新檔案》，12203-32 號，道光 25 年 5 月 8 日。

59　施添福在研究竹塹地區萃豐莊時，即提出墾區莊主負責莊內司法、治安等
　　事務。施添福，〈清代竹塹地區的「墾區莊」：萃豐莊的設立和演變〉，
　　《臺灣風物》39：4（1989 年 12 月），頁 33-69。

有「兇番強盜貽害」，加上吞霄街位於南北官道，「誠為要
關」；吞霄十三莊又閩粵族群雜處，「民心不一」，總理一職
不但舉充相當困難，而且不易勝任，有所謂：「即欲舉閩，難
以服粵；舉粵難以服閩」。嘉慶年間至道光 22 年，粵人鄭媽觀
由於對地方貢獻良多，包括首倡興建慈惠宮、修理壽公祠、設
立南和隘，而且能取得閩人的信任，才能擔任吞霄總理長達 40
餘年。然而，40 餘年之間，也被「三退三舉」，顯見吞霄總理
的「難舉難當」。[60]道光末年鄭媽觀卸任之後，吞霄總理更換更
加頻繁。道光 22 年末至道光 25 年之間，幾乎每年更換一個總
理。（表5-3）

　　或許由於吞霄街日益重要，加上閩粵相爭不下，吞霄總理
常常不久任，咸豐年間分類械鬥之後，為了平息閩粵之間的爭
鬥，地方官府於總理之外，新設閩籍副總理一名。[61]北臺灣地區
「副總理」之設，僅見於吞霄。

　　設置正、副總理，是為了同時關照閩、粵兩籍族群，讓他
們共同合作，維護吞霄地區治安。然而，似乎不能滿足閩人的
需求，特別是同治末年粵籍總理由張鳳岐出任，閩籍副總理
由黃有陞擔任之後，閩粵正副總理不但無法合作，反而互相傾
陷，閩粵兩籍族群在總理一職出缺時也展開角力。

　　同治 13 年（1874）11 月，吞霄街閩籍副總理黃有陞即向淡
水同知陳星聚陳稟，指出以閩籍副總理頭銜無法順利辦公，暗
喻應調升為正總理，其稟文如下：

60　《淡新檔案》，12203-4 號，道光 22 年 12 月 18 日。
61　《淡新檔案》，12302-3 號，同治 13 年 11 月 27 日。

表 5-3　清代吞霄街歷任總理

姓名	籍貫	職業	起迄時間	資料來源
鄭媽觀	粵籍		嘉慶初年至道光 22 年（1842），40 年間三退三舉	《淡新檔案》12204-3 號，道光 22 年（1842）12 月 18 日
劉振德	粵籍陸豐縣	乾果店生理	道光 22 年（1842）12 月 19 日至道光 23 年（1843）11 月 9 日	12203-7 號，道光 22 年（1842）12 月 19 日 12203-8 號，道光 22 年（1842）12 月 20 日 12203-18 號，道光 23 年（1843）11 月 9 日
梁壬生	粵籍嘉應州	在街生理	道光 23 年（1843）11 月 31 日至道光 25 年（1845）5 月 8 日	12203-24 號，道光 23 年（1844）11 月 30 日 12203-27 號，道光 23 年（1844）11 月 30 日 12203-32 號，道光 25 年（1845）5 月 8 日
古開盛	粵籍		道光 25 年（1845）5 月 11 日至？	12203-34 號，道光 25 年（1845）5 月 11 日
張阿晨	粵籍		道光末年至咸豐年間？ 擔任總理 20 年	15211-3 號，光緒 5 年（1879）6 月 7 日
鄭騰芳 張鎮邦			咸豐年間？ 擔任總理 10 餘年	15211-3 號，光緒 5 年（1879）6 月 7 日

姓名	籍貫	職業	起迄時間	資料來源
張鳳岐	粵籍		同治年間開始任總理 同治 11 年（1872）5 月至光緒 7 年（1881）9 月斥革。光緒 14 年（1888）12 月再任	15211-3 號，光緒 5 年（1879）6 月 7 日 12213-4 號，同治 11 年（1872）5 月 4 日 15211-17 號，光緒 6 年（1880）4 月 17 日 12224-1 號，光緒 9 年（1884）12 月 6 日 12240-1 號，光緒 14 年（1889）12 月 4 日
黃有陞	閩籍		同治 11 年（1872）至同治 13 年（1874）為副總理，光緒元年（1875）至光緒 6 年（1880）為總理	12213-4 號，同治 11 年（1872）5 月 4 日
林愈薰			光緒 7 年（1881）9 月至光緒 9 年（1883）12 月 6 日	12213-4 號，同治 11 年（1872）5 月 4 日

……況吞霄疆界東則山林，西則海島，宜加慎重，不意吞霄人等每欲循名而核實，陞雖責在奉公，僅屬副號，且兼閩粵異籍凡欲圖謀諸事，言之諄諄，聽之藐藐。茲訪聞奸惡串謀，未審作何情事，候查稟覆，陞意欲安撫整頓，無如囂囂不一致。分正副者何，陞因責成有關，誠恐玩誤而生屬階，貽累胡底。……[62]

---

62 《淡新檔案》，12302-3 號，同治 13 年 11 月 27 日。

由上可見，地方官府設閩粵正副總理，原意是讓兩籍頭人共同治理地方，減少爭端。但是，他們根本無法配合，各自為政。或許，因為黃有陞陳稟的影響，光緒元年（1875）吞霄街正副總理改為兩個正總理職。[63]

　　然而，閩籍副總理升為正總理之後，閩粵兩籍總理之間的角力不減，反而有越演越烈之趨勢。光緒 5 年 5 月至光緒 6 年 4 月（1879-1880），黃有陞甚至聯合吞霄街的舖戶與張鳳岐之間展開長達 1 年的吞霄港抽分權之爭。[64]這次的紛爭，一方面起因於黃有陞與張鳳岐自同治末年以來累積的私怨以及閩粵相輕的族群意識；另一方面，吞霄街的舖戶也因為不堪粵籍總理張鳳岐的不斷捐派而共同組織金和安郊來反抗。[65]此後，吞霄街明顯的分成兩派，一是擁張鳳岐派，一是以吞霄金和安郊為首的反張派，兩派之間的爭鬥具體地表現在公務捐派對象和總理一職的競爭上。

　　光緒 7 年（1881）9 月，自同治末年開始擔任吞霄街總理的張鳳岐因故被斥革，改由林愈薰續任總理。林愈薰顯然與街上舖戶同一陣線，城工捐派也轉移至部分特定村莊。粵籍村莊不堪長期忍受林愈薰的管理方式，光緒 9 年（1883）9 月以生員曾肇禎、邱國霖為首，向新竹縣令周志侃請求更換總理。12 月，街正劉鳳翔更連同竹仔林莊、五里牌莊莊正以及舖戶 15 家請求

63　《淡新檔案》，12303-1 號，光緒 1 年 12 月 3 日。
64　《淡新檔案》，15211-1 號至 15211-17 號，光緒 5 年 5 月 14 日至光緒 6 年4 月 17 日。
65　光緒 5 年金和安郊的成立，詳見：林玉茹，《清代竹塹地區的在地商人及其活動網絡》（臺北：聯經，2000），頁 180-181。

斥革林愈薰，並進一步推舉張鳳岐出任總理。反張派的金和安郊、職員以及生員見此，也立刻具稟請求仍將總理一職由林愈薰擔任。[66] 兩派之間互相傾陷之激烈，可見一斑。

　　總之，自同治末年以來，吞霄街總理區內閩粵族群之間的紛爭，雖然不再以分類械鬥的暴力衝突方式出現，但是仍表現在總理職和吞霄港抽分權的爭奪，以及捐派對象的認定上。粵籍總理張鳳岐事實上主要維護粵籍地主和村莊的利益，而將總理區內的捐派轉嫁到街上舖戶，因此也促使吞霄街舖戶，特別是進行「配運生理」的郊舖群起而攻之。這些舖戶雖然包含閩粵兩籍，但是由於抽分權的爭奪與不堪屢次被捐派，使得他們組織商業團體，共同抵制張鳳岐。即使至光緒14年（1888）12月，張鳳岐再度擔任吞霄街總理，打算進行聯莊、僱壯丁來維護治安，吞霄街舖戶仍以「莊已聯定，不肯鳩資雇勇」為由，[67]拒絕張鳳岐的捐派。張鳳岐與吞霄街舖戶之間的惡劣關係顯然一直存在。吞霄街莊總理區原來閩粵兩總理之間的角力，也轉為總理與舖戶之間的惡鬥。

五、小結

　　清代臺灣區域差異顯著，鄉莊組織也展現這樣的特徵。本章以吞霄街為例，展現一個處於閩粵雜處地區街莊組織的變化。首先，清代中葉，白沙墩至房裡港地域開墾大致告一段落

66　《淡新檔案》，12224-1號，光緒9年12月6日、12224-3號，光緒9年12月24日、12224-4號，光緒9年9月3日。
67　《淡新檔案》，12240-1號，光緒14年12月4日。

時，各地不但逐漸產生自治的總理區，而且形成竹南三堡。堡內雖然有三個市街，但長期以來漳州人所在的苑裡街為竹南三堡的中心，稱苑裡堡，甚至道光末年吞霄街莊總理區的運作仍與苑裡街有相當大的關連。咸豐年間以降，由於分類械鬥焚燬閩人市街，加上內山樟腦、茶葉利源的影響，粵人市街吞霄街代之而起，竹南三堡改稱吞霄堡。堡名與中心的更動，明顯的反映閩粵市街的競爭與消長。

嘉慶年間，吞霄溪流域逐漸形成一個總理區。最初，總理區的最大規模大概是所謂的吞霄十三莊。道光初年，吞霄街成立之後，改為以該街為中心形成一個街莊總理區。而隨著內陸拓墾的進展，總理區內的村莊不斷增加，沿山的村莊職也出現由隘首、甲首至莊正的變化。

市街為街莊總理區的權力中心。街上商人的角色與地位也很重要，不但是街莊組織運作財源的主要出力者，更積極參與各項公務，甚至出任鄉職。由於舖戶對於總理鄉職的重視，以及閩粵族群的互相競爭，吞霄街總理一職由原設總理 1 人，至咸豐年間左右增設閩籍副總理 1 人，成正、副總理制。同治末年，又由於閩籍副總理的抗議，改設總理兩人。由正副總理至兩位總理的設置，地方官府原意是化解閩粵雙方的衝突，以共同治理吞霄地區，但是族群競爭卻並未改變，閩、粵總理的互相傾陷與爭執反而越演越烈。光緒 5 年以降，由於吞霄港抽分權之爭，吞霄街更形成擁總理張鳳岐派和以舖戶為中心的反張派兩個派系，吞霄街舖戶並成立金和安郊與張鳳岐展開長期的抗爭。吞霄街總理的充任，也由原來的閩粵兩籍總理之爭，變成金和安郊與粵籍總理張鳳岐之間的爭鬥。

　　由清代吞霄街街莊組織的變遷可見，街莊總理區是隨著土地拓墾進程、外在經濟環境的變化、族群意識與利益爭奪的交相作用下，不斷調整與改變的。這種現象也充分反映吞霄街莊總理區處於閩粵雜處地帶的複雜特性。

附表 5-1　清代臺灣吞霄堡開墾田園契

契名	立契人	座落	地目	四至	立契時間	承受人	資料來源
給墾園契	吞霄社番土目加已等	烏眉校力林圳面一帶東北貳坑	青埔	東至盡水橫山，西至田頭，南至山頂分水，北至山頂分水	乾隆 11 年（1746）	徐光輝	《大租取調書》（中），頁 25
杜根賣田契	張宗增張宗桂	吞霄內湖莊	自置水田	東至車路，西至水溝，南至高崁，北至門首水圳 北勢湖水頭田，東至溪，西至山腳，南至李興千田，北至夏廷獻楊晉田	乾隆 20 年（1755）	徐玉錦	《大租取調書》（中），頁 25、267-268
杜賣社埔地契	吞霄社番土目加已等	吞霄灣車路頂	荒埔	東至半山，西至車路，南至溫奇隆勝埔園，北至烏牌打那日埔園	乾隆 30 年（1765）	黎欽明龔孟輝	《大租取調書》（中），頁 22-23
招佃合約	苑裡社番土目虎豹里等	五里牌望高寮	荒埔	東至山腳大路，西至海漧，北至溪，南至溪	乾隆末年至嘉慶初年	賴士珍等四人	《大租取調書》（中），頁 45

契名	立契人	座落	地目	四至	立契時間	承受人	資料來源
給墾盡賣田契	吞霄社白番	加東後窩口	山埔園田	東至坑溝，西至嶺頂分水，西至柳樹窩口溝漉水溝，北至橫窩加已九活園比毗連石記	嘉慶 22 年（1817）	余阿春	《大租取調書》（中），頁 117
典永耕田契	吞霄社番張武葛等	南勢湖南畔	水田	東至溝田，西至馬嘮于園，南至溝，北至溪	嘉慶 23 年（1818）	黃壽	《大租取調書》（中），頁 118-119
轉胎借字	房裡社番大妹、細妹	五里牌後山寮			嘉慶 24 年（1819）	姚錦隆	《大租取調書》（中），頁 118-119、237
招開墾永耕契	苑里社番加浦土等	吞霄南勢湖圓山仔	田埔	東至山排，西至大溪，北至黃純三頭家田	道光 2 年（1822）	馬德煌	《大租取調書》（中），頁 120
給永耕山埔田園賣盡根契	吞霄社番虎豹厘夷等	校力林瓦坑	山埔田園	東至山頂分水，西至半牌消水溝，南至溪，北至雙坑口中心崙腳	道光 15 年（1835）	鄭騰芳	《大租取調書》（中），頁 131-132

契名	立契人	座落	地目	四至	立契時間	承受人	資料來源
杜賣永耕盡根水田契	房裡社番林彩觀等	吞霄南勢湖大埔	水田	東至胡家許家溝，西至張家田，南至圳溝，北至蘇家田	道光 15 年（1835）	林仕章	《大租取調書》（中），頁 288-289
招墾永耕字	吞霄社番老仔已南仔勿	柳樹灣西犀牛窩口	山坑荒埔	東至山嶺，西至西口車路，南至山嶺，北至半排	道光 20 年（1840）	曾達秀	《大租取調書》（中），頁 121-122
杜賣盡根埔園契	吞霄社番加埔納女等	圳頭內大路南片樣仔腳	埔園	東至大溝透溪，西至陳家毗連園透南溪透北車路，南至溪，北至車路	道光 24 年（1844）	歐軟	《大租取調書》（中），頁 121-122、137
杜賣盡根水田山崗屋宇地基契	王陳養王俊養	南勢湖梅仔樹下	水田山崗	東至大圳，西至蔡許兩家田，南至許家田小圳，北至許家田直	道光 30 年（1850）	劉永石	《大租取調書》（中），頁 137、294-295

契名	立契人	座落	地目	四至	立契時間	承受人	資料來源
杜賣盡根永耕契字	日北社番土目陳茅生等	乾坑仔壹坑	山林埔園	東至松柏崙頂橫瓏倒水，西至瓏尾大溪，南至山瓏頂倒水，北至山瓏頂大水	咸豐 8 年（1858）	曾日寶	《大租取調書》（下），頁 19-20
絕賣盡根字	貓盂社番叢明生		山埔園三段	東至坑溝底，西至山腳透湖仔底對直，南至溝底，東至溝底，西至溝底，南至雙洽水，北至山腳，東至半山，西至溝底，南至溝底，北至小湖水	咸豐 11 年（1861）	呂達	《大租取調書》（中），頁 141-142

第三部

港街貿易與網絡

第六章

從屬與分立
十九世紀中葉臺灣港口城市的雙重貿易機制

一、前言

　　過去以來，有關 19 世紀臺灣對外貿易的討論，從商品、港口、商人組織、商人資本以及貿易機制，已經累積不少成果，而一定程度地釐清了此時期的特色。特別是 19 世紀中葉西力衝擊之下，臺灣被迫開港，所帶來的新貿易型態與刺激，最受囑目。口岸貿易相關課題的研究成果因此也最多。[1]然而，這些研究大多利用條約港（treaty port）的海關資料，強調世界市場或是中國內地的影響，而較少從臺灣本身的經濟發展來觀察 19 世紀臺灣貿易型態的多重性問題。究竟除了條約港之外，其他的

1　有關這方面的討論，參見：林滿紅，〈口岸貿易與腹地變遷：近代中國的經驗〉，復旦大學中國歷史地理研究中心主編，《港口：腹地和中國現代化進程》（山東：齊魯書社，2005），頁 14-26。

傳統港口城市面臨何種衝擊，貿易型態是否有所改變，卻少有討論。

　　事實上，清廷領臺的 212 年（1683-1895）之間，臺灣沿海曾經出現過至少 198 個港口。這些大大小小的港口，各自在地域經濟發展上扮演不同角色，彼此之間更隨著政策、港口規模大小以及貿易網絡的變化，形成既從屬又分立的關係。[2]另一方面，清代臺灣各地是由開發中或未開發地區逐漸變成已開發地區，開發順序也先後有別；又因河流阻隔、陸路交通不便，而漸以中大型港口為中心分立出許多大小不一的地域。其次，臺灣是一個南北狹長的海島，大致以今日嘉義為界，分處於亞熱帶與熱帶氣候區，南北地理環境差別頗大，物產也有不同，地域差異顯著。[3]在上述不同的人文和自然條件之下，各地域港口城市的貿易型態是否有所差別，應值得重視。

　　舉例而言，山本進對於清代臺灣米穀流通的研究指出，清初由於官方施行米禁政策，臺灣與江浙無法直接貿易，而以廈門為中繼，形成 L 型的貿易網絡；19 世紀初官方米禁政策的弛緩，使得臺灣與江浙得以直接貿易，而與福建之間的交易則面

2　林玉茹，《清代臺灣港口的空間結構》（臺北：知書房，1995），頁 27、第三章。本文所謂「從屬」是指島內大小港口之間市場圈的從屬和頻繁的互動關係；「分立」則是隨著政策變化和地域經濟的發展，部分港口可以直接對外貿易。有關清代臺灣各地以港口為中心及其腹地形成大小不等、彼此從屬和分立的地域經濟圈的討論，詳見：林玉茹，《清代竹塹地區的在地商人及其活動網絡》（臺北：聯經，2000），第二章。
3　曾品滄按照臺灣南北物產和耕作型態的差異，將全臺分成三種農業生產體系。〈從田畦到餐桌：清代臺灣漢人的農業生產與食物消費〉（國立臺灣大學歷史研究博士論文，2000），第三、四、五章。

臨衰退。[4]這個立論忽略了臺灣本身地域物產差異及清廷港口政策的演變，是否成立值得商榷。

　　1860 年代，臺灣開港之後，面臨所謂「交通革命」和「商業革命」的新變局。[5]過去的研究，特別強調洋行壟斷臺灣的對外航運和貿易，甚至造成臺灣傳統進出口貿易商人組織郊的沒落。[6]黃富三、林滿紅及葉振輝的研究，則以實證例子說明洋行在臺灣的發展事實上不如想像般順利，也經常遭遇困境，1880 年代之後華商勢力甚至常能與洋行相抗衡。[7]不過，除了競爭關係之外，洋行與華商之間，特別是與郊商之間的合作關係卻罕被討論。[8]又傳統港市與條約港市商人團體的遭遇是否相同，也

4　山本進，《清代の市場構造と經濟政策》（名古屋：名古屋大學出版會，2002），第六章，頁 134-156。

5　宮田道昭，《中国の開港と沿海市場：中国近代経済史に関する一視点》（東京：東方書店，2006），頁 23-24；Yen-ping Hao（郝延平）, *The Commercial Revolution in Nineteenth-century China：the Rise of Sino-Western Mercantile Capitalism.*（Berkeley：University of California Press, 1986.）

6　從日治時期的東嘉生到戰後的涂照彥、方豪以及卓克華等人之研究，大致如此主張。林滿紅和林玉茹對於 19 世紀郊並未沒落，已有詳細論證。詳見：林滿紅，〈清末大陸來臺郊商的興衰：臺灣史、世界史、中國史之一結合思考〉，《國家科學委員會研究彙刊》4：2（1994 年 7 月），頁 175-180；林玉茹，《清代竹塹地區的在地商人及其活動網絡》，第五章。

7　黃富三，〈清季臺灣外商的經營問題：以美利士洋行為例〉，收於《中國海洋發展史論文集》第 1 輯（臺北：中央研究院中山人文社會科學研究所，1984），頁 249-270；葉振輝，〈天利行史事考〉，《臺灣文獻》38：3（1987 年 9 月），頁 41-45；林滿紅，〈清末大陸來臺郊商的興衰：臺灣史、世界史、中國史之一結合思考〉，頁 173-193。

8　本文出版之後，李佩蓁的碩士論文和博士論文則針對洋行和買辦的關係進行研究，並提出「大買辦小洋行」的論點。李佩蓁，〈安平口岸的華洋商人及其合作關係：以買辦制度為中心（1865-1900）〉（國立成功大學歷史

仍須進一步檢證。再以清末出口商品而言，謝美娥的研究仍以
條約港的海關資料來概說全臺，並指出 19 世紀茶葉栽種的擴張
影響稻作，甚至以清末臺北盆地進口米的事實，主張 1870 年代
以後臺灣已經不再對外出口米。[9]然而，臺北的狀況是否可以適
用全臺呢？

　　此外，過去的研究強調，長期控制臺灣與中國內地貿易的
郊商是大陸商人，他們也控制了兩岸航運。[10]這個說法，或許是
清中葉以前或是部分大港口的實況，卻忽略了隨著臺灣各地經
濟的發展，本地資本蓄積的可能性。[11]尤其是 19 世紀末，臺灣
本地大紳商的出現及其在對外貿易所扮演的角色和意義，猶需
進一步檢視。

學系碩士論文，2011），〈條約制度與地方社會：十九世紀臺灣的華洋互
　　動、地方治理和官商關係〉（國立臺灣大學歷史所博士論文，2017）。

9　謝美娥，《清代臺灣米價研究》（臺北：國立編譯館，2008），頁 392-
　　394、400-406。近年來，林文凱和堀和生透過日治初期的貿易統計，已經
　　證明晚清臺灣不再出口米穀的說法不符合事實，林文凱甚至認為米穀是臺
　　灣出口最多的商品。林文凱，〈再論晚清臺灣開港後的米穀輸出問題〉，
　　《新史學》22：2（2011 年 6 月），頁 215-252；堀和生，《東亞資本主義
　　論》（京都市：ミネルヴァ書房，2008），第三章。

10　東嘉生著，周憲文譯，《臺灣經濟史概說》（臺北：帕米爾書店，
　　1985），第三章；林滿紅，〈臺灣資本與兩岸經貿關係（1895-1945）〉，
　　收於宋光宇編，《臺灣經驗：歷史經濟篇》（臺北：東大圖書股份有限
　　公司，1993），頁 87、90；林仁川，〈晚清閩臺的商業貿易往來（1860-
　　1894）〉，收於黃富三、翁佳音主編，《臺灣商業傳統論文集》（臺北：
　　中央研究院臺灣史研究所籌備處，1999），頁 127。

11　涂照彥最早注意到清末臺灣本地資本的實力，甚至認為日本領臺前臺灣商
　　人已經取代大陸商人。其論點仍待進一步的檢證。涂照彥，《日本帝国主
　　義下の台湾》（東京：東京大學出版社，1975），頁 379。

　　總之，本章認為清代臺灣並非一個同質區域，而有顯著的地域差異存在。隨著各地開發的先後完成，各自依其地域特性，以港口城市為中心形成規模不一的地域經濟體系，對外貿易型態也有所不同。19 世紀中葉臺灣開港，又帶來新的面貌與衝擊，條約港與傳統港市的貿易規模和型態差異更大。本章即以此際同時並存的條約港和傳統港市的雙重貿易機制為研究對象，以凸顯 19 世紀中葉臺灣貿易型態的多重性及其所形構的地域經濟體系。本章所謂的貿易型態，則主要從商人組織、商品、貿易網絡、投資以及資金融通等面向來觀察。以下先由港口的發展，呈現 19 世紀臺灣地域經濟的多樣性。其次，討論傳統港口城市的貿易型態，最後說明開港後條約港的貿易型態。

二、由正口到條約港

　　康熙 23 年（1684），臺灣納入清朝版圖之後，為了統治方便，實施臺灣府城（今臺南）的鹿耳門港（1830 年後稱安平港）與福建廈門的單一正口對渡政策。鹿耳門成為臺灣對外貿易的唯一窗口，島內沿岸各港按規定必須透過該港進出口商品。（圖 6-1）另一方面，這個政策也形塑了臺灣與中國大陸沿海地區基於比較利益原則的貿易分工機制。亦即出口臺灣的糖、米、油等農產品，再進口大陸沿海地區的布匹、紙、建材、瓷器等手工製品和日常用品，而形成所謂開發中地區與已開發地區區域分工的貿易模式。[12]

---

12 王業鍵，〈清代經濟芻論〉，收於王業鍵，《清代經濟史論文集》（臺

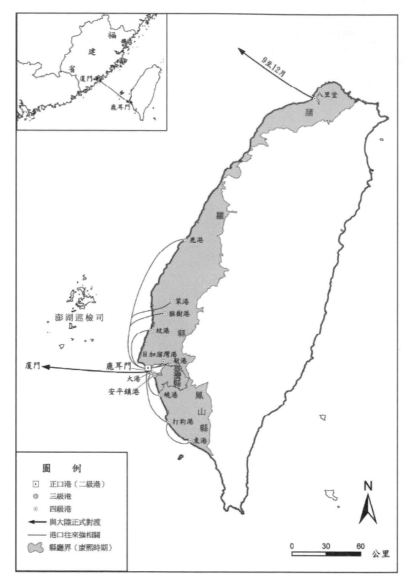

圖 6-1　1683-1710 年臺灣港口的貿易模式

　　清康熙、雍正年間，除了臺灣府城附近地區之外，各地大半處於未開發或開發中狀態。出口商品遂以臺灣縣（今臺南地區）旱園盛產的糖、油為大宗。[13]以糖為主要出口商品，基本上符合宮田道昭所指出，明末以來中國沿海地域市場圈逐漸形成福建與江南地區互相交換砂糖與棉花的貿易結構。[14]初編入福建省一府的臺灣府，配合府城周邊盛產糖的地域經濟特性，也被納入福建與華中的貿易分工體系中。然而，與福建不同的是，處於移墾狀態下的臺灣並非由江南地區進口棉花再加工，而是直接輸入絲綢布料、紙等日常用品。另一方面，由乾隆 28 年（1763）府城最先出現往上海以北貿易的商人組織北郊來看，[15]臺灣府治地區的糖顯然主要輸出至江南，直至道光年間其與華中、華北地區的糖貿易仍遠盛於中部的鹿港。[16]此外，雍正年間

<hr>

北：稻鄉出版社，2003），第一冊，頁 11-16。

13 清代臺灣縣地區的方志，均指出該地「糖為最，油次之」。直至 1897 年日本人的調查也指出，臺灣糖的產地主要集中於下淡水溪至濁水溪之間，即枋寮至彰化北斗之間。產量最大的是臺南縣和嘉義縣境內。李元春，《臺灣志略》（臺北：臺灣銀行經濟研究室，臺灣文獻叢刊「以下簡稱文叢」第 18 種，1958，1835 年原刊），頁 36；謝金鑾，《續修臺灣縣志》（文叢第 140 種，1962，1807 年原刊），頁 52；〈本島糖業調查書〉，「臺灣總督府公文類纂」，國史館臺灣文獻館，典藏號：00000181001，1897。

14 宮田道昭，《中國の開港場と沿海市場：中国近代経済史に関する一視点》，頁 19-22。

15 北郊的成立，詳見林玉茹，〈政治、族群與貿易：十八世紀海商團體郊在臺灣的出現〉，《國史館館刊》62（2019 年 12 月），頁 23-33。

16 根據黃叔璥《臺海使槎錄》（文叢第 4 種，1957，1736 年原刊，頁 21）之記載，康熙末年，臺灣、鳳山及諸羅三縣的蔗糖為「全臺仰望資生，四方奔趨圖息」，且主要輸出至江蘇。周璽《彰化縣志》（文叢第 156 種，1962，1830 年原刊，頁 290）記載：「（鹿港）間有糖船直透天津、上海

以前，臺灣尚延續鄭氏王朝時期的習慣，與日本長崎猶有貿易往來，主要輸出糖、鹿皮到日本，而由日本輸入銀、銅以及海產。[17]由此可見，清初在廈門和鹿耳門單一正口對渡政策運作下，船隻雖按例仍由兩港進出，[18]但是此時因最早開發的南部地區盛產蔗糖，出口市場卻不在福建，而是華中和日本。前述山本進僅以米穀流通來討論清初臺灣與福建、江浙的貿易關係，明顯地忽略了此際臺灣與江浙大多透過福建中介糖和絲綢布料的貿易分工現象。

　　乾隆年間之後，隨著漢人大量由福建和廣東移入，臺灣的中、北部進入積極拓墾狀態，乾隆末葉平原地帶大致開墾完成。中、北部地區以水田稻作為主，加以漳、泉及福州地區缺米嚴重，直接出口米到福建地區交換手工製品，符合兩地市場利益。因此，原來僅由鹿耳門出入的單口對渡政策，越來越不符合地方經濟發展後的實際需求，加以臺灣沿海航行不便又危險，各地港口直接走私、「偷漏」到大陸貿易的狀況日益明

等處者，未及郡治北郊之多」。

17 朱德蘭，〈清康熙雍正年間臺灣船航日貿易之研究〉，收於中華民國臺灣史蹟研究中心研究組編，《臺灣史料研究暨史料發掘研討會論文集》（高雄：中華民國臺灣史蹟研究中心，1987），頁 423-434；朱德蘭，〈清康熙年間臺灣長崎貿易與國內商品流通關係〉，《東海學報》29（1988 年 6月），頁 129-148；鄭瑞明，〈清領初期的臺日貿易關係〉，《臺灣師大歷史學報》32（2004 年 6 月），頁 43-87。

18 黃叔璥《臺海使槎錄》指出，蔗糖主要輸出至江蘇，但是必須先回廈門盤驗。周璽的《彰化縣志》也有類似記載：「鹿港泉、廈郊船戶欲上北者，雖由鹿港聚儎，必仍回內地各本澳，然後沿海而上。」亦即往天津、錦州的船，必須先回到福建正口，才又沿海北行。參見黃叔璥，《臺海使槎錄》，頁 21；周璽，《彰化縣志》，頁 23-24。

顯，同時也有不少大陸商船和漁船來到這些港口販運。乾隆 49
年（1784）和 53 年（1788），為了治安和地方經濟發展的考
量，清廷遂正式開放臺灣中部的鹿港與福建泉州蚶江、北部的
八里坌（今淡水八里，1820 年後改泊滬尾）與福州的五虎門直
接對渡，而形成北、中、南三個正口與福建貿易往來的型態。
（圖 6-2）原來壟斷全臺對外貿易的鹿耳門港的貿易量，因此大
受影響。嘉慶中葉，這三個區域性吞吐口及其商業貿易中心已
三足鼎立，成為臺灣三大港市，稱作「一府（府城）二鹿（鹿
港）三艋舺」。[19]不過，鹿港和八里坌以出口腹地內的米至福建
為主，鹿耳門則以出口糖至華中、華北地區居多。

　　道光 6 年（1826），由於山後的噶瑪蘭（宜蘭）開墾完
成，形成獨立的地域經濟體系，又開該地的烏石港為正口，與
福州五虎門對渡，米是主要出口商品。[20]另一方面，臺灣中部地
區發展迅速，單鹿港一口已不敷實際需求，加以臺運官穀到福
建之需，[21]遂新開海豐港（又稱五條港，今雲林縣麥寮）一口，

---

19 林玉茹，《清代臺灣港口的空間結構》，第六章。
20 柯培元的《噶瑪蘭志略》和陳淑均的《噶瑪蘭廳志》均記載：「蘭中惟
　　出稻穀」。柯培元，《噶瑪蘭志略》（文叢第 92 種，1961，1837 年原
　　刊），頁 116；陳淑均，《噶瑪蘭廳志》（文叢第 160 種，1963，1852 年
　　原刊），頁 196。
21 臺運是指自雍正 3 年實施的臺灣官方運到福建的兵米、眷米以及平糶米制
　　度。其定義參見：吳玲青，〈清代中葉台湾における米と銀：台運と台餉
　　を中心として〉（東京大學大學院人文社會系研究科文學部博士論文，
　　2009），頁 3。其運作和興衰參見：王世慶，〈清代臺灣的米產與外銷〉，
　　收於王世慶，《清代臺灣社會經濟》（臺北：聯經，1994），頁 103-106；
　　高銘鈴，〈清代中期における臺運体制の実態についての一考察〉，《九
　　州大学東洋史論集》29（2001 年 4 月），頁 88-115。

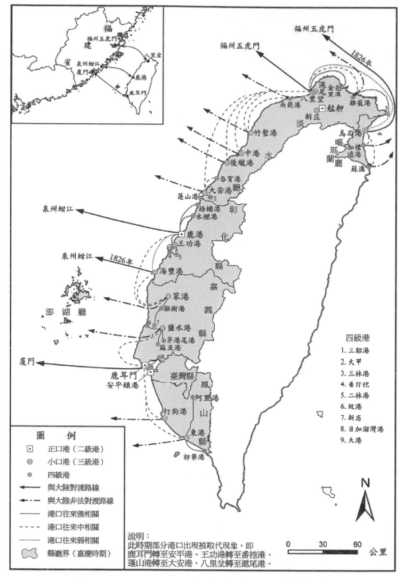

圖 6-2　1784-1830 年臺灣港口的貿易模式

成五個正口與中國內地對渡。[22]（圖 6-3）

　　清初至嘉慶年間，為了海防控制和臺運之需，兩岸正口限渡政策大抵較嚴格執行。1830 年代之後，清廷對於沿海港口的管理漸趨鬆弛，正口的貿易網絡也日益擴大。以鹿港為例，周璽的《彰化縣志》記載了道光初年的明顯變化如下：

> 鹿港，泉、廈商船向止運糴米、糖、粄油、雜子，到蚶江、廈門而已。近有深滬、獺窟小船來鹿者，即就鹿港販買米、麥、牛骨等物，糴往廣東、澳門、蔗林等處。回時買廣東雜貨、鰱、草魚苗來鹿者，稱南船。[23]

由上可見，乾隆 49 年開鹿港與泉州蚶江對渡，乾隆 55 年（1790）又奏准廈門白底艍可以逕渡鹿港之後，[24]該港的主要貿易地點僅侷限於福建的蚶江和廈門。然而，1830 年代初期，泉州各小港的船隻已經常來鹿港貿易，甚至回航至廣東、澳門等地。另一方面，「四、五月時，船之北上天津及錦、蓋諸州者漸多」。[25]很明顯地，道光初年，原來的正口對渡限制已漸放

22　五條港主要作為鹿港的輔助港、配運官穀而開為正口。道光末年，五條港泊船條件不佳，改以南邊的下湖口（又稱樹苓湖）出入。林玉茹，《清代臺灣港口的空間結構》，頁 229-230、248；五正口的開設與興衰，參見：陳國棟，〈清代中葉臺灣與大陸之間的帆船貿易：以船舶為中心的數量估計〉，《臺灣史研究》1：1（1994 年 6 月），頁 55-96。

23　周璽，《彰化縣志》，頁 24-25。

24　〈戶部「為內閣抄出閩浙總督覺羅伍拉納奏」移會〉，收於臺灣銀行經濟研究室編，《臺案彙錄丙集》（文叢第 176 種，1963），頁 257-258。

25　周璽，《彰化縣志》，頁 23；在《噶瑪蘭廳志》也有類似記載。亦即 1830

寬，兩岸商船的貿易網絡也逐漸向中國沿海南、北兩地延伸。道光 23 年 12 月（1844），清廷為了避免「走私漏稅」之弊，進一步化暗為明，正式開放浙江的寧波、乍浦與臺灣貿易。[26]至此，打破了清初以來長達 160 年臺灣與福建的正口對渡貿易制度，臺灣與華中的直接貿易終於合法化、體制化。

　　清中葉之後，臺灣各地的開墾趨勢，亦已由平原朝向丘陵地發展，村莊、街市紛紛出現，地域經濟體系逐漸成形。因此，除了 5 個正口作為各區域的吞吐口之外，其下各地區又發展出小吞吐口，如竹塹港、中港、後壠港、大安、北港、鹽水港、打狗港，以及東港。（圖 6-3）[27]這些港口除了按官方規定透過最接近的正口進出口商品之外，嘉慶、道光年間以降，大陸商船為了規避臺運米穀配累，已常直接來港貿易或是偷漏商品出去，而被稱為「私口」或是「私港小口」。[28]然而，隨著前述道光中葉日趨寬鬆的港口政策、臺運米穀逐漸改為折色（米穀折銀）、[29]因應各地經濟發展與民生用品之需，以及地方衙門

年代噶瑪蘭對外貿易網絡已經分成往江、浙、福州的北船，往廣州的南船以及往漳、泉、惠、廈的唐山船。陳淑均，《噶瑪蘭廳志》，頁 196-197。

26 不過，臺灣與上海的直接貿易，仍被禁止。臺灣銀行經濟研究室編，《清宣宗實錄選輯》（文叢第 188 種，1964），頁 501。

27 清代臺灣沿岸港口泊船條件變化不定，這些小口及其演變，見：林玉茹，《清代臺灣港口的空間結構》，第六章、第七章。

28 姚瑩，《東槎紀略》（文叢第 7 種，1957，1832 年原刊），頁 61、111。

29 清代臺灣港口政策嚴正口對渡之制的重要理由是為了臺運米穀至福建各府。道光初年以來，清廷因成效不彰，先將眷穀改為折色；道光 21 年，兵米、兵穀又採一半折色。中央研究院歷史語言研究所編，《明清史料》戊編（臺北：中央研究院歷史語言研究所，1953-1954），第 10 本，頁 990-991。有關臺運與港口開放問題，詳見本書第一章。

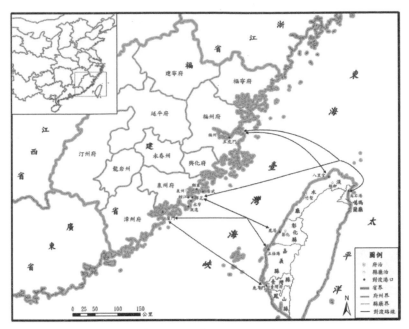

圖 6-3　臺灣與福建的五正口對渡網絡

可以徵收船隻規費等因素，使得道光末年至同治年間地方廳縣
逐漸開放沿海私口與大陸內地港口貿易，大多稱作「小口」。[30]
對外貿易的地點，也不再限制在福建地區，可直透至中國大陸
沿海各地。[31]日治初期，仍沿襲舊慣，於全臺選擇 8 個港口條件

30　這些小口後來比照正口，設置文武口管理。小口開放的論證，參見本書第
　　一章。

31　事實上，由於貿易船隻大多屬於福建商人所有，清初以來其航運路線即可
　　能隨其貿易目的而往中國沿岸南北各港活動。

較為優越的港口，設為「特別輸出港」。[32]

　　另一方面，1840 年，中英鴉片戰爭之後，中國被迫開啟自由貿易體制，[33]西洋船隻開始頻繁往來貿易。臺灣的基隆因生產煤礦，偶有洋船來此補給。咸豐元年（1851），洋船已經直接至滬尾、基隆貿易。[34]1850 年代中葉，西洋商人更與臺灣地方官員私下協商，在打狗違法開設洋行貿易，或是到中、北部收購樟腦、土產。[35]咸豐 10 年（1860），終因中英、中法天津條約和北京條約，正式開臺灣（臺南安平）、淡水兩個港口為條約港，打狗與基隆則是附口，洋船、洋商得以來此四口貿易。臺灣南部生產的糖、中北部生產的樟腦以及北部的茶葉，因是國際商品，主要由條約港輸出。其他傳統港口，一方面仍繼續

32 日治時期臺灣特別輸出港，包括：舊港、後壠、塗葛窟、鹿港、下湖口、東石港、東港以及媽宮。其設立過程，參見：蔡昇璋，〈日治時期臺灣「特別輸出入港」之研究〉（國立中央大學歷史研究所碩士論文，2007）、Lin Yuju, "Continuity and breakdown：Taiwan's customs service during the Japanese occupation, 1895–1945," *International Journal of Maritime History,* 29：4（2017）, pp. 855-874.

33 杉原薰指出，19 世紀中葉在西方壓力之下中國各口岸陸續被迫開港，而開啟自由貿易體制，稱為「被迫的自由貿易 forced free trade」。不但與西方國家間的貿易增加，同時 1880 年代之後，亞洲間的貿易量也逐漸增加，關係更為密切。杉原薰，《アジア間貿易の形成と構造》（京都：ミネルヴァ書房，1996），頁 13-38；"An Introduction," in Kaoru Sugihara ed. *Japan, China, And the Growth of the Asian International Economy, 1850-1949,* （London：Oxford University Press, 2005）, p. 9.

34 《東瀛識略》載：「咸豐元年，即有洋船駛赴滬尾、雞籠貿易。」參見丁紹儀，《東瀛識略》（文叢第 2 種，1957，1873 年原刊），頁 55。

35 1850 年代，美商在臺灣各地的貿易，參見：黃嘉謨，《美國與臺灣（1874-1895）》（臺北：中研院近代史研究所，1979），第三章。

與中國沿海各地往來，甚至有帆船遠赴東南亞貿易；[36]另一方面也透過條約港進出口國際商品。換言之，19世紀中葉，依據港口規模與地域經濟發展程度之差異，臺灣形成南北兩個雙核心條約港、正口以及小口等三層港口系統，且彼此之間存在市場圈相互從屬，卻又各自直接對外貿易的分立關係。（參見圖1-1）每個港口的進出口商品和貿易網絡，也因地域差異而略有不同。大致上，條約港的貿易範圍擴及世界各地，傳統港口的貿易網絡雖然北至錦州、天津、寧波、上海，南至香港、東南亞，但是仍集中於福建各港。北部地區港口的貿易地點，以福州、泉州為主；中部以泉州為中心；南部地區則以廈門、汕頭居多。[37]

濱下武志指出，要理解海洋世界的運作原則，必須檢驗其政治、經濟以及文化因素的交互作用。[38]臺灣港口的發展，即充分受到國家政策、地方經濟發展以及原鄉商業網絡的影響。18世紀初到19世紀初，隨著區域經濟體系逐一建立，臺灣港口乃由一個正口發展到5個正口；同時各正口市場圈下的小口，也

36 開港之後，小口也至呂宋、新加坡等地貿易，詳見第一章。

37 戴寶村，《近代臺灣海運的發展：戎克船到長榮巨舶》（臺北：玉山社，2000），頁53-54；林玉茹，《清代竹塹地區的在地商人及其活動網絡》，頁52-53。又根據1897年的調查，臺灣與中國沿海帆船貿易的航線，大概以中部鹿港、梧棲為界，鹿港以南地區各港主要與泉州、廈門、汕頭各港貿易較頻繁；鹿港以北各港則多至泉州、福州及溫州。淡水、基隆以及蘇澳的帆船也常至寧波。大藏省理財局，《臺灣經濟事情視察復命書》（東京：忠愛社，1899），頁63-65。

38 Giovanni Arrighi, Takeshi Hamashita and Mark Selden eds., *The Resurgence of East Asia：500, 150 and 50 Year Perspectives,* （London：Routledge, 2003）, p. 21.

逐漸得以直接與中國大陸沿海貿易往來。1860 年開港之後，臺灣被迫納入世界經濟體系，但是除了條約港之外，傳統的正口和小口仍持續運作，一方面從屬於條約港市場圈內，有密切的國際商品交易；另一方面，也各自直接對外貿易，而形成一種地域間既從屬又分立的雙重貿易結構。臺灣港口城市則出現條約港和傳統港市兩種類型，貿易型態不大相同。條約港市深受西力和國際市場的制約；傳統港市則更受到原鄉商業網絡的影響。[39]以下分別說明兩種港市貿易型態的差異。

三、傳統港市的貿易型態

誠如前述，17 世紀末至 19 世紀，臺灣沿海曾經出現眾多大小不等的港口。其中，小口是地區性吞吐口，正口則是區域性大港口，常是地域經濟體系內最大市街。[40]因此，除了後來被開作條約港的臺南、淡水等條約港市之外，19 世紀中葉臺灣傳統港市可以分成正口型和小口型兩類。這兩種港市不僅規模不同，而且貿易型態也有所差別。以下主要以鹿港與竹塹港（又稱舊港）為例來說明。

鹿港是一個典型的正口型港口城市。早在乾隆 49 年（1784）官方設為正口之前，已經出現商人團體泉郊。郊是進出口商人或是同業商人的組織，在 1860 年開港之前，長期壟斷臺灣對外貿易。一個港市郊數的多寡，往往反映其市場規模。[41]

---

39 有關傳統港口貿易與原鄉商業網絡之關係，參見本書第七章。

40 林玉茹，《清代竹塹地區的商人及其活動網絡》，頁 33。

41 溫振華，〈淡水開港與大稻埕中心的形成〉，《國立臺灣師範大學歷史學

臺灣府城因最早出現郊、又是全臺最大城市，清末至少有 22 個郊。[42]鹿港則是臺灣中部最大港市，19 世紀初隨著商業貿易規模的擴大，郊分化更明顯，已出現所謂的「鹿港八郊」。[43]1830 年代，鹿港的對外貿易狀況，周璽的《彰化縣志》有如下記載：

> 遠賈以舟楫運載米粟糖油，行郊商皆內地殷戶之人，出貲遣夥來鹿港，正對渡於蚶江、深滬、獺窟、崇武者曰泉郊。斜對渡於廈門曰廈郊。間有糖船直透天津、上海等處者，未及郡治北郊之多。……其在本地囤積五穀者，半屬土著殷戶。[44]

由此可見，此時鹿港的郊商大多出口臺灣的米、砂糖及油到中國大陸，貿易網絡最遠至天津、上海，仍以泉州各港居多。另一方面，由於臺灣中部地區多水田，主要生產米穀，南部則因多旱園以種蔗較普遍，因此鹿港雖然也出口砂糖到華中、華北，出口量卻遠不如臺灣府城。郊的成員則以大陸商人為主，但是出口大宗米穀卻大半控制在本地商人手中。

　　直至 19 世紀末，鹿港因為港口條件不佳，並未開作條約港，然而仍是臺灣中部第一大港市。晚清雖然偶爾有官方輪船

報》6（1978 年 5 月），頁 249。

42　林玉茹，《清代臺灣港口的空間結構》，表 3-2。

43　這八郊是：泉郊、廈郊、布郊、糖郊、簸郊、油郊、染郊、南郊。張炳楠（王世慶撰），〈鹿港開港史〉，《臺灣文獻》19：1（1964 年 3 月），頁 36-37。

44　周璽，《彰化縣志》，頁 290。

來港運載樟腦至條約港，[45]但一直以傳統中式帆船作為主要交通
工具，並沒有出現條約港那種逐漸轉用輪船運輸的交通革命。[46]
對外貿易商品是米、糖、樟腦以及苧麻，尤以米穀為大宗，直
至日治初期尚佔出口量的 75% 左右。[47]貿易地點則以泉州各港、
廈門為中心，也偶有直透上海、寧波及香港的商船，但是與泉
州的貿易卻高達 90%。[48]（圖 6-4）由此可見，直至清末，以鹿
港為吞吐口的中部臺灣仍以米穀出口為主，貿易地點則更受原
鄉商業網絡的影響，集中於泉州地區。前述山本進和謝美娥有
關 19 世紀臺灣米穀出口的論點，顯然不成立。

　　由於米穀貿易始終最重要，促使擁有土地的米商得以進一
步涉足進出口貿易，成為在地郊商。因此，19 世紀末，鹿港的
郊是由大陸與鹿港商人共同組成。以泉郊為例，其主要由泉州
晉江商人和鹿港商人組成，不少晉江商人同時在泉州和鹿港開
張「聯財對號」的本店和支店。鹿港本地郊商則分成兩類，小
資本者經營九八行，也就是接受委託代賣和代買商品，而收取
2%的佣金；資本較為雄厚的，就自己購置船隻成為船頭行，直

45 "Tainan Trade Report for 1890", in Robert L. Jarman, ed. Taiwan Political and
   Economic Reports, 1861-1960, Vol.4 1886-1893（Slaugh：Archive Editions
   Limited, 1997），p. 402.
46 輪船取代帆船變成主要運輸工具，詳見第八章。
47 臨時臺灣舊慣調查會編，《調查經濟資料報告》上卷（東京：臨時臺灣舊
   慣調查會，1905），頁 40-41。又根據 1896 年揀東上堡總理林振芳的估
   計，清末臺灣縣（臺灣中部）轄下諸港每年出口米穀視豐歉而定，大概
   在 50 餘萬石至 70 餘萬石之間。〈東堡總理林振芳等申報當地米穀產銷情
   形〉，收於臺灣銀行經濟研究室編，《劉銘傳撫臺前後檔案》（文叢第 276
   種，1969），頁 245。
48 〈鹿港風俗一斑〉，手稿本，1896。

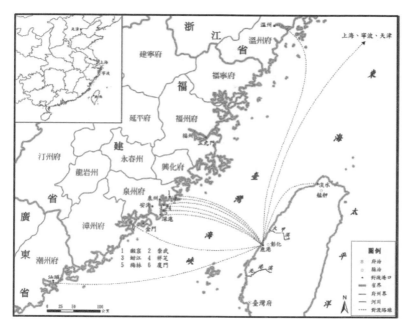

圖 6-4　19 世紀鹿港的對外貿易網絡

接航行兩岸貿易。[49]

　　其次，由於鹿港是正口，腹地範圍涵蓋整個中部區域，貿易規模較大，因此逐漸發展出與泉州固定商號之間的委託貿易制度。[50]亦即，兩地商號透過同鄉、親友或是多重的合夥投資關

49　詳見本書第七章。又根據 1896 年 11 月的調查，臺灣人所有的中式帆船共4,816 艘，其中往來於中國沿海的有 630 艘。大藏省理財局，《臺灣經濟事情視察復命書》，頁 63。這個數據也顯現，清末兩岸貿易船隻並非如過去所言，完全掌握在大陸商人手中。

50　這裡的委託貿易制度與一般單向的委託買賣稍有區別，其指不同港口的兩個固定郊行之間，互相代買和代賣商品的商業行為。參見第七章。

係，建立商業信用，而互相代理商品買賣，交換市場行情和各種情報，以合作策略共同追求最大利益。以鹿港謙和號為例，該號即使由上海、廈門地區進口商品，也委由泉州的豐盛號居間代理。[51]這種委託貿易制度也出現在臺灣府城和臺北。府城主要與廈門、寧波商號；臺北則與福州和鎮江商號互相委託代理商品買賣。[52]

　　鹿港郊商為了控制出口商品米穀，也透過收購或是拓墾土地來確保商品的取得。因此，購置土地並非像過去一般所言，只是為了保值，而影響商業的進一步投資。事實上，這些商人深諳多元投資之道，一方面將多餘的資金經營放貸業，賺取高利；另一方面，則廣泛投資其他商號。值得注意的是，他們合夥投資的對象，不限於鹿港地區，而與泉州商號相互插股，或是共同合夥投資其他商號。[53]鹿港商人與泉州商人之間密切的合夥投資關係，卻是在小口型港市較少見的現象。

　　儘管如此，鹿港郊商以中小規模居多，兩岸的貿易量也沒有條約港的國際商品來得大，因此資金往來除了現金之外，大多以親友、同鄉及合夥關係建構出的商業信用為基礎，透過幾個商號之間相互對帳、過帳的交互計算方式，或是透過泉、鹿兩地本分號之間的匯兌，而解決彼此的財務關係。因此，鹿港始終沒有出現在中國內地相當流行的錢莊、票號等金融機構，商人之間的交

51　詳見本書第七章。

52　臨時臺灣舊慣調查會編，《臺灣私法附錄參考書》第三卷下冊（神戶：臨時臺灣舊慣調查會，1902），頁 158-169。

53　詳見本書第七章。

易也少見錢莊經手。[54]林滿紅所指出，臺灣郊商對於中國山西票號和錢莊資本的依賴，[55]並未出現在這種傳統型港市。

　　與正口型港市相較，小口型港市的貿易型態更為簡單。以一直是竹塹地區吞吐口的竹塹港（後稱舊港）為例，在道光末年開為小口之前，其主要是一個島內沿岸貿易港，大多透過最近的正口來進出口商品，亦即 18 世紀末以前與鹿耳門、之後則與八里坌往來密切。[56]清中葉竹塹港的貿易狀況，沒有文獻可證，但成書於道光 14 年（1834）、世居竹塹城外鄭用錫的《淡水廳志》，描述當時淡水廳的貿易情況如下：[57]

　　淡廳貨之大者，莫如油、米，次麻、豆，次糖、菁；至茄藤、薯榔、通草、藤、芛之屬，多出於內山，樟腦、茶葉惟淡北內港始有之，商人催船裝載，擇內地可售之處，本省則運至漳、泉、福州，往北則運至乍浦、寧波、上海，往南則運至蔗林、澳門等處，幾港路可通者，無不爭相貿易。[58]

---

54 詳見本書第七章。。

55 林滿紅，〈清末大陸來臺郊商的興衰：臺灣史、世界史、中國史之一結合思考〉，頁 184-185；林滿紅，〈臺灣學者論近代華商歷史〉，收於中村哲編，《東亞近代經濟的形成與發展》（臺北：中央研究院人文社會科學研究中心亞太區域研究專題中心，2005），頁 41。

56 林玉茹，《清代竹塹地區的在地商人及其活動網絡》，頁 45-52。

57 鄭用錫是開臺進士，出身有名的新竹鄭家，其家族經營郊行多達 5 家，日治初期是僅次於板橋林家、霧峰林家的望族。參見：林玉茹，《清代竹塹地區的在地商人及其活動網絡》，附表 2。

58 鄭用錫著、國立中央圖書館臺灣分館藏，《淡水廳志》（手稿影本，1834），頁 106。

　　這條資料雖然不一定描述的是竹塹港的出口貿易狀況，但很明顯的，臺灣北部地區出口物產又與鹿港略有不同。19 世紀初，該地域是以油、米、麻、豆、糖及藍靛為主要出口商品。貿易網絡北至乍浦、寧波，南至澳門。

　　1855 年，洋商已經私自運鴉片和銀塊到竹塹港的輔助港香山港販賣，再載運樟腦、米回香港。[59]臺灣開港之後，竹塹港仍納入淡水市場圈中，與淡水港互動密切，但也直接與中國沿海各地貿易，貿易網絡甚至遠達新加坡。[60]19 世紀末，該港的出口商品是以米、糖、樟腦、苧麻以及茶為主。與中國沿岸貿易地，北至天津南至香港，但是互動最為頻繁的地區依序是泉州和福州，特別是泉州惠安縣的獺窟、頭北，晉江縣的祥芝、永寧、深滬以及馬巷廳的蓮河。[61]（圖 6-5）由此可見，清末中北部小口型傳統港市的貿易網絡，已經大幅放寬，甚至突破原來中國沿海貿易圈的界線，遠向東南亞貿易，但是核心貿易圈仍集中於福建，尤以泉州地區居多。

　　19 世紀初期，竹塹港出現塹郊，一個以「竹塹」為名、在地商人為主組成的商人團體。塹郊成員，大半是乾隆末年已來到竹塹落地生根的商號，嘉慶中葉之後成為在地大郊商。或許

---

59 黃嘉謨，《美國與臺灣》，頁 93-104。

60 Robert L. Jarman, ed. *Taiwan Political and Economic Reports, 1861-1890,* Vol.1, *1881-1875*（Slaugh, UK：Archive Editions Limited, 1997），p. 114. 清末小口港貿易網絡擴及日本和東南亞的例子不少，如中港也與英國殖民地和呂宋貿易。〈中港ヲ開港場トナスハ詮議ニ及難シ〉，「臺灣總督府公文類纂」，國史館臺灣文獻館，典藏號：00004613015，1899。

61 林玉茹，《清代竹塹地區的在地商人及其活動網絡》，頁 50-52、56、71。

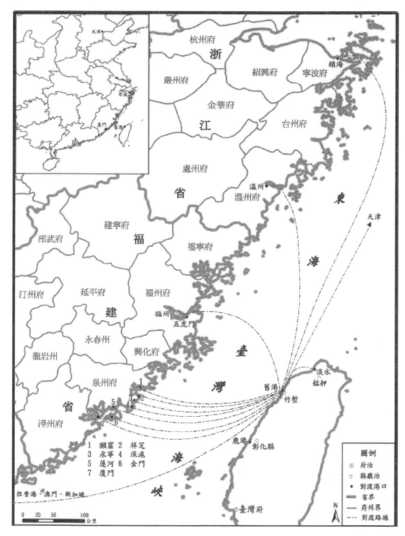

圖 6-5　19 世紀竹塹港的對外貿易網絡

由於竹塹港的貿易規模更小，導致大陸商人較少像鹿港一般直接插手兩岸貿易，而由在地商人主導。因此，竹塹港最先出現的是散郊戶。他們最初大多在港口與來自臺灣或是中國大陸沿岸的商船交易；一旦地方開墾完成，商品進出口量更多之後，為了共同雇船貿易和負擔地方公務，以在地郊商為首組成郊。不過，不像鹿港、臺灣府城以及艋舺等區域性大港市有各種類型的郊，竹塹地區長期以來僅有塹郊，直至 19 世紀末因樟腦貿易興盛才出現腦郊。[62]郊數少，特別是只有一個郊，是這些小口型港市的共同特徵。另一方面，在地郊商大多經營九八行，少有船頭行，因此常共同雇用船隻到大陸沿岸貿易，或是等待大陸商船和漁船來此交易。以出海（類似今日船長）負責到外地港口買賣商品的「整船貿易」，[63]是這些小口型港市的主要貿易機制，而似乎較少出現鹿港那種兩岸商人互相合作的委託貿易制度。[64]

　　竹塹在地郊商與中國大陸商人之間顯然甚為疏離，遠不如鹿港郊商密切，不但雙方商號沒有發展出委託貿易制度，且鮮見兩地商人之間的合夥投資關係。北港地區北郊成員資生號的

---

62 林玉茹，《清代竹塹地區的在地商人及其活動網絡》，第五章。

63 整船又分成自辦和配隨船，參見：臨時臺灣舊慣調查會編，《臺灣私法附錄參考書》第三卷下冊，頁 413-414。

64 黑谷了太郎，〈戎克船に關する調查〉，《財海》36（1909 年 5 月），頁21。在 1896 年東石港的調查中，指出該地有由船長全權負責買賣的整船貿易和透過信用的委託買賣兩種型態。但是後者主要是九八行接受大陸來船委託代為買賣商品，與鹿港地區兩地固定商號之間的委託貿易制度不同。〈東石港開港ニ付取調ノ件〉，「臺灣總督府公文類纂」，國史館臺灣文獻館，典藏號：00009765005，1898，頁 112-141。

經營模式，再度證明小口型港市在地郊商的貿易與投資關係。
同治年間左右開張的資生號，與前述鹿港謙和號一樣，均透過
收購土地、種植甘蔗來取得商品，同時委託嘉義、斗六等地的
中間商收買苧麻、米等農產品，並與其他郊行交換進口貨品。
資生號是九八行，再委託船隻到臺灣各港或是大陸各地銷售，
採取整船貿易機制。不過，有時也為大陸的郊行販賣棉花，收
取佣金。開港之後，洋商紛紛來臺做生意，部分郊商也與洋行
合作，代為收購土貨。光緒年間，資生號即幫英商唻記洋行
（Wright & Co.）購買蔗糖、麻等貨物。[65]顯然，郊商與洋行之
間，並非如過去的刻板印象，只有競爭關係。在傳統港市的郊
商，不但沒有受到洋行的挑戰，甚至因國際自由貿易的展開，
獲得代理洋行收購土產的新商機，朝向買辦化發展。

　　此外，19 世紀末，資生號的出口商品是糖、米、芝麻、菜
豆、油粕（花生和芝麻榨油後的油糟）以及鴉片。1895 年，鴉
片主要運銷到天津，是該商號獲利最豐的商品。[66]由此可見，臺
灣商人不但重商趨利取向極為明顯，且相當靈活，能迅速反映
市場需求。另一方面，清末南臺灣已經自行生產鴉片，並向中
國沿海輸出。[67]

---

65 沈昱廷，〈清代郊行研究：以北港資生號為例〉，收於逢甲大學歷史與文
　物管理研究所，《臺灣古文書與歷史研究學術研討會》（臺中：逢甲大學
　出版社，2007），頁 102-110。

66 沈昱廷，〈清代郊行研究：以北港資生號為例〉，頁 113-114。

67 晚清臺灣鴉片的生產和貿易，參見：蔡承豪，〈探查、擬策與嘗試：日治
　前期臺灣罌粟的調查與經營〉，《臺灣史料研究》43（2014 年 6 月），頁
　25-60。

　　就投資關係而言，資生號並不像鹿港郊商一般，與大陸商人有頻繁的合夥投資關係。他們僅投資南臺灣本地的商號，如北港街的船頭行、當舖、糖廊、油車（榨油工場）；嘉義的糖行、布舖、洋貨生理舖，以及臺灣府城的布店。[68]顯然，除了部分在兩岸從事協力貿易的家族之外，[69]北港郊商相當善用商業資本進行多角化投資，以追求最大利潤，但對象侷限於臺南至北港之間的區域性市場圈內，較少如鹿港郊商一般跨足對岸。

　　總之，相對於條約港，傳統港市的貿易規模普遍不大，郊商大多是中小業者居多。正口型港市郊的分化明顯，郊數較多，郊由大陸商人與在地商人組成，雙方並發展出委託貿易制度。小口型港市則大半僅有 1 個郊，主要由在地商人組成，且採取整船貿易策略，與對岸商人關係較為疏離，罕見彼此的合夥投資關係。這些傳統港市的貿易範圍，雖然北至中國東北、南及廣東，甚至遠達東南亞和日本，但是核心貿易區仍以具有易達性、原鄉網絡的福建地區為主。另外，直至 19 世紀末，郊仍然控制著這些傳統港市的進出口貿易，且不斷因應市場需求出現新郊，再度證實郊並未因為洋行的打擊而衰落。反之，清末國際自由貿易的展開，為這些傳統港市的在地郊行帶來了代理洋行收購土產的新商機，甚至朝向買辦化發展。

68　沈昱廷，〈清代郊行研究：以北港資生號為例〉，頁 119-122。

69　這種由家族各房分居兩地協力經營貿易的型態，可以泉州晉江東石的蔡氏家族和泉州黃氏家族為例。他們分別經營泉州與臺灣的笨港、鹿港間之貿易，由各房成員分居兩地，各自經營郊行，相互代理商品買賣，並採用信用抵款的交互計算方式來處理彼此的財務關係。參見：陳支平，《民間文書與明清東南族商研究》（北京：中華書局，2009），第二章、第三章。

四、條約港的貿易型態

　　1860 年臺灣開港之後，形成淡水－基隆、安平－打狗南北兩個雙核心條約港，大致以鹿港為界，將全島瓜分成兩大市場圈；對外貿易圈則由中國沿岸擴張到全球，而被納入世界經濟體系中。[70]臺灣出口的國際商品，以茶、糖、樟腦及煤炭為主，大多從產地集中到條約港，船運到對岸的廈門和香港後再轉口輸出，[71]少數直接出口至世界各地。以茶而言，90%的茶葉輸往美國，5%至英國。美國顯然早在 19 世紀末葉已經是臺灣重要的出口國。糖則由原來的華北、華中市場，擴大到日本、澳洲、歐洲、美國；1880 年代後，逐漸集中出口至日本與華北市場。樟腦出口至德國、法國、英國、美國以及印度。[72]進口貨物則以鴉片、紡織品、金屬以及雜貨為主。鴉片是進口大宗，一度達到進口總額的 80%。[73]這些進口商品也透過兩個條約港分配到島

70　林玉茹，《清代臺灣港口的空間結構》，頁 261、315-317。

71　以茶為例，由於產地主要集中在北部，特別是臺北盆地，因此大多由淡水港輸出。但因該港非良港、沒有電報以及相關出口設備，因此主要出口至廈門，再轉運到美國、英國等地。臺灣烏龍茶有 90%透過廈門轉運至美國、英國。溫振華，〈淡水開港與大稻埕中心的形成〉，頁 261；林滿紅，《茶、糖、樟腦業與臺灣之社會經濟變遷，1860-1895》（臺北：聯經，1997），頁 21-22。

72　Man-houng Lin, "Economic Ties between Taiwan and Mainland China, 1860-1896：Strengthening or Weakening?," *Tradition and Metamorphosis in Modern China, Symposium in Commemoration of Prof. Liu Kwang-ching's 75th Birthday*（Taipei：the Institute of Modern History, Academia Sinica, 1998），pp. 1067-1068.

73　戴寶村，《清季淡水開港之研究》（國立臺灣師範大學歷史研究所，

內其他重要港口。以 1891 年北部的沿岸貿易為例，外國進口商品由淡水和基隆兩港運到鹿港、梧棲、大甲、吞霄、後壠、竹塹、南崁、三貂以及宜蘭等傳統港市銷售。[74]

即使以與中國沿岸的貿易而言，貿易範圍也大幅改變。以淡水港為例，傳統帆船貿易時期，以至福州和泉州貿易居多；[75]開港之後，主要進口貿易區依序是上海、廈門、汕頭、牛莊、福州、打狗、煙臺、寧波；出口貿易區則依序是廈門、香港、上海、汕頭、福州、天津、寧波、打狗。[76]很明顯地，由於條約港漸用輪船作為運輸工具，沒有傳統中式帆船遠程航行的種種限制，而突破過去正口港市時期以福建為主的貿易圈，與華中、華北及廣東有更頻繁的貿易關係。臺灣南北兩個口岸的貿易，也因輪船定期航線的出現，互動更密切。

開港帶來了新契機與變化，也造就了南北兩大城市由傳統正口港市進一步躍升為國際港市。特別是 1870 年代後，北部臺灣因茶葉貿易大興，大稻埕趁勢興起。1869 年之前，大稻埕仍只是一個小聚落，1895 年卻已躍居臺灣第二大城市，僅次於臺南（原臺灣府城）。這是由於原來淡水港的商業中心艋舺排外

1984），頁 172-173。

74 'Trade Reports and Returns, Tamsui, 1891'，收錄於黃富三、林滿紅、翁佳音編，《清末台灣海關歷年資料》（臺北市：中央研究院臺灣史研究所籌備處，1997），總頁 913-916。

75 傳統中式帆船的貿易範圍和頻率，相當受到季候風的影響。以 1891 年淡水港中式帆船為例，進出口地點依序來自泉州、寧波、福州以及廈門等地。吉井友兄，《臺灣財務視察復命書》（東京：大藏省印刷局，1896），頁276。

76 戴寶村，《清季淡水開港之研究》，頁 173。

意識強烈，泊船條件變差，茶加工地點又設在大稻埕，導致大
稻埕逐漸變成北臺新商業中心。[77]大稻埕可說是西力衝擊下的新
興港市。

　　大稻埕的貿易型態與傳統港市差異甚大。首先，1869 年
臺灣茶才進入國際市場，不但逐漸取代福建茶的地位，且引
入 19 世紀在福州發展出來的洋行內地購買茶葉和預付茶款制
度。[78]1872 年，為了經營茶業，有 5 家洋行陸續在大稻埕設立據
點。這些洋行大部分只是分行，本行則設在廈門或香港。[79]洋行
的出現，代表西方資本的進入。他們首先向外國銀行貸款，然
後透過媽振館或直接提供資金給臺灣本地的茶館（又稱茶行、
埔家館、茶莊），茶館再用預付金制度向茶販、茶農預買茶
葉，來確保茶葉之取得。[80]

77　溫振華，〈淡水開港與大稻埕中心的形成〉，頁 245。

78　十九世紀福建茶葉貿易的發展與資本結構，參見：陳慈玉，《近代中國茶
　　葉的發展與世界市場》（臺北：中央研究院經濟研究所，1982），頁 47-
　　69、183-195。

79　這 5 家洋行是寶順洋行（Dodd & Co.）、德記洋行（Tait & Co.）、怡記
　　洋行（Elles & Co.）、水陸洋行（Brown & Co.）以及和記洋行（Boyd &
　　Co.）。其中，只有英商和記洋行曾將總部設在臺北，分行設在廈門。至
　　1895 年，變成德記、和記、水陸、Douglas 以及怡和（Jardine Matheson）
　　等 5 洋行。1895 年日本割臺後，水陸洋行結束營業，1901 年 Douglas 洋行
　　破產。J. W. Davidson, *The Island of Formosa：Past and Present*（London；
　　New York：Macmillan；Yokohama：Kelly & Walsh, 1903），PP. 389-396；
　　臺灣銀行總務部調查課編，《臺灣烏龍茶／概況竝同茶金融上／沿革》
　　（臺北：臺灣銀行總務部調查課，1912），頁 37、52-53。

80　林滿紅，《茶、糖、樟腦業與臺灣之社會經濟變遷，1860-1895》，頁
　　105-107。又在廈門提供臺灣烏龍茶資金的外國銀行是香港上海銀行（The
　　Hongkong and Shanghai Banking Corporation，之後的匯豐銀行）和中華銀

　　媽振館，又作馬振館，源自英文 merchant，是因應臺灣茶葉轉口至廈門而產生的新興商業機制，在原來福建茶葉的產銷制度中不曾出現。他們是從洋行借來資本，再貸款給茶館取得茶葉，並將茶葉運至廈門出售，賺取中間利差。1893 年至 1894 年，臺北約有 20 家媽振館，資本多者 4、5 萬圓，少者 5,000 圓，經營者是廣東、廈門以及汕頭人，尤以廣東人最多。[81]由媽振館輸出至廈門的茶葉大概佔總額的 1/3。[82]由大陸商人，特別是廣東商人所控制的媽振館，顯然在臺茶轉口至廈門的貿易上佔有一定地位。

　　北部茶業的發展，洋行在技術和資金上扮演重大的角色。不過，因茶產地分布在臺北、桃園、新竹、宜蘭及部分苗栗地區，尤以臺北盆地最重要，[83]外商影響的地域也以臺北為核心，越向外圍越薄弱。另一方面，1875 年代之後，大陸資本和臺灣資本的地位也越來越重要，1880 年代之後更凌越外商，控制臺

行。香上銀行大概佔有市場資金的九成以上。其銀行提供的預付金利息為年利六分，是一般利息的二分之一，相當低廉。臺灣銀行總務部調查課，《臺灣烏龍茶ノ概況竝同茶金融上ノ沿革》，頁 51-52。

81　較大的媽振館有廣東人經營的忠記、德隆、鈿記、蔭記、安太以及英芳；汕頭人經營的隆記以及廈門人經營的瑞雲。日本領臺後，1897 年臺北有 23 家媽振館，資本大者 20 萬圓，小者 7,000 圓左右。之後，由於洋行直接將主力轉至臺北，媽振館逐漸失去原先中介者的角色，至 1907 年幾乎已經消失。臺灣銀行總務部調查課，《臺灣烏龍茶ノ概況竝同茶金融上ノ沿革》，頁 55、57。

82　「臺灣ニオケル金融景況調查」，「臺灣總督府公文類纂」，國史館臺灣文獻館，典藏號 00000188015，1897。

83　林玉茹，《清代竹塹地區的在地商人及其活動網絡》，頁 69-71。

茶的島內和島外產銷市場。[84]南部口岸也有相同情形。洋行最早在打狗設立，[85]以便經營當時臺灣最重要的國際商品糖。然而，糖早自荷蘭時代已經是臺灣重要的出口商品，郊商長期控制其對外貿易，因此在製糖技術沒有大幅突破之前，洋行很難具有如北部茶業般舉足輕重的地位。開港初年，即有幾家洋行倒閉或是撤出。[86]1885 年，由於糖貿易集中到日本及華北，使得南部洋行勢力更為衰微。在打狗買糖，必須受到南部最大糖商順和行（1887 年之後為和興公司）的制約和競爭，在臺南則受到糖郊的抗衡。[87]

---

84 林滿紅，《茶、糖、樟腦業與臺灣之社會經濟變遷，1860-1895》，頁 107-109。以北部茶館為例，1876 年在 39 家茶館中，有 19 家是本地商人開設，5 家廣東人、14 家廈門、1 家汕頭；'Trade Reports and Returns, Tamsui, 1876'，收錄於黃富三、林滿紅、翁佳音編，《清末臺灣海關歷年資料》，總頁 249。在 1895 年以前，70%由漳、泉商人經營，30%由廣東人經營，僅有一、兩家由本地人經營。不過，所謂漳、泉商人有不少應是臺灣商人；1895 年之後，與匯單館相同，大陸商人勢力大幅衰退，本地商人經營的茶館迅速增加。臺灣銀行總務部調查課，《臺灣烏龍茶ノ概況竝同茶金融上ノ沿革》，頁 28-29。

85 1854 年至 1857 年間，美商 William M. Robinet 在臺灣道特許之下，最先在打狗設立洋行。參見：黃富三，〈清代外商之研究：美利士洋行〉（上），《臺灣風物》32：4（1982 年 12 月），頁 133；之後，南部洋行的設立和倒閉不斷。1897 年，在安平的洋行有德記洋行、怡記洋行、東興洋行、唻記洋行、美打洋行、邦記洋行以及順記洋行。在打狗則有德記洋行、怡記洋行、東興洋行以及唻記洋行。這些洋行的本店在廈門，僅置代理店在臺灣，安平洋行的資本額 2、30 萬圓；打狗則 10 萬圓以下。〈本島糖業調查書〉，頁 93-94。

86 葉振輝，〈天利行史事考〉，頁 42-43。

87 林滿紅，《茶、糖、樟腦業與臺灣之社會經濟變遷，1860-1895》，頁 118-122。1897 年臺灣總督府的糖業調查也指出：中國商人、臺灣商人及外商均

　　另一方面，洋行與條約港郊商之間，並非只有競爭關係。在臺南，洋行勢力較打狗地區大，原來的三郊商人不少成為洋行的代理店，代為蒐購土產，再交由洋行對外輸出。[88]即使在打狗勢力最大、承繼順和行的和興公司，其總家長（類似今日的總經理）陳中和也同時擔任唻記洋行的買辦。[89]亦即，與傳統港市相同，由於國際貿易的展開，貿易規模和貿易圈大幅擴張，即使條約港的郊行或貿易商也與洋行建立委託代理的合作關係。

　　除了洋行和媽振館之外，臺北地區首先出現傳統中國式的金融機構錢莊、匯單館（又稱匯兌館）以及匯兌局。匯兌局，又稱官銀局，於光緒 14 年（1888）設立，以經營各衙門的官銀匯兌交易為主，旁及貸款給有信用的官民或經手民間匯兌。[90]錢

涉足臺灣南部糖的出口，但是打狗地區在地商人勢力最大，安平則外商勢力較大。〈本島糖業調查書〉，頁 93。
88 根據 1897 年的調查，在安平的洋行代理店共有寶記等 30 家商號，包括臺灣商人和大陸商人。與清代碑文比對，其中至少有 20 家是臺南本地商號，其餘應為大陸商人。又 20 家臺南商號中，至少有 11 家確定是三郊成員，即晉豐寬、吉春、景祥、森泰、福人、金發利、崇德、源泰、東昌、寶順、順成。值得注意的是，根據調查，這些大陸商人是指在臺灣有店，店主來臺定居者。亦即洋行的代理商仍以臺灣商人為主。〈本島糖業調查書〉，頁 94-95；臺灣銀行經濟研究室編，《臺灣私法商事編》（文叢第 91 種，1961），頁 16。
89 〈洋行分棧取調ノ件〉，「臺灣總督府公文類纂」，國史館臺灣文獻館，典藏號：00009717010，1897。
90 匯兌局位於臺北城內北門街，管事為山西人，資本金 2、30 萬兩，每年交易 1 百萬兩以上，光緒 21 年清日戰爭後撤走。另有信局的設置，位於大稻埕城隍廟前，除了送信之外，也兼營匯兌，並在廈門、泉州、漳州以及福州等地有交易所。〈臺灣ニオケル金融景況調查〉，頁 291-292、311-

莊可視為中國傳統的銀行，資本較票號少；匯單館與內地的票
號類似，主要經營匯票事業，但是規模較小。

　　臺北由於每年茶葉貿易規模巨大，需要巨額資金流通，[91]交
易對象又廣，傳統港市採用的現金或是交互計算的交易方式，
已經不敷實際需要。原來僅在中國內地流行的錢莊和匯單館因
而引入。尤其是匯單館，可以說是因應大量茶葉貿易而產生，
主要與媽振館交易，即使在臺南也僅有兩家錢莊，而沒有匯單
館存在。[92]匯單館最早設立於 1870 年左右，1890 年代迅速增
加；至 1895 年前後，大稻埕大概有 10 家左右的匯單館，[93]較著
名的是建祥號、謙裕號、怡悅號、聯成號以及鴻記號。其中，
除了聯成號外，也兼營錢莊。（表 6-1）

312。信局詳見第八章。

91　根據日治初期的調查，北部茶業最盛季節時，流通的資金多達百萬圓。臺
　　灣銀行總務部調查課編，《臺灣烏龍茶ノ概況竝同茶金融上ノ沿革》，頁
　　52。

92　臺灣銀行總務部調查課編，《臺灣烏龍茶ノ概況竝同茶金融上ノ沿革》，
　　頁 58；澤村小南，〈廈門金融事情〉，《臺灣協會會報》13（1899 年），
　　頁 116-117。雖然在日治初期的調查中，臺南沒有專門的匯單館存在，但是
　　似乎有部分商號經營匯票生理。例如光緒 15 年，臺南的長裕寶號（1819 年
　　已經存在）為晉泰號（1855 年已經存在）發出匯票，再由裕寶號在廈門支
　　領款項。臺灣銀行經濟研究室編，《臺灣私法商事編》，頁 255。

93　《調查經濟資料報告》甚至指出匯單館（為替店）在領臺以前頗為隆盛，
　　約有 20 戶。臨時臺灣舊慣調查會編，《調查經濟資料報告》上卷，頁
　　102。

表 6-1　19 世紀末大稻埕的匯單館

匯單館名號	位置	成立時間	所有者	支店	備註
怡悅號（支店）	六館街	1870 年左右	廈門人？	本店在廈門，以經營廈門與大稻埕匯兌為主；後擴張支店至天津、上海、香港。	兼營錢莊。1900 年因天津支店營運不良，破產。資本 2 萬圓。
鴻記號（支店）		劉銘傳時期已成立	廈門華商邱曾瓊（鹽運使銜）、英籍商江宗亮	本店在廈門番仔街。支店在臺北、香港、上海、新加坡、福州、汕頭、檳榔、曼谷。	兼營錢莊、洋行及米商，有輪船多艘。華商資本掛英籍。資本 5 萬圓。
謙裕號	六館街	1890	林本源	廈門、上海、香港	林本源、王家春及許論潭合資，王惠泉經營。兼營錢莊；1899 年休業，後變更為裕記謙棧。資本 4 萬元；1905 年為 10 萬圓。

匯單館名號	位置	成立時間	所有者	支店	備註
建祥號	六館街	1890年代	林本源。林鶴壽出資，林冠英經營。	廈門。日治時期已擴張至上海、香港、福州、神戶	兼營錢莊；資本4萬圓；1905年為4、50萬圓。
英芳		1893		廈門為英芳洋行	南北洋雜貨
聯成號（聯興？）	蘆竹腳街	1893	廈門富豪黃爾仰	廈門海岸街	兼營錢莊。資產百萬圓。
謙記		1897		本店在廈門	兼營錢莊
發記		1897	廈門人，陳建寅、洪壽卿合資；洪韞玉經營	與廈門啟端號交易	兼雇船營北貨貿易，資本一萬圓。1905年為5、6萬圓，1912年歇業。
和成號	卑藏南街	1897	廣東人		兼營錢莊
阜源（支店）		1897	新竹鄭家（鄭以庠）	本店在廈門布袋街	兼營錢莊；新竹鄭毓臣擔任監督；1909年倒閉
益昌號		1901	林本源出資，林鶴壽出資一半。	廈門、香港、神戶	六人合股，資本22,000圓

匯單館名號	位置	成立時間	所有者	支店	備註
珍記		1909	陳大珍	與廈門建興錢莊互相交易，並透過其與上海、香港交易	資本 1 萬圓

資料來源：《臺灣日日新報》，1898 年至 1912 年；〈臺灣ニオケル金融景況調查〉（1897），《臺灣總督府公文類纂》，188 冊，15-12-15，頁 291-292，；〈領臺當初本島に存在せる匯兌館〉，《臺灣時報》，大正 8 年 7 月號（1919 年），頁 28；澤村小南，〈廈門金融事情〉，1899，頁 116-117；臺灣銀行總務部調查課，《臺灣烏龍茶ノ概況竝同茶金融上ノ沿革》，頁 57-58；臨時臺灣舊慣調查會編，《調查經濟資料報告》上冊，頁 102-103；淡水稅關編纂，《明治三十年淡水港外四港外國貿易景況報告》（神戶：明輝社，1898），頁 10。

　　匯單館通常在香港、廈門、上海及福州設有代理店或支店，以進行雙邊資金流通。因其需要較大資本，大多是合股組成，主要由廈門商人經營，或是大陸商人與臺灣商人共同組成，資本額在一萬圓至十萬圓之間。[94]匯單館與錢莊的設立，代表的是華商金融資本，特別是臺灣人資本的崛起。例如，1890 年代，大稻埕的匯單館即有兩家由板橋林本源家開設、一家由

94　《臺灣私法》尚記載發記號、益昌、珍記三家。然而，發記號應為法記號，且其與益昌、珍記應是日治初期設立。由於資料限制，很難完全重建清末臺北所有的匯單館名單。詳見表 6-1。臨時臺灣舊慣調查會編，《臺灣私法附錄參考書》第三卷下冊（神戶：臨時臺灣舊慣調查會，1902），頁 318-320。

經營郊行的新竹鄭家出資成立。（表 6-1）即使在廈門的 22 家
錢莊中，也有 5 家由板橋林家創立或是其所投資；1895 年，臺
灣割讓給日本之後，林維源甚至攜帶佛銀 7 百萬圓到廈門。[95]由
此可見，19 世紀末葉，臺灣商人金融資本的崛起及其財力之雄
厚，特別是傳統港市的大郊商也試圖涉足金融市場，再次展現
部分郊商參與國際貿易的面貌。

　　19 世紀後期，在西力壓迫下自由貿易的展開，反而為臺灣
經濟發展帶來新契機。臺灣商人因為糖、樟腦、茶等國際貿易
的擴展，迅速累積財富，是原來以福建為主的傳統帆船貿易所
無法匹敵的。部分嗅覺敏銳的大郊商也涉足國際商品的產銷，
例如新竹的鄭恆利、黃珍香以及吳振利等郊行即因樟腦暴利，
遠到內山開墾、製腦。鄭家的鄭利源號甚至成為 19 世紀末新竹
最大的樟腦行。[96]霧峰林家則與德國公泰洋行攜手合作，進行
中部樟腦的輸出販賣，而累積可觀的財富。[97]又如 1895 年，臺
南糖郊中最有名的 5 間郊行，有三家是臺南人開設，一家是廣
東人，一家是泉州人。[98]顯然，即使在臺南，在地郊商的財勢

95　這 5 家是裕記謙棧、匯源、建祥、謙記、謙茂。澤村小南，〈廈門金融事
　　情〉，頁 117。

96　林玉茹，《清代竹塹地區的在地商人及其活動網絡》，頁 127、243。新
　　竹街 7 家樟腦行中，郊商出身的至少有 4 家，包括鄭利源、陳恆泰、何錦
　　泉、陳茂泰等。〈樟腦業調查報告〉，《臺灣日日新報》，1896 年 10 月 2
　　日，第 3 版。

97　〈會社彙報　臺阪公司〉，《臺灣日日新報》，1897 年 7 月 6 日，第 3
　　版。

98　〈總督臺南巡視日錄〉，「臺灣總督府公文類纂」，國史館臺灣文獻館，
　　典藏號：00000013025，1895。

也超過了大陸商人。南部的糖業貿易，更孕育出陳福謙（1834-
1882）的順和行以及其家族與陳中和（1853-1930）合夥開設的
和興公司。透過兩者，可以一窺 19 世紀末臺灣商人如何試圖直
接參與國際貿易、學習西式商業文化的過程，以及早在 19 世紀
中末葉臺灣商人勢力已經崛起，甚至凌駕大陸商人之上。

　　咸豐末年至同治初年，陳福謙先在打狗擔任美商羅賓奈洋
行（W.M. Robinet & Co.）的買辦，其倒閉之後，轉任英商德
記洋行買辦，與李春生並稱南北兩大買辦。同治 2 年至 3 年
（1862-1863），於旗後（今高雄旗津）設立順和行，買賣蔗
糖，同時經營糖廍，並採用預付制度貸款給蔗農，因此逐漸掌
握打狗地區大半的蔗糖，[99]主要銷往日本。1870 年，又擴大規
模，設順和棧於苓雅寮，負責採購南臺灣砂糖、銷售鴉片，且
在東港、阿里港、鹽水港均設有糖棧。[100]同年，陳福謙雇用西
洋帆船，由陳中和押運砂糖直接運至橫濱發賣。最初每月往返
橫濱一次，[101]於大德堂發兌，1876 年正式在橫濱 186 號租屋設
立順和棧(Soon Ho Chan)，專門經營砂糖業。橫濱順和棧是當地
三大外國公司之一，也是華商最早設立的商店，更是中華街的
兩大中心之一。其後，順和行陸續於長崎、神戶、臺南設立分
棧。貿易項目包括糖、米、鴉片、布、鹽、海產、雜貨等等，
進行多角化經營。旗下號稱有 72 郊行，委由各個家長（掌櫃

---

99 有關順和行如何利用預付制度來貸款給蔗農及壟斷打狗糖業，詳見：林
　滿紅，《茶、糖、樟腦業與臺灣之社會經濟變遷，1860-1895》，頁 121-
　123。
100 張守真、楊玉姿，《陳中和新傳》，頁 17-21。
101 〈臺灣の砂糖船〉，《臺灣日日新報》，1907 年 1 月 1 日，第 37 版。

manager）負責，來自鹽埕的陳中和則擔任總家長。順和行的貿易範圍遍及香港、上海、日本、東南亞以及西洋。1870 年代，除了直接以中式帆船運糖到橫濱外，又為了不被外商牽制，陳福謙還雇用夾板船（Schip，西式帆船）運白糖至英國，是臺灣首位運糖至東洋和西洋的貿易商。[102]

　　光緒 13 年（1887），陳福謙家族與陳中和合資 11 萬元成立和興公司，後來成為打狗地區最大的砂糖輸出商。[103]這個公司資本規模之巨大，可以說是之前幾百至幾千元的臺灣傳統商業合股所未見。[104]由其公司成立章程可知，臺灣商人透過親身參與跨國貿易，瞭解國際大勢，而受到 1860 年代中葉開始普及的香港「公司條例」的影響，嘗試學習西式經營管理模式。他們不用傳統行號命名，改用「公司」，[105]起草公司成立章程；出資者稱為「股東」，分配「股票」；委由專業經理人經

102 楊玉姿，〈清代打狗陳福謙家族的發展〉，《高雄文獻》，1：2（1988 年 9 月），頁 1-19；趙祐志，〈「順和棧」在橫濱（1864-1914）〉，《三重高中學報》3（2000 年 6 月），頁 193-210；戴寶村，《陳中和家族史：從糖業貿易到政經世界》（臺北：玉山社，2008），頁 87-88。
103 1897 年，和興公司的資本仍以本地人為主，也有中國人和 2、3 位外國人投資，資本額達 1 百萬圓。〈本島糖業調查書〉，頁 94-95。
104 1895 年 12 月，在打狗成立、由和興公司職員創設的捷興公司（唻記棧）可以作為對照，以突顯和興公司的規模。捷興公司雖名為「公司」，但是由 6 人合股，資本額 22,000 元，仍訂立「合股字」。臺灣銀行經濟研究室編，《臺灣私法商事編》第三卷第四編，頁 128-132。
105 「公司」一詞雖然早已經出現（詳見：劉序楓，〈近代華南傳統社會中「公司」形態再考：由海上貿易到地方社會〉，收於林玉茹主編，《比較視野下的臺灣商業傳統》，臺北：中央研究院臺灣史研究所，2012，頁 227-266），但在和興公司之前，臺灣並沒有以公司命名的商號。

營，由陳中和擔任「正當事」（總經理）、非股東的陳祝三為副當事，並支付月薪，明訂紅利分配情形。[106]像這樣鉅細靡遺的公司成立章程，是以前臺灣傳統商人合股契約所未有的。其不但反映了 19 世紀末臺灣商業貿易型態的革新，初嚐郝延平所謂「商業革命」之滋味，而且展現臺灣商人對於西方經營模式的認知與學習。其次，由於糖業預付制的影響，打狗和臺南商人也最早與銀行交易和融資。和興公司的職員王雪農（1870-1915），後來成為臺南的大糖商，更是第一位倡導設立新式銀行的臺灣人。[107]和興公司雖然還未完全變成西方式企業，然而仍不能忽視 1880 年代以和興公司為濫觴，臺灣商業開始出現以「公司」命名及更細緻合理的合股契約的歷史意義。

　　總之，清末臺灣開港之後，條約港逐漸轉以輪船作為主要交通工具，洋行紛紛來此設立據點，引入資本、新的金融機制及技術，臺灣對外貿易規模大增，網絡也大幅擴張，而突破原來以福建為中心的中國沿岸貿易圈，貿易範圍擴大至全球，且與華北、華中以及廣東貿易頻率提高。另一方面，華商資本的角色也越來越重要，臺北匯單館和錢莊的創立即是明證。尤其是臺灣大商人的崛起，並試圖直接參與國際貿易，學習西洋人的公司經營方式，均是傳統港市少見的。

---

106 臺灣銀行經濟研究室編，《臺灣私法商事編》第三卷第四編，頁 132-135；〈臺灣の砂糖船（和興公司と陳中和氏の今昔）〉，《臺灣日日新報》，1907 年 1 月 1 日，第 37 版。

107 有關陳中和和王雪農如何透過跨國貿易而受到香港公司法影響，成立臺灣第一間「公司」，詳見：林玉茹，〈跨國貿易與文化仲介：日治初期臺南第一富紳王雪農的出現〉，《台灣史研究》27：4（2020 年 12 月），頁 35-82。

五、小結

　　從時間和空間的視角來看，清代臺灣並非一個同質區域，地域差異頗大，且隨著各地經濟發展，不斷分化出大大小小的地域經濟圈和規模不等的港口城市。本章即試圖綜合過去的研究成果和新史料，從商業貿易型態的角度，將 19 世紀中葉臺灣的港口城市類型化，並試圖修正部分舊說。

　　19 世紀前半，臺灣各地漸由開發中地區變成已開發地區，並因清朝政策的規範和區域分工需要，逐漸直接與中國沿海各地貿易，而發展出數個以正口港市為中心的區域性經濟圈。其下從屬幾個以小口型港市為吞吐口的地區性經濟圈，一方面與區域性港市互動頻繁，另一方面直接至中國沿海貿易，形成一種地域間既從屬又分立的雙重貿易結構。清末這些傳統港市的貿易網絡，雖然擴及日本和東南亞，卻仍以福建為核心貿易圈。然而，由於官方政策、地理環境、交通易達性及市場圈規模的差異，各地的出口商品、商人組織、貿易網絡及機制事實上略有不同。正口型港市由於貿易規模較小口大，出現本地與大陸固定商號之間的委託貿易制度，雙方合夥投資關係亦相當密切；小口型港市則以由出海負責商品買賣的整船貿易為主，商業投資亦侷限於臺灣本地，且很少跨出區域性市場圈。無論是正口型或小口型的傳統港市，均以中小型商人居多，貿易規模小，大半以現金或交互計算方式來解決財務關係，而始終未出現中國內地流行的錢莊和票號。

　　1860 年，臺灣被迫開港後，帶來國際自由貿易體制的新變局。臺灣南北各出現兩個條約港，大致以鹿港為界，將全臺瓜

分成兩個市場圈。條約港與傳統港市貿易型態差異更大，貿易
規模也大幅擴張。傳統港市一方面從屬於條約港，經由條約港
來輸出國際商品和進口洋貨；另一方面，直至 19 世紀末，仍然
持續與中國大陸沿海各港進行中式帆船貿易。因此，基本上其
長期依附於中國市場，受到西方勢力的影響較有限，郊也較少
受到洋行衝擊，甚至共享國際貿易大餅，協助在條約港的洋行
收購土產，形成郊行--洋行集貨合作體系。

　　在條約港，輪船逐漸取代帆船作為主要運輸工具，國際商
品的茶、糖、樟腦大多集中到此再對外輸出。洋行、媽振館紛
紛設立，並帶來西方資本、技術、新金融制度及商業文化。貿
易網絡也大幅變化，由原來以華南為主的貿易圈，擴大到全世
界，而納入世界經濟體系中。由於國際商品貿易量大，需要巨
額資金流通，傳統港市盛行的現金或是交互計算方式已經不敷
所需，臺北首先出現中國內地流行已久的錢莊與匯單館；打狗
和臺南商人則最先直接透過銀行交易和融資。更值得注意的
是，部分臺灣商人透過地緣優勢，逐漸參與國際商品的生產與
輸出，迅速累積財富，不但可以與洋行相抗衡，甚至親身至外
國經營跨國貿易，設立仿西式的貿易公司。19 世紀中後葉，臺
灣商人的異軍突起，並漸有凌越大陸商人和洋商的現象，則反
映了臺灣本土經濟力的躍升。

　　總之，19 世紀中葉，臺灣的港口城市出現傳統港市與條約
港等兩種貿易型態。傳統港市並未因為西洋勢力的進入，受到
重大衝擊，大體上還維持傳統貿易型態。條約港則因應國際貿
易形勢，不斷演變出新貿易機制，也帶給臺灣商人一展身手的
新舞臺。

第七章

商業網絡與委託貿易制度的形成
十九世紀末鹿港泉郊商人與中國
大陸的帆船貿易

一、前言

　　郊商是主要控制清代臺灣與中國大陸貿易的商人，郊則是
他們的組織。郊是盛行於臺灣、閩南以及東南亞的商人團體，[1]
部分性質和功能類似中國大陸的會館或公所。目前有關郊的類
型、組織、功能以及成員的組成，已經有所釐清。[2]然而，受

1　清代文獻中，曾出現郊、郊行、郊舖以及郊戶等名稱。郊舖、郊戶以及郊
　　行常常混稱商人團體或個別郊商，郊則往往指涉由郊商所組成的商人團
　　體。林玉茹，《清代竹塹地區的在地商人及其活動網絡》（臺北：聯經，
　　2000），頁 183-184。郊由臺灣擴張至亞洲，參見：林玉茹，〈政治、族群
　　與貿易：十八世紀海商團體郊在臺灣的出現〉，《國史館館刊》62（2019
　　年 12 月），頁 1-50。
2　上述郊研究成果的討論，參見：林玉茹、李毓中著，《戰後臺灣的歷史
　　學研究 1945-2000：臺灣史》（臺北：行政院國家科學委員會，2004），

限於文獻不足，郊商究竟如何經營臺灣與中國大陸之間的進出口貿易，卻顯得模糊不清。舉例而言，臺灣本地郊商與大陸商人之間的貿易，究竟如何進行？貿易對象是誰？彼此之間是否具有特定關係？在海峽遠隔之下，資金與帳款又如何傳遞和結算？

2004 年，鹿港泉郊商人許志湖家貿易文書（以下簡稱許家文書）的出現，提供了具體材料來觀察傳統郊商的帆船（Junk）貿易形態。這批文書共 90 件，種類繁多，除一般書信之外，包括總單、代兌清單、配單、交船單、碼子單、收谷單、貨批、貨單、貨函、通告、財本憑單等。文書的時間斷限自 1895 年 5 月至 1897 年 12 月，亦即清朝割讓臺灣予日本之後，近三年時間。主要內容則包括泉州與鹿港家人之間的往來書信、帆船貿易、商店經營、土地收租、放貸、匯兌以及兩地政治社會現象之報導。[3]

過去類似的貿易文書，最著名的莫非是「長崎泰益號文書」。[4]其是福建金門人陳世望（1869-1940）家族僑居日本長

頁 124-127；Lin Yuju, 'Trade, Public Affairs, and the Formation of Merchant Associations in Taiwan in the Eighteenth Century,' in Lin Yuju and Madeline Zelin, eds. *Merchant Communities in Asia 1600-1980*（London：Pickering & Chatto, 2015），pp. 11-14.

3　有關許家文書的特色和史料價值，參見：林玉茹，〈導讀：略論十九世紀末變局下鹿港郊商的肆應與貿易：以許志湖家貿易文書為中心〉，收於林玉茹、劉序楓編，《鹿港郊商許志湖家與大陸的貿易文書，1895-1897》（臺北：中央研究院臺灣史研究所，2006），「以下簡稱《許家文書》」。

4　另外，方豪於 1970 年代發掘出以寧波貿易為主的「尺素頻通」34 件。方豪，〈光緒甲午等年伕輪局信稿所見之臺灣行郊〉，《國立政治大學學

崎，以泰昌號和泰益號經營國際貿易而產生的資料。[5]朱德蘭
和廖赤陽透過該文書，對於 19 世紀末至 20 世紀福建幫所經營
的國際貿易網絡有相當精闢的討論，特別是華商網絡的形成、
商業信息的互通以及資金結算模式，均展現閩南商業習慣的特
性。[6]從數量、涵蓋時限以及貿易網絡來看，鹿港許家文書相較
之下，實在微不足道。但是，有別於長崎華商國際貿易的規模
和形態，且熟練地操作電報、銀行、輪船等現代設施的時代背
景，鹿港許家完全使用傳統中式帆船，進行以福建地區為主的
區間貿易，仍能反映清代臺灣郊商帆船貿易的特色。

　　鹿港是清代臺灣三大港口城市之一。乾隆 49 年（1784），
清廷開放鹿港作為與泉州蚶江對渡的正口，進而變成臺灣中部
吞吐口。[7]雖然，一般認為鹿港對外貿易在道光年間達於鼎盛，
之後日益衰退，但事實上日治初期仍是中部商業樞軸，鹿港商
人持續控制鄰近諸港以及對中國的貿易。[8]直至 1905 年，臺灣中

報》24（1971 年 12 月），頁 21-51；林玉茹，《尺素頻通：晚清寧波、泉
州與臺灣的貿易文書》（臺北：政大出版社，2013）。有關該文書與許家
文書的比較，參見：林玉茹，〈導讀：略論十九世紀末變局下鹿港郊商的
肆應與貿易〉。
5　朱德蘭，〈日據時期臺商與旅日華商往復書簡特徵：以長崎「泰益號」商
　　業書信為中心的觀察〉，《臺灣史田野研究通訊》18（1991 年 3 月），頁
　　48；朱德蘭，〈有關近代旅日華商泰益號關係檔案和研究之課題〉，《史
　　匯》1（1996 年 5 月），頁 50-56。
6　朱德蘭，《長崎華商貿易の史的研究》（東京：芙蓉書房，1997）；廖赤
　　陽，《長崎華商と東アジア交易網の形成》（東京：汲古書屋，2000）。
7　有關清代鹿港如何成為臺灣三大港口的歷程，參見：林玉茹，《清代臺灣
　　港口的空間結構》（臺北：知書房，1995），第五章和第六章。
8　大藏省理財局，《臺灣經濟事情視察復命書》（東京：忠愛社，1899），

部鐵路完工，鹿港才失去作為中部集散市場的地位。[9]

　　鹿港早在開為正口之前，已出現泉郊。[10]道光 15 年（1835）周璽的《彰化縣志》說明泉郊如下：

> 遠賈以舟楫運載米粟糖油，行郊商皆內地殷戶之人，出
> 貲遣夥來鹿港，正對渡於蚶江、深滬、獺窟、崇武者曰
> 泉郊。[11]

換言之，泉郊是往來於鹿港與泉州各港之間貿易商人所組成的商人團體。其不但是鹿港八郊中最早出現的行郊，而且財勢最雄厚，最盛時達到一百多家商號。[12]乾隆至道光年間，鹿港最有權勢的林日茂商行，即是泉郊成員之一。[13]

頁 39-40；臨時臺灣舊慣調查會編，《調查經濟資料報告》下卷（東京：三秀舍，1905），頁 163、169。

9　〈中部鐵道開通〉，《臺灣日日新報》，1905 年 5 月 16 日，第 2 版；Donald R. DeGlopper, *Lukang：Commerce and Community in a Chinese City,*（Albany：State University of New York Press），1995, p. 77.

10　郭永坤，〈鹿港「郊」之史料集零〉，《史聯》6（1985 年 5 月），頁 24、33-35；方豪認為鹿港郊大概於乾隆 38 年左右出現。方豪，〈鹿港之「郊」〉，收於方豪，《六十至六十四自選待定稿》（臺北：臺灣學生書局，1974），頁 298。

11　周璽，《彰化縣志》（臺北：臺灣銀行經濟研究室，臺灣文獻叢刊（以下簡稱文叢」第 156 種，1962，1835 年原刊），頁 290。

12　由泉郊的各項捐款數和商號最多即可見。參見：嘉慶 23 年〈重興敬義園捐題碑記〉，收於劉枝萬編，《臺灣中部碑文集成》（文叢第 151 種，1962），頁 129。

13　楊彥杰，〈「林日茂」家族及其文化〉，《臺灣研究集刊》2001：4（2001年 12 月），頁 23-33。

　　鹿港的「泉郊」與泉州的「鹿郊」事實上是同一商人團體，[14]乃由泉州商人與鹿港本地商人共同組成。規模較大的泉州商號，可能本店設在泉州，同時開張泉、鹿兩地均有相同商號的「聯財對號」，[15]或是分號。另一方面，泉郊也有本店開在鹿港的在地商人存在，[16]例如許志湖家。

　　本章即以在地郊商許志湖家為例，試圖再現鹿港泉郊商人的帆船貿易機制（mechanism），釐清郊商經營策略的多樣性，並檢討以下幾個問題：

　　（一）清代臺灣郊商經常大量購買土地，這種行為在商業經營中的角色為何？是否會影響商業的擴張與再投資？

　　（二）鹿港與泉州的貿易已從完全委由出海[17]負責的整船貿

14　臺灣與福建兩地的郊通常對稱，且郊名相同，應為同一商人團體。例如，艋舺泉郊和泉州淡郊均稱為「金晉順」；泉州笨郊和笨北港泉郊均稱「金合順」。莊為璣、王連茂，《閩臺關係族譜資料選編》（福州：福建人民出版社，1984），頁 469；黃典權編，《南部臺灣碑文集成》（文叢第 218 種，1966），頁 322。

15　《鹿港風俗一斑》，手稿本。光緒 7 年蚶江的〈重修七星橋碑〉，記載：「蚶鹿林協興、王順安」，即為「聯財對號」；另有鹿港商號 14 家。林祖武，〈蚶江陸路交通概況〉，收於石獅市政協文史資料編輯組編，《石獅文史資料第三輯》（石獅：石獅市政協文史資料編輯組，1994），頁 58-59。

16　在 1896 年的調查中，主要與泉州貿易的在地「船商郊」商號至少有 8 家。其尚不包含如許志湖謙和號等暫時避居泉州，又再回到鹿港的郊商。《鹿港風俗一斑》。有關商人在地化的歷程與討論，參見林玉茹，《清代竹塹地區的在地商人及其活動網絡》，第四章。

17　余文儀《續修臺灣府志》記載：「南北通商，每船出海一名，即船主」。余文儀，《續修臺灣府志》（文叢第 121 種，1962，1762 年原刊），頁 456；陳盛韶《問俗錄》：「船上主政名出海」。陳盛韶，《問俗錄》（南

易，進一步發展出委託貿易制度，這種制度是如何形成的？其
又如何促成泉郊商人團體的成立？

（三）清代臺灣島外貿易相當繁盛，但是卻始終未發展出
中國大陸盛行的票號和錢莊制度的原因為何？

（四）中國大陸商人是否如過去的研究所指出的，始終壟
斷清代兩岸的帆船貿易？

以下分別從鹿港在地郊商許家的多元投資策略、許家商號
與大陸貿易形態的變遷以及泉郊商人的貿易機制來討論。

二、鹿港許家的多元投資策略

許志湖家原籍福建省泉州府晉江縣，屬瑤林石龜許氏一
支。[18]直至今日，鹿港瑤林許氏仍輪流祭祀「廿公」第 19 世的
許果，其下並分成前東派、後東派、下厝派以及六房派四祧。
許志湖家屬於下厝派，最遲乾隆年間第 26 世許高赤（1721-

投：臺灣省文獻委員會，1997，1833 年原刊），頁 67；陳淑均《噶瑪蘭廳
志》：「船中收攬貨物司帳者曰出海。」，又認為出海非船主。陳淑均，
《噶瑪蘭廳志》（文叢第 160 種，1963，1852 年原刊），頁 197、214；由
《臺灣私法》可見，出海並非船主，其應是指船隻的指揮者，代表船主經
營船隻的商業和運輸活動，類似於現在的船長，但其職務較船長更廣，兼
及負責船隻的各種商業活動。臨時臺灣舊慣調查會編，《臺灣私法》卷三
下（東京：臨時臺灣舊慣調查會，1911），頁 399-400；劉序楓，〈許家貿
易文書導讀〉，收於林玉茹、劉序楓編，《鹿港郊商許志湖家與大陸的貿
易文書，1895-1897》，頁 57-70。

18 鹿港許姓大略有三種世系來源，詳見：莊英章，《鹿港鎮志氏族篇》（鹿
港：鹿港鎮公所，2000），頁 59。

1761）時已渡臺，[19]至第 30 世許志湖（1841-1901），因成立謙
和號，又稱謙和派，定居於鹿港牛墟頭。[20]該地是一個農產品的
集散地、「鹿港米」的重要據點，也是鹿港許姓的主要聚落。[21]

　　許志湖（又稱許胡）是許遜旺（1819-1847）和曾聰娘
（1819-1893）之長子，[22]6 歲喪父，家境不佳。由於許姓在鹿
港擁有龐大勢力和宗族組織，志湖的崛起，除了「勤儉經商起
家」之外，[23]推測應該受到同宗的影響和奧援。[24]許家謙和號經
常與洽發號的許友生，共同買賣進出口商品，分擔運費和各種

19　2005 年 5 月 11 日訪問許自得先生，他提到許高赤的墳墓至今仍存。

20　許嘉勇，〈鹿港許厝埔十二莊的聯莊基礎：親同氏族的社群結構〉，收於
　　陳慶芳總編，《2004 年彰化研究兩岸學術研討會：鹿港研究論文集》（彰
　　化：彰化縣文化局，2004），頁 145-164。

21　林會承，《清末鹿港的街鎮結構》（臺北：境與象出版社，1985），頁
　　77-78。鹿港許姓主要集中於鹿港街東邊的牛墟頭、崙仔頂、公館後及安
　　平鎮，並向東南擴展形成許厝埔十二莊。洪玉華編，《華人移民：施振民
　　教授紀念文集》（馬尼拉：菲律賓華裔青年聯合會、拉剎大學中國研究出
　　版，1992），頁 2、462。

22　有關許志湖和其兄弟的家系，參見：林玉茹，〈導讀：略論十九世紀末變
　　局下鹿港郊商的肆應與貿易〉，頁 35-37。

23　〈鹿津零信　水山難靠〉，《臺灣日日新報》（漢文版），1907 年 6 月 12
　　日，第 4 版。

24　傳統中國商人擅於利用家族組織來經營商業，參看：Cynthia J. Brokaw,
　　"Commercial Publishing in Late Imperial China：The Zou and Ma Businesses
　　of Sibao, Fujian, " *Late Imperial China* 17：1（1996），pp. 79-80；Madeleine
　　Zelin, *The Merchants of Zigong*,（New York：Columbia University, 2005），
　　Chap. 4；Robert Gardella, "Contracting Business Partnerships in Late Qing and
　　Republican China, " In Madeleine Zelin, Jonathan K. O., and Robert Garadella,
　　eds. *Contract and Property in Early Modern China*（California：Stanford
　　University Press, 2004），p. 338.

雜費，即是同宗結幫經營的現象。（附表 7-1）

　　最遲至 1870 年代，許志湖已經在橫街仔（鹿港民族路）經營米刈（米行、米割、米批發商）和進出口雜貨買賣，擁有謙和號和春盛號兩家商號；[25]並在鹿港街購置三家店舖，出租予其他商號，收取「厝稅銀」（店租），以支應日常生活所需的現金。[26]此外，許家也從事放貸業，通常出借現金少則數十元多則數百元；[27]或是出借米穀予鹿港商號和民人，收取「利息穀」。[28]

　　自 1870 年代末至 1890 年代，志湖大多透過先典後買的方式，於彰化縣內，特別是鹿港地區陸續購置不少土地，兼具大租戶和小租戶身份。[29]春盛號米行年收租穀至少 2,300 餘石，[30]

25　由現存許家地契（原契藏於彰化縣史館）可見，自光緒 3 年以後，許志湖經常以春盛號和謙和號名義向人典出或是購買土地。春盛號為米行，最早出現於光緒 3 年，謙和號則晚至光緒 10 餘年以後才出現。

26　許家店舖主要租給盛源號、長成號以及興源號 3 家。《許家文書》，第 038、032 號，頁 170、156。

27　1896 年，許家的放貸對象和金額至少有：許綿盛號 200 元（銀元，鹿港地區 1 元相當於 0.69 兩）、錦茂春號 65.85 兩、興源號 28 元、日哥 100 元、行兄、古兄等；1897 年陳泉安借 400 元。《許家文書》，第 028、032、034、045、047 號，頁 138、156、162、140、194。

28　如 1896 年許振升號應還早冬米 12 石，利息穀 20 石。《許家文書》，第 030 號，頁 144。

29　透過許家地契可見，許家經常採取先典後買形式取得土地。（原件藏於彰化縣史館）其土地分散在草仔厝、番婆莊、脫庫庄、埔尾庄、客仔厝、崙仔頂、雲霄厝庄、南勢庄、崙仔腳、麥穗厝、埔姜崙、秀水以草湳底庄，主要分佈在今鹿港鎮、福興鄉以及大村鄉；「收谷單」。

30　《許家文書》第 028 號指出：1896 年 6 月早冬失收，但許家自己田地打 7、8 折仍收 894 石。如果以早晚冬兩季計算，至少 2,300 餘石。《許家文

尚不包括典、胎所生的利息穀。

　　放貸、胎及典的利息穀，是許家米穀收入的另一項重要來源。在春盛號的「備忘簿」中可見，許家有不少胎借銀字、典大租契及轉典田字的範本。胎借利息穀的算法是每借佛銀 100元，則每年「貼清風揚淨利息穀十石」，並分作「早冬（早稻、螺米、一期米）七晚冬（晚稻、萬米、二期米）三」的比例，要求現佃繳納。[31]許家更重視早稻，因早稻與晚稻品種有別，品質更佳，市場價格亦較高，[32]充分顯現該家族精打細算的生意人精神。

　　由於每年擁有大量租穀和利息穀的收益，許家不但自置土礱間來「挨米」（碾米），且自行經營米行生意。通常每年分早、晚冬兩季，委派店內伙計催收「各莊田地銀項、租谷、利谷」。如收租人手不足，即臨時調派其他店號或是親戚協助。[33]收回的現金，主要供應商號開銷。米穀的販賣則較為複雜。一般而言，如有其他「米客」來田裡採買，價錢合理即賣出，不然自己礱米之後，或是直接在店面零售，或是賣給鹿港瑞興號

書》，第 028 號，頁 138。

31 「鹿港郊行春盛祭祀禮儀備忘簿」，手稿本。

32 臺灣銀行總務部計算課，《第一次臺灣金融事項附錄參考書》（臺北：臺灣銀行總務部計算課，1902），頁 278；大藏省理財局，《臺灣經濟事情視察復命書》，頁 101。早稻的品種非常多，鹿港地區的花螺米更是極品。有關早稻品質的討論，參見：曾品滄，〈從田畦到餐桌：清代臺灣漢人的農業生產與食物消費〉（國立臺灣大學歷史研究所博士論文，2006），頁 89-91；蔡承豪，〈天工開物：臺灣稻作技術變遷之研究〉（國立臺灣師範大學歷史研究所博士論文，2009），頁 163-266。

33 《許家文書》，第 023 號，頁 126。1896 年 7 月，許志湖因催收早冬米人手不足，即擬找來德隆號溪兄和菜園尾舅幫助。

和錦義號等米行，或是配運到泉州出售。[34]由上可見，許家不但直接控制米穀生產、加工，而且兼具零售、中介以及出口米商的角色，顯現其米行經營的彈性與多樣化。

《彰化縣志》指出：「其在本地囤積五穀者，半屬土著股戶」。[35]這群「土著股戶」應是像許家這樣，一方面擁有大量土地，另一方面經營米割生意的米商。他們除了在鹿港出售米穀之外，也等待中國大陸商船來時賣出米穀，或是直接自行配船輸出至對岸。[36]因此，一些米商往往也透過米穀交易，涉足從中國大陸輸入商品的販賣，[37]進而成為操控兩岸進出口貿易的在地郊商。

春盛號米行與傳統商號相同，是由許家經營的家庭式企業，[38]再雇用與其大致有姻親、血緣或是地緣關係的伙計 5

---

34 《許家文書》，第 023、024、028、032、041-2、052 號，頁 126、128、138、156、158、122。如 023 號：「如此冬之谷，在庄有客要採者，亦可兌之。不然，收入者可挨米（璽米，碾米），亦配亦兌，可以拄裁（處理）。」；024 號：「該所配之米，乃是咱自己租谷，做挨配進」。

35 周璽，《彰化縣志》，頁 290。

36 大藏省理財局，《臺灣經濟事情視察復命書》，頁 112。

37 王世慶先生研究的臺北廣記小租戶，擁有 1 千餘石租穀，同時有兩家商號經營米穀和布匹買賣，又放高利貸、在泉州投資，是另一個例子。參見：王世慶，〈十九世紀中葉臺灣北部農村金融之研究：以興直堡銀主小租戶廣記為例〉，收於王世慶著，《清代臺灣社會經濟》（臺北：聯經，1994），頁 1-72。

38 19 世紀家庭型企業不只盛行於中國，在歐洲、亞洲以及美國等地均相當普遍，即使至今仍歷久彌新，Geoffrey Jones 和 Mary B. Rose 稱為「家庭資本主義」，同時這種型式的企業也並非如傳統刻板印象所認為的是保守和有礙商業發展的。Geoffrey Jones and Mary B. Rose, "Family Capitalism," *Business History* 35：4（October 1993）, pp. 1-16.

名。[39]即使「東家與掌櫃關係」也建立在以親誼建構成的信用
基礎上，以確保商業經營的穩定性。許志湖倚賴甚深的楊鉗
（1866-?），原先為記帳，後擔任總理營業事務的「家長」一
職。[40]他即娶志湖堂兄許志獅的長女許水為妻，1916 年又嫁女兒
楊謹予志湖長孫許金木。[41]

　　除了自己開張米行、經營進出口雜貨之外，對於鹿港、泉
州其他商號的投資，亦是許家致富之道。許家至少與鹿港郊
行振成號合夥振豐成號，投資鹿港專賣煙和金紙的連興號、
泉州地區的慶隆泰號、永寧東成號和有益號，出資金額則 200
元至 500 元不等。[42]與其他商號合夥投資，雖然有時不免出現
「倒號」（倒閉），[43]但是如投資得宜，收益頗豐。[44]如以泉州
詹裕順號對永寧郊行東益號的投資而言，2 年內本利即長息近

---

39 Wellington K.K. Chan, "The Organizational Structure of the Traditional Chinese
　　Firm and Its Modern Reform,"*The Business History Review* 56：2（1982），pp.
　　219-222；《許家文書》，第 028 號，頁 138。

40 由《許家文書》第 027、028、039 號，可見：楊鉗常被稱為「鉗記」、
　　但稱「但記」，兩位應均為記帳。家長原由頭家許志湖自行擔任，但是其
　　暫時回到泉州之後，則以楊鉗為家長，《許家文書》，第 027、028、039
　　號，頁 134、138、208；有關「記帳」、「家長」職務內容，參見：臨時臺
　　灣舊慣調查會編，《臺灣私法》第三卷上（東京：臨時臺灣舊慣調查會，
　　1911），頁 252-254。

41 許金角，《許氏族譜》（手稿本，1954）。

42 《許家文書》，第 001、041、063、082、083 號，頁 72、158、206、238、
　　246。

43 如許家與鹿港、泉州諸商號投資有益號，結果因店東阿所一家染疫去世而
　　倒號。《許家文書》，第 001 號，頁 72。

44 有關商業合夥組織的比重與利弊，參見：溫振華，〈清代臺灣漢人的企業
　　精神〉，《師大歷史學報》9（1981 年 6 月），頁 111-139。

50%。[45]

　　傳統商人向來擅於透過投資其他商號或經營多樣化的商
業，來分散投資風險與取得穩定的收入。[46]值得注意的是，鹿港
與泉州商人之間的跨海合夥投資行為非常頻繁，他們不但互相
交易，而且經常相互插股，或是共同投資其他新設商號。[47]顯
然，郊商除了將資本投入土地買賣以取得商品之外，也透過彼
此的貿易網絡進行各種商業投資。

　　由於在鹿港定居已久，又擁有大批田產和各種社會網絡，
清末許志湖家已經是道地的在地商人。即使 1895 年面臨日本
割臺變局，許家一度避居泉州晉江縣，但是一旦臺灣狀況穩定
後，仍在日本國籍選擇的最後期限舉家遷回鹿港。[48]

　　回到鹿港的許志湖，繼續經營進出口貿易，家業更加繁
昌，並成為日治時期鹿港的大貿易商。特別是，自 19 世紀末以
來臺灣北部開始大量進口米，[49]乃為鹿港米商帶來無限商機。
泉州蚶江、鹿港與淡水之間的往來船隻，主要自鹿港運米至淡

45　1895 年泉州詹裕順號投資東益號一股，財本 5 百元，兩年後抽股，本利合
　　為 700 元至 756 元。年獲利率約 20%至 26%。《許家文書》，第 082 號，
　　頁 238。

46　Michael H. Finegan, "Merchant Activities and Business Practices as Revealed
　　in Several Manuscripts from Fukien" *Ch'ing Shih Wen-t'I* 3：9（Novembrr
　　1978），p. 84.

47　例如，1896 年泉州東益號幫春盛號兌完米穀後，即詢問許家是否直接「填
　　落腳股」，亦即插股東益號。東益號、洽發號及謙和號，也共同投資前述
　　倒號的有益號。《許家文書》，第 011 號，頁 188。

48　有關許家在泉、鹿兩地徘徊的過程，參見：林玉茹，〈導讀：略論十九世
　　紀末變局下鹿港郊商的肆應與貿易〉。

49　溫振華，〈清代臺灣漢人的企業精神〉，頁 14。

水。[50]1898 年《臺灣日日新報》有下列的報導：

> 艋舺商況，如泉郊、北郊、布郊、乾果郊四大宗商況，
> 本年皆有不振氣象，惟淡水、鹿港運輸雜貨，往來商人
> 最為得利，俗所云鹿港郊是也。……而鹿港土產，則糙
> 米砂糖為諸品冠，操事業者，皆得操奇計贏普價，而沽
> 遂覺利源，獨佔其餘，則船宿商所運載清國對岸船隻，
> 獲利亦豐，尚之與鹿港郊商，互相頡頏外，此個商業，
> 則瞠乎其後也。[51]

由上可見，鹿港經營米穀雜貨貿易的商人，因米穀輸往淡水而
獲利甚豐，臺北因之出現鹿港郊（鹿港稱淡水郊）。1898 年，
許家與臺北、淡水郊貿易金額最多時佔近 50%，且貿易範圍
更為擴大，不再僅以鹿港和泉州貿易為主軸，而廣及臺北、福
州、泉州以及廈門等地。[52]
　　另一方面，清、日政權的轉移，很明顯地逐漸影響臺灣傳
統郊商貿易的經營模式。日本領臺之後，臺灣與中國各港的交
易，由國內區間貿易轉為國際貿易。由於殖民政府港口政策和

---

50 〈白米入口〉，《臺灣日日新報》（漢文版），1898 年 5 月 7 日，第 1
　　版。

51 〈艋鹿商市〉，《臺灣日日新報》（漢文版），1898 年 6 月 16 日，第 5
　　版。

52 1898 年許家與臺北貿易金額是 3,000 圓（日本銀圓）、鹿港淡水郊 3,000
　　圓、福州 3,000 圓、廈門和泉州 4,000 圓。「鹿港郊行春盛祭祀禮儀備忘
　　簿」。

輪船運輸興起之故，泉州因並非對外通商港口和輪船停泊點，1899 年之後，許家的貿易地轉以臺北、福州以及廈門三地居多，1900 年更開始透過輪船輸運米穀、雜貨。[53]此外，許家經營的雜貨貿易商品也大幅改變，由清末的布匹、煙草，轉而以鍋、鐵、銅、錫、陶器以及磚等為主。[54]顯然，經過日本統治近 5 年的影響，許家的貿易形態已經完全脫離清代以傳統帆船運輸、以鹿港和泉州為貿易主軸的運作機制。殖民統治對於臺灣郊商貿易的衝擊，可見一斑。

　　日治初期，謙和號已是鹿港 6 大貿易商號之一，[55]且是經營雜貨買賣的籤郊的成員，[56]之後又與尤源順堂、勝記號合夥經營勝記染坊。[57]1901 年，許志湖和其弟志坤兩人辭世之後，遺產至

---

53 許家與臺北玉記棧貿易關係密切，至少以飛龍安丸、大經以及威甫 3 艘輪船運載米穀至淡水。「鹿港郊行春盛祭祀禮儀備忘簿」。林滿紅，〈臺灣資本與兩岸經貿關係（1895-1945）〉，收於宋光宇編，《臺灣經驗：歷史經濟篇》（臺北：東大，1993），頁 96。飛龍安丸、大經、威甫三艘汽船船主皆為臺灣人，皆以大稻埕為登記港口。飛龍安丸登記在李鳶飛名下、大經丸是登記為辜顯榮大和公司的代理人陳志誠的名下、威甫丸則是同禎公司周景期的名下。〈汽船飛龍安丸船籍証書及信號符字告示六八號〉、〈汽船大義、大武、大經丸船籍証書及信號符字告示八九號〉、〈汽船利濟、威甫丸、永南船籍証書及信號符字告示七七號〉，「臺灣總督府公文類纂」，國史館臺灣文獻館，典藏號：00000259011、00000259015、00000259014，1898。

54 「鹿港郊行春盛祭祀禮儀備忘簿」。

55 張炳楠（王世慶撰），〈鹿港開港史〉，《臺灣文獻》19：1（1964 年 3 月），頁 39。

56 郭永坤，〈鹿港「郊」之史料集零〉，頁 32。

57 〈瘋狗噬主〉，《臺灣日日新報》（漢文版），1906 年 6 月 29 日，第 5 版。不過，1906 年勝記染坊因蔡禹經營不善，帳目不清，許家只好抽股。

少有 3、4 萬圓。[58]至 1920 年代，許家財產高達 30 萬圓，名列
鹿港街資產家首富，[59]且與有名的原廈郊成員合和號及勝大和並
稱「鹿港三大和」。1930 年代中葉之後，許家則逐漸沒落。[60]

　　總之，在 1898 年之前，許家仍然保持傳統臺灣商人的經營
形態，擅長多樣化的投資活動，同時進行與泉州為主的帆船貿
易。下一節即以許家文書為中心，進一步討論其以傳統中式帆
船經營配運生理（生意）的模式。

三、謙和號配運生理模式的演變

　　泉州、鹿港兩地商號，經常使用「配」字來描述雙方貿易
活動的進行，即官文書中的「配寄生理」或「配運生理」。[61]配
寄生理是指郊商自各地收購米、糖、油、菁等土產（重載），
集中至港口市街，再依序配寄船隻，運至本島大城市或大陸各
地販賣，同時用以物易物或現金交易方式，自對岸進口日常用
品（輕貨），以對內批發販售。規模大的商號甚至自置帆船，
一般稱為船頭行；規模小者則僅接受來港船隻或水客的委託販
賣商品，並代為購買土產，收取 2%的傭金，稱作九八行。[62]許

58　〈鹿津零信 水山難靠〉，《臺灣日日新報》（漢文版），1907 年 6 月 12
　　日，第 4 版。
59　許金木家資產遠高於合和號施來的 8 萬圓、王君年的 7 萬圓以及辜顯榮的 5
　　萬圓。鹿港街役場，〈史料調查／件〉（役場公文類纂），手稿本。
60　許家事業的衰落，或許有可能與許家子孫之後好至風月場所有關。2004 年
　　1 月 14 日鹿港許勝發號許志錕先生訪談記錄。
61　林玉茹，《清代竹塹地區在地商人的活動網絡》，附表三。
62　臨時臺灣舊慣調查會，《臺灣私法》第三卷上，頁 212。

志湖家的謙和號即主要經營九八行生意。

在 1895 年 12 月至 1897 年 11 月之間，因應時空環境的改變，許家進出口貿易經營形態產生三個階段的變化：委託泉州東益和豐盛號代辦時期、謙和號自辦時期以及委託泉州東成代辦布匹貿易時期。（圖 7-1）

（一）委託泉州東益、豐盛號代辦期，乙未年 10 月至丙申年 5 月（1895.12-1896.7）

此期的貿易模式是延續固有習慣，由鹿港春盛號和泉州晉江縣永寧的東益號、豐盛號，相互代理兩地商品的採辦和發兌。其實際配運貨物的時間，自 1895 年 12 月至 1896 年 4 月，共配運 8 次。其中，由鹿港春盛號出口螺米和萬米至泉州 4 次；自泉州、上海進口輕貨至鹿港 4 次。米穀的配運頻率，大概是半個月至 1 個半月 1 次，共運出螺米 120 石、萬米 50 石；煙的配運頻率則為 4 個月 1 次。出口顯然比進口還要頻繁。

此際擔任運輸的船隻共有金豐順、金濟源以及金寶順 3 艘。其中，金寶順是上海直達鹿港的帆船，金濟源往來於泉州至鹿港之間。[63]金豐順為永寧東益號所有，[64]主要往返於廈門、

63　《許家文書》，第 053、077-1、084 號，頁 94、252、248。

64　1895 年至 1896 年金豐順的出海均是高媽禁，他是東益號與東成號高家的成員。金豐順並有「公司圖章」，應是合股經營。（《許家文書》，第 002、007、076 號，頁 74、84、82。）船隻合股採用「公司」是傳統閩商的習慣，詳見：劉序楓，〈近代華南傳統社會中「公司」形態再考：由海上貿易到地方社會〉，收於林玉茹主編，《比較視野下的臺灣商業傳統》，（臺北：中央研究院臺灣史研究所，2012），頁 227-266。

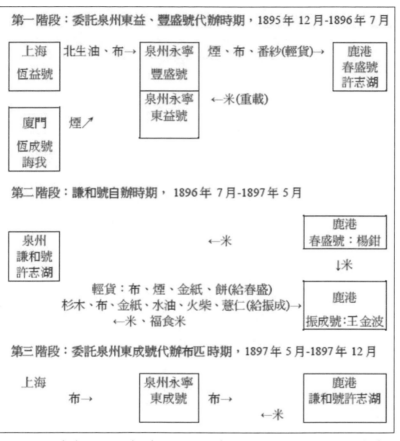

圖 7-1　乙未年至丁酉年（1895-1897）鹿港許家船隻配運貿易簡圖

泉州以及鹿港三地，[65]是最重要的運輸船隻。該船共承載 6 次運務，佔總數的 3/4。顯然，除了上海北生油的配運之外，泉州商號大多以自己的船隻來運載兩地貨物。

　　兩地商號的委託代理關係是：由泉州永寧豐盛號或東益號，負責兌賣春盛號自鹿港運來的米穀；同時為春盛號代辦輕貨，即自廈門恆成號購入煙草，或自泉州購入番紗、布匹，再配船運至鹿港。上海與鹿港之間輕貨的配運，則較為複雜。其亦由豐盛號居中經理，代向上海恆益號訂購北生油，再由恆益號以帆船直接配運至鹿港。恆益號一出船貨，即同時發信給鹿港春盛號和泉州的豐盛號，但所有貨物、運輸及稅金等費用均由豐盛號代理。這種代配傭金和運費相當高，幾乎佔貨物費用的 2/3。[66]另一方面，許家投資的連興號，為東益號在鹿港代兌金紙等輕貨。春盛號則除了經營米穀買賣之外，也承繼謙和號原來販售進口商品的業務。

　　許家的主要代理商泉州永寧的豐盛號和東益號，均屬永寧高媽禁家。東益號自有船隻，應為船頭行，但同時兼營九八行代兌生意。豐盛號則是九八行，僅代兌春盛號的米穀，並代為配運上海的北生油，再向許家收取傭金。不過，許家米穀除委託兩商號代兌外，也另外委託泉州德豐號和協順號發賣。[67]

　　整體而言，此期鹿港春盛號主要透過泉州永寧東益和豐盛

65　《許家文書》，第 053、076 號，頁 94、82。

66　由《許家文書》第 060、061 號可見，恆益號向春盛號報帳為 62.1 兩，豐盛號最後總結的費用則是 104.647 兩。《許家文書》，第 060、061 號，頁 86、90。

67　《許家文書》，第 003、006、020、060 號，頁 80、88、86、112。

兩商號，以泉州為配運中心，進行上海、廈門與鹿港之間的雙
三角貿易。

（二）謙和號自辦時期，丙申年 6 月至丁酉年 5 月（1896.7-1897.5）

　　1896 年 7 月，由於日本領臺初期的混亂不安，鹿港局勢也
非常不穩定，許家謙和號乃暫時遷回泉州。7 月 30 日，鹿港振
成號即配運自己和許家春盛號米穀至泉州交志湖。自此，開啟
了第二階段謙和號自辦兩地配運貿易的形態，而不再透過泉州
商號代理，顯現出變局之下鹿港郊商活動力與變通性之強。

　　此時，一方面，春盛號由記帳楊鉗管理，並委請鹿港振成
號的王金波（烏視老）代為關照，代配春盛米穀至泉州交謙和
號。同時，部分春盛自收米穀，依舊例兌賣給許志坤女婿蔡敦
波的錦義號行棧配運。[68]另一方面，志湖聽從王金波的建議，
在泉州永寧開設棧行，「從梅林、深滬兩港配入，與振成號對
交」。[69]亦即，由許志湖在泉州負責採買兩家商號的輕貨，同時
經辦鹿港米穀的兌售。振成號船隻至泉，亦由志湖決定倚何商
行。[70]直至 1897 年 5 月，許志湖舉家返回鹿港為止，泉州謙和

68　《許家文書》，第 022、023、028、052 號，頁 122、124、126、138。

69　《許家文書》，第 025、043 號，頁 30、142。這種兩地商行「對交」的配
　　運貿易型態，或許即是進出口貿易商行稱為郊商和郊戶，其組成團體稱做
　　「郊」的由來。詳見：林玉茹，〈政治、族群與貿易：十八世紀海商團體
　　郊在臺灣的出現〉，頁 1-50。

70　《許家文書》，第 031 號，頁 150。

號與鹿港春盛號、振成號之間的貿易是本階段的主軸。

　　兩地的實際配運活動，起自 1896 年 7 月至 1897 年 3 月止，共 9 次。主要是自鹿港振成或是春盛號運米穀至泉州謙和號，僅有 1 次是由鹿港順發號配運不詳貨品至泉州。春盛號米穀大抵由振成號代配，且主要集中於早冬螺米收成後的兌賣旺季。因此，出口的米穀全部為螺米，即連 11 月已是晚冬萬米產期，仍配運螺米至泉州。很明顯地，早冬螺米因價格較好、又受泉地市場歡迎，最受郊商重視。

　　由謙和運至鹿港振成的輕貨雖然沒有資料，但是由雙方往來文件可見，許家採辦的布、煙、金紙及餅等輕貨，或委由振成號兌賣，或由兩家合夥的振豐成號代為在鹿出售。[71]謙和號代振成號購買的輕貨，則是杉木、布、金紙、水油（煤油）、火柴、薏仁等商品。（圖 7-1）

　　此時許家仍透過東益號金豐順及其他船隻往返兩地或是傳遞訊息，但是實際擔任商品運輸的船隻共有 7 艘，其中僅有 2 艘船為振成號自有。（附表 7-1）這些船隻專走梅林、深滬至鹿港航線。振成號的船隻是最頻繁被調度的船隻，但在早冬米出口暢旺時期，因船隻不敷使用，只好委配其他商船。[72]

　　振成號是此期謙和號在鹿港的主要代理商。該號早在嘉慶年間已成立，是泉郊商號之一，[73]至少擁有 3 艘船隻，[74]經營船

71　《許家文書》，第 041、043 號，頁 158、142。

72　《許家文書》，第 024、025、029、043 號，頁 128、130、148、142。

73　振成號和蔡敦波家的勝興號皆於嘉慶 23 年已出現。〈重興敬義園捐題碑記〉，收於劉枝萬編，《臺灣中部碑文集成》，頁 129。

74　振成號的當家王金波，曾於光緒 20 年 4 月在獺窟製造金寶泰船（後改

頭行生意，同時開張米行和雜貨批發（刈店生理）。振成號與
謙和號商貿合夥關係密切。早自 1895 年以前，兩家商號即共同
運糖至寧波販賣，或是合配「福省之輕（貨）」，同時合夥開
張振豐成商號。[75]因此，在許家避居泉州之際，振成代為處理來
不及過捆的行李，協助管理許家春盛號，不但代為配運米穀、
代兌輕貨，且辦理一切運費、稅務問題。[76]泉州的志湖，則代為
照料王金波老家，代轉家裡食用的福食米。[77]由此可見，雙方不
但有長久合夥和合作的默契，且私誼甚深，也才讓許志湖放心
至泉州，聯手經營泉、鹿兩地的貿易。

　　不過，謙和在泉州初次自辦輕貨，也受到限制。首先，採
辦商品必須有相當的地緣和商業網絡來支持，許家採購範圍乃
侷限於泉州一地，而不及前期委託永寧東益號時橫跨廈門、
泉州以及上海三地。志湖採辦福建商品時，甚至因「臨地生
疏」，而有「輕貨乏處可謀」之困擾。[78]因此，振成號除了由謙

名金寶益），載重 292 石。〈支那形船金成興、金寶益、金泉瀛船籍
證書下付〉，「臺灣總督府公文類纂」，國史館臺灣文獻館，典藏號：
00004591010，1899；又在《許家文書》025、033 號中可見，振成號尚有
建益號、再成號以及建成號等 3 艘船。《許家文書》，第 025、033 號，頁
130、160。

75　《許家文書》，第 041、042、063 號，頁 158、172、206。

76　《許家文書》，第 028、041 號，頁 138、158。

77　《許家文書》，第 025、028、041-043 號，頁 130、138、142、158。

78　《許家文書》，第 012、033 號，頁 174、160。「臨地生疏」是因臺灣割讓
與日本之後，許家匆忙搬回泉州，對於泉州以外地區並不熟悉，也無法立
即擴及與廈門、上海等地貿易。許家文書中充分展現該家族初到泉州時，
無法適應、對於該地非常生疏的現象。詳見：林玉茹，〈導讀：略論十九
世紀末變局下鹿港郊商的肆應與貿易〉一文中討論。

和代買輕貨之外，偶而亦委託原來固定交易的活源號經辦。[79]該
號是 19 世紀末鹿港重要的「船商郊」，由住菜市頭街的施帝所
經營。振成號至少委配 2 次運輸貨物的金興源船（後改名金源
隆），即屬於該號所有。[80]顯然，除了兩地的對號交易之外，鹿
港郊商有時委託其他在地船頭行直接代辦輕貨。

（三）委託泉州東成號代辦布匹時期，丁酉年 4 月至 12 月 （1897.5-1897.12）

1897 年 5 月，許家決定選擇日本國籍而回到鹿港，配運貿
易形態遂再起變化。志湖一回到鹿港，立即捎信給泉州永寧東
成號，請其幫忙配運布匹來鹿，並告知現地最新的商品行情。[81]
於是，回到鹿港的謙和號乃與永寧高家再度建立貿易關係，直
至 12 月高家的金豐順船沈沒為止。

兩商號實際配運貨物時間，自 1897 年 7 月至 11 月止，計
近 4 個多月。東成號共自泉州、上海兩地配運各種布匹至鹿港 6
次。其中，2 次是謙和號與親戚許友生的洽發號合配。配運頻率
是 10 天至 2 個月，共運來布匹 60 筒。（附表 7-1）

自上海和泉州進口布匹至鹿港，可以說是此期貿易的主要

---

79 《許家文書》，第 041 號，頁 158。

80 《鹿港風俗一斑》。船商郊乃指稱原來泉郊和廈郊；〈支那形船金源隆、
金寶順、金慶安、金晉陞、金義合、金順盛、金振勝、金和泰、金復利船
籍證書下付〉，「臺灣總督府公文類纂」，國史館臺灣文獻館，典藏號：
00004591005，1899。

81 《許家文書》，第 039 號，頁 208；《許家文書》，國立臺灣歷史博物館藏
「以下簡稱臺博館」，第 229 號，頁 212。

特色。1897 年下半年，許志湖努力經營布匹買賣，不斷寫信要
求東成號採辦各種布匹，而放棄以前大量採購的廈門煙草。[82]謙
和號積極採購布匹，應與 1897 年 5 月蔡敦波以下對於泉州布市
的觀察有關：

> 春機布價硬，扳大勢，因乏工織布，兼之花紗貴，以萬
> 利三七布吊兌一三七元，尚乏布可採，餘號照升貶。實
> 在因疫氣失居，多乏工織布，即全無出布。以鹿若有現
> 布，其價將按平，意不妨採存乘時。鹿之消（銷）路未
> 至，想價必有便宜可卜耳。[83]

泉州由於疾疫大流行，導致乏工織布，鹿港布價勢必將大漲，
蔡敦波乃要許志湖先囤積鹿港現布，以乘時獲利。

本期用來運輸布匹的船隻有 4 艘：自上海直達鹿港的金豐
源、金豐發號船；自泉州來的金濟源和金洽隆船。其中，金濟
源船是永寧高家最常委託配運的船隻。[84]

東成號是此時謙和號的委託代理商。該商號由原金豐順船
出海高媽禁和兄弟高漢墀所開張。1896 年冬，東益號被東成
號合併，之後更在鹿港開設分號。[85]許志湖將謙和號搬回鹿港
之後，又恢復過去與永寧高家的相互代理關係，故改與東成號

82　《許家文書》，第 039、069-2 號、臺博館第 229 號，頁 208、224、212。

83　《許家文書》，第 065 號，頁 216。

84　《許家文書》，第 053、071 號，頁 94、228。

85　《許家文書》，第 077-1、081、082 號，頁 252、236、238。東成號在鹿港
的分號由許金秋經管。高媽禁的兒子全也亦在鹿港學做生意。

交易。東成號不但代理謙和號在上海、泉州兩地採辦布匹、煙草事宜，同時幫謙和號代收利息、代運行李，並幫志湖贈送禮物給泉州諸友人等。鹿港謙和號則透過連興號幫東成號代兌煙草，並幫高媽禁照顧其子。[86]

　　總之，許志湖確定選擇遷回鹿港之後，許家謙和號又恢復原來與永寧高家的委託代理關係。1897 年下半年，許家致力於布匹買賣，乃透過高家東成號自上海、泉州進口各式布匹。

四、泉郊商人的貿易機制

　　由上述許家的貿易形態可見，鹿港泉郊商人的貿易運作可以略分成兩部分來說明，一是兩地商號之間的委託代理機制，即「對交」（對號配載）；二是帆船的運輸。

（一）對交：委託代理制度的出現

　　清代臺灣中小型港口的貿易，常是由中國大陸帆船來港向本地商行收購土產，同時直接兌賣所帶來的日常用品，稱為整船貿易（倚行貿易）。[87]這種貿易是由帆船的出海負責所有的買賣事宜。即使 1850 年代之後，怡和洋行（Jardine, Mathesom & Co.）來臺，也先採行船長總監制度（supercargo）進行倚商貿

86　《許家文書》，第 039、071、077-1、079、081 號，頁 208、228、252、232。

87　整船又分成自辦和配隨船，參見：臨時臺灣舊慣調查會編，《臺灣私法》第三卷下，頁 413-414。

易，直到 1860 年開港之後貿易規模擴大，才先後發展出商務代
理人（business agent）以及代理洋行（agency）制度。[88]

　　整船貿易有其缺點，例如船隻不定期往來，無法隨時配合
市場的需求；交易的在地商行或出海的信用問題；[89]而增加貿易
成本與風險。[90]鹿港由於是三大正口之一，貿易規模較大，又是
臺灣米穀首要出口港，更需要穩定而持續的進出口商品交易，
乃逐漸形成兩地固定商行之間相互委託代理商品的採辦與兌
賣。這種模式是鹿港地區最盛行的貿易形態。[91]因此，該地不但
有在本地設置棧房、主要等待商船來交易的九八行，也有自置
船隻的船頭行以及隨船貿易的水客。三者難以完全區分，因為
即使規模較大的船頭行，往往也兼營九八行。[92]

88　黃富三，〈臺灣開港前後怡和洋行對臺貿易體制的演變〉，收於《臺灣商
　　業傳統論文集》（臺北：中央研究院臺灣史研究所籌備處，1999），頁 86-
　　106。

89　例如，1896 年，鹿港某商船到寧波買賣商品，結果賒欠寧波商行貨款而不
　　還。林玉茹編，《尺素頻通：晚清寧波與泉州、臺灣之間的貿易文書》，
　　第 26 至 28 件，頁 161-170。

90　中國商船與在地商行之間交易詳情，資料較罕見。然而，參照雍正年間瑞
　　典東印度公司商船初來廣州貿易，與當地行商之間討價還價、談判的過
　　程，均可見到整船貿易中談判成本較高、商業信用難以掌握的問題。阿
　　海，《雍正十年：那條瑞典船的故事》（北京：中國社會科學出版社，
　　2006），第三至五章。

91　臨時臺灣舊慣調查會，《臺灣私法》第三卷下，頁 38-39。

92　卓克華，《清代臺灣的商戰集團》（臺北：臺原出版社，1990），頁 107-
　　109；臨時臺灣舊慣調查會編，《調查經濟資料報告》頁 40，則指稱鹿港、
　　梧棲地區將九八行稱作水家（客）；〈咄咄怪事〉，《臺灣日日新報》，
　　1907 年 12 月 18 日，第 5 版，記載：「船頭行即仲介業，凡船商載運外國
　　貨物入口，登報關稅，即將貨物搬至船頭行，交其代賣，每千圓，船頭行

　　由許家文書可見，大多數的郊行同時具有米刈和九八行身份，較大者則還有船隻，經營船頭行生意，為航運企業主。他們或是在泉、鹿兩地設有分號，或是有固定交易的郊行，雙方乃得以進行對交貿易。這種固定商行之間委託機制的形成，包含泉、鹿兩地商業集團的建立、訊息交換以及過、對帳和匯兌等結算模式。

1. 以同鄉、姻親以及合夥聯盟結合而成的商業集團

　　布勞代爾（Fernand Braudel）在《15 至 18 世紀的物質文明、經濟和資本主義》一書中指出，委託貿易是指為別人利益而經營的商業。[93]由清末鹿港泉郊商人的貿易型態來看，委託代理機制是彼此固定貿易商行之間採取「合作策略」，互相代辦與代兌商品，以共同追求最大利潤。以許家而言，在泉州的固定商行是永寧高家的豐盛號、東益號以及東成號；在鹿港則有振成號、錦義號、謙順號以及順發號。這些商行幾乎均有晉江縣的同鄉關係，且往往私誼極深。他們除了彼此代辦、代兌商品外，同時合夥投資其他商號，甚至利用剩餘的代兌貨款「插股」，而相互交叉持有對方商號的股份。例如，前述許家與永寧高家共同投資有益號，同時許家「填落腳股」於高家的東益號和東成號。1896 年與謙和號進行「對交」的振成號，則與許家合夥振豐成號。

　　經常結幫經營、共同配運進出口貨物的商號之間，容易形

應得二十圓，故又稱九八行。」

93 Fernand Braudel 著，施康強、顧良譯，《15 至 18 世紀的物質文明、經濟和資本主義》（北京：三聯書店，1993），頁 266。

成相互委託代理關係。謙和號與振成號的泉、鹿兩地委託代理
機制，源於雙方合夥做生意、合配糖至寧波或是共同購買福建
商品，而建立許志湖和王金波兩人多年的私交和彼此的信任。[94]
許家避居泉州時，雙方乃開展新的委託貿易形態。

　　謙順號與謙和號之間，又是另一個例子。謙順號經營米
行、九八行生意，是泉州永寧高家與晉江船隻來到鹿港倚行的
商號，與高家經常互通訊息。該號曾與謙和、許友生的洽發號
合辦大陸的輕貨，或是合運米穀至泉州。謙和號與謙順號之間
關係甚為密切，因此許家內渡泉州時，行李和一些日用品均透
過謙順號來裝運。[95]

　　另外，許家與志坤女婿蔡敦波家的勝興號和錦義號之間，
則是建立在姻親網絡上的貿易和金融關係。勝興號為布莊和染
坊，許家經常透過該號來轉交信件和寄存行李。錦義號則是行
棧，主要收集鹿港米穀配運至中國大陸發賣。許志湖一家避居
泉州之時，春盛號米穀有一部份是援慣例兌賣給錦義號。許家
亦多次透過蔡家的鹿港錦義和蚶江錦珍兩商號，匯兌現金。蔡
家與許家不但有姻親關係，且交易頻繁。1897 年 1 月，鹿港
治安再度不穩定時，志湖長子許經煙遂建議家人暫時避至錦義
棧，[96]由此可見兩家關係之密切。

　　整體而言，傳統中國商人有濃厚的家族意識和地緣意識，

94　《許家文書》，第 025 號，頁 130。

95　《許家文書》，第 020、022、023、026、069-20、77-1 號，頁 112、124、
　　126、132、224、252。

96　《許家文書》，第 021、022、023、027、028、032、034、036、046、052
　　號，頁 118、124、126、134、138、156、162、166、196、122。

經常以同鄉、血緣以及姻親關係建立商業網絡，[97]鹿港許家亦不
例外。由於航海貿易風險極大，不但有海難、海盜、市場變動
以及資金交易等等因素的制約，且商業貿易的進行強烈依賴信
用機制，地緣和血緣結合的關係成為現實中最可信賴的穩定因
素。[98]朱德蘭對長崎泰益號的研究，也指出該號商業經營和委託
代理商行經常建立在血緣、姻親、地緣以及業緣關係。[99]不過，
相對而言，長崎華商結合了福建幫和三江幫，貿易網絡更大，
遍及東亞各地區；鹿港郊商則資本與貿易規模較小，貿易網絡
以泉州為中心，委託代理行也以關係密切的晉江商人為主，侷
限於更小的群體。另一方面，同鄉、親誼僅是建立貿易集團和
網絡的基礎，事實上泉、鹿兩地商人之間有複雜的合夥投資關
係，甚至彼此相互持股。透過這種多角合股，得以分擔貿易風
險，也顯現這群商人深諳商業資本多元投資之道。[100]更重要的
是，透過合夥聯盟籌集資金，共構貿易網絡，並進一步建立以
商業信用為基底的委託貿易機制，以共同追求最大利潤。

97 Wellington K.K. Chan, "The Organizational Structure of the Traditional Chinese Firm and Its Modern Reform" , *The Business History Review* 56：2（Summer 1982）, pp. 219-222；David Faure, "The Control of Equity in Chinese Firms within the Modern Sector from the Late Qing to the Early Republic," In Rajeswary Ampalavanar, B. ed. , *Chinese Business Enterprise in Asia*（London and New York：Routleedge, 1995）, pp. 60-79；馬敏，《官商之間：社會劇變中的近代紳商》（天津：天津人民出版社，2003），頁 155、166。
98 寺田隆信，《山西商人の研究：明代における商人および商業資本》，（京都：京都大學文學部內東洋史研究會，1972），頁 319。
99 朱德蘭，《長崎華商貿易の史的研究》，頁 63、111-112、131。
100 廖赤陽，《長崎華商と東アジア交易網の形成》，頁 118。

2. 貿易商品與市場訊息的互通

　　「對交」的產生，端賴兩地商號之間的互通有無。19 世紀末，鹿港輸出商品大宗是米、砂糖、樟腦以及苧麻，其中米佔近 3/4，是全臺米穀輸出最盛的港口。[101]糖主要輸出到寧波，但是 1880 年代之後，受到英國商人進口火車牌白糖的排擠，鹿港的「做北生理」大挫，幾乎停止。[102]在許家文書中，出口的重載，除了一度提到糖之外，全部是以米穀為主。在雙方商號報價中，也僅報導米的價格。許家及其關係商號顯然均以經營米穀貿易為主，這或許正是泉郊商人的特色之一。

　　泉州商號為鹿港郊商代兌米穀，因季節、市場好壞而有差異。泉州的米市場基本上有漳州米、廈門米以及鹿港螺米和萬米等互相競爭；[103]鹿港米的價格向來較高，[104]卻頗受泉州市場歡迎。謙和號 50 石米大概半年內賣完，春季泉州地區米穀需求旺盛時，甚至 2 個月內即售罄。[105]。

---

101 臨時臺灣舊慣調查會編，《調查經濟資料報告》上卷，頁 40-41。

102 鹿港與寧波糖貿易衰敗的過程可見，林玉茹，〈導論：寧波代理商與泉州、臺灣郊行之間的通信〉，收入林玉茹編，《尺素頻通：晚清寧波與泉州、臺灣之間的貿易文書》，頁 22-23。

103 這是值得進一步討論的問題，亦即並未看到過去一般認為 19 世紀中葉以後臺米受到洋米排擠的問題。事實上，在許家文書中完全沒看到洋米的紀錄。

104 《許家文書》，第 079 號，頁 232。記載：新螺米只有 4 元，市疲，漳州新米僅兌 3.6 元，廈米 2.556 元；又第 077 號亦言：螺米達 4.3 元，萬米 4.15元，漳米 3.95 元。《許家文書》，第 077-1 號，頁 252。

105 如 1895 年 11 月 15 日，東益號接到春盛螺米 50 石，年內兌去 31 石。至1896 年 4 月 16 日又兌出 19 石。1896 年 2 月 9 日，東益號又收春盛號運來萬米 50 石，4 月 16 日之前售完。《許家文書》，第 016 號，頁 102。

　　至於輕貨商品的代辦，除了許家或是振成號實際配運的煙、布、北生油、杉木、金紙、薏仁、火柴、餅之外，委託代理商行之間互相通報的商品品目不但更多，且品牌眾多。[106]水油、汽油、金針、洋粉、紙炮、麵線、小麥、魷魚、尖尢（糯米）等，均是這些商號注意的進口商品。其中煙、布匹、金紙以及水油在鹿港最暢銷。[107]許家的雜貨買賣以煙、布為主，顯現該家族對於商品市場的敏銳觀察力。

　　由於米市和輕貨市場變動相當大，在電信和報紙系統不通或不發達的時代，又加上兩地遠隔，如何獲得最新市場情報，掌握獲利最佳時機，成為經營進出口貿易者最大的挑戰。在對交配運的過程中，兩地商行之間互相透過貨函通報所在地的近況和市場行情，成為最重要的資訊來源。舉例而言，1896 年 8 月 12 日，鹿港螺米價格看漲，振成號即要求泉州的志湖「後配之米，如逢跌平，幸勿卸兌。」[108]即使 1897 年，永寧東成號已經在鹿港設立分號，同時有謙順號隨時通報消息，仍頻頻要求許志湖告知鹿港市場行情。這種市場消息通報之重要，如東成號所言：

---

106 例如煙不但有赤厚煙、烏厚煙、赤煙之分，主要產自漳州，品牌至少有源興、品蘭、五珍、福記、長福春、玉蘭、永璘、雙桃、八珍、信香人、玉貴、老玉珍、佳璘、玉人、福錦、智記等 16 種。布則有萬利澳布、祥順紫布、錦成二八澳布、恆盛、益利、寶藏、慶福、東興、萬全以及萬益等 10 種。

107 《許家文書》，第 031、040、043 號，頁 150、154、142。

108 《許家文書》，第 040、043 號，頁 154、142。

　　鹿中輕重行情及地方現在如何，希望逐時指探，是所深
　　感。欲謀輕貨，俾免盲人騎之瞎馬耳。[109]

帆船貿易需要隨時掌握兩地市場行情，泉、鹿商人即透過委託
販賣的各家商行，取得多重管道的市場訊息，以進行最有利的
商品買賣。另一方面，這些商號之間頻繁的書信往來，更形成
了巨大而非公開的情報網，[110]反映了當時的政治社會現狀。

3. 過對帳與匯兌

　　18 世紀票號和錢莊等金融機關已出現於中國大陸，至 19 世
紀迅速擴張。[111]然而，臺灣直至 19 世紀末，僅臺北、臺南兩個
條約港出現類似票號的匯兌館（匯單館）和少數錢莊，卻罕見
中國大陸盛行的票號和銀莊。[112]島外貿易盛行的臺灣，為何沒
有這些金融機構，顯然是一個值得注意的問題。或許雙方貿易
規模小，以及臺灣與大陸商人之間有一套金錢交易機制存在，
是主要的因素。由許家文書可見，泉、鹿兩地商號的交易，兼
採現金和交互計算（貨物抵款）兩種方式。後者更為盛行，乃
經常透過多個商行之間的過帳、對帳及匯兌來結算。
　　由於兩地商號互相代兌、代辦彼此的商品，因此直接以物
易物、以貨款抵帳的交互計算方式非常普遍。例如，1896 年 1

---

109 《許家文書》，第 81 號，頁 232。

110 廖赤陽，《長崎華商と東アジア交易網の形成》，頁 120。

111 Yang Liang-sheng, *Money and Credit in China：A Short History*（Cambridge：
　　Harvard University Press, 1952），pp. 84-86。

112 臨時臺灣舊慣調查會編，《臺灣私法》第三卷下，頁 290、321。晚清臺灣
　　匯單館、錢莊的設立，參見第六章。

月，永寧豐盛號幫春盛號出售米穀之後，直接扣去代配的上海
北生油貨款，剩餘的米穀貨款才詢問春盛號如何處理。1896 年
3 月，鹿港連興號為延舍兌賣完煙，也詢問是將貨款留在鹿港採
買貨物，還是轉匯回大陸。[113]「對」（對抵、對除）和「過」
（過帳）等交互計算方式，[114]乃在許家文書的清單、總單中屢
見不鮮，顯然這種信用交易在帆船貿易中已經極盛行。[115]

　　不過，輕貨的價格有時比米穀兌出的總價值高，因此除了
貨物抵款之外，鹿港郊商偶而也直接繳交現金給泉州商人。
1895 年 12 月，春盛號和遂豐號即直接交現金給金豐順船，再
轉至永寧東益號。[116]其次，許家暫時搬回泉州時期，志湖曾經
放貸給當地商號和民人，因此除了透過可信賴的船隻傳遞現金
之外，也委託泉州東成號代為收取放貸利息，支應輕貨費用。
1897 年 12 月，東成號即從墜官處收到謙和號來的現金 500 元及
代收的利息，以購買輕貨。[117]

　　泉、鹿兩地商人，由於資金往來相當複雜以及信用交易的
需要，乃發展出一套綿密的記帳制度。代理商行之間，往往以
貨單、代兌清單、總單以及帳簿互相對帳。郊行每次一代配
貨物出船，即以貨批和貨單編號明列商船名、出海名、貨品數

---

113 《許家文書》，第 006、061、058 號，頁 88、90、190。

114 楊聯陞指出過帳在 18 世紀首先出現於寧波。Yang Liang-sheng, *Money and Credit in China：A Short History*, p.86.

115 Michael H. Finegan 透過 18 世紀到 19 世紀的泉州賴家契約文書，也指出廈門與臺南商人之間盛行貨物抵款的信用交易。"Merchant Activities and Business Practices as Revealed in Several Manuscripts from Fukien," pp. 83-84.

116 《許家文書》，第 007、076 號，頁 83。

117 《許家文書》，第 077-1 號，頁 252。

量、貨款以及所有稅金和運費等，寄送給貨主。另一方面，受
委託郊行一代兌完貨物必須寄代兌清單給原來貨主，以釐清雙
方的帳務。總單則是大多半年結一次總帳的清單，條列所有代
兌和代辦的交易費用以及雙方債務關係。1897 年 3 月，鹿港振
成號即曾要求志湖列總單以便對帳：

> 自咱舊年交關一賑及配米托兌，望列一總單付來，餘項
> 方能付楚。乃因恐振成賬太什，驚有乖差，故請列總單
> 對覆，方無後礙耳。[118]

　　除透過上述的貿易單據列明往來帳款外，商號之間所有交
易主要利用帳簿進行當面對帳，以釐清帳務。[119]雙方往來的貨
批通常也囑咐對方務必「晉冊」、「註冊」或是「登帳」。春
盛號與鹿港瑞興號、錦義號等重要米穀交易商之間，即用帳簿
登錄，再彼此當面對帳。例如，1896 年 8 月錦義號店伙厚澤即
帶帳簿回泉州，與志湖核算帳目。1897 年與泉州謙和號進行相
互委託代理貿易的振成號家長王金波，亦曾擬親自帶帳簿回泉
州，與志湖當面核對。[120]

　　此外，貿易商行代辦商品之後的剩餘款項，則透過帆船直
接送回原商行，或是透過匯兌方式還款。錦義號因在蚶江有錦
珍號分號，因此志湖與姻親蔡家之間的米穀帳款、借貸以及日

---

118 《許家文書》，第 063 號，頁 206。
119 臨時臺灣舊慣調查會編，《臺灣私法》第三卷上，頁 247-248。
120 《許家文書》，第 032、063 號，頁 153、206。

用周轉金，均透過兩家商號及其分號以「會銀單」來匯轉。[121]
「會銀單」應與早在 17 世紀末葉已經出現在中國大陸的會票類
似，[122]顯然臺灣雖然沒有設置錢莊，但是部分商號仍透過本號
和分號之間匯轉帳款，而發行自己的匯兌單據。

　　鹿港謙順號、泉州東成號以及許家謙和號之間，匯兌關係
更為複雜。由於謙順號也是東成號在鹿港的主要交易商行，志
湖乃透過「東成匯謙順」的模式來取款。1897 年 5 月，謙和號
亦曾先代謙順號墊付款項予東成。直至 1897 年 12 月，東成號
在鹿港設置分號後，即請許家如果缺用，可以直接向分號支用
代辦輕貨所得餘款。[123]多重商行之間的交叉「過帳」，顯然更
是兩地商號慣用的交易方式。

　　大體而言，相對於中國大陸北方和南方的交易已經常透過
山西票號和錢莊來操作，許家及其貿易伙伴之間，卻沒有利用
此類機制來交易的現象。事實上，鹿港與泉州的貿易始終侷
限於小規模的區間貿易，進出口商品數量和交易金額均不大；
泉、鹿兩地委託商行之間，彼此綿密、繁雜的合夥投資和委託
貿易機制，也讓這些商號可以直接透過貨物相抵以釐清雙方帳
款；再者，經由彼此相熟又有合作關係的商行匯轉或代墊，或
透過分號來支取現金更為便利。因此，多重商行之間的交叉過
帳極為盛行，而無須透過票號或錢莊經手。不過，基於交易活
動完全以信用為基礎，為了降低風險，這種跨海、遠程的資金

121 《許家文書》，第 034 號，頁 162。

122 黃鑒輝，《山西票號史》（太原：山西經濟出版社，2002），頁 7。

123 《許家文書》，第 069-2、077-1 號、臺博館第 229 號，頁 224、252、
　　212。

融通和結算更依賴同鄉、姻親以及合夥關係建構成的商業網
絡，以形成一種彼此可以互相信賴的共利結構。

（二）帆船運輸

　　清代至日治初期，鹿港一直是傳統中式帆船的貿易地。在
許家文書中，亦完全沒有輪船航運的紀錄。這群以米穀出口為
主的郊商，顯然主要透過中式帆船來運輸進出口商品。

　　在許家與大陸近 3 年的貿易歷程中，至少出現過 26 艘帆
船，有 14 艘船實際擔綱許家在泉、鹿兩地的配運貿易。[124]很明
顯地，泉州、鹿港兩地的郊商仍主要以雇船（配船）方式來運
載貨物，再繳付船隻運費。[125]

　　然而，這些船隻的所有者究竟是誰呢？過去東嘉生、林滿
紅以及林仁川均指出，臺灣與大陸貿易的船隻主要來自中國大
陸，以大陸資本為主的郊商壟斷兩岸貿易。[126]1960 年代末，
Donald R. Deglopper 在鹿港地區的研究，也面臨西洋文獻記載與
田野實查中對鹿港郊商是否擁有自己船隻相互矛盾的難題。[127]

---

124 許家文書中曾經出現的帆船，參見：林玉茹，〈導讀：略論十九世紀末變
　　局下鹿港郊商的肆應與貿易〉，表二。
125 黑谷了太郎，〈戎克船に關する調查〉，《財海》36（1909 年 5 月），頁
　　21-22。
126 東嘉生著，周憲文譯，《臺灣經濟史概說》（臺北：帕米爾書店，
　　1985），第三章；林滿紅，〈臺灣資本與兩岸經貿關係（1895-1945）〉，
　　頁 87、90；林仁川，〈晚清閩臺的商業貿易往來（1860-1894）〉，收於黃
　　富三、翁佳音主編，《臺灣商業傳統論文集》，頁 127。
127 Donald 根據 19 世紀西洋文獻記載，認為往來兩岸的船隻為大陸商人所
　　有，然而田野實查中，鹿港耆老卻堅稱鹿港人有自己的船隻，因而推測

事實上，根據 1896 年 11 月的調查，臺灣人所有的中式帆船共
4,816 艘，其中往來於中國沿海的有 630 艘。[128]清末兩岸貿易船
隻顯然並非如過去所言，完全掌握在大陸商人手中。

　　以鹿港而言，至遲 19 世紀中末葉，部分郊商也自己掌控
運輸工具，成為經營兩地貿易的航運企業主。例如，前述與許
家商業關係緊密的振成號、蔡友扁和蔡敦波的勝興號都擁有船
隻，經營船頭行生意。鹿港活源號的施家，則早在 1870 年代已
有金興源和金濟泰號 2 艘船。日治初期臺灣總督府的船籍資料
再度提供確切的證據。1877 年至 1895 年之間，鹿港郊商先後購
置 22 艘船，[129]1895 年鹿港商人即擁有 17 艘船隻。[130]這些船隻
由於清朝法律的規定，全部在大陸的泉州、廈門以及福州等地
製造，尤以泉州的梅林和深滬居多，顯現船隻的製造與原鄉關
連密切。

　　其次，船隻規模並不大，大部分僅有 2 帆，載重在 150 石
（2.5 噸）至 300 石（5 噸）之間，很少超過 400 石。[131]顯然，
即使嘉慶 23 年（1818）清朝政府早已取消過去對造船大小的限

　　鹿港人應該擁有少數船隻。Donald R. DeGlopper, *Lukang*：*Commerce and Community in a Chinese city*,pp. 76-77.

128 大藏省理財局，《臺灣經濟事情視察復命書》，頁 63。

129 《臺灣總督府公文類纂》，第 4591、4592、4618 冊。這些船隻數僅計算屬
　　鹿港船籍者，並未計入鹿港商人也控制的番挖街、塗葛堀兩港船隻。

130 臺灣省文獻委員會編，《臺灣總督府檔案中譯本》第三輯（南投：臺灣省
　　文獻委員會，1994），頁 729。

131 1970 年代，王世慶在鹿港所採集的口碑亦言，鹿港與大陸往來帆船以載重
　　50 石至 400 石居多。張炳楠（王世慶撰），〈鹿港開港史〉，頁 5。

制，[132]清末鹿港郊商自置商船規模偏小。[133]這種噸位小的帆船基
本上反應清中葉之後兩岸商船經營模式的變遷。亦即：一、船
隻小是為了配合臺灣西海岸淤積日益嚴重的港口條件；[134]二、
鹿港因為不是國際通商港口，主要與泉州貿易，船隻航程極
短，無須大船；三、船小經營資本少，萬一發生船難，損失亦
較小，同時鹿港商人才有能力自力或合股購置船隻，降低貿易
風險；四、船小機動性較高，符合鹿港郊商的小型貿易，也無
須等待太長時間來裝卸貨物即往返於兩地，而可以隨時配合市
場變動來調節運輸和交易頻率。

　　鹿港與大陸之間帆船貿易地則以蚶江最多，梅林、深滬次
之，廈門、香港以及寧波等地 1 年僅有數次航行，往泉州地
區幾佔 9 成以上。[135]許家文書中船隻的航行範圍亦以泉州的蚶
江、梅林、深滬為中心，有時也至廈門和臺灣淡水，另外有幾
艘上海直達鹿港的船隻。航程以泉州和鹿港直達船為例，大概 2
天至 3 天，貨船則往返 1 次快則 10 至 20 天，晚為 1 個多月以
上；上海、鹿港的船隻航程大概一個多月。[136]

---

132 劉序楓，〈清政府對出洋船隻的管理政策（1684-1842）〉，收於劉序楓主
　　編，《中國海洋發展史論文集》第 9 輯（臺北：中央研究院人文社會科學
　　研究中心，2005 年），頁 352-353。
133 陳國棟推估乾隆末年臺灣商船載重 2、3 千石左右。陳國棟，〈清代中葉
　　臺灣與大陸之間的帆船貿易〉，《臺灣史研究》1：1（1994 年 6 月），頁
　　62。
134 有關清代臺灣港口條件的變化，參見：林玉茹，《清代臺灣港口的空間結
　　構》，第二章。
135 《鹿港風俗一斑》；臨時臺灣舊慣調查會編，《調查經濟資料報告》下
　　卷，頁 163。
136 《許家文書》，第 071、072 號，頁 228、230。記載：6 月 26 日配，7 月

　　泉、鹿兩地帆船航行頻率的多寡，主要配合稻米的出口，以農曆 7 月早稻收成和 10、11 月晚稻收成期最為頻繁；農曆 1 月至 3 月，則因北風盛行，船隻往返最少。[137]（附表 7-1）由於兩地的貿易完全依賴船隻，因此帆船往來艘數如果驟降，往往造成市場價格的起伏不定。尤其對以出口導向為主的鹿港而言，大陸船隻少來，常導致輕貨市場價格高漲、米價大跌以及民心恐慌不安。[138]

　　中式帆船的運輸，因運載有價貨物，甚至攜帶現金，很明顯地更強調由同鄉地緣和合夥關係結合成的網絡，同鄉關係甚至侷限於更小範圍的晉江縣一地。許家運貨或搭乘的船隻，主要來自泉州晉江縣的蚶江、梅林以及深滬等地，且以相識或有商業貿易往來郊行的船隻為主，而不會與其他港口的船隻交易。重要物品甚至完全委託自己或是熟悉商號的船隻來運載。[139]1895 年至 1896 年之間，許家最頻繁搭乘或運貨的商船金豐順，即是永寧東益號高家合股投資甚至擔任出海的商船。

　　總之，泉、鹿兩地配運貿易的船隻主要來自大陸地區，但是清末鹿港已經出現自置船隻的航運企業主，打破了大陸商人壟斷兩地航運的現象。另一方面，鹿港郊商的帆船運輸，仍在

---

22 日到；7 月 9 日配，8 月 5 日到。

137 臨時臺灣舊慣調查會編，《調查經濟資料報告》下卷，頁 163。

138「現鹿中米市較分，多少均由邇來唐船少至，況晚冬好收又迫季，故米分降。」、「市因聞及各〔口〕且乏船卜來，故輕市各色俱浮。」《許家文書》，第 042 號，頁 172。

139 舉例而言，1896 年 6 月，泉州酸邊鄉（今石獅市沙堤）順安寶號帆船向許經煙招攬生意，經煙即因是「他澳之船」，並未委其托運。《許家文書》，第 020 號，頁 112。

同鄉地緣和合夥關係的網絡下進行，而以郊行自有或是晉江縣
籍船隻運載為主。

五、小結

　　鹿港是清代臺灣三大正口之一，但是不同於臺灣南、北兩
港，直至清末並未開作國際通商港口，出口大宗米又非國際商
品，而較少受到西洋勢力的影響。該港主要與泉州地區貿易，
始終維持傳統兩岸中式帆船貿易的格局。另一方面，直至 1900
年之後，日本殖民新政權對於傳統貿易結構和形態才有顯著影
響。因此，許家貿易記錄雖然僅近 3 年，但因直到 1898 年貿易
形態並未改變，仍可以一窺傳統鹿港郊商的經營策略和中式帆
船的貿易機制。

　　首先，許家兼具大租戶、小租戶、土壟間主、放貸主以及
米商身份。他們不但直接控制米穀生產、加工，而且兼具零
售、中介以及米穀出口商角色，又逐漸涉足進出口貿易，經營
九八行，並投資泉州、鹿港兩地商號，顯現其商業經營模式的
彈性與多角化。過去一般認為，傳統中國商人購買土地是為了
保值，而影響商業資本再投資和擴張的機會；或是如 Kenneth
Pomeranz 指出，中國大陸北方家族在投資土地或是商業之間的
抉擇。[140]然而，鹿港許家的例子卻提供另一種可能性。亦即，
在出口貿易導向的臺灣，米穀因是主要的出口商品，商人購買

---

140 Kenneth Pomeranz,"Traditional Chinese Business Forms Revisited：Family,
　　Firm, and Financing in the History of the Yutang Company of Jining, 1779-1956."
　　Late Imperial China 18：1（1997）. pp. 28-29.

土地不必然限制商業經營，而是為了確保取得出口商品和控制進口商品，而兼具米商、雜貨商以及進出口貿易商的多重角色。另一方面，這些商人深諳運用出租店舖和放貸等多重管道取得商業資本來進行多元投資，甚至跨海投資泉州地區商號，以降低經營風險，追求最大利潤。特別是鹿港郊商與泉州商號之間密切的投資關係，是過去較少注意的現象。

其次，清代臺灣的帆船貿易機制顯現明顯的區域差異。亦即，不同區域與大陸之間的帆船貿易形態有所差別。傳統帆船貿易的最原始形態，是由出海負責直接到各港口採購和發兌商品的「整船貿易」。這種貿易模式在臺灣其他中小型港口非常盛行，在地商行也主要等待商船來港貿易。鹿港則由於是正口，腹地更廣，貿易規模更大，更需要穩定而持續的進出口商品交易，乃進一步發展出泉州、鹿港兩地固定商行直接「對交」的委託貿易制度。這種機制意指兩地固定商號之間互相代兌與代辦商品，即使從廈門、上海進口的商品，也完全透過泉州商號居間仲介和代理。（圖7-2）

由於傳統帆船貿易依賴彼此信用來進行，為了降低貿易風險，鹿港與泉州委託貿易機制基本上建立在同鄉、姻親及商業合夥關係上。不過，同鄉、親友關係僅是基本前提，兩地商號長期商業合夥、結幫合配貨物，甚至彼此交叉持股所構築的信用和網絡，才是關鍵。

即使最複雜的金錢交易，雖然兼採現金交易和交互計算兩種方式，但後者更為盛行。尤其是透過小群體、多重合夥商行之間的過帳、對帳以及本號和分號的匯兌機制來結算，顯現出委託貿易機制對商業信用的依賴。因此，即使不透過票號或錢

莊經手，這些商號藉由彼此之間過帳或在分號支款模式，可以
進行資金融通、結算及支取。這或許是盛行島外貿易的鹿港，
始終沒有設立票號和錢莊等金融機構的因素之一。另一方面，
其也顯現鹿港對外貿易格局，始終維持小規模的區間貿易形
態，沒有納入 19 世紀末的世界經濟體系，而未獲得進一步的突
破。因此，鹿港郊商的委託貿易機制，雖然與專注於國際貿易
的長崎華商泰益號，在商人網絡的形成基礎、信息互通以及商
號多元合股的形態等方面，展現閩南商人習慣的共同性，卻呈
現貿易網絡較小的區間貿易以及未透過近代金融機構經手的傳

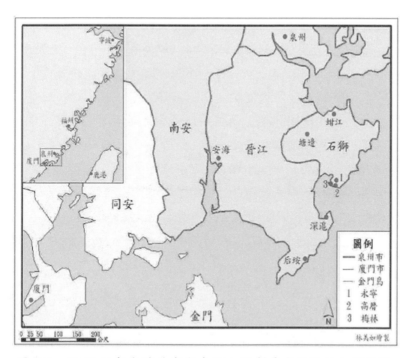

圖 7-2　19 世紀末鹿港許家與中國大陸貿易或活動的相關地點

統資金交易和結算特色。

　　此外，相對於長崎華商以雇船，特別是輪船為主的運輸模式，泉、鹿兩地不少郊行自行擁有船隻，兼具航運企業主的身份。由於兩地航程極短，又為了配合臺灣日漸淤淺的西海岸，因此帆船噸位有日漸縮小的趨勢。同時，船隻小則無須等待太長的裝運時間，反而可以配合市場變動，機動調節運輸頻率。船隻小，經營資本亦少，19 世紀中末葉鹿港商人乃有能力自行出資或是合股購置船隻，直接經營兩地貿易，打破原來大陸商人壟斷兩岸帆船航運的形態。不過，兩地郊行雖然偏好以自己船隻進行貿易，但是也常常代配其他船隻承擔運務。只是，這種帆船運輸仍在同鄉地緣和合夥關係的網絡下進行。

　　總之，有別於在國際通商港口、貿易圈廣泛的大貿易商，鹿港泉郊商人商業資金少，經商活動範圍主要以泉州為中心或是中介；同時為了降低風險，帆船貿易完全依賴同鄉、姻親以及合夥關係建構出的商業網絡，進一步發展出兩地商號之間的委託代理機制。這些貿易商人之間，即採取合作策略，透過相互代理買賣商品、交換市場資訊、依賴商業信用的資金交易以及船隻運輸等多重且繁複的合夥和合作關係，形成彼此信賴的共利結構，進而組成橫跨泉、鹿兩地的商業貿易集團。

附表 7-1　　1895 年至 1897 年鹿港許家文書中的配運貨物狀況

時間	配運/代兌（＊）關係	貨品	數量	價格 原價/扣或加稅及運費	船隻	資料來源＊
1895.12.4	＊鹿港春盛→泉州東益	螺米	50 石	單價 4.38/4.52 元 154.053 兩/137.69 兩	金豐順	015
1896.1.1	泉州東益號→鹿港春盛號	各類煙（8 種）	40 擔	637.437 兩	金豐順	003、054
1896.1.15	＊鹿港許志湖→泉州豐盛	螺米	50 石	單價 4.3 元 146.436 兩/145.332 兩	金豐順	006
1896.1.30	上海恆益號→鹿港春盛號	北生油	10 籠	62.1 兩/104.647 兩	金寶順	060、061
1896.2.28	＊鹿港春盛→永寧東益	萬米	50 石	單價 4.35/4.70 元 153.595 兩/138.207 兩	金豐順	016
1896.3.15	＊鹿港春盛→泉州豐盛	螺米	20 石	單價 4.45 元 61.855 兩	金豐順	017
1896.3.28	泉州東益號→鹿港春盛	二十號氣球標番紗	20 櫃	35.5 兩/37.048 兩	金濟源	053
1896.4.23	泉州東益→鹿港春盛	五種煙萬利和錦成澳布	20 20	438.079 兩/454.879 兩	金豐順	018、054

時間	配運/代兌（＊）關係	貨品	數量	價格 原價/扣或加稅及運費	船隻	資料來源＊
1896.7.30	鹿港振成→泉州謙和（代配春盛米）	振成螺米100石 螺米（58石；福食2春盛，42石振成）	202石	單價3.48元 348元/243.6兩	金協順	024、025、043
1896.8.3	鹿港順發→泉州謙和			69.284兩		010
1896.8.10	鹿港振成→泉州謙和	螺米	20石	56兩	金興源	029、031
1896.8.12	鹿港振成→泉州謙和	螺米	20石	單價3.65元 51.1兩	金協隆	043
1896.8.13	鹿港春盛→泉州謙和	螺米	50石	－	金建益	030
1896.8.13	鹿港春盛→泉州謙和	螺米	50石	－	金再成	057
1896.8.16	鹿港振成→泉州謙和	螺米 託兌米	50石 88石	單價3.62元 181元 289.4元	金再成	029、031
1896.11	鹿港振成→泉州謙和	螺米	18石	單價3.84元 兌價4.2元	金源隆	012、062
1896.11	鹿港振成→泉州謙和	螺米	20石	77元	金再順	013
1896.11.25	鹿港春盛→泉州志湖	螺米、萬米（福食米）	各一		金東順	009
1897.5.29	鹿港志湖→泉州蔡敦波	李	一甕		金永安	065

時間	配運/代兌（＊）關係	貨品	數量	價格原價/扣或加稅及運費	船隻	資料來源＊
1897.7.9	鹿港志湖→泉州媽禁	螺米、金瓜、茶心、斗仔			金豐順	069-2
1897.7.25	泉州東成→鹿港謙和（由上海代配）	祥順紫布	10 筒	單價 118 元 81.42 兩/81.57 兩	金豐源	071
1897.8.6	泉州東成→鹿港謙和	恆盛三七澳布	10 筒	單價 135 元 93.15 兩/95.35 兩	金洽隆	072
1897.10.11	泉州東成→鹿港謙和、洽發（由上海代配）	祥順紫布	各 10 筒	單價 114 元 78.66 兩/78.81 兩	金豐源	075、078
1897.10.14	泉州東成→鹿港謙和、洽發（由上海代配）	萬利澳布	各 10 筒	103.63 兩	金豐發	078
1897.11.28	泉州東成→鹿港謙和	益利三七澳布	10 筒	單價 147 元 101.43 兩/103.63 兩	金濟源	084、077
1897.11.28	泉州東成→鹿港和益（經煙）	萬全布	10 筒	90.52 兩	金濟源	077

資料來源：林玉茹、劉序楓主編《鹿港郊商許志湖家與大陸的貿易文書（1895-1897）》。

說明：此處貨幣單位，元為西洋銀元，鹿港地區一銀元大概相當於 0.69 兩。

第八章

通訊與貿易
十九世紀末臺灣和寧波郊商的
訊息傳遞

一、前言

自 16 世紀以來，福建商人開始前往東南亞各地，建立商業
據點，並逐漸建構出環季風亞洲的貿易網絡，[1]臺灣是其中一個
節點。[2]17 世紀末葉，在清廷政策規範下，臺灣和福建地區形
成單一港口對渡的雙向貿易；至 18 世紀中葉，兩地的海商首度
共同組成商人團體郊。[3]郊與明清中國盛行的會館、公所及商幫

---

1 Kwee Hui Kian, "The Rise of Chinese Commerical Dominance in Early Modern
   Southeast Asia,"in Yuju Lin and Madeline Zelin eds. *Merchant Communities in
   Asia 1600-1980*（London：Pickering & Chatto,2015）, pp. 79-94.

2 Ng Chin-Keong, *Trade and Society：The Amoy Network on the China Coast,
   1683-1735*（Singapore：Singapore University press, 1983）, p. 105.

3 Yuju Lin,"Trade, Public Affairs, and the Formation of Merchant Associations

不同，[4]主要由操閩南語或類閩南語（潮汕語）的商人所組成。
隨著貿易的擴展，郊陸續出現於福建、潮汕地區以及東南亞的
重要港口城市。19 世紀末，郊的貿易圈已經北達日本，南及暹
邏、仰光（緬甸）。[5]

　　郊的成員稱作郊商。他們大多在重要的港口城市營業，規
模小者開設九八行，大者擁有船頭行，以經營進出口貿易為
主。[6]因此，透過航運來進行跨海貿易是郊商的重要特徵。為了
迅速掌握市場動態，追求最大利潤，如何透過各種媒介取得第
一手情報，成為他們要面對的關鍵課題。特別是 19 世紀中末
葉，通訊模式經歷重大變遷，深刻影響郊商的貿易操作。通訊
和貿易之間的關連，是值得審視的重要議題。

　　然而，過去有關通訊和郵政的研究成果，大多著力於重建
制度史，且主要集中於電報和郵政史，近年來則關注電報與政

---

in Taiwan in the Eighteenth Century, "in Yuju Lin and Madeline Zelin eds., *Merchant Communities in Asia 1600-1980*, pp. 17-18.

4　邱澎生的研究即特別指出將郊直接等同於會館、公所之不當。詳見：〈會館、公所與郊之比較：由商人公產檢視清代中國市場制度的多樣性〉，收於林玉茹編，《比較視野下的臺灣商業傳統》（臺北：中央研究院臺灣史研究所，2012），頁 267-314。

5　Yuju Lin, "Trade, Public Affairs, and the Formation of Merchant Associations in Taiwan in the Eighteenth Century," p. 11.

6　九八行是指向交易的船隻或商行收取 2%佣金的商行；船頭行則指自己擁有船隻來經營海上貿易的商行。其運作方式，參見本書第七章。

治、社會變遷之間的關係。[7]即使有關民信局的研究，[8]大半僅利用民國時期材料，以致於對於晚清民信局的運作有不少待修正或補充之處。臺灣的民信局則幾乎沒有任何相關研究。大體而言，至今仍未有論文從商人的角度來觀察「通訊和貿易」之間的關係，更遑論透過罕見的商業文書，重現 19 世紀末郊商信息傳遞的變化。

　　19 世紀中葉，中國沿海各地重要港口城市陸續開放為條約

7　電報相關研究眾多，從技術現代化、電報與政治來討論的，如：Erik Barrk, *Lightning Wires：The Telegraph and China's Technological Modernization, 1860-1890*（Westport, Conn：Greenwood Press, 1997）；Yongming Zhou, *Historicizing Online Politics：Telegraphy, the Interenet, and Political Participation in China*（Stanford：Stanford University Press, 2006）；史斌，《電報通信與清末民初的政治變局》（北京：中國社會科學出版社，2012）；李雪，《晚清西方電報技術向中國的轉移》（濟南：山東教育出版社，2013）。從電報與社會變遷來討論，有夏維奇，《晚清電報建設與社會變遷：以有線電報為考察中心》（北京：人民出版社，2012）。討論晚清電報使用的侷限性的有：Wook Yoon, "Dashed Expectations：Limitations of the Telegraphic Service in the Late Qing, "*Modern Asian Studies* 49：3（May 2015），pp. 832-857。郵政史如：Weipin Tsai, "The Qing Empire's Last Flowering：The Expansion of China's Post Office at the Turn of the Twentieth Century," *Modern Asian Studies* 49：3（May 2015）pp. 895-930.

8　民信局研究，如彭瀛添，《民信局發展史：中國的民間通訊事業》（臺北：中國文化大學出版部，1992）、幼愚，〈中華郵政史：民信局〉，《郵政研究》44（1992 年 6 月），頁 61-108。江柏煒則指出 1949 年以前，福建的民信局分成經營一地業務的專局和經營很多地區的雜局，依照業務區分則可分成頭盤局、二盤局及三盤局等。江柏煒，〈人口遷徙、性別結構及其社會文化變遷：從僑鄉到戰地的金門〉，《人口學刊》46（2013），頁 53。

港之後，西洋商人最先引入先進的通訊模式。[9]不過，其主要以條約港和洋商網絡為中心，對於清朝商人的影響相當有限。[10]直至 19 世紀末，馳騁於東亞各地的郊商，才面臨通訊模式的變化和挑戰。另一方面，或許由於有關 19 世紀商人的貿易文書甚少存留，因此誠如范金民指出，專研晚清中國各地域沿海貿易活動商人的成果甚少。[11]本章即以近年來新發現或重新整理、主要在 1894 年至 1897 年之間產生的《鹿港郊商許志湖家與大陸的貿易文書（1895-1897）》（以下簡稱許家文書）和《尺素頻通：晚清寧波、泉州與臺灣的貿易文書》（以下簡稱尺素頻通）兩批商業文書為中心，[12]並輔以其他檔案、報紙以及私文書資料，釐清條約港和非條約港郊商訊息傳遞的種類、模式及其變遷。

　　許家文書，時間斷限自 1895 年 5 月至 1897 年 12 月，大多是非條約港的鹿港和泉州兩地郊商貿易的往返文件，或是許家家人、伙計之間的書信，全部以中式帆船（junk）運輸。《尺素頻通》則是晚清（1894-1905）在條約港的寧波、淡水經營代理

9　有關亞洲主要條約港之間西洋人形成的港際網絡，參見：Zhu Marlon, "Typhoons, Meteorological Interlligence, and the Inter-port Mercantile Community in Nineteen-Century China,"（Ph.D diss., State University of New York, 2012）.

10　Weipin Tsai,"The Qing Empire's Last Flowering：The Expansion of China's Post Office at the Turn of the Twentieth Century," p. 5.

11　范金民，〈清代前期福建商人的沿海北體貿易〉，《閩台文化研究》2013：2（2013 年 6 月），頁 5。

12　林玉茹、劉序楓編，《鹿港郊商許志湖家與大陸的貿易文書（1895-1897）》（臺北：中央研究院臺史研究所，2006）；林玉茹編，《尺素頻通：晚清寧波與泉州、臺灣的貿易文書》（臺北：政大出版社，2013）。

行的泉州商人，透過輪船信局傳遞的信稿，並可看到其使用電報的情形。[13]截至目前為止，除了長崎泰益號文書之外（其資料以 20 世紀居多），本章所使用的鹿港許家文書或是寧波商人寫的尺素頻通，應是現存數量較多而完整的 19 世紀末臺灣與中國沿海兩地一手的商業貿易文書，其珍貴和重要性應無庸置疑。

　　鹿港和寧波也是此際郊商極為活躍的港口，寧波更是中國沿海南北貨重要的集散港。[14]更幸運地是，兩批文書產生時間不但極相似，而且地點分別來自非條約港和條約港，而能一方面展現臺灣與福建、寧波郊商通訊方式的差異、變化過程及其情報網的建構；另一方面，可以檢視訊息傳遞如何影響其貿易運作。

　　本章首先說明郊商如何先專以中式帆船來傳遞訊息；其次，輪船興起之後，又如何利用輪船信局來運送；最後，闡述郊商使用電報的過程及其貿易操作。

13　有關兩批商業文書的介紹及其史料價值，詳見：林玉茹，〈略論十九世紀末變局下鹿港郊商的肆應與貿易：以許志湖家貿易文書為中心的介紹〉，收於林玉茹、劉序楓編，《鹿港郊商許志湖家與大陸的貿易文書（1895-1897）》，頁 32-56；林玉茹，〈導讀：寧波代理商與泉州、臺灣郊行之間的通信〉，收於林玉茹編，《尺素頻通：晚清寧波與泉州、臺灣之間的貿易文書》，頁 1-27。

14　有關鹿港、寧波以及福建各港之間的貿易關係，及其重要性，詳見：林玉茹，〈由「尺素頻通」看晚清寧波、泉州及臺灣的三角委託貿易〉，收於鄭永常編，《東亞海域網絡與港市社會》（臺北：里仁書局，2015），頁 457-483。

二、中式帆船的訊息傳遞

在 19 世紀中葉輪船航運興起之前，郊商均以中式帆船來傳送跨海貿易訊息。由許家文書可見，直至 1897 年，鹿港郊商僅使用中式帆船來傳輸泉州和鹿港兩地訊息，各種貿易往來的清單、總單、田地丈單、串單，也透過船隻寄送。這是因為鹿港雖然是清代臺灣三大港口城市之一，直至日治初期仍掌握中部商業之樞軸，並控制鄰近諸港以及對大陸的貿易；[15]但因未開作條約港，港口條件不堪停泊輪船，因此郊商僅能透過中式帆船來進行貿易，而反映非條約港郊商訊息傳遞的實況。

許家文書中，郊商間傳遞的訊息種類，包括書信、貨函、貨批、貨單和貨批、代兌清單、配單、交船單、總單、碼子單、收谷單等類型。[16]換言之，舉凡貿易和田產經營相關文件和單據，直接寄交中式帆船，可見中式帆船的訊息傳遞，影響兩地貿易運作甚深。

由於這些文件極重要，兩地商行往往利用各種類型的函件和編列船號方式，來報告運輸情形、貨物的收送、運費稅金以及帆船「出海」的責任等。[17]寄信雙方並照例詢問是否接到由某

---

15 Donald R. DeGlopper, *Lukang*：*Commerce and Community in a Chinese City*（Albany：State University of New York Press, 1995），p. 77；本書第七章。

16 有關這些文件的形式、性質及其內容，詳見林玉茹，〈略論十九世紀末變局下鹿港郊商的肆應與貿易〉和劉序楓，〈許志湖家貿易文書導讀〉，收於林玉茹、劉序楓編，《鹿港郊商許志湖家與大陸的貿易文書（1895-1897）》，頁 32-56、57-70。

17 出海略同於今日之船長。有關其說明，詳見：林玉茹，〈略論十九世紀末變局下鹿港郊商的肆應與貿易〉，頁 50。

號商船帶至的前信。到岸信件的陸路傳送，則由船隻出海請專
人送達。[18]

　　在傳遞過程中，信封套的表記形式呈現商號傳遞訊息的類
型及其重要性。許家文書中有 18 件封套。[19]由其可見，封套
上一般用騎縫邊對摺以註明彌封日期，如「順風相送某月某日
封」[20]、「固某年月日封」，並蓋滿寄出者的商號印章、「傳
音」及「順風得利」等吉祥語字樣。其次，指明寄信住址，大
多以街或庄為單位來指稱，且除了直接寄至收信商行之外，有
時也轉託鹿港大街大商行轉交。[21]第三，註明由何地寄出，並
叮嚀「出海費神」，「到即送有着切切，此奉」、「煩神代
繳」，有時也標記出海的姓名。[22]很明顯地，出海在跨海信件傳
遞上扮演著最重要的角色。

　　另一方面，寄信商號常需在信封上註明寄送物件品名、附
件以及「酒錢」多寡。1896 年，泉州永寧東益號寄給鹿港春盛
號的貨函封套中，即註明「內加封清、總單參紙」，以及配運
的布匹、煙草的品名和數量。（圖 8-1）

18　林玉茹，〈略論十九世紀末變局下鹿港郊商的肆應與貿易〉，頁 50。

19　這 18 件封套，詳見：林玉茹、劉序楓編，《鹿港郊商許志湖家與大陸的貿
易文書（1895-1897）》，文書解讀索引表。

20　也有「順風歸來」、「清風徐來」等不同字樣。林玉茹、劉序楓編，《鹿
港郊商許志湖家與大陸的貿易文書（1895-1897）》，頁 90、96。

21　如註明「鹿港大街頂交謙恭寶號轉交橫街仔春盛寶號」、「伏至鹿港橫街
仔交春盛寶號」。林玉茹、劉序楓編，《鹿港郊商許志湖家與大陸的貿易
文書（1895-1897）》，頁 74-75、90-91。

22　如第二件註明「伏出海官媽禁叔費神」。林玉茹、劉序楓編，《鹿港郊商
許志湖家與大陸的貿易文書（1895-1897）》，頁 72-75、76-77、118-119、
120-121、124-125。

酒錢，在輪船信局時代才定制專稱「酒力」、「酒例」、「酒資」，[23]是指傳遞信件的費用，常由收信者支付。許家文書中，即有幾個封套註明，收到信時給傳遞者酒錢 30 文或 50 文。[24]不過，1896 年，過溝庄（彰化縣大村鄉）總理賴老蔥和賴清和傳遞鹿港支廳長發出的通告，由過溝庄到鹿港的酒資則更高，要求「來人酒外叁佰文，切勿減少。」[25]亦即，由於由內陸到港口城市路途遙遠，且正值臺灣人武裝抗日時期，風險高，因此除了酒資之外，還得另外支付 300 文，可見臺灣島內的傳遞費用顯然遠比港口地區高。

為了確保信件和貨物能如

圖 8-1　1896 年永寧東益號寄給鹿港春盛號貨函的封套
資料來源：中央研究院臺灣史研究所檔案館藏，檔案編號：T0366D0302-03-0015

---

23 臨時臺灣舊慣調查委員會編，《調查經濟資料報告》下卷（東京：臨時臺灣舊慣調查委員會，1905），頁 5。

24 林玉茹、劉序楓編，《鹿港郊商許志湖家與大陸的貿易文書（1895-1897）》，頁 76-77、118-119、120-121。

25 林玉茹、劉序楓編，《鹿港郊商許志湖家與大陸的貿易文書（1895-1897）》，頁 180-181。

實交寄，鹿港許家慎選運輸的帆船，除了盡量使用合夥投資的
船隻之外，也僅委託來自蚶江、梅林等地，且以相識或有密切
商業關係郊行的船隻為主。[26]或許正因為以具有同鄉、業緣關
係、小集團圈內的船隻來運送，所以完全沒有輪船信局經常出
現的運送糾紛。

　　從中式帆船傳遞的頻率而言，由於 19 世紀末航行於鹿港和
泉州之間的中式帆船規模不大，大多僅有兩帆，載重在 100-300
石之間，很少超過 400 石。[27]船隻的航行範圍以泉州的梅林、深
滬、蚶江為中心，有時也至廈門和臺灣淡水，另外有幾艘上海
直透（直達）鹿港的船隻。航程以泉州和鹿港直透船為例，大
概 2-3 天，貨船一趟往返快則 10-20 天，晚則一個多月以上。[28]
以泉州各港和鹿港之間為主的航線，顯現鹿港郊商貿易和訊息
網絡之規模和侷限。

　　帆船傳遞的訊息內容，主要是委託代理郊行之間互報市場
行情、代兌商品狀況、代採辦貨物與貨款的寄送匯兌、商號經
營現狀以及對帳等。受委託郊行一代兌完貨物必須寄代兌清單
給原來貨主，以釐清彼此帳務。雙方往來的貨批通常也囑咐對
方務必「晉冊」、「註冊」或是「登帳」，亦即登記至帳簿。[29]
跨海貿易的進行，完全取決於雙方商行的信息傳遞。

26　林玉茹，〈略論十九世紀末變局下鹿港郊商的肆應與貿易：以許志湖家貿
　　易文書為中心的介紹〉，頁 50。
27　詳見第七章。
28　林玉茹，〈略論十九世紀末變局下鹿港郊商的肆應與貿易：以許志湖家貿
　　易文書為中心的介紹〉，表二。
29　參見本書第七章。

　　帳務決算是兩地商號傳遞訊息中很重要的一環，代理商行之間往往以貨單、代兌清單、總單以及帳簿互相對帳，且兼採現金交易和商品抵款兩種方式。由於兩地商號互相代兌、代辦彼此的商品，因此直接以物易物、以貨款抵帳的交互計算方式非常普遍。例如，1896 年 1 月，永寧豐盛號幫鹿港春盛號出售米穀之後，直接扣去代配的上海北生油貨款，剩餘的米穀款項才詢問春盛號如何處理。貨物抵款更為盛行，乃經常透過多個商行之間的過帳、對帳及匯兌來結算。不過，因由泉州運鹿的輕貨價格有時比米穀兌出的總價值高，因此除了貨物抵款之外，鹿港郊商偶而也直接交寄鉅額現金給泉州商人。[30]船公司承接運送現金任務時，則傳遞「交船單」給所屬帆船，要求必須回音確認，並在現金數量上面蓋有「艙口」印記，以茲證明。[31]（圖 8-2）

圖 8-2　1895 年 12 月金豐順公司給金豐順船的交船單
資料來源：中央研究院臺灣史研究所檔案館藏，檔案編號：T0366 D0302-03-003

30　參見本書第七章。

31　「艙口」是負責管理船艙貨物者。一般出海或艙口收到委託的貨銀之後，

　　大體上，鹿港與泉州的貿易始終侷限於小規模的區間貿易，商號之間進出口商品數量和交易金額並不大。泉、鹿兩地委託商行之間，彼此綿密、繁雜的合夥投資和委託貿易機制，也讓他們可以直接透過貨物相抵以釐清雙方帳款；或是經由彼此相熟又有合作關係的商行匯轉或代墊；或是透過分號來支取現金。[32]因此，泉、鹿兩地多個商行之間的交叉過帳極為盛行，且大多依賴雙方函件的傳遞來進行。

　　郊商之間的倒欠和討債，也因跨海貿易易達性低，而以信函傳遞來解決。即使已經充分使用輪船信局運輸的寧波代理商，因為幾宗與鹿港郊商的商業帳務糾紛，[33]必須不斷向從鹿港來寧波的帆船出海打聽欠債商行的動態，並請求代為傳遞討債訊息，或是請同鄉的出海回程時代為傳信催繳。[34]

　　除了商業經營狀況的報告之外，商號之間也會交換各地風聞。許家文書正是臺灣割讓給日本前後 3 年之間產生，因此有關日本殖民地統治的報導也最多，包括日軍攻鹿港城、漢人武裝抗日、近代政府的檢疫制度、土地丈單清查、港口開放以及國籍和船籍選擇等。另一方面，商人也藉由地方情報來操作商品市場。1897 年，泉州因疾疫大流行，導致乏工織布，由於預

會開付收條，即收貨單（又稱收單）給委託人。劉序楓，〈許志湖家貿易文書導讀〉，頁 62。

32　本書第七章。

33　有關清代臺灣與寧波的貿易關係，詳見：許雅玲，〈清代臺灣與寧波的貿易〉（國立政治大學臺灣史研究所碩士論文，2014）。

34　林玉茹編，《尺素頻通：晚清寧波與泉州、臺灣的貿易文書》，頁 161-170。

期鹿港布價將大漲，在泉州的姻親蔡敦波即寫信要許家先囤積
鹿港現布，以乘時獲利。[35]

　　正由於鹿港、泉州以及廈門三個市場之間存在競爭和連動
關係。特別是由鹿港輸出米到泉州，深受漳米、廈門米競爭的
影響；反之，由福建郊商輸入鹿港的布匹，亦有上海布和寧波
布相互競爭。因此，在貨函中，最新商品報價是必要內容。泉
州、鹿港兩地代理商更透過互通市場消息，來決定配運、採辦
或賣出商品的時機。[36]然而，因米市和輕貨市場變動相當大，
在電信和報紙系統不發達的地區，又加上兩地遠隔，如何獲得
最新市場情報，掌握最佳獲利時機，成為這群經營進出口貿易
海商最大的挑戰。在對交配運的過程中，兩地商行之間互相透
過貨函通報地方近況和市場行情，不但是最重要的資訊來源，
而且即使貿易網絡較小，也力求訊息來源的多元化。例如，
1897 年，永寧東成號已經在鹿港設立分號，同時有謙順號提供
消息，仍頻頻要求許家告知鹿港動態。這種市場消息通報之重
要，如東成號所言：

> 鹿中輕重行情及地方現在如何，希望逐時指探，是所深
> 感。欲謀輕貨，俾免盲人騎之瞎馬耳。[37]

帆船貿易需要隨時掌握兩地市場行情，泉、鹿商人即透過委託

35　林玉茹，〈略論十九世紀末變局下鹿港郊商的肆應與貿易〉，頁 44-45。
36　林玉茹，〈略論十九世紀末變局下鹿港郊商的肆應與貿易〉，頁 43。
37　林玉茹、劉序楓編，《鹿港郊商許志湖家與大陸的貿易文書（1895-1897）》，頁 232。

販賣的各家商行，取得多重管道的市場訊息，以進行最有利的商品買賣。從傳遞各種商業文件到提供情報，帆船通訊影響 19 世紀末非條約港的郊商貿易之深，由此可見。

三、輪船信局的訊息傳遞

　　輪船信局是民間信局的一種。民信局是基於官方郵遞管道，不許民用而自發性設立，常是家族經營企業，不僅與商業需求有關，且往往和錢莊、票號等金融業經營者關係密切。[38]一般認為，其於道光末年清廷對外開埠通商之後，因商業擴張之需而出現。蔡維屏指出，1844 年在寧波已經出現記載有關民信局糾紛的碑文，這些信局的營業範圍包括寧波、杭州、紹興、溫州、蘇州以及福州等城市。[39]民信局原僅於沿海各省設置，之後及於內地、東北地區。上海興起之後，信局總局轉設於該地，但經營者主要由寧波幫所獨佔。[40]另一方面，上海的信局並逐漸往沿海重要城市擴張，建立通訊網絡。例如，廈門原來沒有信局，直至光緒元年（1875），上海的老福潤到廈門設立

38 彭瀛添，《民信局發展史：中國的民間通訊事業》，頁 77；Weipin Tsai, "The Qing Empire's Last Flowering：The Expansion of China's Post Office at the Turn of the Twentieth Century," pp. 900-901.

39 Weipin Tsai, "The Qing Empire's Last Flowering：The Expansion of China's Post Office at the Turn of the Twentieth Century," pp. 903--904.

40 彭瀛添，《民信局發展史：中國的民間通訊事業》，頁 82-84；張傳保修、陳訓正、馬瀛纂，《民國鄞縣通志》（上海：上海書店出版社，1993），頁 1255；鄭揮，〈清代民營全泰盛信局考〉，《郵史研究》15（1998 年 8 月），頁 15。

　　分號之後，各信局紛紛隨之開設；臺灣建省之後，事業蒸蒸日上，至 1890 年也已有 15 家。[41]

　　民信局一般分成內地專行的信局和輪船信局兩種，[42]但晚清在上海、寧波的信局兼營兩者甚多。[43]輪船運輸盛行之後，信局除了以帆船傳送之外，也利用輪船，廈門和廣東地區更有專營輪船航線的通信業務者，稱輪船信局，[44]臺灣則僅有輪船信局。[45]換言之，對於福建和臺灣郊商而言，晚清輪船航運的興起，導致訊息傳遞產生重大變革。

　　1869 年，蘇伊士（Suez）運河開通，輪船航運在亞洲海域興起。[46]但是，輪船逐漸取代西式帆船（sailing vessels）和中式帆船卻需經歷一段時間。中國沿海輪船航線的建立，也直至 1870 年代才完成。[47]在臺灣，如前述鹿港一般，中式帆船運輸在未開作條約港的港口，一直具有壟斷性地位，[48]直至日治時期才有變化。不過，1860 年臺灣開闢安平、打狗、淡水及基隆等南

---

41 〈廈客茗談〉，《申報》第 6300 期，1890 年 11 月 2 日，第 1、2 版。

42 彭瀛添，《民信局發展史：中國的民間通訊事業》，頁 82。

43 鄭揮，〈清代民營全泰盛信局考〉，頁 7-15。

44 張樑任，《中國郵政》（上）（上海：上海書店，1936），頁 12。

45 彭瀛添，《民信局發展史：中國的民間通訊事業》，頁 91。

46 Masami Kita, "Scottish Shipping in Nineteenth-century Asia," in A. J. H.Latham and Heita Kawakatsu eds. *Intra-Asian Trade and Industrialization,*（London；New York： Routledge, 2009），pp. 210.

47 洋商和華商所屬的輪船公司在中國沿海的成立過程和競爭關係，參見：劉廣京著，黎志剛編，《劉廣京論招商局》（北京：社會科學文獻出版社，2012），頁 3-30、57-88。

48 清代臺灣非條約港有小口和正口之分，詳見：本書第一章、第六章。

北 4 個條約港之後，先後出現輪船航運取代西式帆船、[49]大宗出
口商品改用輪船輸出，以及輪船運量超越中式帆船之現象。

早在 1877 年，西式帆船的利潤越來越低，北臺灣的大宗
進出口商品茶、樟腦、鴉片越來越多利用輪船運輸。特別是由
於得忌利士公司（Douglas Lapraik& Co.）建立輪船定期航線，
往返於臺灣府（今臺南）、香港、經廈門、汕頭以及淡水，輪
船運量大幅增加。甚至連原先與香港、汕頭的貿易，也從主要
由中式帆船擔綱，轉以輪船運輸。南部臺灣糖季時，一些輪船
直接由臺灣航行至寧波、上海，即使中國輪船招商局（China
Merchants Steam Navigation Company）所有的兩艘輪船也加入臺
灣南部與華中的貿易。[50]1880 年，已經沒有西式帆船到淡水港；
1881 年，德國的 Messrs. Dirks & CO.也有一艘輪船定期航行於
臺灣府、香港、汕頭以及廈門。[51]1882 年，在北臺灣的條約港，

---

49 就臺灣南北 4 個條約港進出口的外國船隻而言，北部地區於 1880 年輪船數
   量超過西式帆船；1892 年輪船已經佔外國船隻的 95%；南部地區則 1887
   年輪船數超越西式帆船數，但載重總噸數則在 1882 年超越西式帆船。
   戴寶村，《近代臺灣海運發展：戎克船到長榮巨舶》（臺北：玉山社，
   2000），第三章。

50 " Report on the Foreign Trade of the Ports of Tamsui and Kelung for the Year
   1877," "Report on the Foreign Trade of the Ports of Tamsuy and Kelung during
   the Year 1879 ," "Taiwan Trade Report for 1880," in Robert L. Jarman ed.*Taiwan
   Political and Economic Reports, 1861-1890,* Vol.2 *1876-1880*,（Slough：
   Archive Editions, 2009），pp. 286-289, 560, 569, 699-702, 732.

51 "Report on the Foreign Trade of the Ports of Tamsuy and Kelung during the Year
   1880, "in *Taiwan Political and Economic Reports, 1861-1890*, Vol.2,*1876-1880*,
   p. 740. " Report on the Trade of the Year 1881, "in *Taiwan political and Ecoomic
   Reports,1861-1960*,vol.3,*1881-1885*,p. 121.

連一向由中國商人所控制而以中式帆船運載的藍靛，也開始改用輪船。南臺灣則在 1882 年以前帆船運輸仍超過輪船，1887 年糖季時，打狗和橫濱之間首先出現定期輪，將航線進一步延伸至外國。1888 年以後，輪船運量超過帆船，且逐年成長，甚至運糖到日本以及華中和華北的上海、芝罘、天津、牛莊，而不再使用帆船。[52]不過，必須注意的是，儘管輪船航運興起，直至日治初期中式帆船在臺灣對外航運上仍佔有一席之地。[53]舉例而言，1891 年，在條約港的中式帆船仍有相當的數量，如淡水一港，據稱一年大概有 400 多艘中式帆船進入滬尾。其中，大概有 100 艘是載重約 3000 石至 5000 石（200 至 300 噸）的大型帆船及 300 艘載重 1000 石至 2000 石的小船。[54]

　　大體上，1870 年代末，臺灣顯然已經與上海以南的重要條約港建立起輪船航線，1880 年代末更擴展至華北地區。正由於輪船的使用，臺灣與中國沿海各地港市連結更為頻繁、迅速。

52 "Taiwan Intelligence Report for the period from 1th May to 31 October, 1882," in *Taiwan Political and Ecoomic Reports,1861-1960*,Vol.3,*1881-1885*,p.169；"Report on the Trade of Taiwan for 1887, " in Robert L. Jarman ed., *Taiwan Political and Economic Reports, 1861-1960*, Vol.4, *1886-1893*, p. 173；J. D. Clark, *Formosa*（Shanghai：Shanghai Mercury, 1896）, pp. 58, 104. 1894 年海關報告也指出，臺南人以輪船運糖到寧波、天津。黃富三、林滿紅、翁佳音編，《清末臺灣海關歷年資料》（臺北：中央研究院臺灣史研究所籌備處，1997），總頁 978。

53 林文凱利用日治初期的史料，重新還原 1896-1900 年臺灣從事外國貿易的中式帆船數量，大概 2310-4315 艘之間，佔有對外貿易總額的 30%以上。顯現中式帆船仍在對外航運上佔有相當比例。林文凱，〈再論晚清臺灣開港後的米穀輸出問題〉，《新史學》22：2（2011 年 6 月），頁 228-229。

54 J.D.Clark, *Formosa*, pp.81-82.

另一方面，晚清島內長距離訊息傳遞更形便利，速度也大幅改善，一日即可通達。清末來臺的胡傳指出：

> 臺北至臺南，陸程九日，中隔大甲溪之險，夏秋山水發，文報恆十數日不通；而輪船由海行一日夜可達。自臺北至後山，非二十日不達，自臺南至後山非十日不達，路險而遠，輪船則亦一日夜可達。[55]

輪船航運在臺灣興起的時間，也與輪船信局的出現一致。臺灣信局又稱批館，位於「市鎮繁盛之區」，最先出現於臺北，但起始時間不詳，島內有信局的地方，包括臺北、臺南以及基隆，嘉義曾有一戶，但最早歇業。[56]1905 年，臺北城內有全泰成、協興昌及另一戶，共三戶；大稻埕有媽祖宮街的周炳記和稻新街的福興康。[57]周炳記於光緒 5 年（1879）開業，1898年歇業。其他幾家均於光緒初年前後開業，且也在臺南經營信局。[58]臺南信局則在光緒 6 年（1880）左右設立，之後兩、三年

---

55 胡傳，《臺灣日記與稟啟》（臺北：臺灣銀行經濟研究室，臺灣文獻叢刊「以下簡稱文叢」第 71 種，1960），頁 118-119。

56 連橫，《臺灣通史》（文叢第 128 種，1962 年，1920 年原刊），頁 533；臨時臺灣舊慣調查會編，《調查經濟資料報告》下卷，頁 1。

57 此外，根據淡水稅關報告，1897 年國籍選擇確定時，在廈門經營輪船業的新永通號來自大稻埕，推測大稻埕應也有本店。淡水稅關編纂，《明治三十年淡水港外四港外國貿易景況報告》（神戶：明輝社，1898），頁 10。

58 臨時臺灣舊慣調查會編，《調查經濟資料報告》下卷，頁 2。

間，以全泰成、[59]協興昌陸續開業為始，續有福興康、葛運泰等共 3、4 戶，6、7 年後，老合興、老億豐又開業，直至明治 30 年（1897）仍存在。[60]光緒 18 年（1892），胡適的父親胡傳即利用在臺南的全泰成輪船信局，經廈門、上海、金陵的分號，傳遞信件到屯溪，再傳遞到績溪老家；19 年（1893）元旦，又透過全泰成信局寄送書籍到臺南鹽務總局，5 月透過臺灣和廈門的協興昌輪船信局，送信回徽州屯鎮陽湖怡馨祥茶號。[61]

　　由上可見，臺灣信局創設時間，正是輪船航運興起的光緒年間。信局最早出現在臺北的大稻埕，光緒年間大概有 5 家信局，其中 3 家也在臺南開設。到了日治初期，臺南至少有 9 家信局，[62]後來居上，比臺北多，顯現臺南地區的通信事業規模比臺北來得大。其次，這些信局的本店在上海，或與上海信局有

59 臺南全泰成輪船信局有兩家，一家在府城內竹子街，一在城外看西街。何輝慶，〈清末海峽兩岸通信史（1875-1895）〉，《中華郵聯會刊》12（2008 年 3 月），頁 36，圖 26A。

60 臨時臺灣舊慣調查會編，《調查經濟資料報告》下卷，頁 2。

61 何輝慶，〈清末海峽兩岸通信史（1875-1895）〉，頁 35-36、38，圖 26A、圖 26、圖 31；胡傳，《臺灣日記與稟啟》，頁 120。

62 由現存信封可見，1895 年在臺南還有兩家輪船信局，分別是福泉順（臺灣福泉順輪船信局）、森茂昌（臺南森茂昌輪船信局）。8 月，福泉順曾傳遞臺南昌隆炳記商行給香港永樂西街合興隆行的信件；森茂昌則為位於看西街的德記洋行（Tait & Co.蓋有德記書東、看西德記）遞送信件，經廈門茂昌信局，傳至上海交東昌裕號。此外，1884 年 9 月，《申報》記載廈門全泰成信局曾傳遞信件給在臺灣的同泰仁信局。日治時期，上述信局可能已經關閉，而不見記錄。何輝慶，〈清末海峽兩岸通信史（1875-1895）〉，頁 42-43，圖 41、42；〈臺灣郵信〉，《申報》第 4098 期，1884 年 9 月 9 日，第 3 版。

關係，且不少在廈門也有分號。[63]上海信局大多由寧波人成立，臺灣的信局也由寧波人經營。[64]部分信局的規模甚大，協興昌、全泰盛、福興康（福興潤）等信局，[65]直至 1927 年仍是上海著名的大信局。[66]

　　臺灣島內信局郵件的傳遞路線是臺北和臺南間（海路）、臺北和基隆間，以及臺南和嘉義間。島外的路線則是廈門、福州、上海、安海、泉州、漳州、汕頭、廣東以及香港等地的信局，[67]其不僅與本島信局直接交換，而且不少需經由廈門、福州等信局轉接。以臺北周炳記為例，即與在廈門的批館鴻安號交換，與泉州和安海的批館順行、香港的批館駿記交換；福興康則本店是上海的福興潤號，在廈門設支店福興號，光緒 12 年在臺北開業，又在漳州、泉州、石碼、汕頭、廣東以及香港等地

63　全泰成、同泰仁、協興昌以及福興康均於光緒年間到廈門設分號。〈廈客茗談〉，《申報》，第 6300 期，1890 年 11 月 2 日，第 1、2 版。

64　臨時臺灣舊慣調查會編，《調查經濟資料報告》下卷，頁 1、3。

65　1878 年，上海已經出現協興昌、全泰盛、福興潤三輪船信局，經營上海到牛莊、天津以及煙臺的「士商信件」。〈漢皋瑣聞〉，《申報》，第 1963 期，1878 年 9 月 17 日，第 3-4 版；〈上海租界會審分府陳告示〉，《申報》，第 2028 期，1978 年 12 月 2 日，第 3 版。

66　謝彬，《中國郵電航空史》(上海：中華書局，1926)，頁 28-29。

67　根據鄭揮的說法，福建地區的信局最早於泉州成立。同治 10 年，安海人在安海創辦鄭順榮批館。廣東信局則於咸豐 6 年在汕頭最先成立德利信局。但廈門信局並非如鄭揮所說的，光緒 3 年設立，而是如同前述，早於光緒元年出現，光緒 6 年又成立通信網擴及東南亞的天一信局。鄭揮，〈民信局肇始的歷史背景和條件〉，《郵史研究》22（2003 年 3 月），頁 16；〈再論民信局的肇始〉，《郵史研究》12（1997 年 2 月），頁 142；臨時臺灣舊慣調查會編，《調查經濟資料報告》下卷，頁 3。

設置同號和辦事處，以便交換訊息。[68]很明顯地，直至光緒年間，臺灣才與福建、廣東及華中的寧波、上海地區建立輪船信局訊息傳遞網。

臺灣與中國大陸之間書信的傳遞，信局主要委託輪船，有時也利用中式帆船。輪船為官船飛捷號、得忌利士公司的海龍號、海門號以及福爾摩沙號。然而，臺北和臺南間島內郵件的遞送，反而不如與對岸各地來得方便。[69]

在臺灣 4 個條約港與福建的郊商，雖然不少仍習慣於使用中式帆船來傳遞兩岸之間信件，[70]但大概於光緒年間輪船信局成立之後，開始兼用輪船來傳遞訊息。至於他們如何利用輪船信局，由《尺素頻通》信稿即可略窺一斑。

《尺素頻通》中的收、發信者是往來寧波、上海、泉州以及臺灣貿易的海商集團。他們大多從臺灣或泉州到寧波經營南北貨生意。發信者應是在寧波開設九八行，經營以泉州和臺灣盛產的糖、龍眼等南貨，而交換從北方牛莊、膠州運來的豆餅、生油以及華中的棉花、米為主的北貨生意。這群在寧波經商的海商團體，常以「郊」、「通郊」、「我郊」、「郊

68 臨時臺灣舊慣調查會編，《調查經濟資料報告》下卷，頁 3-4。

69 在淡水港每月輪船出入 5、6 回，傳遞物件平均寄出 500-600 個，寄入 800 個。臨時臺灣舊慣調查會編，《調查經濟資料報告》下卷，頁 4-5。

70 例如，直至 1900 年，即使已經搬到大稻埕的新竹林家林知義傳送信件和匯票時，仍在淡水由同振公司託交給中式帆船，帶到廈門木屐街莊春成商號，再交同街晉昌信局、裕興福信局、閩省合發順記信局，運往福州南大街米倉前給其弟林昉漁。俞兆年，〈清末廈門、福州間之民信局兼述臺、閩兩岸通信之特殊狀況〉，《郵史研究》26（2009 年 3 月），頁 6-8、圖 1、2、3。

中」、「郊友」來自稱，[71]幾乎完全以泉州府同鄉的名義，透過地緣和血緣關係來組成，在泉州稱「寧波郊」。[72]以郊來自稱和操作市場，也充分反映此組織對於在華中、講閩南語的這一群郊商的生意經營，扮演重要角色。

與鹿港許家僅跟永寧高家維持雙方委託代理貿易形態不同，在寧波的代理商除了與泉州本行互相代買和代賣商品之外，為了維持代理行的經濟規模，也同時與泉州、福州、臺南、笨港以及鹿港等地郊行建立委託貿易關係。[73]換言之，其委託貿易的網絡更廣大，訊息傳遞網也更複雜，而且以輪船信局運送為主，突顯了 19 世紀末寧波和鹿港郊商貿易和訊息傳遞性質的差異。

寧波代理商併用中式帆船和輪船來經營貿易、運輸信件。其中，中式帆船主要往來於臺灣、泉州各港。輪船大多來自上海、廈門、汕頭、香港、日本以及臺灣等地區，肩負運信件、貨物、現金及載客的多重功能。[74]輪船航運圈顯然集中於臺灣、華中、華南及日本等地。

代理商指稱輪船信局有多種方式，包括局、局使、局友、局人、輪局、信局、仗輪局、仗局。[75]其使用的輪船信局至少

71　林玉茹編，《尺素頻通：晚清寧波與泉州、臺灣的貿易文書》，頁 43-54、81-86、95-100。

72　林玉茹，〈導讀：寧波代理商與泉州、臺灣郊行之間的通信〉，頁 8-9。

73　林玉茹，〈導讀：寧波代理商與泉州、臺灣郊行之間的通信〉，頁 10-11。

74　林玉茹，〈導讀：寧波代理商與泉州、臺灣郊行之間的通信〉，頁 21-22。

75　林玉茹主編，《尺素頻通：晚清寧波與泉州、臺灣的貿易文書》，頁 33、43、65、69、95、108、117、127、147。

有全盛局、福同泰局、振和隆局、和泰局、茂德以及慶祥等 6
家。[76]其中，全盛局又稱全泰盛信局、全盛泰記信局、全泰盛輪
船局。咸豐 2 年（1852），先於寧波創立總局，之後陸續在各
省市設代辦處，達 60 餘省、市，而建構出以全盛局為中心的通
訊網，營業範圍從遍布長江流域，深入江西、安徽、湖南、湖
北等省，海路則由寧波、溫州、上海、天津直至東北營口，規
模相當大。[77]由此可見，大型的輪船信局常有多種指稱，且大概
透過其遍布於全國的支局或代辦處來傳遞信件，因此交寄郵件
信封上也常蓋郵送過程中標有地名的各局名稱，如「浙寧全泰
盛輪船局」。

　　全盛局服務項目甚多，包括郵送信件、兼辦匯銀、捎帶物
件、上門收信和物件以及為客戶郵購物品。[78]晚清商行、民人更
已經時常利用民信局來捐款賑災。[79]在《尺素頻通》中也可以發
現，輪局隨信直接帶來匯單、發票等單據、現金以及雜貨。[80]

　　《尺素頻通》中的海商，主要從事寧波、泉州以及臺灣三
邊長距離的跨海貿易。由於晚清寧波仍是沿海地區南北貨集聚
地，商品利潤比價、競爭激烈，一旦某商品運來寧波市場過

---

76 林玉茹，〈導讀：寧波代理商與泉州、臺灣郊行之間的通信〉，頁 12。

77 鄭揮，〈清代民營全泰盛信局考〉，頁 14、7-9。

78 鄭揮，〈清代民營全泰盛信局考〉，頁 13。

79 1880 年代之後，《申報》經常刊載透過民信局捐款賑濟的消息。舉例而
　　言，1883 年，煙臺協興昌信局寄來無名氏 3 位捐洋 1 元，參與「第十次助
　　震澤米」。〈第十次助震澤米捐數〉，《申報》，第 3685 期，1883 年 7 月
　　17 日，第 4 版。

80 林玉茹主編，《尺素頻通：晚清寧波與泉州、臺灣的貿易文書》，頁 33-
　　34、43、65、107、255、267。

多，價格立刻崩跌，無利可圖；因此，作為泉州和臺灣商行的
代理商，必須時常向交易的行東通報市場行情。與中式帆船訊
息傳遞相同，掌握各地商品生產狀況和價格、地方現狀，也變
成這群海商通信的重要內容，而形構出一個華中、華南及臺灣
之間南北貨貿易的情報網。寧波代理商大致上有來自上海、臺
南、泉州、汕頭、潮州三陽以及香港等地商行傳來的情報。[81]此
情報網，顯然與前述臺灣輪船信局的節點相合，亦即以廣東、
香港、泉州、臺灣、上海以及寧波為中心構成的訊息網絡，而
突顯了福建和臺灣郊商的主要貿易據點及其情報來源。

　　與中式帆船傳遞模式相似，代理商每次寄出去的信，往往
清楚地交代收、發信日期、運載貨品以及雜物，如有運去貨品
或現金，也詳細載明，囑咐對方留意，然後描述寧波各項商品
行情，並提及從各方蒐集到的情報。1895 年 10 月 14 日，寧波
代理商給泉州行東的信件即註明收發信狀況如下：

> 上月十七日草付局一信，料入斗照矣。十月廿接由火船
> 來十月十一手教，所敘領悉。[82]

透過輪局發信的頻率相當頻繁，且迅速甚多，經常在次一封信
寄出之前，已經收到多封來信。舉例而言，1894 年元月 14 日，
寧波代理商發給泉州承發號本行的信中即提到，先後收到 2 次
信件；元月 16 日又同時接到 4、7、10 日 3 天來信。寧波代理

81　林玉茹，〈導讀：寧波代理商與泉州、臺灣郊行之間的通信〉，頁 23-24。
82　林玉茹主編，《尺素頻通：晚清寧波與泉州、臺灣的貿易文書》，頁 65。

商和泉州行東之間，大概每個月雙方信件往返 2 次左右。信件
傳遞時間，快者 6 日，慢者 16 日，10 日左右居多。[83]很明顯
地，19 世紀末葉，在寧波的郊商大多透過輪船信局來傳遞訊
息，而可以更迅捷、頻仍地掌握更加多元管道的市場動態。相
較之下，同時期仍以帆船傳遞為主的鹿港郊商，則反映了非條
約港郊商的貿易規模、網絡以及訊息網之侷限。

　　不過，雖然中式帆船貿易和訊息傳遞有許多限制，但因其
大多委由相識的出海負責，而少有訊息傳遞之糾紛，輪船信局
則頗多。最顯見的是有關郵件傳送費用和運載現金時產生的糾
紛。

　　相對於前述中式帆船僅以酒錢概稱，輪船信局因是專業化
經營，已建立一套收費制度，亦即分成號金和酒資兩種。號
金，為手續費，猶如今日的掛號，寄至時需拿收據，大多為發
信人支付。酒資，[84]為傳送費用，常由收信者支付。例如，前
述光緒 18 年，胡傳由臺南城透過輪船信局寄回績溪老家的信件
上，即註明「號金已給，酒資照例」。[85]一般而言，信局大多對
寄信者和收信者雙向收費，不過，有時僅向一方單向收費。[86]

---

83 尺素頻通的收發信狀況，詳見：林玉茹主編，《尺素頻通：晚清寧波與泉
　　州、臺灣的貿易文書》，附錄：解讀索引表。

84 臺灣信局傳遞信件的酒資大概是 30 文。又，1875 年由打狗海關寄到香港中
　　環怡德番衣舖的信件，則稱作「檳資」。何輝慶，〈清末海峽兩岸通信史
　　（1875-1895）〉，頁 24，圖 1；臨時臺灣舊慣調查編，《調查經濟資料報
　　告》下卷，頁 5。

85 何輝慶，〈清末海峽兩岸通信史（1875-1895）〉，頁 36，圖 26。

86 伊能嘉矩，《臺灣文化志》中卷（東京：刀江書院，1928），頁 793；鄭
　　揮，〈清代民營全泰盛信局考〉，頁 13。

正由於輪船信局與委託人之間沒有像中式帆船以同鄉、業緣關係結合的信用基礎，純粹是雇庸關係，因而酒資常生糾紛。舉例而言，《尺素頻通》第 60 件即指出，在廈門的某行東透過福同泰信局傳遞信件到淡水，然而收信人倪聲哲卻發現酒資已經被塗改過，且傳遞時間延遲，而決定「罰局理論不發」，並將信封套回傳給原寄信者查閱。倪聲哲認為，向輪局理論，「非吝此利，酒力持較，其後之未敢塗改也」。[87]

除了運送郵件，透過信局傳送商業匯票和現金，也是營業項目中非常重要的一環。在《尺素頻通》中，有幾次透過輪船傳遞現金的紀錄，面額甚小，大概 1、2 元到 20 元之間；匯款的金額則高達 500 元至 2000 元。[88]相對於鹿港許家直接交寄現金 1000 元給有合夥關係的中式帆船，顯然郊商以輪船信局來運現金時更加謹慎，鉅額款項仍採用匯款為主。早在 1877 年，在上海的《申報》即因大有信局和新設的協泰信局先後「侵吞客洋」而指出：

> 上海五方雜處，商賈雲集，馬頭南北信局羅列。為斯業者，雖便于客商，亦賴乎誠信。年來信局眾多，其間豈無良莠為商者，交寄書信銀洋均關緊要，能勿探其誠實可靠之局，庶無遺誤。[89]

87 林玉茹主編，《尺素頻通：晚清寧波與泉州、臺灣的貿易文書》，頁 247。
88 林玉茹，〈導讀：寧波代理商與泉州、臺灣郊行之間的通信〉，頁 17。
89 〈告白〉，《申報》，第 1575 期，1877 年 6 月 14 日，第 4 版。

直至光緒 16 年（1890），淡水也發生福興康信局伙計胡醉桃
串同廈門信局的周德友「拆用客洋」185 元，「逃遁無蹤」事
件。[90]正由於信局良莠不齊，在不確定其誠信狀況之下，郊商不
敢像中式帆船那樣交寄巨額現金。寧波代理商在委託輪局運送
現金時也提及，「初因茂德之人，乃是相識，故以無礙，將兩
信露交帶上。內實洋四角，明是兩元。」[91]換言之，郊商仍從其
與信局的關係，來決定寄交信件和銀貨的形式。只有在相識關
係之下，才敢委以重任。改以匯票、小額現金傳遞為主，輪船
通訊模式影響跨海貿易的資金操作，由此可見。

四、電報的使用和市場操作

　　電報於 1820 年代發明，是西方工業革命下的產物；1840 年
代開始被廣泛使用，而帶來通訊技術的革命。1850 年代至 1860
年代，歐美多國已經陸續完成本國和國際電報網絡的架設，並
逐漸向亞洲擴展。[92]1860 年代中葉之後，列強為了在華洋商需
求和本國利益，紛紛要求清廷設置電報。但是，一開始清廷一
概拒絕，直至同治 13 年（1874）牡丹社事件之後，始由堅決拒
絕外國人請設，到基於海防需要而允許地方政府自辦。[93]光緒 6

90　〈臺疆雜誌〉，《申報》，第 6243 期，1890 年 9 月 06 日，第 2 版。

91　林玉茹主編，《尺素頻通：晚清寧波與泉州、臺灣的貿易文書》，頁 255。

92　1845 年，在英國成立電器電報公司（The Electric Telegraph Co.），為世界
　　第一家電報公司。李雪，《晚清西方電報技術向中國的轉移》，頁 1-3、
　　9-10。

93　胡君儒，〈晚清中國電報局，一八八一――一九〇八〉（國立臺灣師範大學
　　歷史所碩士論文，1996），頁 1、20、211-216；李雪，《晚清西方電報技

年（1880），中俄伊黎交涉之後，清廷才於天津設立電報學堂和電報局，並以架設南北津滬（天津至上海）電報線為始，大規模擘劃全國電務，而進入早期電報通訊時代。[94]電報系統的設立，在往後的幾次軍事危機中均扮演重要的角色，特別是光緒11 年（1885）中法戰爭之後，中國電線建設進入高潮，至 1899年已經完成電線 27,750 公里，幾乎是 1884 年前的 5 倍強。[95]

　　值得注意的是，儘管早在 1870 年，丹麥的大北電報公司（The Great Northern Telegraph Co.）和英國的大東電報公司（Eastern and Associated Telegraph Companies）已經在中國設立分公司，將電報引入中國，1871 年至 1873 年，上海、香港以及廈門陸續被納入國際電報網絡中；[96]然而，由於牡丹社事件在臺灣發生，臺灣因而成為中國最早倡議官設電線和新式郵局之地。同治 13 年，日軍侵臺，遲至事件發生兩週後，消息才輾轉由英國駐華公使威妥瑪（Thomas Francis Wade,1818-1895）傳至

術向中國的轉移》，頁 11-14。

94 有關晚清中國電報的發展，參見：古偉瀛，〈中國早期的電報經營〉（臺灣大學歷史研究所碩士論文，1973）；Erik Barrk, *Lightning Wires：The Telegraph and China's Technological Modernization, 1860-1890*；范振乾，〈清季官督商辦企業及其官商關係，1873-1911〉（國立臺灣大學政治研究所博士論文，1986），頁 147-149；胡君儒，〈晚清中國電報局，一八八一－一九〇八〉，頁 211-216。

95 東亞同文會，《中國經濟全書》（臺北：南天書局，1989），頁 225；Zhou Yongming, *Historicizing online Politics：Telegraphy Internet and Political Participation in China*, p. 33.

96 丹麥的大北電報公司於 1869 年 6 月成立，1870 年 1 月於上海成立大北遠東分公司。英國大東電報公司於 1872 年合併 5 家電報公司而成立。李雪，《晚清西方電報技術向中國的轉移》，頁 12-18。

清廷。有鑑於臺灣與大陸間訊息傳遞不便，來臺善後的福建船政大臣沈葆楨乃勵行革新郵政和電報系統，促使臺灣的通訊事業首先邁入新紀元。

　早期臺灣的郵政僅有官方的舖遞制度。舖遞僅傳遞公文，民信局又直至光緒年間才出現，因此民間書信往往仰賴私人傳送。同治 13 年，沈葆楨改舖遞為站信局，仍只傳遞公文。光緒 14 年（1888），首任臺灣巡撫劉銘傳將新式郵政引進臺灣，設郵政總局於臺北，遠早於光緒 22 年（1896）方奉旨籌立的大清郵政官局。[97]又於全臺各處設 43 站，分正、旁、腰站三等級，於正站發行郵票商票，[98]同時遞送官、民信件。[99]官用免費，民用則按站計費，每站長 100 里，信函重兩錢以內，徵 20 文，付郵時繳交。光緒 15 年（1889）11 月，正式頒佈臺灣郵政章程，由臺灣巡撫管理，每年入款 10,000 兩。[100]光緒 17 年（1891），郵政歲入 55,000 兩，全島一日郵票收入僅 150 兩，顯見臺灣「民用郵政之不振」。[101]至於商人使用新式郵政，目前最早可

---

97 光緒 4 年，天津海關設立的郵務辦事處首先收寄民眾信件。但直至光緒 22 年大清郵局成立之前，中國的郵政仍僅由海關兼辦或試辦，且只在條約港進行，為海關郵務時期。交通部郵政總局編，《郵政大事記》第 1 集上冊（臺北：交通部郵政總局，1966），頁 9-28。

98 光緒 14 年臺灣的龍馬郵票，參見：中國郵票博物館，《中國郵票博物館藏集》（北京：文物出版社，1988），頁 196。

99 蕭正勝，《劉銘傳與臺灣建設》（臺北：嘉新水泥公司文化基金會，1974），頁 41。

100 連橫，《臺灣通史》，頁 535；臺灣總督府交通局遞信部，《遞信志通信篇》（臺北：松浦屋印刷部，1928），頁 2-3。

101 這是日治時期，臺灣總督府交通局的評語（臺灣總督府交通局遞信部，《遞信志通信篇》，頁 2），雖然帶有明顯的殖民者優勢和偏見，但很難

見的紀錄，是光緒 18 年（1892）滬尾的溫州輪船以郵政商票寄
信至大稻埕的英商和記洋行（Boyd & Co.）。[102]大體上，直至清
末，郊商使用新式郵政來傳遞商業信件，應仍不普遍。[103]

　　臺灣也是最早倡議官設電報線的實驗地。同治 13 年，
沈葆楨與福州將軍文煜、閩浙總督李鶴年聯名奏請架設福州
至廈門、廈門至臺灣的電報線，雖已與上海大北公司簽訂契
約，卻由於雙方費用談不攏及沈葆楨調職而未成。[104]光緒 2 年
（1876），福建巡撫丁日昌又計畫架設福州至臺北、臺北至臺
灣府城的電報線，但因經費短絀，最後僅於光緒 3 年（1877）
9 月先後完成臺灣府城至安平、府城至旗後的電報線，為中國
電線架設之濫觴。[105]臺灣府和打狗之間，也從此每日有消息往

有資料去證明當時民間使用郵政之狀況。另外的一個例證是，目前已經出
版的清末臺灣霧峰林家的信函，並沒有透過郵局傳遞的例子，反而大多
利用專人傳送。大稻埕的著名錢莊兼匯單館謙裕號幫棟軍向「北船」購買
洋皮背心，雙方信件和銀兩往返均透過「專差」或「專人」傳遞。顯見，
清末臺灣的官商仍罕用郵局傳遞信息。黃富三等解讀，何鳳嬌、林正慧、
吳俊瑩編輯，《霧峰林家文書集：棟軍等相關信函》（臺北：國史館，
2014），頁 647、653。

102 光緒 18 年臺灣郵政商票封，見：中國郵票博物館，《中國郵票博物館藏
集》，頁 195。

103 以有名的「長崎泰益號文書」來看，日本統治初期才有臺灣商人使用新式
郵政通訊的史料出現。如 1902 年，臺南德昌號的三郊商人王雪農即使用
郵局來發信。賴澤涵、朱德蘭、市川信愛編，《長崎華商泰益號關係商
業書簡資料集》第 53 冊（臺北：中央研究院中山人文社會科學研究所，
1992），頁 10933。

104 〈論閩省電線事〉，《申報》，第 1265 期，1876 年 6 月 10 日，第 1 版；
〈購辦水陸電線摺〉，收於劉銘傳，《劉壯肅公奏議》(文叢第 27 種，1958
年，1906 年原刊)，頁 256。

105 電報費用 20 字以內一角。"Report on the Trade of Consular District of

來。[106]光緒 10 年（1884），中法戰爭，再度突顯電報的重要性。首任臺灣巡撫劉銘傳即因「臺灣一島，孤懸海外，往來文報，屢阻風濤，每至匝月兼旬，不通音信。水陸電線，實為目前萬不可緩之急圖」，於光緒 12 年（1886）在臺北設電報總局，翌年 3 月開始架設基隆、滬尾對臺北，[107]及臺北至臺灣府城的陸上電報線；8 月，架設滬尾至福州、安平至澎湖的海底電報線，光緒 14 年（1888）3 月全部竣工。其中，陸線由德商泰來洋行(Telge & CO.)提供機器與電線，海線則由英商怡和洋行（Jardine & Matheson Co.）承辦。[108]海線設滬尾、安平、旗後、川石（福州閩江口芭蕉島）等 4 所，陸線則於基隆、滬尾、臺北、彰化、安平、臺南、旗後、澎湖等地設電報局。至光緒 17 年，已經由 8 局增至 10 局。[109]由此可見，直至 1880 年代，中

Taiwan,1878," in *Taiwan Political and Economic Reports, 1861-1960*, Vol.2, *1876-1880*. p. 435；"Report on the Foreign Trade of Taiwan for the Year of 1883," in *Taiwan Political and Economic Reports, 1861-1960*, Vol. 3,*1881-1885*, p. 252；李國祁，《中國現代化的區域研究—閩浙臺地區》（臺北：中央研究院近代史研究所，1985），頁 331-332。

106 此電線由天津水雷局的肄業生和福州電信局的學生共同經理。〈臺灣新置電線〉，《申報》，1877 年 10 月 25 日，第 2 版，第 1689 期。

107 此電報線於 1877 年 7 月完工。〈臺北消息〉，《申報》，第 5105 期，1887 年 7 月 4 日，第 2 版。

108 〈購辦水陸電線摺〉、〈設防略〉，收於劉銘傳，《劉壯肅公奏議》，頁 256、258-259；J. D. Clark, *Formosa*, p.93; Edward LeFevour, *Western Enterprise in Late Ch'ing China：A Selective Survey of Jardine, Matheson & Company's Operations, 1842-1895*（Cambridge：East Asian Research Center Harvard University, 1970），pp. 87-88.

109 又新增嘉義和新竹兩局。電報則分英語和漢語，通信技手從上午 8 點至晚上 10 點分 3 班制輪班。〈設防略〉，收於劉銘傳，《劉壯肅公奏議》，頁

國大陸和臺灣的官設電報網雛型才逐漸形成。晚清臺灣除了後
山之外，以南北 4 個條約港為島外聯結中心，西部各縣大致上
已經與福建地區建立電報網，可以透過電報來聯繫中國內陸，
並進一步連接國際電報網。

　　電報局營運之後，陸線的使用狀況並不理想，時常中斷，
海線電報因有輪船定時巡修，運作較為穩定。[110]由於電報營
運、維護需要相當數量的技術人員，光緒 14 年劉銘傳在大稻埕
建昌街創立電報學堂，培訓電報技術人員。[111]

　　電報的使用者，一開始以官方為主。以臺灣為例，根據
《明清宮藏臺灣檔案匯編》，光緒 9 年（1883）6 月以前，中央
和地方的上諭和奏摺仍以傳統形式傳遞，[112]但中法戰爭爆發之
後，光緒 10 年（1884）7 月起，從中央、閩省到臺灣，幾乎均
以電報來聯繫，連光緒皇帝的上諭也改成「電旨」。[113]顯然，

259；臨時臺灣舊慣調查會編，《調查經濟資料報告》下卷，頁 43-45；林
　　蘭芳，〈臺灣早期的電氣建設（1877-1919）〉，《政治大學歷史學報》18
　　（2001 年 5 月），頁 255。

110 蕭正勝，《劉銘傳與臺灣建設》，頁 40。臺灣有電報汽輪飛捷號
　　（Feechou）自行維修水線，但 1892 年為了節約經費，而將船長
　　Plumbeck、歐洲官員及工程師解任，改由中國人擔任。"Affairs in Formosa,
　　" *China Mail*, June 23, 1892, Edition 7.

111 許雪姬，《滿大人的最後二十年》（臺北：自立晚報，1993），頁 91。

112 光緒 9 年陰曆 5 月初 8 日（6 月 13 日）北洋大臣李鴻章發出的電信，為
　　首次看到用電報發出的官方文件，稱「電信」；在此之前，文件仍稱「上
　　諭」、「奏片」、「題本」及「奏摺」。中國第一歷史檔案館、海峽兩岸
　　出版交流中心編，《明清宮藏臺灣檔案匯編》第 194 冊（北京：九州出版
　　社，2009），頁 222。

113 從光緒 10 年陰曆 6 月初 1 日（7 月 22 日）起，均以電信通報消息。中國第
　　一歷史檔案館、海峽兩岸出版交流中心編，《明清宮藏臺灣檔案匯編》第

中法戰爭時期，電報已經在臺灣軍情通報中扮演重要角色，甚至透過香港、上海及廈門來的電報蒐集法軍動態。[114]光緒 11 年（1885）7 月，中法戰爭之後，從中央到地方各級官員又大概恢復傳統文件型態，[115]直至清日戰爭才再度全面使用電報文件。不過，由光緒 18 年（1892）胡傳曾接獲臺灣巡撫署來的電報，「催駕時渡海者也」來看，地方官員已經相當普遍使用電報傳遞訊息。[116]現存的《霧峰林家文書》中，也可以看到 1890 年代，林朝棟棟軍帳房葛竹軒和幕僚林拱辰討論電報密碼使用方式的紀錄。[117]進言之，1880 年代中葉，中法戰爭之後，從中央到地方各級官吏，大多使用電報來傳遞軍情。電報的運用，軍事性非常明顯。1890 年代之後，臺灣地方官則已經相當普遍使用電報來通訊。

　　民間使用電報始於何時，則較難掌握。1869 年 7 月，由洋人創辦的《上海新報》（*Chinese Shipping List and Advertiser*）首度刊載倫敦絲綢和茶葉價格的電報新聞；[118]1882 年 1 月，上

---

196 冊。

114 〈謨議略〉，收於劉銘傳，《劉壯肅公奏議》，頁 140；〈附抄致行營營務處朱道覆函〉，收於劉璈，《巡臺退思錄》（文叢 21 種，1958 年），頁 286。

115 自光緒 11 年 6 月 11 日（7 月 22 日），法軍撤離澎湖起，從光緒皇帝到各級官員又使用傳統的上諭、奏片等文件，而較少使用「電信」。中國第一歷史檔案館、海峽兩岸出版交流中心編，《明清宮藏臺灣檔案匯編》，第 201 冊。

116 胡傳，《臺灣日記與稟啟》，頁 1。

117 黃富三等解讀，何鳳嬌、林正慧、吳俊瑩編輯，《霧峰林家文書集：墾務、腦務、林務》（臺北：國史館，2013），頁 88-89。

118 Zhou Yongming, *Historicizing online Politics：Telegraphy Internet and Political Participation in China,* Chap. 2.

海《申報》透過電報局傳遞京報上諭，則為中國新聞界使用電報之濫觴。[119]與洋商相比，華商對於電報的運用相對較遲。曾任買辦和上海電報總局總辦的鄭觀應（1842-1922）即指出：

> 竊自通商以來，泰西日富，中華日困，考其致勝之由，不外乎信息敏捷，轉運神速，洋商猛著先鞭，華商瞠乎其後。[120]

由於洋商利用全球化電報網傳輸訊息，可以迅速掌握世界市場的動態，而取得營業上之優勢。劉銘傳也說：「臺地安設電報，於茶商最為得益」。[121]儘管電報通訊影響商業經營至深，不過，如同 Wook Yoon 所指出，1900 年以前，中國電報系統，因為官督商辦產生的種種無效率，使得電報費用始終居高不下，電報的軍用優先特徵又甚深，也影響商人的使用。[122]官設電報網更因官報免費，文武官員兵弁又常假公濟私，濫用電報，以致於商人使用機會很少。直至光緒 15 年至 18 年（1889-1892），臺灣地方官一再指出「公報日多，商報日少」、「各衙署營局電報太濫」之現象，甚至光緒 18 年起，決議停止一切公票，因公務發電報者，「一律均用印文，以昭慎重」。[123]

119 〈本館告白〉，《申報》，第 3131 期，1882 年 1 月 16 日，第 1 版。
120 〈稟李傅相左中堂請招商集股設立漢口等處電線〉，收於鄭觀應，《盛世危言後編》第 3 冊（臺北：大通書局，1968），頁 1480。
121 〈購辦水陸電線摺〉，劉銘傳，《劉壯肅公奏議》，頁 258。
122 Wook Yoon,"Dashed Expectations：Limitations of the Telegraphic Service in the Late Qing," pp. 847-852.
123 臨時臺灣舊慣調查會編，《調查經濟資料報告》下卷，頁 44-46；伊能嘉

　　19 世紀末，在臺灣條約港營商的郊行應已開始使用電報。舉例而言，1890 年代，臺北的樟腦商林靜雲即曾經打電報給棟軍帳房葛竹軒，要求訂立樟腦交易合約。[124]然而，反觀在非條約港的鹿港郊商，雖然彰化地區也有電報局，但直至 1896 年他們並沒有使用電報的習慣，僅用書信往返。1896 年 8 月，才在有關帳務匯票部分，同時使用電報來核對；或是透過「臺北電信」得知鹿港設置出張所，可以繼續與中國內地往來。[125]相對地，19 世紀末在泉州和寧波的郊商已經非常擅於使用電報來經營進出口貿易。在《尺素頻通》中，至少有 7 封信提到電報，甚至泉州行東為了讓所屬帆船繼續北航至膠州貿易，連發電報 5 通給寧波代理商，要求其代為催促。[126]

　　寧波代理商電報的來源，主要是泉州、上海、寧波，侷限於華中和福建沿海重要的港口城市。1894 年，他們已經利用電報來反覆討論是否合夥裝運貨物、報導寧波糖和上海棉花價

　　矩，《臺灣文化志》中卷，頁 804-805。

124 黃富三等解讀，何鳳嬌、林正慧、吳俊瑩編輯，《霧峰林家文書集：墾務、腦務、林務》，頁 74-75。另外，日本統治初期，臺灣條約港的郊商已經相當擅於使用電報。以長崎泰益號商業書信為例，臺灣關係商行資料，最早起於 1899 年。1899 年，大稻埕杜厝街杜玉記號行東杜漢淮發信給泰錩號，信中提到以電報請代辦海產品項。又如 1900 年大稻埕味津居周榮香、周鍾華的信函，提到以電報採辦海產。1902 年，臺南德昌號的王雪農寫信給泰益號商行，討論使用新舊電報碼出現的問題，及以電報報導米價。賴澤涵、朱德蘭、市川信愛編，《長崎華商泰益號關係商業書簡資料集》第 9 冊，頁 1690；第 12 冊，2346 頁；第 53 冊，頁 10933。

125 林玉茹、劉序楓，《鹿港郊商許志湖家與大陸的貿易文書（1895-1897）》，頁 162、172。

126 林玉茹主編，《尺素頻通：晚清寧波與泉州、臺灣的貿易文書》，頁 115-117。

格以及市場動態。另一方面，由於寧波地區除了福建商人的郊之外，還有郊、幫以及各種船隻集團的活動。郊至少包括廈郊、寧郊、廣郊、滬郊、津滬郊、北郊；幫包括臺幫、廣幫、北幫、漳幫、廣廈幫、紹幫、建幫等。船隻則有建船的集體行動。[127]換言之，來自中國沿海各地的商人集團甚多，南北貨競爭極為激烈。市場的各項風聞，往往對南北貨商品行情影響甚鉅。例如，1895 年 10 月，寧波先「共譁臺灣失守」，各方商號爭搶買糖，糖價「日升夜漲」，之後又謠傳臺南、笨港以及鹿港將有 10 艘糖船來寧波，糖市立刻崩跌，「冷烈天壤」。[128]為因應這種不理性的謠傳，寧波的代理商即利用電報來公開當地市場行情，以便提醒華南地區的各地商人留意，控制商品輸出數量，遏止部分商品價格過度低卸或高抬。1895 年 10 月，寧波代理商即「爰集郊友」，以「公電」傳達寧波糖行情，通知火車白糖「盛到」，泉州糖價格反而比寧波高，顯現糖已大量進口到寧波，而讓糖市場幾乎無利潤可言，要求「泉切遏賤」，「郊中扭閉不售」，糖市才終於「由疲轉俏」。[129]

很明顯地，郊商電報的種類分成行東與代理商之間的私電、為了影響市場行情而共同發出的公電兩種。19 世紀末，電信發達對於貿易的影響，連代理商也指出：

127 林玉茹，〈由「尺素頻通」看晚清寧波、泉州及臺灣的三角委託貿易〉，頁 477。
128 林玉茹主編，《尺素頻通：晚清寧波與泉州、臺灣的貿易文書》，頁 59-61。
129 林玉茹主編，《尺素頻通：晚清寧波與泉州、臺灣的貿易文書》，頁 87-90。

惟際當碼青出新伊始，恐泉不知情形，爰集同人公奉電
音云，臺蔗少損，三陽、外洋皆豐，碼青切遏，想經洞
鑒有日矣。此刻中外一家，電音敏捷，寰宇之內，頃刻
可達。鐵路、輪船往來轉瞬，起本苟非平賤，實難與並
爭道馳也。[130]

與鹿港郊商相比，寧波郊商顯然更常動用郊的力量，以對外公
開的電報來報導寧波地區的市場動態，操作市場。電報系統的
出現如何影響市場運作，也由此鮮明可見。

五、小結

　　自 18 世紀中葉以來至 20 世紀，由講閩南語或類閩南語的
臺灣、閩南以及潮汕的商人組成郊的貿易集團。他們不僅馳騁
於東亞地區進行貿易，且與明清以來傳統的會館、公所或商
幫，不太相同。然而過去至今，有關 19 世紀郊商文書相當少，
因此無法具體討論其貿易運作，特別是通訊方式的改變對於郊
商及其商人團體郊的影響。本章則利用晚清在臺灣和中國沿海
相當具有代表性的非條約港的鹿港和條約港的寧波郊商所留下
的商業函件，指出 19 世紀末同時存在專以帆船運輸訊息的鹿港
商人，及以輪船信局傳遞為主，也兼用電報、帆船傳輸訊息的
寧波郊商。這群 19 至 20 世紀活躍於東亞各地郊商的訊息傳遞
模式，經歷了中式帆船、輪船信局到電報傳輸的變化。

---

130 林玉茹主編，《尺素頻通：晚清寧波與泉州、臺灣的貿易文書》，頁 132。

　　進行海上貿易的郊商原均以中式帆船運輸，並傳遞訊息。直至 1880 年代，臺灣的輪船航運始超越帆船。由於輪船速度快，跨海往來更加頻繁，特別是定期航線的設立，使得透過輪船傳遞信件的專業信局得以設立，且逐漸與福建、廣東及華中的寧波、上海地區建立輪船信局訊息傳遞網。另一方面，中國官設電報系統的建立，也大概於此時開花結果。於是，臺灣也以南北四個條約港為島外連結中心，不僅逐漸形成島內西部各廳縣的電報網，且納入國際電報網絡中。換言之，對於郊商而言，1880 年代已能兼用帆船、輪船及電報來傳輸訊息，可以說是劃時代的開始。不過，由於官設電報初期使用帶有強烈的軍事性，又有種種的無效率問題；在臺灣，電報更大多為官方所用，商用電報的發達顯然更晚，直至 1890 年代末，鹿港郊商即始終罕用電報經營生意。相對地，寧波郊商已經非常擅於使用電報。寧波郊商也比鹿港郊商擁有更廣、更多元的訊息來源，甚至透過公開當地市場消息來影響市場動態。郊商訊息的傳遞模式，也由帆船運輸、小集團的封閉情報網，朝向較透明而多元管道的訊息網絡發展。

　　通訊模式和訊息網絡的差異，正呈現非條約港和條約港郊商性質的不同。鹿港與泉州的貿易始終侷限於小規模的區間貿易，郊商之間進出口商品數量和交易金額均不大，因此仍僅以帆船傳遞為主的鹿港郊商，反映了非條約港郊商的貿易規模、網絡以及訊息網之侷限。在 19 世紀全球化貿易體系下，也突顯其小集團的貿易圈，對於市場應變能力和競爭力之限制。由於一直使用中式帆船傳遞，參與國際貿易能力受限，情報傳遞速度慢、網絡又小，很難立即應付千變萬化的全球化市場動態。

特別是 1894 年至 1897 年正是南北貨競爭激烈，南貨與北貨比價低迷時期，無法適時掌握市場行情，可能即是這群在非條約港、操閩南語的郊商競爭力逐漸變低的原因之一。

其次，不論是中式帆船或輪船信局，均同時傳遞信件、匯票以及現金。與商業貿易有關的重要文件，也大多透過航運遞送。因此，在傳輸過程中，均非常重視收發信狀況，儼然形成一套訊息傳遞的機制。透過輪船信局傳輸，由於速度更快，訊息傳遞更加頻繁，網絡也較為廣大。

出海在中式帆船信息傳遞上扮演主導性角色，也顯現其訊息傳遞尚未像輪船信局一般分工、專業化。不過，正由於中式帆船的訊息傳遞，完全建基於同鄉、業緣下的信用關係，很少有糾紛。相對地，輪船信局選擇性高，收發信者與信局已經由同鄉或業緣關係轉為雇傭關係，雙方信用關係相對地低，糾紛也多。由中式帆船到輪船信局通訊模式的改變，造成郊商的資金傳遞方式大為改變。由原來直接交寄巨額現金，改為僅以輪局運送小額現金，鉅額匯票的傳遞遂更加重要，也進一步強化信局的匯兌機能。

1890 年代，在寧波和泉州的郊商，已經相當嫻熟地使用電報來報價。更重要的是，除了往來郊行之間非公開的私電之外，當南貨運來過多，市場價格崩跌時，在寧波的代理商也會透過郊的組織，集結郊友以「公電」形式對外公開寧波一地的市場動態，甚至進一步聯合不做買賣，操作市場價格以讓糖市回升。電報的出現，讓原來在小集團郊商之間封閉性情報得以透明公開，進而影響商品市場的動態。由此可見，通訊模式的改變，深刻影響貿易運作。

第四部

港街信仰

第九章

潟湖、歷史記憶與王爺崇拜
清代南鯤身王信仰的擴散

一、前言

　　王爺崇拜是臺灣重要的傳統民間信仰。根據 1918 年的宗
教調查報告，臺灣以王爺為主神的寺廟數目僅次於土地公廟，
1960 年總數已達 730 座，躍居臺灣廟宇首位。王爺廟的分佈則
以臺南市最密，次為嘉義地區，特別是沿海地區為最。[1]

　　王爺信仰的大幅擴張，向來甚受注意。[2]劉枝萬首先指出王
爺信仰是配合閩籍漢人社會的拓墾而發展，臺南沿海分佈較稠
密是因該地華南民間信仰浸潤最深，且與放流王船有關。顏芳

1　丸井圭治郎，《臺灣宗教調查報告書》（臺北：臺灣總督府，1919），頁
　　17-18；劉枝萬，《臺灣民間信仰論集》（臺北：聯經，1990），頁 268。
2　臺灣王爺信仰研究的回顧，參見：康豹（Paul R. Katz），〈臺灣王爺信仰
　　研究的回顧與展望〉，收於張珣、江燦騰主編，《臺灣本土宗教研究的新
　　視野與新思維》（臺北：南天書局，2003），頁 144-174。

姿以鹿港王爺廟為例，提出移民的原鄉祖佛擴散說。康豹（Paul
R. Katz）在東港東隆宮的研究，認為王爺信仰的發達與法師、
乩童有密切關係。[3]李豐楙則指出與逐疫有關的王爺信仰有三種
類型，分別是王船漂著型、香火攜來型以及分香奉祀型。香火
攜來型則是臺灣西南沿海王爺廟特多的因素。[4]整體而言，由移
民從原鄉攜帶神祇來臺的立論最多。

　　移民傳來說雖然可以說明王爺信仰在全臺各地的出現，但
是仍很難解釋為何王爺廟最密集地區在西南海岸。嘉義至臺南
沿海地區，以潟湖地形見稱，也是臺灣海岸變遷最劇烈的地
域。其中，位於臺南市北門區鯤江村的南鯤鯓廟，[5]早在清代已
是臺灣規模最大的王爺廟，由 1904 年《臺灣堡圖》中特別標記
偌大的「南鯤身廟」宗教聚落可證。（圖 9-1）該廟信仰圈的核
心地帶即嘉義至臺南地區。[6]臺灣西南海岸王爺信仰的擴張，似
乎與南鯤鯓廟有一定的關係。[7]

3　劉枝萬，《臺灣民間信仰論集》，頁 229。顏芳姿，〈鹿港王爺信仰的發
　　展形態〉（國立清華大學歷史學研究所碩士論文，1993），頁 112-113；康
　　豹，《臺灣的王爺信仰》（臺北：商鼎文化，1997），頁 184。
4　李豐楙，〈迎王與送王：頭人與社民的儀式表演〉，《民俗曲藝》129
　　（2001 年 1 月），頁 11-12。
5　根據文獻資料，清代均記作「鯤身」，直至日治時期，才出現「鯤鯓」。
　　本文指稱廟名時以現在用法標記，餘均用歷史名詞「鯤身」記之。又清代
　　至日治時期廟名是「南鯤身廟」，加上「代天府」似乎是日治末期才有。
　　鯤身王信仰也沒有燒王船，與具有送瘟意義的代天府或五帝、五年王爺性
　　質不同。
6　劉枝萬，《臺灣民間信仰論集》，頁 271。
7　黃朝琴和蔡相煇均指出戰後臺南縣有 130 餘所王爺廟，其中 50 間由南鯤鯓
　　廟分香而建廟。其次，臺南縣的王爺廟中與南鯤鯓五王同名者最多。吳新

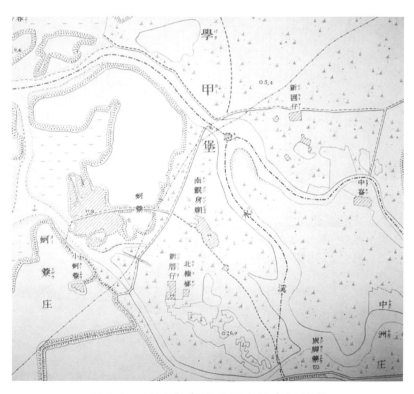

圖 9-1　1904 年臺灣堡圖中的南鯤鯓廟

　　南鯤鯓廟供奉李、池、吳、朱、范等五位王爺（又稱五府
千歲），被劉枝萬譽為臺灣王爺信仰「總廟」，[8]是臺灣王爺信
仰研究的焦點。前島信次、劉枝萬、蔡相煇及王見川等人，均
曾經針對該廟王爺信仰的緣起、傳說、功能以及發展做細緻的
記錄和說明。[9]不過，在被稱為鹽分地帶的沿海寒村中，為何
清末已出現一個臺灣規模最巨大的王爺廟，卻罕有解釋。即使
以該廟興建的時間而言，日治至戰後民國時期各種文獻記載不
一，未有定論。[10]

　　根據來自多源的傳說，康熙年間五王原在王爺港（鯤身山
沙汕）建祠，嘉慶 22 年（1817）才於椬梧山現址大興土木，道
光 2 年（1822）建成南鯤鯓廟。[11]儘管經過搬遷和多次重修，南

榮，〈南鯤鯓廟代天府沿革誌〉，收於臺南縣政府編，《南瀛雜俎》（臺
　　南：臺南縣政府，1982），頁 206-208；蔡相煇，《臺灣的王爺與媽祖》
　　（臺北：臺原出版社，1989），頁 65。
8　劉枝萬，《臺灣民間信仰論集》，頁 230、269。
9　前島信次，〈臺灣の瘟疫神、王爺と送瘟の風習に就いて〉，《民族學研
　　究》4：4（1938），頁 25-66；劉枝萬，《臺灣民間信仰論集》，頁 269-
　　276、蔡相煇，《臺灣的王爺與媽祖》，頁 65-81、王見川，〈光復前的南
　　鯤鯓王爺廟初探〉，《北臺通識學報》2（2006 年 3 月），頁 94-105。
10　從日治時期的寺廟調查、報紙到戰後黃朝琴寫的《南鯤鯓代天府沿革
　　志》，廟宇建立時間至少有康熙元年、康熙 11 年、康熙 24 年、乾隆 13 年
　　等多種說法。即使廟宇重建時間，也有乾隆 40 年、道光 3 年、同治 3 年、
　　同治 11 年、大正 9 年、大正 12 年等紀錄。「中央研究院宗教調查資料
　　庫」，2008 年 10 月 5 日查詢；《臺灣日日新報》，1922 年 6 月 27 日，第
　　6 版；黃朝琴，《南鯤鯓代天府沿革志》（臺南：南鯤鯓代天府，1949），
　　頁 2；黃文博等，《南鯤鯓代天府》（臺南：臺南縣政府，1995），頁 15-
　　17。
11　《臺灣日日新報》，1937 年 9 月 17 日，第 7 版；劉枝萬，《臺灣民間信仰

鯤鯓廟始終位於今日北門區內，昔日的倒風內海（潟湖）中。

　　本章無意仔細考證南鯤鯓廟建廟的時間和經過，而關注為何王爺信仰特別盛行於原來的內海地區？清代倒風內海的變遷，對王爺信仰的傳播是否有所影響？南鯤身王爺信仰在倒風內海聚落與港口市街中的擴張有何意義？這個問題意識其來有自。

　　2003 年，應當時的臺南縣（現臺南市）政府之邀，本人與劉益昌教授著手進行麻豆港歷史與考古的研究。[12]在研究過程中的印象是：麻豆與南鯤鯓廟有密切的關係。至少自清末以來麻豆街人每年有迎南鯤身王繞境的風俗，1956 年甚至因五王在水堀頭駐留「顯靈」，才發生有名的水堀頭挖掘事件。麻豆代天府隨後因而興建，[13]更成為今日麻豆的地標和信仰象徵。麻豆現已距離海岸線近 30 公里，很難相信其原來瀕臨海邊，是倒風內海中的港口。麻豆與鯤身王信仰的關係是否因此而建立，是本章擬討論的問題之一。

　　現今有關南鯤鯓廟的文獻記載最早出現於清中葉，日治時期則有大量的調查紀錄和報告書。雖然，文字記載有其限制，但是從文本的角度而言，其代表的是該廟和地域內民眾的歷史

論集》，頁 273-274。

12　林玉茹，劉益昌，《水堀頭遺址探勘試掘暨舊麻豆港歷史調查研究報告》（文化建設委員會、臺南縣政府文化局委託，未刊，2003）歷史學的四篇調查，則出版專書，詳見：林玉茹主編，《麻豆港街的歷史、族群與家族》（臺南：臺南縣政府，2009），407 頁。參見第三章。

13　吳新榮，〈採訪記〉7，《南瀛文獻》4（上期）（1956 年 12 月），頁 87-91。

記憶，在信仰邊界不斷擴張的過程中，不但有其價值和意義，且是重要的催化劑。

總之，本章以潟湖、歷史記憶與王爺崇拜為主題，討論清代鯤身王（五府千歲，或稱南鯤身王爺）信仰與倒風內海港街之間的關係。首先簡要說明倒風內海的港口市街及其陸化經過；其次，說明媽祖和王爺信仰先後在港街出現的歷程；最後，以麻豆港為例，論證清末為何所有港街中僅有該地獨樹一幟，王爺崇拜已超越媽祖，迎鯤身王成為最重要的迎神賽會。

二、倒風內海的港街及其陸化

臺灣西南海岸，自今雲林至高雄一帶，海岸線變化不但相當劇烈，且是全臺最為顯著的地區。17 世紀初荷蘭人來臺之後，該地才有較詳細的文獻紀錄。大致上，自 17 至 18 世紀，西南海岸地區變遷不明顯，仍以成群羅列的沙洲、潟湖地形為主，自北而南依序是倒風、臺江以及堯港等三個內海（圖9-2）。[14]

荷治時代，倒風內海稱作魍港灣，最大範圍北自北港南至灣裡溪（曾文溪）。（圖 9-3）特別是八掌溪至灣裡溪之間，洲潟海岸相當發達，岸外沙洲與急水溪、八掌溪內的分支港口，組成一個分隔地域。亦即，近海有南鯤身、北鯤身、青鯤身、馬沙溝、北門嶼等沙嶼港，而與陸地形成以青峰闕、蚊港為總

14　曹永和，〈歐洲古地圖上之臺灣〉，收於曹永和，《臺灣早期歷史研究》（臺北：聯經，1979 年），頁 350。

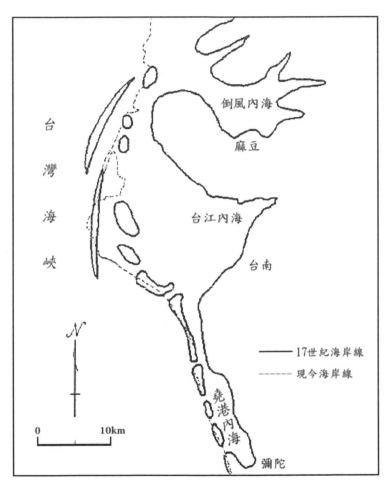

圖 9-2　17 世紀臺灣西南部洲潟示意圖

資料來源：張瑞津、石再添、陳翰霖，〈臺灣西南部臺南海岸平原地形變遷之研究〉，《師大地理研究報告》26（1996 年 11月），頁 21。

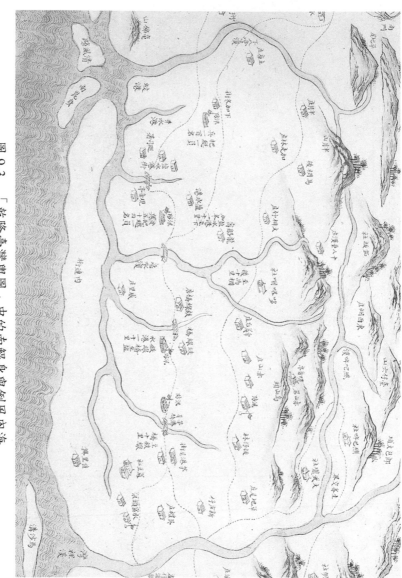

圖 9-3　「乾隆臺灣輿圖」中的南鯤身與倒風內海

資料來源：國立故宮博物院

海口的倒風內海。這個大潟湖沿蚊港連島沙洲南下，有威裡港
（北門區鯤江村新圍仔）、頭港等港，東入則是急水溪的分支
倒風港三港：鐵線橋港、茅港尾港和麻豆港；另一分支北入則
是鹽水港、井水港（又稱洀水港，鹽水區洀水里）以及八掌溪
口的冬港。此外，北邊的朴子溪分支港猴樹港（樸仔腳港、今
朴子）等港也由蚊港出入。[15]（表 9-1；圖 9-3）

　　清領臺之初，水師汛塘原依鄭氏王朝部署，駐防於大線
頭；該地港口淤淺之後，於康熙 45 年（1704）移駐蚊港。[16]蚊
港是倒風內海的總海口，不但統管內海諸港口，而且總隸南鯤
身港、茄藤頭港、威裡港等漁港。[17]蚊港與臺江諸港均隸屬於水
師中營，臺江內海也與倒風內海透過岸外沙嶼構成的海路連成
一氣，形成內海網絡，各港口與臺灣府城（今臺南市）聯結密
切。

　　康熙至雍正年間，倒風內海「港面甚闊，大小船俱可停
泊」，[18]加以腹地開發漸趨成熟，又盛產蔗糖、米穀，港口發展
迅速。其中，鹽水港（今臺南市鹽水區）是倒風內海諸港中最
大的港街。

15　周鍾瑄，《諸羅縣志》（臺北：臺灣銀行經濟研究室，臺灣文獻叢刊「以
　　下簡稱文叢」第 141 種，1962，1717 年原刊），頁 15-17；孫爾準、陳壽
　　祺，《重纂福建通志臺灣府》（文叢第 84 種，1960），頁 377。
16　孫爾準、陳壽祺，《重纂福建通志臺灣府》，頁 377；周鍾瑄，《諸羅縣
　　志》，頁 121-122。
17　周元文，《重修臺灣府志》（文叢第 66 種，1960，1712 年原刊），頁
　　52。
18　周鍾瑄，《諸羅縣志》，頁 15；臺灣銀行經濟研究室編，《清初海疆圖
　　說》（文叢第 155 種，1962），頁 106。

表 9-1　倒風內海各港口的關係

年代	文獻記載	資料來源
康熙 25 年（1685）	一曰蚊港，從南崑身外，海潮過佳里興之北，分南北二流，東過麻豆社之北，復分為二，受開化里之赤山雜流。	蔣毓英，《臺灣府志》，頁 26-27
康熙 56 年（1717）	蚊港，港面甚闊，大小船俱可泊。自此以南至麻豆港，皆此港支分。蚊港，港口為青峰闕、猴樹港、鹹水港、茅港尾、鐵線橋、麻豆港等處出入所必由，港在青峰闕之內。倒風之水分三港，北為鐵線橋港，南為茅港尾港，西南為麻豆港。	周鍾瑄，《諸羅縣志》，頁 15-16、122。
乾隆 3 年（1738）	又北曰茅港尾（與麻豆港之水會），又北曰鐵線橋港（其外口為倒風港），……，又有貫乎南北三十餘里曰蚊港（自茅港尾以上各港，並急水溪之水總歸於蚊港，從青峰闕入海）。	尹士俍，《臺灣志略》，頁 81。
乾隆 6 年（1741）	倒風港，在井水港南，水分三支：北為鐵線橋、南為茅港尾港、西南為麻豆港；麻豆南曰灣裡溪。	劉良璧，《重修福建臺灣府志》，頁 59

　　鹽水港位於急水溪與八掌溪所形成三角洲的中心，[19]又是府城由海路到諸羅縣城的門戶，[20]以及府城往笨港大路必經之地，於是成為茅港尾（今臺南市下營區茅港尾）至笨港之間最大市鎮，「商賈輻輳」。海道自青峰闕東入也至鹽水港街，可達於四里九庄。諸羅縣令周鍾瑄曾一度建議移府倉至此，以輸納縣城南部的米穀。[21]雍正元年（1723），清廷添設水師中營千總一員駐箚該港；[22]雍正 9 年（1731）又移佳里興巡檢於此，以稽查港口船隻兼督本地域沿海港口。鹽水港因而取代原本軍事機能較高的蚊港，成為倒風內海地域中的商業、軍事中心。

　　鹽水港之下，根據康熙末年周鍾瑄《諸羅縣志》的記載，井水港、茅港尾港及麻豆港已成鄉街。[23]八掌溪與急水溪的各分支港，也有臺屬商船來港載運五穀、糖、菁等農產品。其中，茅港尾港位於南北大道上，「廛閈鱗次，商旅輻輳」，[24]商況較繁盛，僅次於鹽水港。在軍事佈署方面，康熙末年新設北門嶼、青鯤鯓及馬沙溝等 3 個水師塘，[25]由蚊港千把及鹽水港千總兼轄，隸屬於安平水師中營。從軍事與商業機能來看，清初由

19　富田芳郎著，〈臺灣鄉鎮地理學的研究〉，《臺灣風物》4：10（1954 年 11 月），頁 11。

20　臺灣銀行經濟研究室編，《臺案彙錄庚集》（文叢第 200 種，1964），頁 499。

21　周鍾瑄，《諸羅縣志》，頁 15、32、95。

22　臺灣銀行經濟研究室編，《清世宗實錄選輯》（文叢第 167 種，1963），頁 3。

23　周鍾瑄，《諸羅縣志》，頁 32。

24　〈重建茅港尾橋鐵線橋碑誌〉，收於黃典權編，《臺灣南部碑文集成》（文叢第 218 種，1966），頁 16。

25　周鍾瑄，《諸羅縣志》，頁 123。

口外沙嶼至倒風內海各分支港關係非常密切，自成一個體系。

　　乾隆年間，倒風內海內幾個港口市街的擴張更速。乾隆 40 年（1775），鹽水港街首先興建奎壁書院，[26]44 年（1779）已出現商人團體糖郊趙相泉，[27]是倒風內海中唯一出現商業組織「郊」的港街，[28]市街規模最大。茅港尾港與鐵線橋港則位於南北交通要道上，又鄰近府城，除了水路交通之外，陸路交通漸趨發達，乾隆 27 年（1762）已建造橋樑聯絡兩地。[29]河川阻隔性的降低，促使內海各港街漸成為單一經濟體系，聯結日益密切。不過，因倒風與臺江內海猶連成一氣，加以鹿耳門為臺灣唯一對外正口，仍透過內海網絡與府城互動頻繁。軍政佈署方面，乾隆 53 年（1788）新增麻豆汛外委和南鯤身塘之後，[30]倒風內海的軍事佈局大概底定。

　　清初倒風內海面積寬約 60 平方公里。[31]然而，隨著漢人積極入墾臺灣西南地域，內海也逐漸陸化。首先，由於開墾方向

26　盧嘉興，〈臺南縣古地名考〉，收入臺南縣政府民政局編校，《臺南縣地名研究輯要》（臺南：臺南縣政府民政局，1982），頁 46。

27　方豪，〈臺南之郊〉，收入方豪，《六十至六十四自選待定稿》（臺北：方豪發行，1974），頁 278。

28　有關清代臺灣郊的出現，參見：林玉茹，〈政治、族群與貿易：十八世紀海商團體郊在臺灣的出現〉，《國史館館刊》62（2019 年 12 月），頁 1-54。

29　余文儀，《續修臺灣府志》（文叢第 121 種，1962，1774 年原刊），頁 96。

30　臺灣銀行經濟研究室編，《臺灣采訪冊》（文叢第 55 種，1959），頁 163、169。

31　張瑞津、石再添、陳翰霖，〈臺灣西南部嘉南平原的海岸變遷研究〉，《師大地理研究報告》28（1998 年 5 月），頁 87。

由西漸東，由平原進入山地，而破壞了原有的水土保持。每到颱風雨季，受風災雨害，山洪暴發，各溪流即挾帶山地崩陷的泥沙淤填海岸，[32]海岸線遂產生變遷。其次，移民就近圍墾潟湖成魚塭或鹽田，也導致內海逐步淤塞。

　　雍正末年至乾隆中葉之間，臺灣縣與諸羅縣陸續開墾成熟，幾無荒地，沿海浮覆地即成為移民可能的新墾地。特別是乾隆年間，急水溪沖斷蚊港沙洲出海之後，倒風內海變成有兩個出海口；18 世紀末，八掌溪更改道經鹽水港海汊注入倒風內海。兩溪挾帶來大量的泥沙，逐漸淤填內海。海岸線變遷的結果，初浮覆的海埔地，因飽含鹽分，化作鹽田和魚塭。[33]例如，乾隆 57 年（1792），位於急水溪口外的北門嶼已經逐漸陸連，而出現二重港塭和北門嶼塭，[34]可以說是港口和沙嶼變成魚塭的明證。

　　海岸線的西移及倒風內海的逐漸消失，使得有些港口完全失去港灣機能，有些則由海港變為河港。[35]乾隆末年，臺江、倒風兩潟湖已漸縮小，鹽水港、麻豆港、鐵線橋港、茅港尾港等港均由海港、河口港變成河港。其次，隨著陸路交通的改善，部分港口地位漸褪，甚至失去港灣機能，改以鄉村集散中心型

---

32 盧嘉興，〈嘉義縣屬海岸線演變考〉，《臺灣文獻》10：3（1959 年 9月），頁 27。

33 張瑞津、石再添、陳翰霖，〈臺灣西南部嘉南平原的海岸變遷研究〉，頁87、96。

34 臨時臺灣舊慣調查會，《臺灣私法附錄參考書》第一卷（中）（臺北：南天書局，1995），頁 180。

35 盧嘉興，〈八掌溪與青峰闕〉，收入臺南縣政府民政局編校，《輿地纂要》（臺南：臺南縣政府民政局，1981），頁 118。

態存在。

　　另一方面，臺江內海也起巨大變化。道光 3 年（1823）大
風雨，曾文溪改道，臺江逐漸浮淺。當時情形，姚瑩的《東槎
紀略》記載如下：

> 道光三年七月，臺灣大風雨，鹿耳門內，海沙驟長變為
> 陸地。……當時但覺軍工廠一帶沙淤，廠中戰艦不能出
> 入。乃十月以後，北自嘉義之曾文，南至郡城之小北
> 門外四十餘里，東至洲仔尾海岸，西至鹿耳門十五、六
> 里，瀰漫浩瀚之區，忽已水涸沙高，變為陸埔，漸有民
> 人搭蓋草寮，居然魚市。[36]

由此可見，臺江自曾文溪以南至郡城海岸，原為浩瀚內海，道
光 3 年之後，則漸變為陸埔。臺灣縣和嘉義縣兩邑分界的新港
溪，也因被沙壓絕流，斜南透出與柴頭港合流為今之鹽水溪；
臺江僅餘安平至四草湖間之內海，未被淤填。原曾文溪改道以
後，則透竿寮西出，由鹿耳門入海。[37]

　　道光年間，八掌溪以南至二層行溪之間海岸變化相當劇
烈，部分港口逐漸消失，加以陸路交通較為方便，原來紛立的
港口，只剩下蚊港、茅港尾港兩港，且於口外新增數港。[38]不

36　姚瑩，〈議建鹿耳門砲臺〉，收於姚瑩，《東槎紀略》（文叢第 7 種，
　　1957，1832 年原刊），頁 31。

37　盧嘉興，《鹿耳門地理演變考》（臺北：臺灣商務印書館，1965），頁
　　90；盧嘉興，〈臺南縣古地名考〉，頁 52。

38　此時新增四草湖、國聖港（七股區三股村）、蚵殼港（西港區中港南）、

過，南、北鯤身仍是「沙阜堆積」的沙嶼。[39]

　　海埔地的不斷浮覆，出現更多新墾空間。道光 7 年（1827），嘉義縣安定里蘆竹崙、中崙一帶（今安定區與西港區曾文溪河道邊）海埔浮覆，由嘉義知縣給照招金協利開墾。[40]道光 20 年（1840），臺澎兵備道姚瑩更將軍工船廠一帶浮覆的海坪，公開招佃耕作田園，或是築塭蓄養魚蝦，以做為每年修濬軍工船廠港道的費用。在這個政策之下，自道光 20 年至光緒 17 年（1840-1891），從臺南府城武定里（臺南市安順）到安平港岸北畔（同治 8 年，1869）、嘉義縣新塭（布袋鎮新塭，光緒 9 年，1883，以王爺港為界）、鹿耳門媽祖廟（光緒 10 年，1884）、西港保（光緒 17 年給照）等多處海埔地陸續出墾，[41]更加速了這些地區的開發。

　　儘管海岸線變遷劇烈，至 1850 年代，鹽水港「一千餘石大船亦可駛進」，[42]街況是「人煙稠密，舟車輻輳，四處村民交易其間」，[43]仍為倒風內海中的首要港街。該港與鹿耳門聯結相當密切，民生用品大多向府城取得，但也以中式帆船直接至中國

井仔腳（北門區井仔腳）、紅蝦港（學甲區紅蝦港）及猴嶼港等六港。林玉茹，《清代臺灣港口的空間結構》（臺北：知書房，1996），頁 50。

39 孫爾準、陳壽祺，《重纂福建通志臺灣府》，頁 71。

40 臨時臺灣舊慣調查會，《臺灣私法附錄參考書》第一卷（中），頁 265；同治初年，已出現蘆竹崙庄。臺灣銀行經濟研究室編，《臺灣府輿圖纂要》（文叢第 181 種，1963），頁 187。

41 臨時臺灣舊慣調查會，《臺灣私法附錄參考書》第一卷（中），頁 251-255。

42 丁紹儀，《東瀛識略》（文叢第 2 種，1957，1873 年原刊），頁 52。

43 黃耀東編輯，林衡道監修，《明清臺灣碑碣選集》（臺中：臺灣省文獻委員會，1980），頁 481。

沿岸貿易。[44]茅港尾港則「民居街市頗盛」，[45]又是「沿海各莊要路」，[46]是第二大港口市鎮。

至同治、光緒年間，急水溪已不再從青峰闕出海，而由內連桁附近入海，亦即由頭港仔北邊改道，經北門嶼出海；同時，北門嶼已與中洲、井仔腳陸連，各港大多已經淤淺，布袋港代之興起。[47]雍、乾以前，偌大的倒風內海，至此已成為歷史陳跡。鹽水港亦已變成河港，大船不易駛進，大多利用竹筏至其分支港和外口布袋接駁貨物。[48]儘管如此，其港街地位未變，商業、軍事及行政機能最高，稱「西南要地」。[49]

總之，清代倒風內海及與其連成一氣的臺江內海逐漸陸化，海岸線變化劇烈。由岸外沙嶼的南鯤身，到北邊的鹽水港以及倒風港內的麻豆港三個分支港，基於倒風內海的地緣關係，在商業航運和軍事部署上自成一體系，同時透過內海網絡與府城密切連結。

三、由媽祖到王爺信仰

由上述倒風內海港街的發展過程可見，康熙末年，北自笨港街、樸仔腳街（今嘉義縣朴子市）、鹽水港街、井水港街、

44　參見本書第一章。
45　姚瑩，〈臺北道里記〉，收於姚瑩，《東槎紀略》，頁 88。
46　孫爾準、陳壽祺，《重纂福建通志臺灣府》，頁 343。
47　盧嘉興，〈嘉義縣屬海岸線演變考〉，頁 31。
48　富田芳郎，〈臺灣鄉鎮之地理學研究〉，頁 12；臺灣銀行經濟研究室編，《臺灣府輿圖纂要》，頁 270。
49　臺灣銀行經濟研究室編，《臺灣府輿圖纂要》，頁 31。

茅港尾街至最南邊的麻豆街，均已成街。[50]街相對於「草地」
（鄉村），[51]代表港口聚落已有相當規模，是鄰近地域的集散中
心。1896 年，日本領臺之初，嘉義廳曾經調查沿海各街，完成
新港街、樸仔腳街、鹽水港街及麻豆街等調查書，[52]這些街大概
均位於倒風內海內。調查書由清末最後一任街庄總理撰寫，報
告清末各街庄的舊慣和風俗。其中，「廟祠寺院」是必要項目
之一。雖然這些報告不一定完整和正確，但透過統管地方事務
的總理之眼，仍可窺見清末各街較重要的廟宇與信仰。

　　由各調查書可見，清初倒風內海內的重要港街，最早建立
的寺廟是觀音廟、福德廟以及關帝廟。（表 9-2）這些寺廟事
實上在鄭氏王朝時代已是臺灣府城和附郭的主要信仰，反而當
時是否有媽祖廟，至今仍存疑。[53]寺廟的興建，具有指標性的意
義。由沒有重要媽祖廟存在可證，媽祖並非是鄭氏時代的主流
信仰。媽祖信仰的廣播顯然在清領臺之後，且官方扮演推手的

---

50 林玉茹，《清代臺灣港口的空間結構》，頁 94。

51 周璽，《彰化縣志》（文叢第 156 種，1962，1830 年原刊），頁 39。清
　　楚區分街與草地之不同如下：「凡有市肆者皆曰街：圜闠囂塵，居處叢
　　雜，人煙稠密，屋宇縱橫。……郊野之民，群居萃處者，曰村庄，又曰草
　　地。」

52 〈新港街調查書類〉、〈樸仔腳街調查書類〉、〈塩水港街調查書〉、
　　〈蔴豆街調查書〉，「臺灣總督府公文類纂」，國史館臺灣文獻館，典藏
　　號：00009708007、00009708008、00009708009、00009708010

53 中央研究院「臺灣文獻叢刊資料庫」，2008 年 10 月 1 日查詢。有關鄭氏時
　　期是否有媽祖廟，有兩派說法。盧嘉興、蔡相煇認為媽祖廟是清代興建；
　　石萬壽、李獻璋以及顏興等則認為鄭氏時代已有。盧嘉興，〈明鄭有無奉
　　祀媽祖考〉，《臺灣文獻》34：4（1983 年 12 月），頁 45-57；石萬壽，
　　〈康熙以前臺澎媽祖廟的建置〉，《臺灣文獻》40：3（1989 年 9 月），頁
　　1-20。

重要角色。[54]

　　康熙 22 年（1683），施琅平定臺灣，媽祖因神蹟靈驗被清廷詔封為天后，並將臺灣府城內的寧靖王府改為天后宮（今大天后宮）。康熙 59 年（1720），又將媽祖列為正式祀典；至雍正 11 年（1733），清廷更明令沿海各省建祠致祭。[55]在官方推崇之下，加以媽祖又是航海貿易神，媽祖崇拜迅速在港口聚落擴散。[56]至乾隆中葉，媽祖已是臺灣港口市街信仰的象徵，廟的所在位置往往即是商業中心。反觀，王爺廟則為數極少，僅於清中末葉以後出現在鹽水港街、新港街及麻豆街。換言之，在倒風內海各港街中，王爺信仰的出現遠晚於媽祖信仰。

　　另一方面，直至清末，各港街主要的迎神賽會，仍以媽祖廟繞境或至臺南大天后宮進香為主。顯然，在航海貿易需要和官方刻意營造下，清代臺灣西南沿海主要港街的宗教信仰始終以媽祖為中心。不過，麻豆街是唯一的例外。清末該街的主要迎神賽會，卻是迎南鯤鯓廟的王爺。（表 9-2）

---

54 有關清廷與臺灣媽祖信仰關係的詳細考證，參見：蔡相煇，《臺灣的王爺與媽祖》，頁 153-179。

55 蔡相煇，〈以媽祖信仰為例：論政府與民間信仰的關係〉，收於漢學研究中心編，《民間信仰與中國文化國際研討會論文集》（上）（臺北：漢學研究中心，2004），頁 449；王必昌，《重修臺灣縣志》（文叢第 113 種，1961，1752 年原刊），頁 170。

56 James Watson 對於國家如何提倡媽祖信仰，進行神明標準化（standardizing the gods）有相當清楚的論述。參見：James Watson,"Standardizing in the Gods：The Promotion of Tien Hou（"Empress of Heaven"）along the South China Coast, 960-1960,"in David Johnson, Andrew J.Nathan and Evelyn S.Rawski eds. *Popular Culture in Late Imperial China.*（Berkeley and Los Angeles：University of California Press, 1985）, pp. 292-293.

表 9-2　清末倒風內海港市的寺廟

鄉街名	文獻出現成街時間	寺廟	主要寺廟和迎神賽會
笨港街（新港街，今嘉義縣新港鄉）	康熙末年	水仙宮（舊南港街，康熙年間笨港五郊建／乾隆 45 年）、福德廟（舊南港街，康熙年間笨港五郊建；新南港肇慶堂，嘉慶 23 年）、媽祖廟（笨港街，康熙 39 年；新南港街奉天宮，嘉慶 18 年／23 年）、延平郡王祠（新南港西安堂，嘉慶年間）、保生大帝（新南港大興宮，嘉慶 21 年）、文昌廟（新港街登雲閣，道光元年）、王爺廟（南港街慶興宮，同治 6 年）	新南港每年 3 月初 4 日同保各庄民到臺南府城大媽祖宮進香。
樸仔腳街（今嘉義縣朴子市）	康熙末年	福德廟（雍正 11 年）、媽祖廟（樸仔腳街配天宮，乾隆 36 年）、關帝廟（咸豐 11 年）、觀音廟（光緒 12 年）	媽祖廟。每年 3 月初 3 街民迎請天上聖母繞境。2 月 29 日往鹿港進香。
鹽水港街	康熙末年	觀音宮（康熙 37 年）、媽祖廟護庇宮（康熙 55 年）、伽藍廟（乾隆 30 年）、大眾廟（嘉慶 4 年）、關帝廟（嘉慶 8 年）、玄天上帝廟（嘉慶 8 年）、土地公廟三福祠（嘉慶 10 年）、王爺廟廣濟宮（道光 29 年）	媽祖廟，每年 3 月恭迎聖母，往郡進香，附近 30 餘庄每年自 9 月至 12 月到庄演戲。

鄉街名	文獻出現成街時間	寺廟	主要寺廟和迎神賽會
麻豆街	康熙末年	關帝廟（虞朝角，雍正 12 年）、北極殿（頂街，乾隆 16 年）、護濟宮（下街，道光 15 年／乾隆 46 年）、王爺廟保安宮（頂街，咸豐 7 年）	頂街保安宮每年 3 月 29 日往鯤身廟迎神到保安宮演戲
茅港尾街	康熙末年	觀音宮（康熙 46 年）、媽祖廟（乾隆）、佛祖廟（乾隆 52 年重建）	

資料來源：「臺灣總督府公文類纂」，國史館臺灣文獻館，典藏號：00009708007、00009708008、00009708009、00009708010。劃線者，根據清代方志和碑文所加。

根據 1896 年最後一任麻豆保總理郭禮、郭義的描述，麻豆頂街每年 3 月 29 日庄民有到南鯤鯓廟迎神的風俗，是一年一次街內最重要的迎神賽會：

> 查頂街有保安宮三位王爺，前受唐朝誥封。每年三月二十九日，庄民誠心齋往鯤身廟，迎神到保安宮演戲。回歸徒次，士女如雲，遊人若議（蟻），人馬馳騁，音樂響應。一年一次，道上（不）絕喧嘩嚷鬧之聲，此每年迎神之俗，有如顯天。[57]

---

[57] 〈麻豆街調查書〉，「臺灣總督府公文類纂」，國史館臺灣文獻館，典藏號：00009708010

頂街保安宮廟於咸豐 7 年（1857）由李光約倡率興建，供奉李姓、池姓以及吳姓三王爺。王爺由南鯤鯓廟分香而來，因此可能在保安宮建廟之後，麻豆始每年至南鯤鯓廟進香，而演變成街內最重要的迎神賽會。除了麻豆之外，根據日治時期的調查，鹽水港和臺南府城也有「五王定期迎神團」的習慣。[58]

　　臺南府城迎「鯤身王」（五府千歲，或稱南鯤身王爺）風俗，在清中葉以後的文獻中有些記載。道光 27 年（1847），漳州府知府徐宗幹（翌年任臺灣道）至海東書院講學，選刊諸生寫的新樂府六章成「瀛洲校士錄」，其中許廷崙的「鯤身王」一文，有「士女雜沓舉國狂，年年迎送鯤身王」一句。連雅堂在《臺灣詩乘》中註解如下：

> 按南鯤身在安平之北，距治約二十里，其王來郡，駐良皇宮，六月始歸。男女進香，絡繹不絕，刑牲演劇，日費千金，而勾闌（按：妓院）中人祀之尤謹。[59]

道光 29 年（1849）來臺任臺灣府學教諭的劉家謀的《海音詩》，有兩首詩和小註如下：

> 競送王爺上海波，烏油小轎水邊多；短幨三尺風吹起，斜日分明露翠蛾。
> （鯤身王，俗謂「王爺」；以五月來，六、七月歸。歸

58　「中研院宗教調查資料庫」，086121-086122，2008 年 10 月 5 日查詢。

59　連橫，《臺灣詩乘》（文叢第 64 種，1960，1921 年原刊），頁 136。

時，郡中婦女皆送至海波上……。）

解從經史覓傳薪，自有文章動鬼神；夢裡幾曾分五色，
年年乞筆向鯤身。

（鯤身王以四、五月來郡，祈禱於行宮無虛日；皆攜所
乞以歸，明年必倍數酬之，如求利者乞錢、求名者乞筆
乞紙之類。）[60]

咸豐 5 年（1855）新竹林家的林占梅，在《潛園琴餘草》亦
載：

……儘觀花與柳，須待送迎王。（有神曰南鯤身王爺，
廟在鹿耳口。每年五月初至郡，六月初始回；迎送之
際，群妓盛服，肩輿列於衢道兩旁，任人玩擇。）[61]

咸豐 9 年（1859），彰化陳肇興的《陶村詩稿》有詩云：

荷蘭城外一聲雷，鑼鼓喧闐幾處催。儂向南鯤賽神去，
郎從北港進香來。[62]

同治 12 年（1873），臺郡士紳向臺灣縣知縣白鸞卿稟稱：

---

60 劉家謀，《海音詩》，收於連橫，《臺灣雜詠合刻》（文叢第 28 種，
　　1958），頁 15、25。

61 林占梅，《潛園琴餘草簡編》（文叢第 202 種，1964），頁 73。

62 陳肇興，《陶村詩稿》（文叢第 144 種，1962），頁 49。

> 通臺笨北港、南鯤身兩路進香，有字壽金燒灰四散，沿
> 途踐踏穢褻尤甚。[63]

由上述記載可見，清中葉迎鯤身王不但是府城盛事，而且突顯了幾點現象。首先，郡城迎鯤身王風俗與麻豆相仿，都是城內每年一次重要的迎神賽會。清中末葉，鯤身王已經與北港朝天宮齊名，為全臺士紳、民眾周知的南北兩大進香繞境活動。其儀式展演更帶有「狂歡」、「喧鬧」、全民參與的嘉年華會性質。[64]其次，迎鯤身王是由水路沿著倒風內海至臺江內海，[65]在郡城北線尾的良皇宮停留一個月至兩個月，[66]日日信徒往來絡繹不絕，以祈求功名或財利為目的。妓院女子猶為重視，迎送鯤身王之際更是他們展演的重要場域。連雅堂另於《雅言》中指出，府城的妓院甚至每晚祭拜南鯤身王的「水手爺」，以期生意興隆。[67]

---

63 《淡新檔案》，第 12503-2 號，同治 13 年 3 月 17 日。

64 李豐楙曾以西港和東港迎王為例，討論儀式展演所表現的「非常」、「若狂」的意義與象徵，認為透過儀式可以消除群體對立，產生潔淨和融合之效果。參見：李豐楙，〈迎王與送王：頭人與社民的儀式表演〉，《民俗曲藝》129（2001 年 1 月），頁 1-42；李氏又有〈嚴肅與遊戲：從蜡祭到迎王祭的「非常觀察」〉，對照西方有關慶典的嘉年華理論，說明人類對於節慶的集體需求。李豐楙，〈嚴肅與遊戲：從蜡祭到迎王祭的「非常觀察」〉，《中央研究院民族所集刊》88（2000 年 6 月），頁 135-172。

65 府城由南鯤身迎鯤身王及在府城繞境的路線，詳見蔡相煇，《臺灣的王爺與媽祖》，頁 73、75。

66 良皇宮，即北線尾保生大帝廟，俗稱「大道公」，在府城小西門內，今府前路。連橫，《劍花室詩集》（文叢第 94 種，1960），頁 102。

67 連橫，《雅言》（文叢第 166 種，1963），頁 37。

　　由鯤身王駐留時間之長、信徒類型及嘉年華會式的迎送儀式來看，南鯤身王信仰不但迥異於鄭氏時代已經傳入的「送瘟」和「送或燒王船」信仰，[68]同時也顛覆了五王由福建地區放流來臺的原始瘟神性質。鯤身王已經由原鄉放送出來的瘟神，轉化為地方守護神、醫神、保境安民之神以及花柳界的信仰，神格多元化。[69]再者，道光末年以前，並未看到任何有關鯤身王的記載，顯然臺灣府城迎鯤身王的風俗應該起於清中葉，極可能在道光年間形成，且不會早於嘉慶中葉。[70]

　　郡城迎鯤身王風俗的緣起，已經不得而知。即使南鯤鯓廟最先是三姓或是五姓王爺仍有疑問。[71]事實上，臺灣王爺姓氏高達 132 姓，起源多元，雜異性顯著。一般而言，王爺大致分成瘟神系統、英靈系統以及連橫、蔡相輝所說的鄭成功祖孫系統。康豹透過東港王爺廟個案分析，主張王爺與瘟神不同。[72]然

---

68 送瘟與送王船一般認為源自中國古代的逐疫、古儺，其源流、儀式變化以及意義，參見：李豐楙，〈行瘟與送瘟：道教與民眾瘟疫觀的交流與分歧〉，收於漢學研究中心編，《民間信仰與中國文化國際研討會論文集》（上）（臺北：漢學研究中心，2004），頁 373-422。

69 根據劉枝萬的研究，瘟神在臺灣歷經散瘟疫鬼本身、取締疫鬼之神、海神、醫神、保境安民以及萬能之神等六個階段。迎鯤身王顯然具有演化後的神格。劉枝萬，《臺灣民間信仰論集》，頁 231-234。

70 根據蔡相輝指出，曾在良皇宮看到嘉慶 9 年（1804）南鯤身王爺的香爐。因此，府城迎鯤身王爺最早應在嘉慶中葉。蔡相輝，《臺灣的王爺與媽祖》，頁 71。

71 蔡相輝認為南鯤身原僅有李、池、朱三王，光緒年間才變成五王。蔡相輝，《臺灣的王爺與媽祖》，頁 81。

72 連橫，《臺灣通史》（文叢第 128 種，1962），頁 571-573；蔡相輝，《臺灣的王爺與媽祖》，頁 71；康豹，《臺灣的王爺信仰》（臺北市：商鼎文化出版社，1997），頁 6、182-183。

而，由南鯤身王船漂流來臺的傳說來看，其更接近劉枝萬所主
張的瘟神系統。

　　根據劉枝萬的研究，王爺信仰最早可以追溯到唐朝，甚或
更早，主要與瘟神有關。[73]自宋代以來，瘟神信仰常被知識份子
和官員視為淫祠邪祀，而明令禁止。[74]儘管如此，福建地區仍有
供奉「池王爺」和作王醮的習慣，[75]之後由移民帶到臺灣。黃叔
璥的《臺海使槎錄》，即記載臺灣府城早在鄭氏時代已有「五
瘟神」、「池府大王」的信仰。[76]

　　再由清初方志可見，康熙年間臺江內海各港、坊里或是
沙嶼，有不少稱作「代天府」的廟宇，每年或是固定幾年舉
行「王醮」、「送瘟」儀式。康熙末年，陳文達的《臺灣縣
志》，對於王醮、送瘟習俗的意義，以及如何由送王船變成燒
王船，詳細說明如下：

> 臺尚王醮，三年一舉，取送瘟之義也。附郭鄉村皆然。
> 境內之人，鳩金造舟，設瘟王三座，紙為之。延道士設

73　劉枝萬，《臺灣民間信仰論集》，頁 225-227。

74　徐曉望，《福建民間信仰源流》（福建：福建教育出版社，1993），頁 86-
　　100。清代康熙至同治年間，福建官員也一再將福州五帝瘟神信仰視作淫
　　祀。宋怡明（Michael A. Szonyi），〈前言〉，收於宋怡明編，《明清福
　　建五帝信仰資料彙編》（香港：香港科技大學華南研究中心，2006），頁
　　ⅩⅣ-ⅩⅤ。

75　周凱，《廈門志》（文叢第 95 種，1961，1839 年原刊），頁 68。康豹指
　　出福建池王爺是歷史最悠久、信仰最普遍的王爺。康豹，《臺灣的王爺信
　　仰》，頁 36。

76　黃叔璥，《臺海使槎錄》（文叢第 4 種，1957，1722 年原刊），頁 45。

醮，或二日夜、三日夜不等，總以末日盛設筵席演戲，
名曰請王；進酒上菜，擇一人曉事者，跪而致之。酒
畢，將瘟王置船上，凡百食物、器用、財寶，無一不
具。十餘年前，船皆製造，風篷、椇、舵畢備。醮畢，
送至大海，然後駕小船回來。近年易木以竹，用紙製成
物，用皆同。醮畢，抬至水涯焚焉。……沿習既久，禁
止實難……。[77]

　　鄭氏時代至清初，上述寺廟名稱繁雜，稱為二王廟、王公
廟、大人廟以及三老爺廟，[78]即使崇祀英靈倪姓神祇也稱「聖
公廟」，並未稱作王爺廟。乾隆中葉，王必昌的《重修臺灣縣
志》，更將之歸類為「將軍廟」。[79]顯然，乾隆中葉以前，對於
此類神祇的指稱仍模糊不定。使用「王爺廟」（或稱王爺宮）
來稱呼供奉王爺的廟宇似乎更晚，最早出現於乾隆年間。包括
義竹、斗六、鳳山、楓港及鹿港均有，且延續原鄉的習慣，大
多供奉池府王爺。[80]
　　臺灣王爺信仰最先顯然仍與瘟神有關，且如上所述，原來
是送瘟、送王船，康熙末年才出現燒王船的習慣。南鯤身五王
也是這個習俗下所產生。根據南鯤鯓廟的傳說和 1937 年《臺

77　陳文達，《臺灣縣志》（文叢 103 種，1961，1702 年原刊），頁 60-61。
78　高拱乾，《臺灣府志》（文叢第 65 種，1960，1696 年原刊），頁 120。
　　尹士俍（著）、李祖基（點校），《臺灣志略》（北京：九州出版社，
　　2003），頁 47。
79　王必昌，《重修臺灣縣志》，頁 181-182。
80　中央研究院，《臺灣文獻叢刊資料庫》，2008 年 10 月 1 日查詢。

灣日日新報》的報導，五王源自福建地區的「送瘟」或是日治時期所稱「神船」的習俗。亦即五王是康熙年間福建近海庄民為了祈求消災解厄，用木船造成「王船」，再放之出海隨波而流。五王王船最後漂至倒風內海，因神像顯靈，而最先在王爺港附近建祠。之後，出海漁民常向五王祈求平安，消除疾病，很有靈驗，不出數年變成地方信仰中心。[81]五王由原鄉渡海來臺之後，顯然因為靈驗神蹟，遂落地生根，建立寺廟，變成倒風內海口外附近聚落的信仰。

　　自日治時期以來，一般認為南鯤身王信仰早在康熙年間已出現，現在甚至又往前追溯至鄭氏王朝時期。然而，如果南鯤鯓廟建於清康熙年間，何以清初各方志或是文集均未記載？又何以與其地緣接近的府城、鹽水港的迎鯤身王風俗，直至清中葉才盛行？鹽水港和麻豆港的王爺廟，甚至道光末年和咸豐初年才建立。康熙年間的說法，顯然有待商榷，或者最初只是私人或少數幾家共同祭祀，如同私佛信仰，並未建廟和向外傳播。五王由瘟王到地方守護神，甚至進一步擴張信仰邊界的時間，最早應在乾隆年間。

　　由 1915 年和 1930 年臺灣寺廟調查的結果可見，清代臺中以南至少有 18 間寺廟，認為其王爺是自南鯤鯓廟分香而來。特別是嘉義縣義竹鄉、布袋鎮、雲林縣口湖鄉王爺廟最多。其大多是倒風內海中的聚落，且仍以單姓王爺祭祀居多。（附表9-1）分香的模式不少是個人基於安產、治病、祛災之需於自宅

81　黃朝琴，《南鯤鯓代天府沿革志》，頁 1-2；《臺灣日日新報》，1937 年 9月 17 日，第 7 版。

供奉，之後庄民有感於王爺神蹟靈驗，而從本廟分香來建廟崇拜。[82]儘管這次的寺廟調查，有不少疏漏和錯誤，[83]但仍可從集體歷史記憶的角度來詮釋。

分香寺廟中最早的是號稱雍正 8 年（1730）成立的義竹鄉龍蛟潭龍興廟。[84]不過，根據 1896 年的調查書，龍蛟潭的龍興廟應是乾隆 14 年（1749）興建，該廟以五府千歲為主神。義竹鄉新店村的紹徽宮，乾隆 23 年（1758）由蔡容創立，以南鯤鯓李王爺（大王爺）為主神，是由南鯤鯓廟分香而來，並組織王爺會。[85]由此可見，乾隆年間已出現南鯤身王爺信仰。

南鯤身王信仰邊界的進一步擴張，應與取得官方認同，又在槺榔山建廟有關。嘉慶 11 年（1806），海盜蔡牽擾亂府城、鹿耳門的最後一次、也是決定性戰役中，南鯤身是戰場之一。當時澎湖水師協副將王得祿（1770-1842）率軍合擊蔡牽，因功賞總兵銜，從此平步青雲，最後升任福建水師提督、浙江提督。[86]或許，王得祿在海戰過程中，也有如施琅攻臺時般感應到神蹟，而於道光 3 年（1823）南鯤鯓廟建成之後，贈匾額「靈佑東瀛」。道光 15 年（1835），益泉號贈送的對聯，更證實南鯤身王曾有保臺衛民的功績，聯曰：「保赤全臺，永鎮鯤身施

---

82 相良吉哉編，《臺南州寺廟臺帳簡冊》（臺南：臺灣日日新報社臺南支局，1933），頁 118-268。

83 這個記錄漏掉麻豆、鹽水港，顯然不太完整。1915 年，由於委由各公學校分區記錄，品質和可信度更差。

84 嘉義義竹地區的寺廟，感謝翁桐慶先生的引導和說明。

85 相良吉哉編，《臺南州寺廟臺帳簡冊》，頁 273、410。

86 連橫，《臺灣通史》，頁 845、848-850；王必昌，《重修臺灣縣志》，頁 380-383。

福澤。垂青奕世，曾從鹿耳顯威名」。道光 25 年（1845），駐
臺最高武將臺灣鎮總兵昌伊蘇再贈「光被四表」匾。[87]

　　駐臺最高武將先後題匾，代表著南鯤身王已經脫胎換骨，
由瘟神變成保境安民之神，甚至因助官軍大敗蔡牽，獲得官方
認同的正統神格。道光年間，府城迎鯤身王，連士紳均視為盛
事，甚至向其「乞筆」，顯然清初官、紳對於瘟神王爺的負面
評價已然消退，王爺崇拜取得正當性。在 1933 年的寺廟調查
中，南鯤鯓廟的歷史記憶，進一步轉譯成：在臺灣最高文官道
臺的大力贊助之下，於乾隆年間建廟，道光年間清廷更派遣知
縣王朝經（實為王得祿之子）督工建造新廟。[88]這段歷史記憶雖
然與事實出入，但顯然刻意強調官方認同的正統性，突顯出其
與其他王爺廟層級的差別，更有助於鯤身王信仰的擴展。

　　另一方面，清中葉，南鯤鯓廟所在的北門嶼已陸連，基地
擴大，有利於興建或不斷擴建為巍峨大廟，非原來沙汕小祠可
比。寺廟建立之後，更有助於鯤身王信仰的傳播。由附表 9-1 可
見，乾隆年間新的分香廟大多在距離南鯤身很近、偏北的嘉義
義竹和雲林縣口湖鄉等地沿海聚落。南鯤鯓王信仰邊界的大幅
擴張，主要在道光年間之後。這個時間點與倒風內海淤積大概
相符。

　　道光年間至咸豐年間，正是倒風內海南端和臺江內海陸化
最劇烈的時期。內海的變遷，意味著頻繁的河川改道，以及隨

87　吳永梱，〈南鯤鯓代天府匾額、楹聯、詩文集錦〉，《南瀛文獻》改版第 1
　　輯（2002 年 1 月），頁 282、286。

88　相良吉哉編，《臺南州寺廟臺帳簡冊》，頁 117-118。

之而來的洪水與瘟疫問題，[89]促使具有逐瘟功能又有退洪神力傳
說的南鯤身王爺備受矚目。[90]鯤身王到府城、鹽水港街以及麻豆
街出巡，主要在這段時間陸續出現。特別是府城迎王儀式與巡
程建構的王爺意象，具有一定的宣傳和示範效果，讓鯤身王更
加聞名，香火更為鼎盛。道光 20 年（1820）左右，府城迎鯤身
王已相當盛大；道光 29 年（1829），倒風內海最大港街鹽水港
街興建廣濟宮，主祀南鯤身五府千歲。咸豐年間之後，從南鯤
身分香的王爺廟更多，信仰圈更擴大，甚至跨出內海的邊界，
遠至丘陵地帶的南化。三大港街所擁有的財富以及信仰圈的不
斷擴大，提供了擴建廟宇的資源，得以讓位於偏僻寒村的南鯤
鯓廟，更加宏偉壯麗。

　　同、光年間，南鯤身也逐漸與陸地接近。南鯤身原是倒風
內海岸外沙嶼，有網寮捕魚。[91]自乾隆 6 年（1741）劉良璧的
《重修臺灣府志》至道光中葉的《重纂福建通志臺灣府》，均
記載：「南北鯤身：在縣治西南七十里。皆沙阜堆聚，與七鯤
身同。」[92]至光緒 6 年（1880），夏獻綸的《臺灣輿圖纂要》已

---

89 洪水與瘟疫關係的討論，參見：林玉茹、曹永和，〈明清臺灣洪災及水利
　　開發之回顧及其歷史分析〉，收於吳建民主編，《臺灣地區水資源史》
　　（南投：臺灣省文獻委員會，2000），頁 338。

90 傳說嘉慶中葉大水一度將淹及南鯤鯓廟，後因王爺神蹟退去洪水。咸豐 6
　　年建立的永寧宮即因為年年遭逢洪水之害，而分香南鯤身的李王爺（大王
　　爺）來建廟祭祀。相良吉哉編，《臺南州寺廟臺帳簡冊》，頁 258。

91 周鍾瑄，《諸羅縣志》，頁 15。

92 劉良璧，《重修福建臺灣府志》（文叢第 74 種，1961，1741 年原刊），頁
　　19；余文儀，《續修臺灣府志》，頁 20；孫爾準、陳壽祺，《重纂福建通
　　志臺灣府》，頁 71。

記為：「雖離海岸，水淺可涉而至」。[93]

　　南鯤身地區的陸化，不但提供不斷擴建廟宇需要的基地，得以舉行繁複儀式與容納眾多信眾，[94]而且象徵交通更加便利，至南鯤鯓廟進香更容易，迎鯤身王的隊伍規模可以更壯大，香火也日益鼎盛。清末南鯤鯓廟已是一個規模壯觀的大廟，是全臺少見的宗教聚落。（圖 9-1）日治初期，隨著鼠疫的蔓延，由瘟王轉為「驅疫」瘟神的王爺信仰順勢擴張，南鯤鯓廟地位大增。[95]該廟每年祭典蔚為大事，且「香火年年昌盛」，昭和 8 年（1933）參拜者一天已高達 3 萬人；信仰圈更擴大至臺灣全島。南鯤身王不但常到全島各地出巡，大正年間足跡甚至已遠至澎湖群島各嶼。[96]

　　總之，清中葉南鯤鯓廟重建時，駐臺武將的題匾，確立了南鯤身王爺的正統神格。迎鯤身王與北港媽祖進香成為臺灣南

93　臺灣銀行經濟研究室編，《臺灣府輿圖纂要》，頁 264。

94　例如，《臺灣日日新報》，1925 年 5 月 16 日，第 4 版，記載南鯤鯓祭典時，「四方善信參拜者，熙來攘往，絡繹不絕。廟庭雖廣，幾無立錐餘地。當事者感往時設備不周，現正準備一切」。

95　例如，《臺灣日日新報》，1901 年 6 月 8 日，第 4 版，報導嘉義樸仔腳街發生鼠疫，「闔境商民」至南鯤身迎神驅疫。根據嘉義街王爺廟（五王系統與南鯤身同）的調查，指出疾病流行時，持廟的神符，即不會罹疫。嘉義廳，《嘉義廳社寺廟宇ニ關スル取調書》（手稿本，1915）。

96　南鯤鯓廟的祭典、進香以及出巡活動一直持續到 1930 年代中葉，直至 1937 年中日戰爭時期進行寺廟改正運動，才暫時休止。1936 年，廟重修將完工時，滿州國外交大臣、新竹人謝介石還贈匾一方。詳見：《臺灣日日新報》，自 1909 年以來的報導。1922 年 6 月 27 日，第 6 版；1923 年 3 月 17 日，第 6 版；1926 年 6 月 11 日，第 4 版；1933 年 4 月 11 日，第 4 版；1936 年 6 月 4 日，夕刊第 4 版。

北兩大迎神賽會。另一方面，儘管鯤身王出巡，最初以海路
進行，但是隨著內海陸化之後，到廟進香和到內陸各庄出巡更
方便，道光年間之後鯤身王信仰得以迅速擴張。道光至咸豐年
間，內海三大港市迎鯤身王習俗的陸續出現，意指其信仰圈的
邊界已經跨出原來倒風內海鄰近聚落，並由地方守護神變成臺
江與倒風內海港街的信仰。港街的財勢及信仰圈的不斷擴大，
提供了廟宇一再擴建的資源。同治、光緒年間，內海幾近完全
陸化，鯤身王的信仰更風行、傳播更速，至日治時期信仰圈已
經擴及全島和澎湖。

四、麻豆港街的例子

　　從道光至咸豐年間，在府城、鹽水港以及麻豆三市街，先
後發展出南鯤身王每年固定出巡的風俗，顯然與內海有地緣關
係。南鯤身位於倒風內海口外，鹽水港是倒風內海最大港街；
臺灣府城則是臺江內海及全島最大城市。倒風內海與臺江連成
一氣，南鯤身甚至被指稱位於鹿耳門口；麻豆港則是倒風內海
的港汊之一。三街長期在軍事部署和商業連結上關係緊密，即
使宗教信仰也透過地緣網絡來擴散。迎鯤身王即是明顯的例
子。特別是麻豆港街，清末王爺信仰後來居上，成為該街主要
的迎神賽會。麻豆港街王爺信仰的發展過程，顯然具有代表
性，值得進一步討論。
　　麻豆原來瀕臨海邊，是一個康熙末年已經出現的港街，原

為麻豆大社所在。[97]該社自 17 世紀以來，一直是西南平原最大
的勢力，[98]即使鄭氏王朝時期，也因「知勤稼穡，務蓄積，比戶
殷富」。[99]有清一朝，隨著番漢勢力的消長，麻豆街成為典型的
番漢勢力交替港街。

　　清初，麻豆港所在的水堀頭位於麻豆社東緣，是最初漢番
貿易地點，康熙末年出現的「麻豆街」可能即在水堀頭及鄰近
地區。[100]根據周鍾瑄的《諸羅縣志》記載，康熙末年麻豆港有
商船到此運輸糖、藍靛。[101]商船可以直入麻豆港，顯然泊船條
件良好，倒風港汊相當寬闊。不過，受到清朝官方海防系統和
港口限渡政策的影響，麻豆港隸屬於蚊港管轄範圍，主要由蚊
港出入，再轉運到臺灣府城的鹿耳門。透過內海的連結，麻豆
街與府城也有密切的貿易關係。[102]

　　港街的存在，象徵商業繁榮和人口聚居。雍正 12 年
（1734），麻豆港街首度建廟，即崇祀關帝的文衡殿。文衡
殿鄰近水堀頭，是由麻豆社番和在地漢人共同興建。[103]由此可

97　有關麻豆社與麻豆街的關係，參見：本書第三章；曾品滄，〈從番社到漢
　　庄：十七至十九世紀麻豆地域的拓墾與市街發展〉，《國史館學術集刊》7
　　（2006 年 3 月），頁 1-44。
98　Tonio Andrade 著，白采蘋譯，〈最強大的部落：從福爾摩沙之地緣政治及
　　外交論之（1623-1636）〉，《臺灣文獻》54：4（1999 年 12 月），頁 133-
　　148。
99　郁永河，《裨海紀遊》（文叢第 44 種，1959，1700 年原刊），頁 16。
100 有關麻豆港在水堀頭及與麻豆社關係的考證，參見本書第三章。
101 周鍾瑄，《諸羅縣志》，頁 16。
102 林玉茹，《清代臺灣港口的空間結構》，頁 176-185。
103 麻豆鎮，〈文衡殿碑記〉。直至 1933 年的《臺南州寺廟臺帳簡冊》頁 95，
　　仍記載該廟由移民與熟番共同捐建。

見，清初麻豆街的商業和信仰中心在麻豆港附近，麻豆社人此時也具有一定勢力。乾隆 16 年（1751），又於大埕角重建北極殿。（表 9-3、圖 9-4）清初麻豆街顯然仍延續鄭氏時期的傳統，以興建關帝廟、北極殿居多，且宗教信仰最初以鄭氏時代和清初最先列入官方祀典的關帝為中心。[104]

　　乾隆中葉，麻豆保已成立，麻豆港的腹地範圍擴大，[105]糖和米成為該港的主要出口商品。水堀頭因具有港口碼頭功能，又是南北官路必經之路，地位重要。不過，由於水堀頭鄰近曾文溪，時常遭受洪水侵襲，加以麻豆社勢力的衰微與遷徙，至遲乾隆 40 年代之後，麻豆的商業貿易中心顯然已經由水堀頭一帶，轉移到西邊原來麻豆大社所在、今日麻豆市街的中心地帶。[106]

　　乾隆末葉至嘉慶年間，麻豆街勢更興盛，並陸續興建尪祖廟、護濟宮、金蓮寺、保濟寺、仁厚宮等寺廟。這些寺廟均位於今日麻豆區中心（圖 9-4）。特別是乾隆 46 年（1781）建成的媽祖廟護濟宮，與臺灣一般港街中媽祖廟的位置相同，成為麻豆街的新商業中心。護濟宮前（下街或稱米市街）既是販

---

104 雍正末年至乾隆 4 年，任臺灣知府的尹士俍，指稱鄭氏時代的信仰中以關帝最為靈驗。尹士俍（著）、李祖基（點校），《臺灣志略》，頁 93；蔡相煇，〈以媽祖為例：論政府與民間信仰的關係〉，頁 449；有關清朝皇帝對關帝的封賜與信仰擴展，參見：王見川，〈清代皇帝與關帝信仰的儒家化〉，《北臺灣科技學院通識學報》4（2008 年 6 月），頁 21-41。

105 由《光緒四年麻豆林家圖書》及表 9-3 寺廟興建的時間可見，包括前班、磚仔井、崁頂、苓仔林、方厝寮等庄以及麻豆街市場圈內的村庄已陸續出現，這些地區不少也種植稻米。

106 詳見本書第三章。

賣魚肉蔬菜的市集，又有公砣（度量衡）存在；鄰近的北極殿前，則有米市。[107]麻豆街的信仰中心，也由水堀頭附近的文衡殿轉至護濟宮，有定期的繞境活動。[108]麻豆街顯然追隨清代臺灣港街媽祖崇拜風潮，變成以媽祖信仰為中心的典型港街。

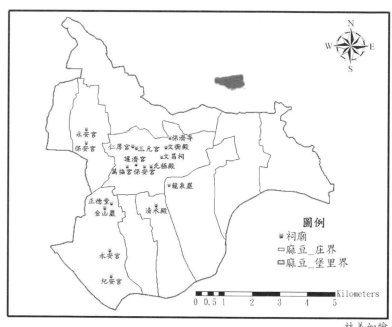

圖 9-4　清代麻豆地區的廟宇

107 詳見本書第三章。

108 護濟宮的繞境活動不知起於何時，但是該廟現存道光年間「麻豆保公議進
　　香繞境」紀錄，詳細記載以米市街護濟宮為中心，繞行麻豆保各角頭與廟
　　宇的繞境路線。資料由林水相先生提供。

　　商業貿易中心的轉移，並未影響麻豆港的運作。直到乾隆末年，該港泊船條件不差。乾隆 52 年（1787）4 月，林爽文事件期間，由於麻豆是販運米糧的重要「社港」，又是「薪米入城（臺灣府城）之路」，為叛軍所覬覦，曾受兵亂波及。[109]事件之後，除了原來水堀頭駐兵之外，清廷又在今總爺添設麻豆汛外委一員，兵 30 名。[110]乾隆末年麻豆街及其港口的重要性，由此可見。

　　麻豆港也面臨倒風內海港口陸化的命運，不過該地是陸化較慢的地帶。倒風內海變化最速的是急水溪到八掌溪兩大主流一帶，麻豆則位於內海最南邊，地勢又低窪，變化稍緩。即使至今，從麻豆以北至北門海岸一帶仍殘存魚塭，猶有內海殘跡可循。其次，自康熙末年以來至乾隆末葉，雖然部分漢人不斷在麻豆港道開築魚塭，卻一再受到麻豆社番和沿岸居民的抗議，並請官方嚴禁，[111]也稍有效阻止港道的淤塞。至 19 世紀，倒風內海陸化更趨明顯，麻豆地區海岸線亦逐漸北移，至道光末年文獻上已無麻豆港的紀錄。咸豐 3 年（1853），連倒風港

---

109 臺灣銀行經濟研究室編，《清高宗實錄選輯》（文叢第 186 種，1964），頁 412-413；臺灣銀行經濟研究室編，《欽定平定臺灣紀略》（文叢第 102 種，1961），頁 348-349、369-370、419-420。《宮中檔乾隆朝奏摺》第 64 輯（臺北：故宮博物院，1982），頁 654-655。

110 福康安，〈奏為酌籌添設弁兵分佈營汛以重海疆事〉，收於國立故宮博物院編，《宮中檔乾隆朝奏摺》第 67 輯，頁 704；《臺灣府輿圖纂要》，頁 50。

111 「嚴禁佔築坤頭港暨盜墾荒埔碑記」，乾隆 20 年。何培夫，《南瀛古碑誌》（臺南：臺南縣文化局，2001），頁 181-183。

口外也已經變成魚塭，出現「金斗灣倒風仔港塭」。[112]

　　麻豆街並不因港口機能的消失而沒落。該街位於南北官道上，又是主要的產糖地，乃轉為麻豆保、善化里東保等周邊鄉村的集散鄉街。[113]道光年間，麻豆街規模擴大，分化出頂街和下街，並有米市。[114]至同治、光緒年間，從來是倒風內海第二大港街的茅港尾街，先後遭遇地震、瘟疫以及兵亂而衰敗後，麻豆街取而代之，[115]成為府城到鹽水港街之間最大的鄉街。至光緒年間，已發展出 12 個角頭，下轄 30 村庄。[116]

　　道光至咸豐年間，在倒風內海陸化的過程中，麻豆港逐漸消失，麻豆街仍日趨繁榮。另一方面，南鯤身王信仰，也在此際大幅擴張信仰圈。府城和鹽水港街先後出現迎鯤身王的迎神賽會。咸豐年間，王爺信仰也在麻豆落地生根。[117]咸豐 4 年（1854），麻豆口首先設置供奉李、池、吳三姓王爺的保安宮，咸豐 7 年（1857）又陸續於下街、南勢里（原水堀頭附近）興建保安宮，逐漸變成王爺信仰最盛的市街。

---

112 臨時臺灣舊慣調查會，《臺灣私法附錄參考書》第三卷（下）（神戶：臨時臺灣舊慣調查會，1902），頁 79。

113 詳見本書第三章。

114 林玉茹編，《麻豆港街的歷史族群與家族》（臺南：臺南縣政府，2009），附表 4-1，頁 214-215。

115 黃清淵的〈茅港尾紀略〉，詳細記載同治元年之後，茅港尾街衰落的過程。收於臺灣銀行經濟研究室編，《臺灣輿地彙鈔》（文叢第 216 種，1965），頁 134-136。

116 詳見本書第三章。

117 雖然根據 1915 年的寺廟調查，當時麻豆庄保安宮有建於乾隆 26 年的說法，但是對照 1896 年最後一任總理的報告、日治至戰後其他調查以及現今寺廟文物，麻豆保安宮似乎仍以建於咸豐年間較可信。

　　清末麻豆街王爺信仰興盛的原因，可能有三。第一：由清代麻豆街從關帝、媽祖到王爺的民間信仰的崇拜歷程可見，或許番漢交替港街的街市性格，促使其總是迅速迎合獲得官方認同的正統信仰潮流。亦即，作為一個原來麻豆大社所在的港街，需要追隨最新時潮來正當化和提高其市街地位。因此，從道光中葉以來，先由內海南北兩大城市發展出來的迎鯤身王風俗，得以在麻豆街發揚光大。特別是臺灣政治經濟中心府城每年盛大迎王儀式的展演，不但重新建構王爺意象，更具有示範效果。第二，內海陸化後，麻豆街已位於內陸，不再有航海貿易的迫切需要，航海保護神媽祖的崇拜轉淡。相反地，該街不斷苦於洪水和瘟疫之患，[118]而從嘉慶中葉以來王爺與洪水有關的靈驗神蹟，一再被轉述、創造，強化街民王爺崇拜的心理需求。第三，根據傳說，南鯤身五王最先飄到倒風內海港汊最南端的麻豆海邊，或是由麻豆漁夫最先發現王船。[119]這個傳說，建立起南鯤身王與麻豆街的紐帶，變成麻豆人的集體記憶，一再被想像與創造。[120]一旦南鯤鯓廟香火日益鼎盛，也促使麻豆

---

118 在劉枝萬採集的傳說中，即有麻豆地區因連年洪水、氾濫成災，又瘟疫猖獗，耆老乃由南鯤鯓廟迎回三位王爺繞境祛災。劉枝萬，《臺灣民間信仰集》，頁 274。

119 《臺灣日日新報》，1916 年 9 月 27 日，第 5 版；相良吉哉編，《臺南州寺廟臺帳簡冊》，頁 117。

120 至 1938 年，前島信次記錄時，麻豆與五王關係的傳說更為複雜，還有水堀頭港敗地理，五王不堪居住的敘事。前島信次，〈臺灣の瘟疫神、王爺と送瘟の風習に就いて〉，頁 27-30；傳說與社區歷史集體記憶之間的關係，參見：陳春聲，〈媽祖的故事與社區之歷史：以明清時期粵東一個港口的研究為中心〉，《臺灣人類學刊》6：1（2008 年 6 月），頁 77-102。

街更有正當性去重構王爺信仰，甚至取代乾隆年間新興的媽祖信仰和繞境的傳統。清末以降，迎鯤鯓王變成街內最重要的迎神賽會，直到日治末期仍是該街「一年中行事」。[121]民國 45 年（1956），麻豆代天府建廟之後，五王信仰更加興盛，變成麻豆區信仰的象徵。

五、小結

　　清末臺南北門庄已有一個臺灣規模最大的王爺廟。為何會在至今仍稱作鹽分地帶、偏僻的寒村中出現南鯤鯓廟，可能必須從該廟所在位置及歷史淵源談起。

　　南鯤鯓廟所在的西南海岸，以潟湖地形見稱，是清代臺灣海岸變化最劇烈的地域。原來偌大的倒風內海和臺江內海，自乾隆末年之後陸續浮覆，尤以道光年間以降陸化更明顯。倒風內海所構築的地緣網絡、陸化過程中不斷出現的洪災與瘟疫、王爺取得正統神格，以及居民集體歷史記憶的想像和創造，與南鯤鯓王信仰的擴張關係密切。

　　康熙末年，倒風內海已經形成數個重要港街。其宗教信仰則主要延續鄭氏王朝時代的習慣，最先興建觀音廟、關帝廟以及福德正神廟。然而，隨著航海貿易的需要與官方的大力形塑，乾隆中葉以降至清末媽祖廟成為各港街信仰的中心和圖騰。幾乎有港街的地方，大概即有媽祖廟。另一方面，南鯤鯓王信仰也在乾隆年間嶄露頭角，分香廟主要出現在倒風內海口

---

121 《臺灣日日新報》，1933 年 5 月 12 日，第 8 版。

及鄰近的沿海聚落。

　　清中葉，海盜蔡牽最後一次大規模擾亂府城與鹿耳門的行動中，南鯤身是戰場之一，而建立當時追捕蔡牽的王得祿與鯤身王間的關係。鯤身王並由沿海聚落的地方守護神，轉變成護府城有功、神蹟靈驗的神祇，嘉慶末年進一步大動土木，在槺榔山建廟。道光年間，以當時已官拜浙江提督的王得祿為首，臺灣最高武將先後贈匾予南鯤鯓廟，宣示鯤身王的正統神格，並進一步催化王爺信仰的傳播。府城的迎鯤身王大概始於此際，至咸豐年間，更與北港進香齊名，為臺灣南北兩大迎神賽會。即連從來視瘟神信仰為邪祀的知識份子也引為盛事，留下一些詩詞詠讚。南鯤身王獲得官、紳認同以及護城有功歷史記憶的不斷傳述和轉譯，是該廟擴張信仰邊界的關鍵。由府城迎鯤身王的信徒、儀式以及神祇的功能可見，南鯤鯓王信仰顯然已經顛覆原鄉送出來的瘟王性質，轉變為地方守護神以及保境安民之神，迎神賽會時甚至是妓女展演的重要場合。臺灣第一大城府城每年近兩個月迎王儀式與出巡的展演，不但一再重構王爺意象，且具有向其他鄉街示範的效果。道光至咸豐年間，倒風內海的第一大港街鹽水港街和麻豆街又先後發展出迎王慶典。鯤身王信仰圈的邊界，遂跨越倒風內海口及鄰近地區，逐漸擴及整個西南內海地區。

　　府城、鹽水港街以及麻豆街先後發展出迎鯤身王習俗，顯然有其內海地緣上的關連性。三大港街長期在軍事、商業機能上有密切聯繫，宗教信仰也透過內海網絡傳播。三街所擁有的財富以及不斷擴大的信仰圈，成為南鯤鯓廟一再擴建的資源，清末已是臺灣規模最為宏偉的王爺廟。另一方面，隨著倒風內

海的陸連，不但提供建廟需要的基地，直接到廟謁香更方便；陸化的過程，也意味著接連不斷的洪水和瘟疫，更助長原有逐瘟功能又有退洪傳說的王爺信仰順勢擴張。

　　清代麻豆街的信仰中心，由清初的關帝廟、清中葉的媽祖廟，到清末王爺廟的轉移過程，是王爺信仰擴張的典範。這個現象，可能是因為該街具有番漢勢力交替港街的性格、麻豆與南鯤身王傳說的一再創造和想像，以及該地失去港口機能且經常遭受洪患，而強化了王爺崇拜的需求與追求「流行信仰」的正當性。清末麻豆街，不但是原倒風內海各聚落中王爺廟最多的，也是唯一王爺信仰取代媽祖信仰的港街，成為一異例。

附表 9-1   清代南鯤鯓廟的分香廟

名稱	位置	創立時間	重建時間	主神	未註明祀神	備註/調查時間
龍興廟	嘉義縣義竹鄉龍蛟潭	約雍正 8 年(1730)/應為乾隆 14 年	大正元年(1912)	五府王爺（原天上聖母 1905）	天上聖母、太子爺、土地公	祭神由南鯤鯓廟分香而來/1930
建德宮廟	嘉義縣布袋鎮	約乾隆 15 年(1750)/？	光緒元年(1875)	李王爺	池王爺、哪吒、太子爺	祭神由南鯤鯓廟分香而來/1930
＊紹徽宮	嘉義義竹鄉	乾隆 23 年（1758）	同治 12 年（1873）	李王爺（今五府千歲）	李王爺、池王爺、土地公、媽祖、福德爺、吳府千歲	祭神由南鯤鯓廟分香而來/1930
王爺廟	嘉義縣義竹鄉頭竹圍	約乾隆 25 年(1760)/應咸豐 11 年（1861）	同治 9 年(1870)	李千歲	天上聖母、福德爺	祭神由南鯤鯓廟分香而來/1930
馨香宮	雲林縣口湖鄉	約乾隆 45 年(1780)/？	光緒 3 年(1877)；明治 32 年(1899)	朱王爺	李王爺、池王爺	祭神由南鯤鯓廟之朱王爺分香而來/1930
顯榮宮	彰化縣大城鄉	凡 130 年前(乾隆 53 年(1788)/？	48 年前(同治 9 年(1870))	五府王爺	天上聖母、福德爺	主神自臺南廳下北門嶼南鯤鯓廟分香/1917

名稱	位置	創立時間	重建時間	主神	未註明祀神	備註/調查時間
保安宮	臺南縣北門鄉	清嘉慶9年(1804)	明治16年(1883)	岳王爺	紀王爺、金王爺、王爺、大眾公、池王爺、朱王爺、大聖爺、將軍府、溫王爺、四王爺、佛祖媽	祭神來自南鯤鯓廟/1930
會水宮	雲林縣口湖鄉	嘉慶20年(1815)	咸豐6年(1856)	朱王爺	李王爺、八王爺、三王爺、土地公	祭神由南鯤鯓廟之朱王爺分香而來/1930
蚵藔庄廟	臺南縣北門鄉	70餘年前(調查時間1915)		池王爺、三王爺、觀音媽		祭神由南鯤鯓廟分香而來/1915
池王爺廟	臺南縣南化鄉	咸豐6年(1856)		池府千歲王爺	保生大帝、中壇元帥	祭神池王爺自南鯤鯓廟迎來/1930
永靈宮	嘉義縣東石鄉	咸豐6年(1856)	明治31年(1898)	李王爺		祭神李王爺由南鯤鯓廟分香而來/1930

名稱	位置	創立時間	重建時間	主神	未註明祀神	備註/調查時間
保安宮	嘉義縣義竹鄉	約咸豐 10 年(1860)		五府千歲		祭神由南鯤鯓廟分香而來/1930
朝天宮	臺南縣將軍鄉	同治 6 年(1867)12 月24 日	明治 43 年(1910)	李府千歲	福德正神、天上聖母、註生娘娘、虎爺、玉皇上帝	祭神由北門庄蚵寮南鯤鯓廟分靈而來/1930
＊鎮安宮	嘉義縣義竹鄉後鎮	同治 7 年（1868）		李府千歲、池府千歲		
龍安宮	嘉義縣朴子市	同治 10 年(1871)		魏王爺	李王、刑王	祭神由南鯤鯓廟分香而來/1930
萬福宮	高雄縣茄萣鄉	光緒 2 年(1876)		王爺		祭神由南鯤鯓廟勸請而來/1915
永順宮(王爺宮)	臺中縣龍井鄉	約百年以前，清光緒 7 年(1881)	大正四年(1915)	李府王爺	范王爺、太子爺、土地公、虎將軍、將軍爺	主神係自臺南由南鯤鯓代天府分香，原在庄中各家輪流安置/1917
鎮安宮	嘉義縣東石鄉	光緒 9 年(1883)	大正元年(1912)	李王	大王、池王、朱王、三王	祭神由南鯤鯓廟分香而來/1930

名稱	位置	創立時間	重建時間	主神	未註明祀神	備註/調查時間
井仔腳庄廟	臺南縣北門鄉	約 1895 年		三王爺		祭神由南鯤鯓廟分香而來/1915
舊埕庄廟	臺南縣北門鄉	不詳		池王爺、太子爺、塭王爺		祭神由南鯤鯓廟分香而來/1915

資料來源：中研院宗教調查資料庫。

說明：＊代表根據田野和其他資料所加。

結論

　　十六世紀大航海時代第一次全球化以來，港口市街在全球史上位居重要位置，往往是移民、族群接觸、商品、技術、制度、資本以及新舊文化最早的匯集地。臺灣也在這股洪流中，躍入世界舞臺，由荷蘭東印度公司統治時期東亞的轉運站捲入全球貿易中。然而，荷治、鄭氏王朝時期對於臺灣土地開墾有限，集中於臺南地區，全面性的開發卻晚至十七世紀末至十九世紀末清朝統治時期。福建和廣東移民大量遷入，促使各地域積極進入拓墾狀態，全島出現近兩百個港口，其中部分港口基於政策、區位以及腹地經濟條件，進一步變成市街，甚至成為全球型（條約港）、全島型或區域型（正口）以及地區型（小口）的港街或港口城市。本書試圖透過清代臺灣港街在政治、經濟以及社會面向的變遷，呈現前近代港口市街發展的共相和殊相。

　　William Skinner 以前工業化城市、東方型城市以及中國城市作為中華帝國晚期城市的理想類型。臺灣的港街是否也有這樣的特徵，值得注意。透過本書各章的討論，很明顯地，在長達兩百餘年，不同時期政治、經濟以及社會條件的作用之下，清代臺灣港街應該具有全球的港街、亞洲的港街、中國的港街以及海島臺灣的港街等多重、多樣性的面貌，可以視作文化多

元的環球縮影（microcosm）。未來可以進一步從建築、交通工具、休閒娛樂以及社會生活等面向進一步觀察。

　　相對於中國大陸，作為一個清朝帝國的邊陲、初開發以及海峽遠隔的臺灣島，清廷特殊化的港口管理政策對於港街的形成和發展，一開始扮演舉足輕重的角色。臺灣從荷、鄭時代以來面向世界的貿易型態，萎縮為僅與中國福建一省貿易往來，也促成第一個正口、全島型港市臺灣府城（今臺南市）的出現，北臺灣的中港、後壠、吞霄等港口最初更以軍事機能見長。隨著臺灣西部全面開發，以北、中、南正口為中心，三大區域性港市紛紛出現。

　　陸權性格強烈的清廷，港口政策一向趨於保守，又因遠隔重洋，對於臺灣統治的「殖民想像」甚為明顯，始終嚴守正口對渡之制。然而，一方面，十八世紀中葉之後，由於正口政策無法符合臺灣各地域直接對外貿易的需求，走私貿易盛行，私口紛紛崛起。另一方面，道光末年之後，中央政府的控制力大幅衰微，港口的管理明顯地出現中央和地方政府雙軌制現象。地方政府因直接觀察到地方經濟發展以及與大陸沿岸互補貿易的現實，加以考量文口收入和陋規等衙門利益，默認廳縣轄內私口可以直接對外貿易，各地小口型港街如雨後春筍般遍布於臺灣西部海岸，晚清貿易圈甚至遠達東南亞。連地區性的小口型港街，都得以直接與亞洲港市聯繫，應是清代海島型臺灣港街的特色，也更加凸顯邊陲臺灣地方與帝國中央之間雙軌制港口政策和執行模式的落差和矛盾。臺灣港街的治理和發展模式，或許可以與 Kenneth Hall 他們所關心的二級城市（secondary city）進一步對話。

　　清代臺灣對外貿易的港街，均設置文口和武口來管理，並由澳甲繳驗船牌，口書收費和查驗放行。口書和澳甲的承辦，則仿總理、董事以及街莊正等鄉莊自治組織成員的承充過程。然而，陋規始終是正口對渡制度下無法杜絕的弊端，更演變成非正式的港口管理模式，也使得正口政策效力大打折扣。清中葉中央財政崩潰之後，地方縣廳長官的「荷包」（薪俸），相當程度依賴文口口費收入。口費的徵收也因港街規模而有差異。正口型港街由於來港貿易船隻眾多，口費由官方派人收取；小口型港街則因為船隻往來不定，採取招商贌辦方式。不論哪一種模式，都顯現地方衙門善於計算，透過港口貿易來獲益，因此文口的管理不僅帶有濃厚的商業經營和官商利益輸送的色彩，而且口書與澳甲以及他們的保結者（擔保人），大多是地方上有力的紳商階層，港口管理遂具有相當程度的自治色彩。

　　其次，一般影響港街變遷的要素，至少包括港口泊船條件、區位、政策以及腹地經濟狀態。然而，在移墾社會的臺灣，族群關係也是重要變項，表現在港街聚落性質的變化以及一個地域內港街群的競爭與消長。清代臺灣大多數的港街，往往原來是原住民的居地，甚至是大社所在，不少港街也以原住民番社命名。這些港街成為番漢勢力最初接觸的地點，最後都經歷番社變漢街的歷程。部分港街，如麻豆街，還揉雜番、漢元素，成為具有獨特性的聚落。除了番漢勢力的消長之外，有些港街進一步出現閩粵族群勢力的競爭，例如吞霄街，而深刻影響街庄組織的建構和發展，甚至促成商人團體郊的出現。這些現象應是同時期中國港市或亞洲港市少見的。

　　北臺灣的街莊總理區也隨著土地拓墾進程、經濟環境的變化、族群意識與利益爭奪的交相作用下，不斷調整與改變。另一方面，則出現一個保內港街群的競爭，並因族群分類械鬥、腹地經濟發展（如茶、樟腦產區）以及港口條件差異，進而導致竹南三保保名和中心隨著地域內優勢港街而變遷。不過，臺灣大多數的港街仍以泉州人居多，這也造成泉州籍人又分成以晉江為首的三邑人及以廈門、同安（背後有漳州幫勢力）兩股族群勢力在地域社會相互角力。由於清代臺灣分類械鬥極為盛行，人群的分類和衝突深刻影響港街的發展，甚至因分類械鬥的破壞而衰落。先行相關研究僅關注港街因為港口機能消失而沒落的論點，事實上在清代並不顯著，如麻豆街仍因是腹地的經濟中心而保持其地位。相對地，北臺灣的族群勢力大小，也表現在港街的規模和等級上。不過，像後壠、中港等閩南人港街，與腹地內幾乎純粵籍村莊之間的關係，仍值得進一步探究。

　　族群的區隔，充分影響港街貿易運作。來到港街的船隻，往往尋求原籍同鄉的港口舖戶擔保或代繳各項規費，並將船貨交由舖戶代售，再代買回航的貨物。船戶與進出口貿易商明顯地一開始基於同鄉關係，而形成利益共同體。這樣的貿易模式，事實上在亞洲閩南商人所到的港街也經常可見。

　　從職業身份而言，在港街活動的人群形形色色，除了前述港口管理人員、紳商階層之外，碼頭工人、苦力以及女性在港街的活動及角色，仍有待研究。不過，從族群的衝突和合作來觀察港街變遷或港街間的競爭，卻是過去全球港口城市史較少注意的面向。清代臺灣的例子，應可以提供參考和比較的基

礎。

港街機能的演變，一直是港口城市史研究重要的課題。先行研究較少注意港街的軍事機能，臺灣北部的港口卻是先有駐兵之後，港街才形成。作為一個港街，基本上具有輸出入貨物的集散、分配以及消費機能。隨著市街的發展，各項商業設施漸形繁雜，愈高級的功能往往也愈晚出現。不過，相對於正口型港街文教功能日益重要，文教機能較低、侷限於地方性，則是臺灣小口型以下港街的共相。

再者，從貿易型態和網絡來看，大概可以將清代臺灣的港街分成地方型（地方性）、小口型（地區性）、正口型（區域性）以及晚清因開港而出現的條約港型（全球性）等四種。其中，除了地方型港街之外，十九世紀中葉之後，其他三種港街均能直接對外貿易，貿易圈遠至亞洲或全球，但小口型港街的貿易圈更集中於中國華南地區。在港口條件和區位相當之下，清廷政策則是影響這些港街類型和等級的關鍵因素。

不同型態的港街，除了對外貿易圈有差異之外，貿易型態也大不相同。小口型港街流行的整船貿易，類似全球各地可見的船長總監（supercargo）貿易，亦即委由船長負責到處貿易。在地的進出口貿易商則以九八行型態抽取佣金，九八行制度也出現在東南亞的重要港口城市，如新加坡、檳城以及麻六甲。正口型港街最先發展出臺灣與中國大陸沿海商行之間，互相代買和代售商品的委託貿易制度，並且以同鄉、血緣或姻親以及業緣關係為基礎，逐漸形成高度依賴商業信用、互相交叉投資的貿易集團，甚至進而組成海商團體郊。郊也隨著這群商人的腳步移植到亞洲地區的重要港市，南至緬甸、泰國北達日本，

都可以看到他們的蹤跡。1860 年代，臺灣開港之後，南北兩個
正口變成條約港城市，洋行、新的金融機構以及商業貿易模式
紛紛引入，產生前述蘇基朗所注意到的知識和技術轉移，開啟
第三次商業革命的新面貌。這個現象大概與同時期中國條約港
城市大同小異，但是臺灣商人引進的、融合中國、日本以及西
方文化的知識轉移，似乎比中國內地更早。

　　然而，由於正口和小口等傳統港口也展開直接對外貿易，
貿易量甚至佔全臺的一半，因而將晚清海關資料當作當時總體
貿易實況來理解，是嚴重的謬誤。這也讓我們反思，過度強調
條約港市而忽略傳統港街所產生的種種問題。事實上，以條約
港為中心的地域市場圈或是帆船貿易圈的討論，往往無法解釋
以小口為中心的次級地域市場圈和貿易圈之實態。以晚清鹿港
而言，很明顯地，仍以米穀為主要出口大宗，以中式帆船貿易
為主，郊始終在地域社會扮演舉足輕重的角色，商人也幾乎沒
有使用電報的習慣。然而，其作為臺灣中部區域第一大港口城
市的地位，卻必須等到 1908 年日本殖民統治下縱貫鐵路完成
才喪失。換言之，以條約港為中心的觀察和立論，幾乎完全無
法彰顯晚清鹿港在中臺灣區域性的經濟和社會角色。不過，也
由於傳統港市的侷限，在十九世紀全球化貿易體系下，更突顯
這種港街的小規模貿易集團，對於市場應變和競爭力之限制。
由於一直使用中式帆船貿易和傳遞訊息，參與國際貿易能力受
限，情報傳遞速度慢、網絡又小，很難立即應付千變萬化的全
球市場動態。特別是 1890 年代正是南北貨競爭激烈，南貨與北
貨比價低迷時期，無法適時掌握市場行情，可能即是這群在非
條約港、操閩南語的郊商競爭力逐漸變低的原因之一。

　　最後，從港街的宗教信仰來看，在清朝政府推崇之下，加以媽祖又是航海貿易神，媽祖崇拜迅速在港口聚落擴散。乾隆中葉，媽祖已是臺灣港口市街信仰的象徵，廟的所在位置往往即是商業中心。反觀，王爺廟則為數極少，僅於清中末葉以後最先出現在西南沿海港街。以倒風內海為例，王爺信仰的出現遠晚於媽祖信仰。不過，麻豆街是唯一的例外，清末該街的主要迎神賽會，卻是迎南鯤鯓廟的王爺。麻豆街由媽祖到王爺信仰的演變，則明顯地展現宗教信仰如何在港街間擴散，亦即在臺灣府城和鹽水港等中大型港口城市的示範之下，透過西南地區內海網絡逐漸傳播到已經變成內陸河港的麻豆街。不過，除了媽祖和王爺信仰之外，臺灣港街其他信仰的樣態及運作，仍有進一步研究的空間。

收錄文章原始出處

林玉茹　1995 年 3 月〈清末新竹縣文口的經營：一個港口管理活動中人際脈絡的探討〉，《臺灣風物》45：1，頁 113-148。

林玉茹　1995 年 3 月〈清代臺灣中港與後壠港港口市鎮之發展與比較〉，《臺北文獻》直字 111，頁 59-107。

林玉茹　2001 年 11 月〈閩粵關係與街庄組織的變遷：以清代吞霄港街為中心的討論〉，《曹永和先生八十壽慶論文集》（臺北：曹永和先生八十壽慶論文集編輯委員會），頁 81-101。

林玉茹　2005 年 6 月〈番漢勢力交替下港口市街的變遷：以麻豆港為例（1624-1895）〉，《漢學研究》23：1，頁 1-34。

林玉茹　2007 年 6 月〈商業網絡與委託貿易制度的形成：十九世紀末鹿港泉郊商人與中國內地的帆船貿易〉，《新史學》18：2，頁 61-103。

林玉茹　2009 年 6 月〈潟湖、歷史記憶與王爺崇拜：以清代南鯤身王信仰的擴散為例〉，《臺大歷史學報》43 期，頁 43-86。

林玉茹　2010 年 6 月〈從屬與分立：十九世紀中葉臺灣港口城市的雙重貿易機制〉，《臺灣史研究》17：2，頁 1-38。

林玉茹　2012 年 2 月〈由私口到小口：晚清臺灣地域性港口對外貿易的開放〉，收入林玉茹主編，《比較視野下的臺灣商業傳統》（臺北：中研院臺灣史研究所），頁 135-168。

林玉茹　2016 年 12 月〈通訊與貿易：十九世紀末臺灣與寧波郊商的訊息傳遞〉，《臺大歷史學報》58 期，頁 157-193。

參考文獻

一、史料

（一）未刊史料

〈鹿港郊行春盛祭祀禮儀備忘錄〉，手稿本。

《光緒四年麻豆林家鬮書》，手稿本，影本藏於中央研究院臺灣史研究
所檔案館。

《淡新檔案》，原件藏於國立臺灣大學圖書館。

「臺灣總督府公文類纂」，國史館臺灣文獻館藏。

不著撰人，〈鹿港風俗一斑〉，手稿本，1896。

林玉茹、劉益昌，《水堀頭遺址探勘試掘暨舊麻豆港歷史調查研究報
告》。臺南：文化建設委員會、臺南縣政府文化局，2003。

許金角，《許氏族譜》，手稿本，1954。

麻豆鎮，〈文衡殿碑記〉，原碑藏於麻豆鎮文衡殿。

詹評仁私藏文書。

嘉義廳，《嘉義廳社寺廟宇ニ關スル取調書》，手稿本，1915。

鄭用錫，《淡水廳志》，手稿本，1834。

（二）已刊史料

《申報》

《臺灣日日新報》

《臺灣協會會報》

丁紹儀，《東瀛識略》，臺灣文獻叢刊第 2 種。臺北：臺灣銀行經濟研
　　究室，1957，1873 年原刊。

山中樵，〈官田的同文古碑〉，《南瀛文獻》3：1、2（1955 年 12
　　月），頁 90-92。

大藏省理財局，《臺灣經濟事情視察復命書》。東京：忠愛社，1899。

丸井圭治郎，《臺灣宗教調查報告書》。臺北：臺灣總督府，1919。

不著撰者，《福建沿海航務檔案》。北京：九州出版社，2004。

不著撰者，《臺灣兵備手抄》，臺灣文獻叢刊第 222 種。1872 年原刊。

中央研究院歷史語言研究所編，《明清史料》戊編。臺北：中央研究院
　　歷史語，言研究所 1953-1954。

中國第一歷史檔案館編，《乾隆朝上諭檔》。北京：檔案出版社，
　　1991。

中國第一歷史檔案館、海峽兩岸出版交流中心編，《明清宮藏臺灣檔案
　　匯編》，第 23 冊、第 24 冊、第 84 冊、第 86 冊、第 87 冊、第 88
　　冊、第 146 冊、第 168 冊、第 169 冊。北京：九州出版社，2009。

中國郵票博物館，《中國郵票博物館藏集》。北京：文物出版社，
　　1988。

尹士俍著，李祖基點校，《臺灣志略》。北京：九州出版社，2003，
　　1738 年原刊。

日本海軍省，《臺灣地誌草稿》。臺北：成文出版社，1985；1874 年原
　　刊。

王必昌，《重修臺灣縣志》，臺灣文獻叢刊第 113 種。臺北：臺灣銀行經濟研究室，1961，1873 年原刊。

冉福立（Kees Zandvliet）著，江樹生譯，《十七世紀荷蘭人繪製的臺灣老地圖》下冊論述篇。臺北：漢聲雜誌社，1997。

甘為霖（William Campbell）著，李雄輝譯，《荷據下的福爾摩沙》。臺北：前衛出版社，2003。

史久龍，方豪校訂，〈憶臺雜記〉，《臺灣文獻》26：4（1976 年 3 月），頁 1-23。

伊能嘉矩，《大日本地名辭書續編》。東京：富山房，1909。

伊能嘉矩，《臺灣踏查日誌》，臺北：南天，1992。

伊藤博文編，《台湾資料》。東京：秘書類纂刊行會，1936。

交通部郵政總局編，《郵政大事記》第一集上冊。臺北：交通部郵政總局，1966。

吉井友兄，《臺灣財務視察復命書》。東京：大藏省印刷局，1896。

竹南鎮公所，《竹南鎮志》。竹南：竹南鎮公所，1955。

朱景英，《海東札記》，臺灣文獻叢刊第 19 種。臺北：臺灣銀行經濟研究室，1958，1774 年原刊。

江樹生譯註，《熱蘭遮城日誌》Ⅰ。臺南：臺南市文化局，2000。

江樹生譯註，《熱蘭遮城日誌》Ⅱ。臺南：臺南市文化局，2003。

江樹生譯註，《梅氏日記：荷蘭土地測量師看鄭成功》。臺北：漢聲雜誌社，2003。

江樹生譯註，《熱蘭遮城日誌》Ⅲ。臺南：臺南市文化局，2004。

沈茂蔭，《苗栗縣志》，臺灣文獻叢刊第 159 種。臺北：臺灣銀行經濟研究室，1962。

沈葆楨，《福建臺灣奏摺》，臺灣文獻叢刊第 29 種。臺北：臺灣銀行經

濟研究室，1959。

吳永梱，〈南鯤鯓代天府匾額、楹聯、詩文集錦〉，《南瀛文獻》改版
　　第一輯（2002 年 1 月），頁 282-302。

吳新榮，〈採訪記〉，《南瀛文獻》4：1（1956 年 12 月），頁 87-95。

余文儀，《續修臺灣府志》，臺灣文獻叢刊第 121 種。臺北：臺灣銀行
　　經濟研究室，1959，1762 年原刊。

宋怡明（Michael A. Szonyi），《明清福建五帝信仰資料彙編》。香港：
　　香港科技大學華南研究中心，2006。

李元春，《臺灣志略》，臺灣文獻叢刊第 18 種。臺北：臺灣銀行經濟研
　　究室，1962，1835 年原刊。

何培夫主編，《臺灣地區現存碑碣圖誌：臺南市篇》。臺北：中央圖書
　　館臺灣分館，1992。

何培夫，《南瀛古碑誌》。臺南：臺南縣文化局，2001。

村上直次郎原譯，郭輝重譯，《巴達維亞城日記》。臺北：臺灣省文獻
　　委員會，1970。

村上直次郎編，《新港文書》。臺北：捷幼，1995。

周元文，《重修臺灣府志》，臺灣文獻叢刊第 66 種。臺北：臺灣銀行經
　　濟研究室，1960，1710 年原刊。

周鍾瑄，《諸羅縣志》，臺灣文獻叢刊第 141 種。臺北：臺灣銀行經濟
　　研究室，1962，1719 年原刊。

周凱，《廈門志》，臺灣文獻叢刊第 95 種。臺北：臺灣銀行經濟研究
　　室，1961，1839 年原刊。

周璽，《彰化縣志》，臺灣文獻叢刊第 156 種。臺北：臺灣銀行經濟研
　　究室，1962，1830 年原刊。

岩崎潔治，《臺灣實業家名鑑》。臺北：臺灣雜誌社，1912。

林占梅，《潛園琴餘草簡編》，臺灣文獻叢刊第 202 種。臺北：臺灣銀行經濟研究室，1964。

林衡道，《明清臺灣碑碣選集》。臺中：臺灣省文獻委員會，1980。

林玉茹，《臺南縣平埔族古文書集》。臺南：臺南縣文化局，2004。

林玉茹、劉序楓編，《鹿港郊商許志湖家與大陸的貿易文書（1895-1897）》。臺北：中央研究院臺灣史研究所，2006。

林玉茹編，《尺素頻通：晚清寧波、泉州與臺灣的貿易文書》。臺北：政大出版社，2013。

林祖武，〈蚶江陸路交通概況〉，收於石獅市政協文史資料編輯組編，《石獅文史資料第三輯》。石獅：石獅市政協文史資料編輯組，1994。

東亞同文會，《中國經濟全書》。臺北：南天書局，1989。

波越重之，《新竹廳志》。臺北：臺灣日日新報社，1907。

季麒光撰、李祖基點校，《蓉洲詩文稿選輯‧東甯政事集》。香港：香港人民出版社，2006。

苗栗縣文獻委員會，《臺灣省苗栗縣志》。苗栗：苗栗縣政府，1960。

郁永河，《裨海紀遊》，臺灣文獻叢刊第 44 種。臺北：臺灣銀行經濟研究室，1959，1700 年原刊。

柯培元，《噶瑪蘭志略》，臺灣文獻叢刊第 92 種。臺北：臺灣銀行經濟研究室，1961，1837 年原刊。

南溟漁夫，〈新竹附近ニ於ケル船舶ノ舊慣〉，《臺灣產業雜誌》7（1899 年 2 月），頁 22-27。

洪安全編，《清宮諭旨檔臺灣史料》第五冊。臺北：國立故宮博物院，1997。

姚瑩，《東槎紀略》，臺灣文獻叢刊第 7 種。臺北：臺灣銀行經濟研究

室，1957，1832 年原刊。

姚瑩，《中復堂選集》，臺灣文獻叢刊第 83 種。臺北：臺灣銀行經濟研
　　究室，1960，1841 年原刊。

范咸，《重修臺灣府志》，臺灣文獻叢刊第 105 種。臺北：臺灣銀行經
　　濟研究室，1961，1747 年原刊。

胡傳，《臺灣日記與稟啟》，臺灣文獻叢刊第 71 種。臺北：臺灣銀行經
　　濟研究室，1960 年。

郭永坤，〈鹿港「郊」之史料集零〉，《史聯》6（1985 年 5 月），頁
　　24-38。

相良吉哉編，《臺南州寺廟臺帳簡冊》（臺南：臺灣日日新報社臺南支
　　局，1933），頁 118-268。

倪贊元，《雲林縣采訪冊》，臺灣文獻叢刊第 37 種。臺北：臺灣銀行經
　　濟研究室，1959，1893 年原刊。

唐贊袞，《臺陽見聞錄》，臺灣文獻叢刊第 30 種。臺北：臺灣銀行經濟
　　研究室，1958，1891 年原刊。

夏黎明，《臺灣文獻書目解題：地圖類》。臺北：國立中央圖書館臺灣
　　分館，1987。

高拱乾，《臺灣府志》，臺灣文獻叢刊第 65 種。臺北：臺灣銀行經濟研
　　究室，1960，1696 年原刊。

孫爾準、陳壽祺，《重纂福建通志臺灣府》，臺灣文獻叢刊第 84 種。臺
　　北：臺灣銀行經濟研究室，1960，1829 年原刊。

孫爾準，《孫文靖公奏牘稿本》。天津：天津古籍出版社，1987。

張廷玉，《明史》。臺北：臺灣商務印書館，1977。

張嗣昌著、李祖基點校，《巡臺錄》。香港：香港人民出版社，2005，
　　1735 年原刊。

張傳保修，陳訓正、馬瀛纂，《民國鄞縣通志》。上海：上海書店出版社，1993。

淡水稅關編纂，《明治三十年淡水港外四港外國貿易景況報告》。神戶：明輝社，1898。

莊為璣、王連茂，《閩臺關係族譜資料選編》。福州：福建人民出版社，1984。

莊英章，《鹿港鎮志氏族篇》。鹿港：鹿港鎮公所，2000。

陳文達，《臺灣縣志》，臺灣文獻叢刊第 103 種。臺北：臺灣銀行經濟研究室，1958，1702 年原刊。

陳文煒、屠繼善，《恆春縣志》，臺灣文獻叢刊第 75 種。臺北：臺灣銀行經濟研究室，1960，1895 年原刊。

陳文騄，《臺灣通志》，臺灣文獻叢刊第 130 種，1962。

陳正祥，《臺灣地誌》。臺北：敷明產業地理研究所，1961 年。

陳正祥，《臺灣地名辭典》。臺北：敷明產業地理研究所，1961 年。

陳春木，〈「國母山」遺跡發掘經過及隆田附近的今昔〉，《南瀛文獻》15：1（1970 年 6 月），頁 84-90。

陳培桂，《淡水廳志》，臺灣文獻叢刊第 172 種。臺北：臺灣銀行經濟研究室，1963，1871 年原刊。

陳淑均，《噶瑪蘭廳志》，臺灣文獻叢刊第 160 種。臺北：臺灣銀行經濟研究室，1963。

陳盛韶，《問俗錄》。南投：臺灣省文獻委員會，1997，1833 年原刊。

陳漢光，《北臺古輿圖》。臺北：臺北市文獻會，1957。

陳肇興，《陶村詩稿》，臺灣文獻叢刊第 144 種。臺北：臺灣銀行經濟研究室，1978。

陳朝龍、鄭鵬雲，《新竹縣采訪冊》，臺灣文獻叢刊第 145 種。臺北：

臺灣銀行經濟研究室，1962。

連橫，《臺灣通史》，臺灣文獻叢刊第 128 種。臺北：臺灣銀行經濟研
　　究室，1962。

連橫，《臺灣雜詠合刻》，臺灣文獻叢刊第 28 種。臺北：臺灣銀行經濟
　　研究室，1958。

連橫，《臺灣詩乘》，臺灣文獻叢刊第 64 種。臺北：臺灣銀行經濟研究
　　室，1960。

連橫，《劍花室詩集》，臺灣文獻叢刊第 94 種。臺北：臺灣銀行經濟研
　　究室，1960。

連橫，《臺灣通史》，臺灣文獻叢刊第 128 種。臺北：臺灣銀行經濟研
　　究室，1962。

連橫，《雅言》，臺灣文獻叢刊第 166 種。臺北：臺灣銀行經濟研究
　　室，1963。

國立故宮博物院編，《宮中檔乾隆朝奏摺》，第 20 輯、第 64 輯、第 67
　　輯。臺北：國立故宮博物院，1982。

程紹剛譯註，《荷蘭人在福爾摩沙》。臺北：聯經出版，2000。

黃文博等，《南鯤鯓代天府》。臺南：臺南縣政府，1995。

黃叔璥，《臺海使槎錄》，臺灣文獻叢刊第 4 種。臺北：臺灣銀行經濟
　　研究室，1957，1722 年原刊。

黃典權編，《南部碑文集成》臺灣文獻叢刊第 218 種。臺北：臺灣銀行
　　經濟研究室，1966。

黃富三、林滿紅、翁佳音主編，《清末台灣海關歷年資料：Maritime
　　customs annual returns and reports of Taiwan, 1867-1895》。臺北：中
　　央研究院臺灣史研究所籌備處，1997。

黃富三等編，《霧峰林家文書集：墾務、腦務、林務》。臺北：國史

館，2013。

黃富三等編，《霧峰林家文書集：棟軍等相關信函》。臺北：國史館，
　　2014。

黃朝琴，《南鯤鯓代天府沿革志》。臺南：南鯤鯓代天府，1982。

黑谷了太郎，〈戎克船に關する調查〉，《財海》36（1909 年 5 月），
　　頁 17-23。

廈門市志編纂委員會編，《近代廈門社會經濟概況》。廈門：鷺江出版
　　社，1990。

楊英，《從征實錄》，臺灣文獻叢刊第 32 種。臺北：臺灣銀行經濟研究
　　室，1958。

福康安，《欽定平定臺灣紀略》，臺灣文獻叢刊第 102 種。臺北：臺灣
　　銀行經濟研究室，1958，1788 年原刊。

蔡振豐，《苑里志》，臺灣文獻叢刊第 48 種。臺北：臺灣銀行經濟研究
　　室，1959。

臺南州編，《臺南州寺廟台帳簡冊》。臺南：臺南州，1933。

臺南縣政府編，《南瀛雜俎》。臺南：臺南縣政府，1982。

臺灣協會，《臺灣協會會報》。

臺灣總督府民政局殖產部，《臺灣產業調查錄》。東京：金城書院，
　　1896。

臺灣總督府交通局遞信部，《遞信志通信篇》。臺北：松浦屋，1928。

臺灣總督府總督官房文書課編，《臺灣總督府第二統計書》。臺北：臺
　　灣日日新報社，1898。

臺灣銀行經濟研究室編，《安平縣雜記》，臺灣文獻叢刊第 52 種。臺
　　北：臺灣銀行經濟研究室，1959。

臺灣銀行經濟研究室編，《同治甲戌日兵侵臺始末》，臺灣文獻叢刊第

38 種。臺北：臺灣銀行經濟研究室，1959。

臺灣銀行經濟研究室編，《臺案彙錄甲集》，臺灣文獻叢刊第 31 種。臺
　　北：臺灣銀行經濟研究室，1959。

臺灣銀行經濟研究室編，《臺灣采訪冊》，臺灣文獻叢刊第 55 種。臺
　　北：臺灣銀行經濟研究室，1959。

臺灣銀行經濟研究室編，《清一統志臺灣府》，臺灣文獻叢刊第 68 種。
　　臺北：臺灣銀行經濟研究室，1960。

臺灣銀行經濟研究室編，《新竹縣制度考》，臺灣文獻叢刊第 101 種。
　　臺北：臺灣銀行經濟研究室，1961。

臺灣銀行經濟研究室編，《欽定平定臺灣紀略》，臺灣文獻叢刊第 102
　　種。臺北：臺灣銀行經濟研究室，1961。

臺灣銀行經濟研究室編，《臺灣私法商事編》，臺灣文獻叢刊第 91 種。
　　臺北：臺灣銀行經濟研究室，1961。

臺灣銀行經濟研究室編，《清初海疆圖說》，臺灣文獻叢刊第 155 種。
　　臺北：臺灣銀行經濟研究室，1962。

臺灣銀行經濟研究室編，《清世宗實錄選輯》，臺灣文獻叢刊第 167
　　種。臺北：臺灣銀行經濟研究室，1963。

臺灣銀行經濟研究室編，《臺案彙錄丙集》，臺灣文獻叢刊第 176 種。
　　臺北：臺灣銀行經濟研究室，1963。

臺灣銀行經濟研究室編，《清高宗實錄選輯》，臺灣文獻叢刊第 186
　　種。臺北：臺灣銀行經濟研究室，1963。

臺灣銀行經濟研究室編，《臺灣府輿圖纂要》，臺灣文獻叢刊第 181
　　種。臺北：臺灣銀行經濟研究室，1963。

臺灣銀行經濟研究室編，《臺案彙錄丁集》，臺灣文獻叢刊第 178 種。
　　臺北：臺灣銀行經濟研究室，1963。

臺灣銀行經濟研究室編，《清宣宗實錄選輯》，臺灣文獻叢刊第 188 種。臺北：臺灣銀行經濟研究室，1964。

臺灣銀行經濟研究室編，《臺案彙錄庚集》，臺灣文獻叢刊第 200 種。臺北：臺灣銀行經濟研究室，1964。

臺灣銀行經濟研究室編，《福建省例》，臺灣文獻叢刊第 199 種。臺北：臺灣銀行經濟研究室，1964。

臺灣銀行經濟研究室編，《臺灣輿地彙鈔》，臺灣文獻叢刊第 216 種。臺北：臺灣銀行經濟研究室，1965。

臺灣銀行經濟研究室編，《淡新檔案選錄行政編初集》，臺灣文獻叢刊第 295 種。臺北：臺灣銀行經濟研究室，1971。

臺灣銀行總務部計算課，《第一次臺灣金融事項參考書附錄》。臺北：臺灣銀行總務部計算課，1902。

臺灣銀行總務部調查課編，《臺灣烏龍茶／概況竝同茶金融上／沿革》。臺北：臺灣銀行總務部調查課，1912。

臺灣省文獻委員會編，《臺灣總督府檔案翻譯輯錄》第 3 輯。南投：臺灣省文獻委員會，1992。

劉璈，《巡臺退思錄》，臺灣文獻叢刊第 21 種。臺北：臺灣銀行經濟研究室，1958 年。

劉良璧，《重修福建臺灣府志》，臺灣文獻叢刊第 74 種。臺北：臺灣銀行經濟研究室，1961，1741 年原刊。

劉枝萬編，《臺灣中部碑文集成》，臺灣文獻叢刊第 43 種。臺北：臺灣銀行經濟研究室，1962。

劉銘傳，《劉壯肅公奏議》，臺灣文獻叢刊第27種。臺北：臺灣銀行經濟研究室，1958 年。

劉銘傳，《劉銘傳撫臺前後檔案》，臺灣文獻叢刊第 276 種。臺北：臺

灣銀行經濟研究室，1969。

蔡振豐，《苑里志》，臺灣文獻叢刊第48種。臺北：臺灣銀行經濟研究
　　室，1959。

鄭觀應，《盛世危言後編》，第 3 冊。臺北：大通書局，1968。

鄭鵬雲、曾逢辰，《新竹縣志初稿》，臺灣文獻叢刊第 61 種。臺北：臺
　　灣銀行經濟研究室，1959。

蔣師轍、薛紹元，《清光緒臺灣通志》，臺灣文獻叢刊第 130 種。臺
　　北：臺灣銀行經濟研究室，1962，1894 年原刊。

蔣毓英，《臺灣府志》。北京：中華書局，1985。

賴澤涵、朱德蘭、市川信愛編，《長崎華商泰益號關係商業書簡資料
　　集》，第 53 冊。臺北：臺灣中央研究院中山人文社會科學研究所，
　　1992。

澤村小南，〈廈門金融事情〉，《臺灣協會會報》13（1899 年 10 月）
　　116-117。

臨時臺灣土地調查局，《大租取調附屬參考書》（中）。

臨時臺灣土地調查局，《臺灣土地慣行一斑》。臺北：臨時臺灣土地調
　　查局，1905。

臨時臺灣舊慣調查會編，《臺灣私法附錄參考書》第三卷下冊。神戶：
　　臨時臺灣舊慣調查會，1902。

臨時臺灣舊慣調查會編，《調查經濟資料報告》上。東京：臨時臺灣舊
　　慣調查會，1905。

臨時臺灣舊慣調查會編，《調查經濟資料報告》下。臺北：臨時臺灣舊
　　慣調查會，1905。

謝金鑾，《續修臺灣縣志》，臺灣文獻叢刊第 140 種。臺北：臺灣銀行
　　經濟研究室，1962，1807 年原刊。

謝國興主編，《方輿搜覽：大英圖書館所藏中文歷史地圖》。臺北：中央研究院臺灣史研究所，2015。

藍鼎元，《平臺紀略》，臺灣文獻叢刊第 14 種。臺北：臺灣銀行經濟研究室，1958。

鷹取田一郎，《臺灣列紳傳》。臺北：臺灣日日新報社，1916。

"Affairs in Formosa," *China Mail,* June 23, 1892, Edition 7.

Clark, J. D., *Formosa.* Shanghai：Shanghai Mercury, 1896.

Davidson, J. W., *The Island of Formosa*：*The Past and Present*, Lightning Source Inc, 1903.

Jarman, Robert L. edited, *Taiwan Political and Economic Reports*, 1861-1890. Vol. 1861-1895, Slough：Archive Editions, 1997.

二、專書

（一）中、日文

Fernand Braudel 著，施康強、顧良譯，《15 至 18 世紀的物質文明、經濟和資本主義》。北京：三聯書店，1993。

山本進，《清代の市場構造と經濟政策》。名古屋：名古屋大學出版會，2002。

上海社會科學院經濟研究所編，《上海對外貿易，1840-1949》。上海：上海社會科學院出版社，1989。

方豪，《六十至六十四自選待定稿》。臺北：作者發行，1974。

王業鍵，《清代經濟史論文集》（一）。臺北：稻鄉出版社，2003。

中村孝志著，吳密察、翁佳音、許賢瑤編，《荷蘭時代臺灣史研究（上卷）：概說・產業》。臺北：稻鄉出版社，1997 年。

史斌，《电报通信与清末民初的政治变局》。北京：中国社会科学出版
　　社，2012。

伊能嘉矩，《臺灣文化志》（中）。東京：刀江書院，1928。

伊能嘉矩著，江慶林等譯，《臺灣文化志》上。臺中：臺灣省文獻委員
　　會，1991。

寺田隆信，《山西商人の研究：明代における商人および商業資本》。
　　京都：京都大學文學部內東洋史研究會，1972。

沙學浚，《城市與似城聚落》。臺北：正中書局，1974。

何平，《清代賦稅政策研究：1644-1840》。北京：中國社會科學出版
　　社，1998。

何烈，《清咸同時期的財政》。臺北：國立編譯館，1981。

巫仁恕、康豹、林美莉編，《從城市看中國的現代性》。臺北：中央研
　　究院近代史研究所，2010。

杉原薰，《アジア間貿易の形成と構造》。京都：ミネルヴァ，1996。

吳松弟主編，《中國百年經濟拼圖：港口城市及其腹地與中國現代
　　化》。濟南：山東畫報出版社，2006。

吳松弟等著，《港口：腹地与北方的经济变迁(1840-1949)》。杭州：浙
　　江大學出版社，2011。

吳振強著，詹朝霞、胡舒揚譯，《廈門的興起》。廈門：廈門大學出版
　　社，2018。

阿海，《雍正十年：那條瑞典船的故事》。北京：中國社會科學出版
　　社，2006。

李佩蓁，《地方的視角：清末條約體制下臺灣商人的對策》，臺北：南
　　天書局，2020。

李國祁，《中國現代化的區域研究：閩浙臺地區》。臺北：中央研究院

近代史研究所，1985。

李雪，《晚清西方電報技術向中國的轉移》。濟南：山東教育出版社，
2013。

林玉茹，《清代臺灣港口的空間結構》。臺北：知書房，1996。

林玉茹，《清代竹塹地區在地商人及其活動網絡》。臺北：聯經出版，
2000。

林玉茹、李毓中，《戰後臺灣的歷史學研究 1945-2000：臺灣史》。臺
北：行政院國家科學委員會，2004。

林玉茹主編，《麻豆港街的歷史、族群與家族》。臺南：臺南縣政府，
2009。

林會承，《清末鹿港的街鎮結構》。臺北：境與象出版社，1985。

林滿紅，《茶、糖、樟腦業與臺灣之社會經濟變遷，1860-1895》。臺
北：聯經出版，1997。

卓克華，《清代臺灣的商戰集團》。臺北：臺原出版社，1990。

朱德蘭，《長崎華商貿易の史的研究》。東京：芙蓉書房，1997。

東嘉生著，周憲文譯，《臺灣經濟史概說》。臺北：帕米爾書店，
1985。

洪玉華編，《華人移民：施振民教授紀念文集》。馬尼拉：菲律賓華裔
青年聯合會、拉剎大學中國研究出版，1992。

施添福，《臺灣的人口移動和雙元性服務部門》。臺北：師大地理學
系，1982。

涂照彥，《日本帝國主義下の臺灣》。東京：東京大學出版出版社，
1975。

馬敏，《官商之間：社會劇變中的近代紳商》。天津：天津人民出版
社，2003。

宮田道昭，《中国の開港と沿海市場：中国近代経済史に関する一視点》。東京：東方書店，2003。

徐曉望，《福建民間信仰源流》。福建：福建教育出版社，1993。

夏維奇，《晚清電報建設与社会変遷：以有線電報為考察中心》。北京：人民出版社，2012。

翁佳音，《臺灣漢人武裝抗日史研究》。臺北：臺大出版委員會，文史叢刊74，1986。

陳支平，《民間文書與明清東南族商研究》。北京：中華書局，2009。

陳其南，《臺灣的傳統中國社會》。臺北：允晨文化，1991。

陳慈玉，《近代中國茶葉的發展與世界市場》。臺北：中研院經濟研究所，1982。

曹永和，《臺灣早期歷史研究》。臺北：聯經出版，1979。

康豹（Paul R. Katz），《臺灣的王爺信仰》。臺北：商鼎文化，1997。

許雪姬，《清代臺灣的綠營》。臺北：中央研究院近代史研究所，1987年。

許雪姬，《滿大人的最後二十年》。臺北：自立晚報，1993。

堀和生，《東亞資本主義論》。京都：ミネルヴァ書房，2008。

堀和生，《東アジア資本主義史論 I：形成、構造、展開》。京都：ミネルヴァ書房，2009。

張守真、楊玉姿，《陳中和新傳》。高雄：麗文文化，2014。

張樑任，《中國郵政》（上）。上海：上海書店，1936。

黃嘉謨，《美國與臺灣（1874-1895）》。臺北：中央研究院近代史研究所，1979。

黃國盛，《鴉片戰爭前的東南沿海四省海關》。福州：福建人民出版社，2000。

黃鑒輝，《山西票號史》。太原：山西經濟出版社，2002。

斯波義信，《中國都市史》。東京：東京大學出版會，2002。

彭瀛添，《民信局發展史：中國的民間通訊事業》。臺北：中國文化大學出版部，1992。

葉振輝，《清季臺灣開埠之研究》。臺北：標準書局，1985。

蔡相煇，《臺灣的王爺與媽祖》。臺北：臺原出版社，1989。

廖赤陽，《長崎華商と東アジア交易網の形成》。東京：汲古書屋，2000。

劉枝萬，《臺灣民間信仰論集》。臺北：聯經出版，1990。

劉廣京著，黎志剛編，《劉廣京論招商局》。北京：社會科學文獻出版社，2012。

濱下武志，《中國近代經濟史研究：清末海關財政と開港場市場圈》。東京：汲古書院，1989。

戴一峰，《近代中國海關與中國財政》。福建：廈門大學出版社，1993。

戴炎輝，《清代臺灣之鄉治》。臺北：聯經出版，1979年。

戴鞍鋼，《港口、城市、腹地：上海與長江流域經濟關係》。上海：復旦大學出版社，1998。

戴寶村，《近代臺灣海運發展：戎克船到長榮巨舶》。臺北：玉山社，2000。

戴寶村，《陳中和家族史：從糖業貿易到政經世界》。臺北：玉山社，2008。

謝美娥，《清代臺灣米價研究》。臺北：國立編譯館，2008。

謝彬，《中國郵電航空史》。上海：中華書局，1926。

盧嘉興，《鹿耳門地理演變考》。臺北：臺灣商務印書館，1965。

韓家寶（Pol Heyns）著，鄭維中譯，《荷蘭時代臺灣的經濟、土地與稅務》。臺北：播種者文化，2002。

蕭正勝，《劉銘傳與臺灣建設》。臺北：嘉新水泥公司文化基金會，1974。

蘇基朗、馬若孟編，成衣農、田歡譯，《近代中國的條約港經濟：制度變遷與經濟表現的實證研究》。杭州：浙江大學出版社，2013。

鄭威聖，《鄉賢與土豪：清代臺灣街庄總理與地方社會》。新北：花木蘭文化，2014。

（三）英文

Arrighi, Giovanni, Takeshi Hamashita, Mark Selden, *The Resurgence of East Asia：500, 150 and 50 Year Perspectives.* London：Routledge, 2003.

Barreto, Luís Filipe, Wu Zhiliang, eds. *Port cities and Intercultural Relations：15th - 18th Centuries.* Lisboa：Centro Científico e Cultural de Macau, 2012.

Basu, D. K., ed. *The Rise and Growth of the Port Cities in Asia.* Lanham：University Press of America, 1979.

Barrk, Erik, *Lightning Wires：The Telegraph and China's Technological Modernization, 1860-1890.* Westport, Conn：Greenwood Press, 1997.

Bentley, Jerry H., Renate Bridenthal, Karen Wigan, eds. *Seascapes：Maritime Histories, Littoral Cultures, and Transoceanic Exchanges.* Honolulu：University of Hawai'i Press, 2007.

Beaven, Brad Karl Bell and Robert James, eds. *Port Towns and Urban Cultures：international histories of the waterfront, c.1700-2000.* London：Palgrave Macmillan, 2016.

Brockey, Liam Matthew, *Portuguese Colonial Cities in the Early Modern World,* Farnham, England ; Burlington, Vt.：Ashgate Pub. Company, 2008.

Chulalongkorn University, *Port Cities and Trade in Western Southeast Asia.* Bangkok, Thailand：Chulalongkorn University, 1998.

Catterall, Douglas and Jodi Campbell, *Women in Port：Gendering Communities, Economies, and Social Networks in Atlantic Port Cities, 1500-1800.* Leiden, Boston：Brill, 2012.

DeGlopper, Donald R., *Lukang：Commerce and Community in a Chinese City.* Albany：State University of New York Press, 1995.

Frangakis-Syrett, Elena, *The Port-City in the Ottoman Middle East at the Age of Imperialism,* Istanbul：The Isis Press, 2017.

Fevour, Edward Le, *Western Enterprise in Late Ch'ing China：a Selective Survey of Jardine, Matheson and Company's operations, 1842-1895.* Cambridge：East Asian Research Center of Harvard University, 1968.

Flores, Jorge, *Unwanted Neighbours：The Mughals, the Portuguese, and their Frontier Zones*, New Delhi, India：Oxford University Press, 2018.

Fuhrmann, Malte, *Port Cities of the Eastern Mediterranean：Urban Culture in the Late Ottoman Empire.* Cambridge, United Kingdom; New York：Cambridge University Press, 2020.

Gilchrist, David T., ed. *The Growth of the Seaport Cities 1790-1825：Proceedings of a Conference Sponsored by the Eleutherian Mills-Hagley Foundation, March 17-19.* Charlottesville：University Press of Virginia, 1967.

Giovanni, Arrighi, Takeshi Hamashita and Mark Selden eds., *The Resurgence of East Asia*：*500, 150 and 50 Year Perspectives*, London：Routledge, 2003.

Haneda, Masashi, ed. *Asian Port Cities, 1600-1800*：*Local and Foreign Cultural Interactions*. National University of Singapore Press, 2009.

Hao, Yen-ping, *The Commercial Revolution in Nineteenth-century China*：*the Rise of Sino-Western Mercantile Capitalism*. Berkeley：University of California Press, 1986.

Ho, Samuel P. S., *Economic Development of Taiwan. 1860-1970.* New Haven and London：Yale University Press, 1978.

Ng, Chin-Keong, *Trade and Society*：*The Amoy Network on the China Coast, 1683-1735.* Singapore：Singapore University press, 1983.

O'Flanagan, Patrick, *Port Cities of Atlantic Iberia, c. 1500–1900*, Ashgate Publishing, Ltd., 2008.

Oostindie, Gert and Jessica V. Roitman' eds., *Dutch Atlantic Connections, 1680-1800*：*Linking Empires, Bridging Border*, Leiden; Boston：Brill, 2014.

Pearson, Michael N. (Michael Naylor), ed. *Port Cities and Intruders*：*the Swahili Coast, India, and Portugal in the Early Modern Era.* Baltimore, Md.：Johns Hopkins University Press, 1998.

Rowe, William, *Hankow*：*Commerce and Society in a Chinese City*：*1796-1889.* Stanford, California：Stanford University Press, 1984.

Schreier, Joshua, *The Merchants of Oran*：*A Jewish Port at the Dawn of Empire,* Stanford, California：Stanford University Press, 2017.

Skinner, William, *The City in Late Imperial China.* Taipei：SMC Publishing, Inc., 1995.

Sugihara, Kaoru, *Japan, China, and the Growth of the Asian International Economy, 1850-1949.* London：Oxford University Press, 2005.

Yang, Liang-sheng, *Money and Credit in China：A Short History.* Cambridge：Harvard University Press, 1952.

Zelin, Madeleine, *The Magistrate's Tael：Rationalizing Fiscal Reform in Eighteenth-century Ch`ing China.* Berkeley：University of California Press, 1984.

Zelin, Madeleine, *The Merchants of Zigong*, New York：Columbia University, 2005.

Zhou, Yongming, *Historicizing Online Politics：Telegraphy, the Internet, and Political Participation in China.* California：Stanford, 2006.

三、論文

（一）中、日文

Tonio, Andrade 著，白采蘋譯，〈最強大的部落：從福爾摩沙之地緣政治及外交論之（1623-1636）〉，《臺灣文獻》54：4（1999 年 12 月），頁 133-148。

Crissman, L. W.著，夏黎明、隋麗雲譯，〈彰化平原的交易活動〉，《師大地理教育》10（1984 年），頁 107-129。

中村孝志，〈十七世紀臺灣鹿皮之出產及其對日貿易〉，收於中村孝志著，吳密察、翁佳音、許賢瑤編，《荷蘭時代臺灣史研究（上卷）：概說‧產業》，頁 81-120。臺北：稻鄉出版社，1997 年。

中村孝志，〈荷蘭時代臺灣南部之鯔漁業〉，收於中村孝志著，吳密察、翁佳音、許賢瑤編，《荷蘭時代臺灣史研究（上卷）：概說‧

產業》，頁 143-163。臺北：稻鄉出版社，1997 年。

中村孝志，〈荷蘭統治下的臺灣內地諸說〉，《荷蘭時代臺灣史研究
　　（上卷）：概說・產業》，頁 259-320。臺北：稻鄉出版社，1997
　　年。

中村孝志，〈臺灣南部鯔漁業再論〉，收於中村孝志著，吳密察、翁佳
　　音、許賢瑤編，《荷蘭時代臺灣史研究（上卷）：概說・產業》，
　　頁 143-163。臺北：稻鄉出版社，1997 年。

中村孝志著，王世慶譯，〈荷蘭時代的臺灣番社戶口表〉，《臺灣文獻
　　季刊》6：4（1955 年 12 月），頁 67-68。

方豪，〈光緒甲午等年仗輪局信稿所見之臺灣行郊〉，《國立政治大學
　　學報》24（1971 年 12 月），頁 21-51。

王世慶，〈清代臺灣的米產與外銷〉，收於王世慶著，《清代臺灣社會
　　經濟》，頁 93-129。臺北：聯經出版，1994。

王世慶，〈十九世紀中葉臺灣北部農村金融之研究：以興直堡銀主小租
　　戶廣記為例〉，收於王世慶著，《清代臺灣社會經濟》，頁 1-72。
　　臺北：聯經出版，1994。

王見川，〈光復前的南鯤鯓王爺廟初探〉，《北臺通識學報》2（2006
　　年 3 月），頁 94-105。

王見川，〈清代皇帝與關帝信仰的「儒家化」：兼談「文衡聖帝」的由
　　來〉，《北臺灣科技學院通識學報》4（2008 年 6 月），頁 21-41。

王業鍵，〈清代經濟芻論〉，《食貨月刊》復刊 2：11（1973 年 2
　　月），頁 541-550。

古偉瀛，〈中國早期的電報經營〉，臺北：臺灣大學歷史究所碩士論
　　文，1973。

石萬壽，〈康熙以前臺澎媽祖廟的建置〉，《臺灣文獻》40：3（1989

年 9 月），頁 1-28。

幼愚，〈中華郵政史：民信局〉，《郵政研究》44（1992 年 6 月），頁 61-108。

伊能嘉矩，〈蘭人時代の理蕃（第一）〉，收於臺灣慣習研究會編，《臺灣慣習記事》，頁 25-37。臺北：臺灣總督府臺灣慣習研究會，1904。

江柏煒，〈人口遷徙、性別結構及其社會文化變遷：從僑鄉到戰地的金門〉，《人口學刊》46（2013 年），頁 47-86。

朱瑪瓏，〈自由貿易、帝國與情報：十九世紀三十年代《廣州紀事報》中的臺灣知識〉，《漢學研究》32：2（2014 年 6 月），頁 49-82。

朱德蘭，〈清康熙雍正年間臺灣船航日貿易之研究〉，《臺灣史料研究暨史料發掘研討會論文集》，頁 421-451。臺北：中華民國臺灣史蹟究中心 究組，1987。

朱德蘭，〈清康熙年間臺灣長崎貿易與國內商品流通關係〉，《東海學報》29（1988 年 7 月），頁 55-72。

朱德蘭，〈日據時期臺商與旅日華商往復書簡特徵：以長崎「泰益號」商業書信為中心的觀察〉，《臺灣史田野通訊研究》18（1991 年 3 月），頁 48-51。

朱德蘭，〈有關近代旅日華商泰益號關係檔案和研究之課題〉，《史匯》1（1996 年 5 月），頁 50-56。

何輝慶，〈清末海峽兩岸通信史（1875-1895）〉，《中華郵聯會刊》12（2008 年 3 月），頁 21-47。

沈昱廷，〈清代郊行研究：以北港資生號為例〉，收於逢甲大學歷史與文物管理 究所編，《臺灣古文書與歷史研究學術研討會》，頁 95-133。臺中：逢甲大學出版社，2007。

李豐楙，〈嚴肅與遊戲：從蜡祭到迎王祭的「非常觀察」〉，《中央研究院民族所集刊》88（1999年6月），頁135-172。

李豐楙，〈迎王與送王：頭人與社民的儀式表演：以屏東東港、臺南西港為主的考察〉，《民俗曲藝》129（2001年1月），頁1-42。

李豐楙，〈行瘟與送瘟：道教與民眾瘟疫觀的交流與分歧〉，收於漢學研究中心編，《民間信仰與中國文化國際研討會論文集》（上），頁373-422。臺北：漢學研究中心，2004。

吳玲青，〈清代中葉台湾における米と銀：臺運と臺餉を中心として〉，東京：東京大學大學院人文社會科博士論文，2009。

吳俊瑩，〈由斥革總理看十九世紀北臺灣地方菁英與官府的權力互動〉，《政大史粹》8（2005年6月），頁35-65。

吳振強，〈港埠與港際航運：再探18至19世紀中葉中國沿海和南洋的閩粵帆船貿易〉，收於鄭永常主編，《海港、海難、海盜：海洋文化論集》，頁25-70。臺北：里仁書局，2012。

吳振強，〈商品與市場：19世紀中葉前東亞海域遠程貿易的結構〉，收於鄭永常主編，《東亞海域網絡與港市社會》，頁21-95。臺北：里仁書局，2015。

吳聰敏，〈荷蘭統治時期之贌社制度〉，《臺灣史研究》15：1（2008年3月），頁1-30。

吳聰敏，〈贌社制度之演變及其影響，1644-1737〉，《臺灣史研究》16：3（2009年9月），頁1-38。

林子侯，〈臺灣開港後對外貿易的發展〉，《臺灣文獻》27：4（1976年12月），頁53-63。

林仁川，〈晚清閩臺的商業貿易往來（1860-1894）〉，收於黃富三、翁佳音主編，《臺灣商業傳統論文集》，頁107-132。臺北：中央研究

院臺灣史研究所籌備處，1999。

林文凱，〈再論晚清臺灣開港後的米穀輸出問題〉，《新史學》22：2（2011 年 6 月），頁 215-252。

林玉茹，〈臺南縣平埔族古文書集導讀〉，收於林玉茹，《臺南縣平埔族古文書集》，頁 12-23。臺南：臺南縣文化局，2004。

林玉茹，〈導讀：略論十九世紀末變局下鹿港郊商的肆應與貿易：以許志湖家貿易文書為中心〉，收入林玉茹、劉序楓主編，《鹿港郊商許志湖家與大陸的貿易文書（1895-1897）》，頁 32-56。臺北：中央研究院臺灣史研究所，2006。

林玉茹，〈導讀：寧波代理商與泉州、臺灣郊行之間的通信〉，收入林玉茹編，《尺素頻通：晚清寧波與泉州、臺灣之間的貿易文書》，頁 1-28。臺北：政大出版社，2013。

林玉茹，〈政治、族群與貿易：十八世紀海商團體郊在臺灣的出現〉，《國史館館刊》62（2019 年 12 月），頁 1-51。

林玉茹，〈跨國貿易與文化仲介：日治初期臺南第一富紳王雪農的出現〉，《台灣史研究》27：4（2020 年 12 月），頁 35-82。

林朝棨，〈臺南西南部之貝塚與其地史學意義〉，《國立臺灣大學考古人類學刊》15（1961 年），頁 49-94。

林滿紅，〈口岸貿易與腹地變遷：近代中國的經驗〉，復旦大學中國歷史地理研究中心主編，《港口：腹地和中國現代化進程》（山東：齊魯書社，2005）頁 14-26。

林滿紅，〈臺灣資本與兩岸經貿關係（1895-1945）〉，收於宋光宇編，《臺灣經驗：歷史經濟篇》，頁 67-139。臺北：東大圖書，1993。

林滿紅，〈清末大陸來臺郊商的興衰：臺灣史、世界史、中國史之一結合思考〉，收於國家科學委員會編，《國家科學委員會研究彙刊》

4：2（1994 年 7 月），頁 173-193。

林滿紅，〈臺灣學者論近代華商歷史：學術環境與解釋趨勢〉，收於中村哲編，《東亞近代經濟的形成與發展》，頁 31-72。臺北：中央究院人文社會科學 究中心亞太區域 究專題中心，2005。

林蘭芳，〈臺灣早期的電氣建設（1877-1919）〉，《政治大學歷史學報》18（2001 年 5 月），頁 243-276。

邱澎生，〈會館、公所與郊之比較：由商人公產檢視清代中國市場制度的多樣性〉，收於林玉茹主編，《比較視野下的臺灣商業傳統》，頁 267-314。臺北：中央研究院臺灣史研究所，2012。

前島信次，〈臺灣の瘟疫神、王爺と送瘟の風習に就いて〉，《民族學研究》4：4（1938 年 11 月），頁 25-66。

胡君儒，〈晚清中國電報局，一八八一～一九〇八〉，臺北：國立臺灣師範大學歷史研究所碩士論文，1996。

施添福，〈清代竹塹地區的「墾區莊」：萃豐莊的設立和演變〉，《臺灣風物》39：4（1989 年 12 月），頁 33-69。

俞兆年，〈清末廈門、福州間之民信局兼述臺、閩兩岸通信之特殊狀況〉，《郵史研究》26（2009 年 3 月），頁 5-13。

范金民，〈清代前期福建商人的沿海北艚貿易〉，《閩臺文化研究》34（2013 年 6 月），頁 5-22。

范振乾，〈清季官督商辦企業及其官商關係，1873-1911〉，臺北：國立臺灣大學政治研究所博士論文，1986。

姚人多，〈認識臺灣：知識、權力與日本在臺之殖民治理性〉，《臺灣社會研究季刊》42（2001 年 6 月），頁 119-182。

高銘鈴，〈清代中期における臺運体制の実態についての一考察〉，《九州大学東洋史論集》29（2001 年 4 月），頁 88-115。

馬有成，〈閩臺單口對渡時期的臺灣港口管理（1684-1784）〉，《臺灣文獻》57：4（2006年12月），頁37-88。

馬有成，〈清政府對臺閩海洋交通管理之研究〉，嘉義：國立中正大學歷史研究所博士論文，2007。

馬有成，〈清代臺灣的港口管理（1683-1860）〉，收於戴浩一、顏尚文編，《臺灣史三百年面面觀》，頁291-330。嘉義：國立中正大學臺灣人文研究中心，2008。

翁佳音，〈地方會議、贌社與王田：台灣近代初期史研究筆記（一）〉，《臺灣文獻》51：3（2000年9月），頁263-282。

盛清沂，〈新竹、桃園、苗栗三縣地區開闢史（上）〉，《臺灣文獻》31：4（1980年12月），頁154-176。

國分直一著、周全德譯，〈麻豆的歷史〉，《南瀛文獻》2：12（1954年9月），頁57-60。

曹永和，〈歐洲古地圖上之臺灣〉，收於曹永和，《臺灣早期歷史研究》，頁350。臺北：聯經出版，1979。

曹永和，〈早期臺灣的開發與經營〉，收於曹永和，《臺灣早期歷史研究》，頁137-154。臺北：聯經出版，1979。

曹永和，〈明代臺灣漁業誌略〉，收於曹永和，《臺灣早期歷史研究》，頁163-169。臺北：聯經出版，1979。

曹永和、林玉茹，〈明清臺灣洪水災害之回顧及其受災分析〉，收於吳建民總編輯，《臺灣地區水資源史》，頁310-354。臺中：臺灣省文獻委員會，2000。

章英華，〈清末以來臺灣都市體系之變遷〉，收入瞿海源、章英華主編，《臺灣社會與文化變遷》，頁233-273。臺北：中央研究院民族學研究所，1986。

陳春聲，〈媽祖的故事與社區之歷史：以明清時期粵東一個港口的研究
　　為中心〉，《臺灣人類學》6：1（2008 年 6 月），頁 77-101。

陳漢光，〈日治時期臺灣漢族祖籍調查〉，《臺灣文獻》，23：1（1972
　　年 3 月），頁 85-104。

陳國棟，〈清代中葉（約 1780~1860）臺灣與大陸之間的帆船 易：以船
　　舶 中心的數量估計〉，《臺灣史研究》1：1（1994 年 6 月），頁
　　55-96。

許嘉勇，〈鹿港許厝埔十二莊的聯莊基礎：親同氏族的社群結構〉，收
　　於陳慶芳總編，《2004 年彰化研究兩岸學術研討會：鹿港研究論文
　　集》（彰化：彰化縣文化局，2004），頁 145-164。

康豹（Paul R. Katz），〈臺灣王爺信仰研究的回顧與展望〉，收於張
　　珣、江燦騰編，《研究典範的追尋：臺灣本土宗教研究的新視野和
　　新思維》，頁 144-174。臺北：南天書局，2003。

莊吉發，〈清代人口流動與乾隆年間（一七三六-一七九五）禁止偷渡臺
　　灣政策的探討〉，《淡江史學》1（1989 年 6 月），頁 67-98。

張炎憲，〈漢人移民與中港溪流域的拓墾〉，《中國海洋發展史論文
　　集》第三輯（臺北：中央研究院三民主義研究所，1988），頁 29-
　　60。

張炳楠（王世慶撰），〈鹿港開港史〉，《臺灣文獻》19：1（1964 年 3
　　月），頁 1-44。

張瑞津、石再添、陳翰霖，〈臺灣西南部臺南海岸平原地形變遷之研
　　究〉，《師大地理研究報告》26（1996 年 11 月），頁 19-56

張瑞津、石再添、陳翰霖等，〈臺灣西南部嘉南海岸平原河道變遷之研
　　究〉，《師大地理研究報告》27（1997 年 11 月），頁 105-131。。

張瑞津、石再添、陳翰霖，〈臺灣西南部嘉南平原的海岸變遷研究〉，

《師大地理研究報告》28（1998 年 5 月），頁 83-105。

許方瑜，〈晚清臺灣釐金、子口稅與涉外關係(1861-1895)〉，南投：國立暨南國際大學歷史研究所碩士論文，2012。

許雅玲，〈清代臺灣與寧波的貿易〉，臺北：國立政治大學臺灣史研究所碩士論文，2014。

許嘉勇，〈鹿港許厝埔十二莊的聯莊基礎：親同氏族的社群結構〉，收於陳慶芳總編，《2004 年彰化研究兩岸學術研討會：鹿港研究論文集》（彰化：彰化縣文化局，2004），頁 145-164。

黃國峯，〈清代苗栗地區街庄組織與社會變遷〉，南投：國立暨南國際大學歷史研究所碩士論文，2004。

黃富三，〈清代臺灣外商之研究：美利士洋行〉（上），《臺灣風物》32：4（1982 年 12 月），頁 104-136。

黃富三，〈清季臺灣外商的經營問題：以美利士洋行為例〉，收於《中國海洋發展史論文集》第 1 輯，頁 249-270。臺北：中央研究院中山人文社會科學研究所，1984。

黃富三，〈清季臺灣之外來衝擊與官紳關係：以板橋林家之捐獻為例〉，《臺灣文獻》62：4（2011 年 12 月），頁 131-160。

黃富三，〈臺灣開港前後怡和洋行對臺貿易體制的演變〉，收於《臺灣商業傳統論文集》，頁 86-106。臺北：中央研究院臺灣史研究所籌備處，1999。

黃朝進，〈清末淡水義倉「明善堂」的創設與經營〉，《臺灣文獻》54：4（2001 年 12 月），頁 377-402。

富田芳郎，〈臺灣に於ける合成聚落としての麻豆及び佳里〉（Ⅰ）（Ⅱ），《地理學評論》11：6（1935 年），頁 490-503、11：7（1935 年），頁 601-615。

富田芳郎，〈臺灣鄉鎮之地理學研究〉，《臺灣風物》4：10（1954年10月），頁1-16。

富田芳郎，〈臺灣鄉鎮之地理學研究〉，《臺灣風物》5：6（1955年6月），頁9-43。

富田芳郎，〈臺灣鄉鎮之研究〉，《臺灣銀行季刊》7：4（1955年6月），頁85-109。

復旦大學歷史地理研究中心編，〈口岸貿易與腹地變遷：近代中國的經驗〉，收於復旦大學中國歷史地理研究中心主編，《港口：腹地和中國現代化進程》，頁14-26。山東：齊魯書社。

曾品滄，〈從田畦到餐桌：清代臺灣漢人的農業生產與食物消費〉。臺北：臺灣大學歷史研究所博士論文，2000。

曾品滄，〈從番社到漢庄：十七至十九世紀麻豆地域的拓墾與市街發展〉，《國史館學術集刊》7（2006年3月），頁1-44。

曾品滄，〈從番社到漢庄：十七至十九世紀麻豆地域的拓墾與市街發展〉，收於林玉茹編，《麻豆港街的歷史、族群與家族》，頁82-137。

溫振華，〈淡水開港與大稻埕中心的形成〉，《國立臺灣師範大學歷史學報》6（1978年5月），頁245-270。

溫振華，〈清代臺灣的建城與防衛體系的演變〉，《師大歷史學報》13（1985年6月），頁253-270。

溫振華，〈清代臺灣漢人的企業精神〉，《國立臺灣師範大學歷史學報》9（1981年6月），頁111-139。

楊玉姿，〈清代打狗陳福謙家族的發展〉，《高雄文獻》1：2（1988年9月）頁1-19。

楊彥杰，〈「林日茂」家族及其文化〉，《臺灣研究集刊》2001：4

（2001 年 12 月），頁 23-33。

葉振輝，〈天利行史事考〉，《臺灣文獻》38：3（1987 年 9 月），頁
　　41-45。

趙祐志，〈「順和棧」在橫濱（1864-1914）〉，《三重高中學報》3
　　（2000 年 6 月），頁 193-211。

潘朝陽，〈後龍溪谷地村落民房的形態〉，《臺灣風物》30：3（1971
　　年 9 月），頁 59-117。

蔡昇璋，〈日治初期港口「郊商」與「特別輸出入港」之設置〉，《臺
　　灣文獻》57：4（2006 年 12 月），頁 176-210。

蔡昇璋，〈日治時期臺灣「特別輸出入港」之研究〉，桃園：國立中央
　　大學歷史研究所碩士論文，2007。

蔡承豪，〈麻豆地區家族的發展與士紳階級的建立〉，收於林玉茹編，
　　《麻豆港街的歷史、族群與家族》，頁 250-361。臺南：臺南縣文化
　　局，2009。

蔡承豪，〈天工開物：臺灣稻作技術變遷之研究〉。臺北：國立臺灣師
　　範大學歷史研究所博士論文，2009。

蔡承豪，〈探查、擬策與嘗試：日治前期臺灣罌粟的調查與經營〉，
　　《臺灣史料研究》43（2014 年 6 月），頁 25-60。

蔡相輝，〈以媽祖信仰為例：論政府與民間信仰的關係〉，收於漢學研
　　究中心編，《民間信仰與中國文化國際研討會論文集》，頁 437-
　　454。臺北：漢學研究中心，2004。

劉序楓，〈清政府對出洋船隻的管理政策（1684-1842）〉，收於劉序楓
　　主編，《中國海洋發展史論文集》第 9 輯，頁 331-376。臺北：中央
　　研究院人文社會科學研究中心，2005 年。

劉序楓，〈許志湖家貿易文書導讀〉，收入林玉茹、劉序楓主編，《鹿

港郊商許志湖家與大陸的貿易文書（1895-1897）》，頁 57-70。臺
　　北：中央研究院臺灣史研究所，2006。

劉序楓，〈近代華南傳統社會中「公司」形態再考：由海上貿易到地方
　　社會〉，收於林玉茹主編，《比較視野下的臺灣商業傳統》，頁
　　227-266。臺北：中央研究院臺灣史研究所，2012。

劉淑芬，〈清代臺灣的築城〉，《食貨》14：11、14：12（1985 年 3
　　月），頁 484-503。

鄭威聖，〈清代臺灣街庄總理與地方社會：以吞霄街總理為中心〉，桃
　　園：國立中央大學歷史所碩士論文，2010。

鄭揮，〈清代民營全泰盛信局考〉，《郵史研究》15（1998 年 8 月），
　　頁 7-15。

鄭揮，〈再論民信局的肇始〉，《郵史研究》12（1997 年 2 月），頁
　　141-143。

鄭揮，〈民信局肇始的歷史背景和條件〉，《郵史研究》，22（2003 年
　　3 月），頁 14-21。

鄭博文，〈清代臺灣鹽專賣制的建立與發展〉，臺北：國立臺灣大學歷
　　史研究所碩士論文，2007。

鄭瑞明，〈清領初期的臺日貿易關係〉，《臺灣師大歷史學報》32
　　（2004 年 6 月），頁 43-87。

盧嘉興，〈嘉義縣屬海岸線考〉，《臺灣文獻》10：3（1959 年 9
　　月），頁 27-34。

盧嘉興，〈曾文溪與國賽港〉，《南瀛文獻》8：1（1962 年 12 月），
　　頁 1-28。

盧嘉興，〈八掌溪與青峰闕〉，《南瀛文獻》9（1964 年 6 月），頁 11-
　　40。

盧嘉興，〈曾文溪中游主要溪道有無改道之論證〉，《南瀛文獻》23：1（1978年6月），頁24-29。

盧嘉興，〈清季臺灣北部鹽務〉，《臺北文物》7：3（1958年10月），頁56-65。

盧嘉興，〈臺南縣古地名考〉，收於臺南縣政府民政局編，《臺南縣地名研究輯要》，頁32-62。臺南：臺南縣政府民政局，1982。

盧嘉興，〈明鄭有無奉祀媽祖考〉，《臺灣文獻》34：4（1983年12月），頁45-57。

戴寶村，《清季淡水開港之研究（1860-1894）》，臺北：國立臺灣師範大學歷史研究所碩士論文，1984。

戴寶村，〈臺灣大陸間的戎克交通與貿易〉，收於中華民國臺灣史蹟研究中心研究組編，《臺灣史研究暨史料發掘研討會論文集》，頁363-420。高雄：中華民國臺灣史蹟研究中心研究組，1986。

戴寶村，〈近代臺灣港口市鎮發展：清末至日據時期〉，臺北：國立臺灣師範大學歷史研究所博士論文，1988。

（二）英文

Broeze, Frank "Port Cities：The Search for an Identity." *journal of Urban History* 11：2（February 1985), pp. 209-225.

Brokaw, Cynthia J. "Commercial Publishing in Late Imperial China：The Zou and Ma Businesses of Sibao, Fujian. " *Late Imperial China* 17：1（1996），pp.79-80.

Chan, Wellington K.K. "The Organizational Structure of the Traditional Chinese Firm and Its Modern Reform," *The Business History Review*, 56：2（1982），pp. 219-222.

Chung, Stephanie Po-yin, "Transcending Borders：The Story of the Arab

Community in Singapore, 1820–1980s." in Lin Yuju and Madeline Zelin eds., *Merchant Communities in Asia 1600-1980,* pp. 109-122. London：Pickering & Chatto, 2015.

Faure, David "The Control of Equity in Chinese Firms within the Modern Sector from the Late Qing to the Early Republic." in Rajeswary Ampalavanar B.ed., *Chinese Business Enterprise in Asia,* pp. 60-79. London and New York：Routleedge, 1995.

Finegan, Michael H. "Merchant Activities and Business Practices as Revealed in Several Manuscripts from Fukien. " in *Ch'ing Shih Wen-t'I*, 3：9（November 1978）, p. 84.

Gardella, Robert "Contracting Business Partnerships in Late Qing and Republican China." in Madeleine Zelin, Jonathan K. O., and Robert Garadella eds. *Contract and Property in Early Modern China*, p.338. California：Stanford University Press, 2004.

Geoffrey, Jones and Mary B. Rose, "Family Capitalism," *Business History* 35：4（October 1993）, pp. 1-16.

Henriot, Christian, "City and Urban Society in China in the Nineteenth and Twentieth Centuries：A review Essay in Western Literature." 《近代中國史研究通訊》21（1996 年 3 月），頁 151-175。

Kenneth, Pomeranz "Traditional Chinese Business Forms Revisited：Family, Firm, and Financing in the History of the Yutang Company of Jining, 1779-1956. " *Late Imperial China*18：1（1997）, pp. 28-29.

Kita, Masami "Scottish Shipping in Nineteenth-century Asia," in A. J. H. Latham and Heita Kawakatsu eds., *Intra-Asian Trade and Industrialization：Essays in Memory of Yasukichi Yasuba,* pp. 203-218.

London, New York：Routledge, 2009.

Kwee, Hui Kian, "The Rise of Chinese Commerical Dominance in Early Modern Southeast Asia." in Lin Yuju and Madeline Zelin eds., *Merchant Communities in Asia 1600-1980,* pp. 79-94. London：Pickering & Chatto, 2015.

Lin, Yuju, "Trade, Public Affairs, and the Formation of Merchant Associations in Taiwan in the Eighteenth Century." in Lin Yuju and Madeline Zelin, eds. *Merchant Communities in Asia 1600-1980*, pp. 11-28. London：Pickering & Chatto, 2015.

Lin, Yuju, "Continuity and breakdown：Taiwan's customs service during the Japanese occupation, 1895-1945." *International Journal of Maritime History* 29：4（October 2017）, pp. 855-874.

Lin, Man-houng, "Economic Ties between Taiwan and Mainland China, 1860-1896：Strengthening or Weakening?" in Yen-ping Hao and Hsiu-me We, eds., *Tradition and Metamorphosis in Modern Chinese History：Essays in Honor of Professor Kwang-Ching Liu's 75th Birthday,* pp. 1067-1089. Taipei：the Institute of Modern History, Academia Sinica, 1998.

Lin, Man-houng, "Taiwanese Merchants in the Economic Relations between Taiwan and China, 1895-1937." in Sugihara Kaoru ed., *Japan, China, and the Growth of the Asian International Economy,1850-1949,* pp. 217-243. Oxford：Oxford University Press, 2005.

Rowe, William, "Domestic Interregional Trade in Eighteenth-century China." in Leonard Blusse and Gaastra eds., *On the Eighteenth Century as A Category of Asian History,* pp173-192. Aldershot：Ashgate, 1998.

Tsai, Weipin, "The Qing Empire's Last Flowering：The Expansion of China's

Post Office at the Turn of the Twentieth Century." *Modern Asian Studies* 49：3, (May 2015), pp. 895-930.

Watson, James, "Standardizing in the Gods：The Promotion of Tien Hou Along the south China Coast, 960-1960." In Johnson, David Andrew J. Nathan and Evelyn S. Rawski eds., *Popular Culture in Late Imperial China*. Berkeley and Los Angeles：University of California Press, 1985.

Yoon, Wook, "Dashed Expectations：Limitations of the Telegraphic Service in the Late Qing," *Modern Asian Studies* 49：3(May 2015), pp. 832-857.

Zhu, Marlon, "Typhoons, Meteorological Intelligence, and the Inter-Port Mercantile Community in Nineteen-Century China." Ph.D dissertation, State University of New York at Binghamton, Department of History, 2012.

臺灣研究叢刊

向海立生：清代臺灣的港口、人群與社會

2022年12月初版   定價：新臺幣720元
有著作權・翻印必究
Printed in Taiwan.

著 者	林	玉	茹
特約編輯	邱	芊	樺
內文排版	菩	薩	蠻
封面設計	兒		日

出 版 者	聯經出版事業股份有限公司	副總編輯	陳	逸	華
地 址	新北市汐止區大同路一段369號1樓	總 編 輯	涂	豐	恩
叢書編輯電話	(02)86925588轉5319	總 經 理	陳	芝	宇
台北聯經書房	台 北 市 新 生 南 路 三 段 9 4 號	社 長	羅	國	俊
電 話	(0 2) 2 3 6 2 0 3 0 8	發 行 人	林	載	爵
郵 政 劃 撥 帳 戶	第 0 1 0 0 5 5 9 - 3 號				
郵 撥 電 話	(0 2) 2 3 6 2 0 3 0 8				
印 刷 者	世 和 印 製 企 業 有 限 公 司				
總 經 銷	聯 合 發 行 股 份 有 限 公 司				
發 行 所	新北市新店區寶橋路235巷6弄6號2樓				
電 話	(0 2) 2 9 1 7 8 0 2 2				

行政院新聞局出版事業登記證局版臺業字第0130號

本書如有缺頁，破損，倒裝請寄回台北聯經書房更換。　　ISBN　978-957-08-6433-5　(精裝)
聯經網址：www.linkingbooks.com.tw
電子信箱：linking@udngroup.com

國家圖書館出版品預行編目資料

向海立生：清代臺灣的港口、人群與社會/林玉茹著 . 初版 .
新北市 . 聯經 . 2022年12月 . 496面 . 14.8×21公分（臺灣研究叢刊）
ISBN　978-957-08-6433-5（精裝）

1.CST：港埠　2.CST：歷史　3.CST：社會生活　4.CST：清領時期
5.CST：臺灣

557.5933　　　　　　　　　　　　　　　　　111010648